ŒUVRES COMPLÈTES DE J. MICHELET

HISTOIRE

DE LA

RÉVOLUTION FRANÇAISE

TOME DEUXIÈME

ÉDITION DÉFINITIVE, REVUE ET CORRIGÉE

PARIS

ERNEST FLAMMARION, ÉDITEUR

26, RUE RACINE, PRÈS L'ODÉON

Tous droits réservés.

HISTOIRE

DE LA RÉVOLUTION

FRANÇAISE

II

IMPRIMERIE E. FLAMMARION, 26, RUE RACINE, PARIS.

ŒUVRES COMPLÈTES DE J. MICHELET

HISTOIRE

DE LA

RÉVOLUTION

FRANÇAISE

ÉDITION DÉFINITIVE, REVUE ET CORRIGÉE

TOME DEUXIÈME

PARIS

ERNEST FLAMMARION, EDITEUR

26, RUE RACINE, PRÈS L'ODÉON

Tous droits réservés.

INTRODUCTION

DE LA MÉTHODE ET DE L'ESPRIT DE CE LIVRE

Ce volume contient deux parties, d'environ dix mois chacune; son milieu, son apogée, c'est le beau moment où la France crut voir le ciel ouvert, la dernière des fédérations, la grande fédération du Champ de Mars, au 14 juillet 1790. Elle monte ainsi, notre histoire, pleine d'espoir et d'élan, jusqu'à ce rêve sublime de l'union des cœurs et des esprits. Puis elle descend, par les degrés de la réalité pénible, jusqu'au 21 septembre 1791, où ce crédule enfant, le peuple, délaissé de son tuteur, qui déserte et le trahit, est forcé enfin d'être homme, où il fait le premier essai d'un vrai gouvernement d'hommes : être homme, c'est se régir soi-même.

Les deux parties de l'ouvrage, le livre III, le livre IV, sont ainsi très diverses de sujets; de l'un à l'autre, l'histoire y change de caractère, par une transition plus rapide, moins ménagée, qu'il n'arrive ordinairement dans le cours des choses humaines. Ce changement n'est nullement un hasard; c'est la crise même du temps, le destin de la Révolution. Donc deux sujets et aussi deux couleurs et deux lumières : l'une éclatante d'espoir; l'autre intense, concentrée et sombre. On se rappelle le projet proposé par quelques savants pour illuminer Paris : deux phares de lumière électrique, qui, allumés sur deux tours, éclaireraient d'un demi-jour les rues les plus obscures et les plus profondes, fortifiant les lumières partielles, locales, du gaz ou des réverbères. Voilà mon livre. Les deux phares qui en éclairent les deux côtés sont : 1° les fédérations; 2° les clubs, Jacobins et Cordeliers. Ces deux sujets dominent tout, se représentent partout; aux chapitres où nous paraissons nous en éloigner le plus, ils reviennent invinciblement; lors même qu'ils n'apparaissent pas, ils n'en font pas moins sentir leur présence à la couleur très diverse dont ils teignent les objets, joyeuse lumière d'un feu de hêtre, brillant comme le matin, sombre lueur d'un feu de houille, dont la flamme intense, tout en éclairant, augmente l'impression de la nuit, rend les ténèbres visibles.

Pour nous, joyeuse ou mélancolique, lumineuse ou obscure, la voie de l'histoire a été simple, directe; nous suivions la voie *royale* (ce mot pour nous veut dire populaire), sans nous laisser détourner aux sentiers tentateurs où vont les esprits subtils; nous allions vers une lumière qui ne vacille jamais, dont la flamme devait nous manquer d'autant moins qu'elle était tout identique à celle que nous portons en nous. Né peuple, nous allions au peuple.

Voilà pour l'intention. Mais la droite intention est chose si puissante en l'homme, quelle que soit sa faiblesse individuelle, que nous croyons, en cette œuvre, avoir avancé l'œuvre commune d'un pas. Dans cette construction première, insuffisante, comme elle est, il y a plusieurs points solides, où nos camarades en histoire pourront mettre hardiment le pied, pour bâtir plus haut. Oui, qu'ils marchent sur nous sans crainte, nous serons heureux d'y aider et de leur prêter l'épaule.

Notre seul avantage à nous, c'était le travail antérieur, l'accumulation patiente des œuvres et des jours ; ce qui est commencement pour d'autres est pour nous un couronnement. Dix ans dans l'Antiquité, vingt ans dans le Moyen-âge, nous avons longuement contemplé le fonds sur lequel l'âge moderne bâtit aujourd'hui. Nous avons pu apprécier, mieux peut-être qu'on ne fait d'un regard rapide, où est la base solide, où seraient les points ruineux.

La base qui trompe le moins, nous sommes heureux de le dire à ceux qui viendront après nous, c'est celle dont les jeunes savants se défient le plus, et qu'une science persévérante finit par trouver aussi vraie qu'elle est forte, indestructible : c'est la *croyance populaire*.

Vraie *au total*, quoiqu'elle soit, dans le détail,

chargée d'ornements légendaires, étrangers à l'histoire des faits. La légende, c'est une autre histoire, l'histoire du cœur du peuple et de son imagination.

Nous avons, dans la scène du 6 octobre, donné un remarquable exemple de ces ornements légendaires qui ne sont nullement des mensonges du peuple; il y affirme seulement ce qu'il a vu des yeux du cœur.

Écartez les ornements; ce qui reste, dans la croyance populaire, spécialement en ce qui touche la moralité historique, est profondément juste et vrai.

Il ne faut pas que notre confiance dans une culture supérieure, dans nos recherches spéciales, dans les découvertes subtiles que nous croyons avoir faites, nous fasse aisément dédaigner la tradition nationale. Il ne faut pas qu'à la légère nous entreprenions d'altérer cette tradition, d'en créer, d'en imposer une autre. Enseignez le peuple en astronomie, en chimie, à la bonne heure; mais quand il s'agit de l'homme, c'est-à-dire de lui-même, quand il s'agit de son passé, de morale, de cœur et d'honneur, ne craignez pas, hommes d'étude, de vous laisser enseigner par lui.

Quant à nous, qui n'avons nullement négligé les *livres*, et qui, là où les livres se taisaient, avons cherché, trouvé des secours immenses dans les sources *manuscrites*, nous n'en avons pas moins, en toute chose de moralité historique, consulté avant tout la tradition *orale*.

Et ce mot ne veut pas dire pour nous le témoignage intéressé de tel ou tel homme d'alors, de tel acteur important. La plupart des témoins de ce genre ont trop à compter avec l'histoire, pour qu'elle puisse trouver en eux des guides bien rassurants. Non, quand je dis tradition *orale*, j'entends tradition *nationale*, celle qui reste généralement répandue dans la bouche du peuple, ce que tous disent et répètent, les paysans, les gens de ville, les vieillards, les hommes mûrs, les femmes, même les enfants, ce que vous pouvez apprendre, si vous entrez le soir à ce cabaret de village, que vous recueillerez, si, trouvant sur le chemin un passant qui se repose, vous vous mettez à causer de la pluie et du beau temps, puis de la cherté des vivres, puis du temps de l'Empereur, du temps de la Révolution... Notez bien ses jugements; parfois, sur les choses, il erre, le plus souvent il ignore. Sur les hommes, il ne se méprend point, très rarement il se trompe[1].

Chose curieuse, le plus récent des grands acteurs de l'histoire, celui qu'il a vu et touché, l'Empereur, est celui qu'il charge et défigure le plus de traditions légendaires. La critique morale du peuple, très ferme partout ailleurs, faiblit ici généralement; deux choses troublent la balance, la gloire, et le malheur aussi, Austerlitz et Saint-Hélène.

Pour les hommes antérieurs, plusieurs choses en sont oubliées, la tradition s'est affaiblie, quant au détail de leurs actes. Mais, quant à leur caractère,

---

1. Ceci ne contredit en rien ce que nous avons dit au chapitre x du livre IV. Là il s'agit du *public*, ici il s'agit du *peuple*. Ce serait faire injure à l'intelligence du lecteur que d'expliquer la différence.

il en reste un jugement moral, identique dans tout le peuple (ou la presque totalité), jugement très ferme et très précis.

Étendez, je vous prie, cette enquête. Consultez des gens de toutes sortes, — non pas seulement des ouvriers (plusieurs sont déjà des lettrés plutôt que du peuple), — non pas des femmes seulement (leur sensibilité parfois les égare), — mais des personnes diverses d'âge, de sexe, de condition ; écartez les diversités accessoires, prenez le total des réponses ; voici ce que vous trouverez, ce qu'on pourrait appeler le catéchisme historique du peuple :

Qui a amené la Révolution ? Voltaire et Rousseau. — Qui a perdu le roi ? La reine. — Qui a commencé la Révolution ? Mirabeau. — Quel a été l'ennemi de la Révolution ? Pitt et Cobourg, les Chouans et Coblentz. — Et encore ? Les Goddem et les Calotins. — Qui a gâté la Révolution ? Marat et Robespierre

Telle est la tradition nationale, celle, vous pouvez vous en convaincre, de toute la France. Otez-en seulement quelques écrivains systématiques, et quelques ouvriers lettrés, qui, sous l'influence de ces deux systèmes, et cultivés depuis vingt ans par une presse spéciale, sont sortis de la tradition commune à la masse du peuple : en tout, quelques milliers d'hommes, à Paris, à Lyon, dans trois ou quatre grandes villes ; nombre peu considérable, en présence de trente-quatre millions d'âmes.

Le catéchisme historique que nous venons d'indiquer est celui de *tous les habitants des campagnes,* celui de la *majorité des habitants des villes;* majorité est impropre, il faut dire la quasi totalité.

Prenez maintenant l'envers de ce catéchisme (Voltaire et Rousseau n'ont rien fait, la reine n'a point influé sur le sort du roi, les prêtres et les Anglais sont innocents des maux de la Révolution, etc.), vous avez contre vous la France.

A quoi vous répondrez peut-être : « Nous sommes des gens habiles, des savants ; nous savons la France bien mieux qu'elle ne se sait elle-même. »

Une telle fin de non-recevoir, opposée à la croyance du peuple, m'étonne, je dois l'avouer. Cette histoire, si profonde en lui, qui la vécut, la fit et la souffrit, lui en contester la connaissance, cela me semble, de la part des doctes, une prétention outrecuidante, si j'ose parler ainsi. Laissez-lui messieurs les lettrés, laissez-lui ses jugements, il a bien gagné d'en garder la possession paisible, — possession grave, importante, Messieurs, c'est son patrimoine moral, une partie essentielle de la moralité française, un dédommagement considérable de ce que cette histoire lui coûta de sang.

Quand le peuple a tiré un axiome, un proverbe, de son expérience, il n'en sort pas aisément; une chose proverbiale pour lui, en médecine politique, qu'il a retenue en 1793, c'est que la saignée ne vaut guère et qu'on est plus malade après.

Et n'eut-il pas l'expérience, le bon sens lui dirait assez que le salut par voie d'extermination n'est pas un salut.

La France était perdue, après le *Salut public*, perdue de force et de cœur, jusqu'à se laisser prendre à celui qui voulut la prendre.

Maintenant, Messieurs les doctes, contre cette croyance universelle, arrivez avec vos systèmes, faites entendre à ce bon peuple que, « la vie et la mort s'échangeant incessamment dans la nature, il est indifférent de vivre ou mourir; que, l'un mort, d'autres arrivent; que la terre n'en fleurit que mieux ». Que si cette douce doctrine ne le charmait pas d'abord, dites-lui avec assurance qu'elle revient tout à fait au christianisme; le *salut* dont il nous parle, c'était le *Salut public;* l'apôtre de la Terreur fut cousin de Jésus-Christ. Puis faites-lui cet apôtre sentimental et pastoral, donnez-lui un habit plus céleste encore qu'il n'en porta à la fête de prairial, vous aurez beaucoup de peine à réconcilier le peuple avec le nom de Robespierre.

Ce peuple a la tête dure. C'est ce que disait Moïse, quand, après avoir tué vingt ou trente mille Israélites, il appelait en vain les autres; ils faisaient la sourde oreille.

Ou bien voulez-vous que j'emprunte une trop naïve image, que vous trouverez basse peut-être, mais qui n'en est pas plus mauvaise, c'est la fable de La Fontaine; le cuisinier, son grand couteau au côté, qui amadoue les poulets : « Petits! petits! » Il a beau prendre une voix douce; les petits n'ont garde; un couteau n'est point un appât.

Mais parlons sérieusement.

Nous ne sommes point de ces amis du peuple qui méprisent l'opinion du peuple, sourient du *préjugé populaire*, qui se croient modestement plus sages que *Tout-le-Monde*.

Tout-le-Monde, pour les habiles et les gens d'esprit, c'est un pauvre homme de bien, qui n'y voit guère, heurte, choppe, qui barbouille, ne sait pas trop ce qu'il dit. Vite, un bâton à cet aveugle, un guide, un soutien, quelqu'un qui parle pour lui.

Mais les simples, qui n'ont pas d'esprit, comme Dante, Shakespeare et Luther, voient tout autrement ce bon homme. Ils lui font la révérence, recueillent, écrivent ses paroles, se tiennent debout devant lui. C'est lui que le petit Shakespeare écoutait, gardant les chevaux, à la porte du spectacle; lui que Dante venait entendre dans le marché de Florence. Le docteur Martin Luther, tout docteur qu'il est, lui parle le bonnet à la main, l'appelant maître et seigneur : « Herr *omnes* (Monseigneur *Tout-le-Monde*). »

Tout-le-Monde, ignorant sans doute dans les choses de la nature (il n'enseignera pas la physique à Galilée ni le calcul à Newton), n'en est pas moins un juste juge dans les choses de l'homme. Il est souverain maître en droit. Quand il siège, en son prétoire et tribunal naturel, aux carrefours d'une grande ville, ou sur le banc devant l'église, ou encore sur une pierre à la croix des quatre routes, *sous l'orme* du jugement, il juge là sans appel; il n'y a pas à dire *non*. Les rois, les reines et les tribuns, les Mirabeau, les Robespierre, comparaissent modestement. Que dis-je? Le grand Napoléon fait comme faisait Luther : il met le chapeau à la main...

Et nunc, erudimini, qui judicatis terram! Soyez jugés, juges du monde!

Haute et souveraine justice, semblable à celle de Dieu, en ce qu'elle ne daigne presque jamais motiver ses jugements. Ils étonnent parfois, scandalisent. Les Scribes et les Pharisiens demanderaient volontiers qu'on interdit un tel juge; ils ne savent vraiment comment excuser ses contradictions : « Peuple mobile! disent-ils en haussant les épaules, qui, sans nul principe arrêté, juge et se déjuge. Indulgent pour celui-ci et sévère pour celui-là! Justice toute capricieuse. Les sages heureusement sont là pour reviser ses jugements. »

Caprice aux yeux de l'ignorance; pour la science, justice profonde. Lui, il juge, tout est fini; à vous autres, historiens, philosophes, critiques, ergoteurs, à chercher, trouver, si vous pouvez, le *pourquoi*. Cherchez; il est toujours juste. Ce que vous y trouvez d'injuste, faibles et subtils que vous êtes, c'est le défaut de votre esprit.

Ainsi cet étrange juge donne ce scandale à l'auditoire : il excuse Mirabeau, malgré ses vices; condamne Robespierre, malgré ses vertus.

Grand bruit, force réclamations, dits, contredits, *mais oui, mais non.....* Plusieurs hochent la tête et disent : « Le bonhomme a perdu l'esprit. » Prenez garde, Messieurs, prenez garde, c'est le jugement du peuple, c'est la décision du maître ; nous n'y réformerons rien ; tâchons seulement de comprendre.

Ce dernier point est déjà assez difficile. Je m'y suis tenu, sachant bien, quand je rencontrais des jugements discutés, des faits étranges parfois où la tradition commune ne semblait pas concorder avec tels documents imprimés, qu'il fallait rarement préférer ceux-ci ; les Mémoires sont des plaidoyers pour telle cause individuelle, les journaux plaident de même pour l'intérêt des partis. J'ai fouillé alors d'autres sources, jusqu'ici trop négligées, et j'ai vu avec admiration que, pour souscrire aux jugements de l'ignorance populaire, c'est la science qui m'avait manqué.

Un éclatant exemple de ceci, c'est le fait immense des fédérations, dont le peuple, principalement celui des campagnes, est resté si profondément impressionné, et qu'il ne manque jamais de rappeler avec effusion, dès qu'on parle de l'année 1790. Est-ce à tort ? Les fédérations furent-elles de simples fêtes ? On le croirait, au peu d'attention que leur donnent alors les journaux de Paris. Furent-elles des fêtes *bourgeoises*, comme on a essayé depuis de le faire entendre ? Comment se fait-il alors que l'imagination, le cœur du peuple, en soient encore tout remplis ?... Lisez les procès-verbaux des fédérations ; comparez-les aux documents imprimés de l'époque : vous trouverez que ces grandes réunions armées, se succédant pendant neuf mois (de novembre 1789 à juillet 1790), eurent l'effet très grave de montrer aux aristocrates les forces immenses, invincibles, de la nation ; elles leur ôtèrent l'espoir, leur firent perdre terre, décidèrent l'émigration, tranchèrent le nœud de l'époque. Les fédérations centrales (Lyon, Rouen, Paris, etc.), qui vinrent les dernières, firent comparaître seulement les représentants de la garde nationale ; à Lyon, cinquante mille hommes représentèrent cinq cent mille hommes. Mais les fédérations locales, celles des petites villes et villages, des hameaux, comprirent tout le monde ; le peuple, pour la première fois, se vit, s'unit d'un même cœur.

Ce fait, imperceptible dans la presse, puis obscurci, défiguré par les faiseurs de systèmes, reparait ici dans sa grandeur ; il domine, nous l'avons dit, la première moitié de ce volume. Neuf mois de la Révolution sont inexplicables sans lui. Où était-il avant nous ? Dans les sources manuscrites, dans la bouche et le cœur du peuple.

C'est là la première mission de l'histoire : retrouver par les recherches consciencieuses les grands faits de tradition nationale. Celle-ci, dans les faits dominants, est très grave, très certaine, d'une autorité supérieure à toutes les autres. Qu'est-ce qu'un livre ? C'est un homme. Et qu'est-ce qu'un journal ? C'est un homme. Qui pourrait mettre en balance ces voix individuelles, partiales, intéressées, avec la voix de la France ?

La France a droit, si personne peut l'avoir, de juger en dernier ressort ses hommes et ses événements. Pourquoi ? C'est qu'elle n'est pas pour eux un contemplateur fortuit, un témoin qui voit du dehors ; elle fut en eux, les anima, les pénétra de son esprit. Ils furent en grande partie son œuvre ; *elle les sait, parce qu'elle les fit.* Sans nier l'influence du génie individuel[1], nul doute que, dans l'action de ces hommes, la part principale ne revienne cependant à l'action générale du peuple, du temps, du pays. La France les sait dans cette action qui fut d'elle, comme leur créateur les sait. Ils tinrent d'elle ce qu'ils furent, *tels ou tels points exceptés* où elle devient leur juge, approuve ou condamne, et dit : « En ceci, vous n'êtes pas miens. »

Toute étude individuelle est accessoire et secondaire, auprès de ce profond regard de la France sur la France, de cette *conscience* intérieure qu'elle a de ce qu'elle fit. La part de la *science* n'en reste pas moins grande. Autant cette conscience est forte et profonde, autant aussi elle est obscure, a besoin que la science l'explique. La première garde et gardera les jugements qu'elle a portés ; mais les motifs des jugements, toutes les pièces du procès, les raisonnements souvent compliqués, par lesquels l'esprit populaire obtient des conclusions qu'on appelle simples, naïves, tout cela s'est effacé. Et c'est là ce que la science est chargée de retrouver.

Voilà ce que nous demande la France, à nous autres historiens, non de faire l'histoire, elle est faite

---

[1]. Dans un très bel article où le journal *la Fraternité* pose le véritable idéal de l'histoire, il réduit trop cependant la part du génie individuel (octobre 1847).

pour les points essentiels moralement, les grands résultats sont inscrits dans la conscience du peuple ; mais de rétablir la chaîne des faits, des idées, d'où sortirent ces résultats : « Je ne vous demande pas, dit-elle, que vous me fassiez mes croyances, me dictiez mes jugements ; c'est à vous de les recevoir et de vous y conformer. Le problème que je vous propose, c'est de me dire comment j'en vins à juger ainsi... J'ai agi et j'ai jugé ; tous les intermédiaires entre ces deux choses ont péri dans ma mémoire. A vous de deviner, mes Mages ! Vous n'y étiez pas, et j'y fus. Eh bien, je veux, je commande que vous me racontiez ce que vous n'avez pas vu, que vous m'appreniez ma pensée secrète, que vous me disiez au matin le songe oublié de la nuit. »

Grande mission de la science, et quasi divine ! Elle n'y suffirait jamais si elle n'était que science, que livres, plumes et papier. On ne devine une telle histoire qu'en la refaisant d'esprit et de volonté, en la revivant, en sorte que ce ne soit pas une histoire, mais une vie, une action. Pour retrouver et raconter ce qui fut dans le cœur du peuple, il n'y a qu'un seul moyen, c'est d'avoir le même cœur.

Un cœur grand comme la France !... L'auteur d'une telle histoire, si elle est jamais réalisée, sera, à coup sûr, un héros.

Quel admirable équilibre de justice magnanime se trouvera dans ce cœur ! Quelles sublimes balances d'or !... Car, enfin, il lui faudra, dans la grande justice populaire, qui décide en général, mesurer aux individus la justice de détail, retrouver à chacun, par une bienveillante équité, ses circonstances atténuantes, et, sur le plus coupable même, en l'amenant au tribunal, dire encore : « Il fut homme aussi. »

Ces pensées nous ont souvent arrêté, souvent fait rêver bien longtemps. Nous sentions trop ce qui nous manquait pour toucher cette balance en pureté, en sainteté.

Ce que nous pouvons dire au moins, c'est que, digne ou non, nous l'avons touchée d'une main attentive et scrupuleuse[1]. Nous n'avons jamais oublié

1. Nous n'avons, en cette histoire, nul intérêt que la vérité. Nous ne suivons à l'aveugle nulle passion de parti. La seule réclamation grave, sous ce rapport, qui nous soit parvenue, est celle des familles Foulon et Berthier. Une attaque violente et personnelle d'un membre de la famille Berthier n'a nullement ébranlé notre ferme résolution d'être juste pour tous, amis et ennemis. Le fils et le petit-fils des deux victimes, vieillards aujourd'hui fort âgés, nous ont transmis des Mémoires très étendus. Ils tendent à établir, *quant à Foulon :* Qu'il ne fut ni traitant ni financier, ne spécula point sur les grains, ne rançonna pas le pays ennemi, ne conseilla point la banqueroute; qu'il était bienfaisant, et que, dans le rude hiver de 1789, il dépensa 60.000 francs en travaux pour occuper les pauvres; que sa fortune moins considérable qu'on n'a dit, provenait de son mariage et de ses économies (ceci est établi dans le Mémoire par un calcul fort spécieux). *Quant à Berthier,* sa famille affirme : Qu'il était fort riche, même avant d'épouser la fille de Foulon; qu'il était homme de mœurs austères, administrateur actif, ami des réformes et des améliorations; qu'il en fit ou proposa plusieurs (cadastre et péréquation de l'impôt, dépôts de mendicité, écoles vétérinaires, fermes modèles, comices agricoles, etc.); les Berthier occupaient, dès le dix-septième siècle, des places importantes dans la magistrature et l'administration, étaient alliés aux plus grandes familles de robe, etc. — Plusieurs de ces faits peuvent être vérifiés dans nos dépôts publics. La famille le fera sans doute. Quant à la question *politique,* qui nous importe surtout en ceci, la lecture attentive de ces Mémoires n'a point changé notre opinion, conforme à celle de la majorité des contemporains, *et des constitutionnels,* Mounier, La Fayette, les Amis de la liberté, le *Moniteur,* etc.; *et des royalistes* même (Beaulieu, II, 10; Ferrières, I, 155; Choiseul, 220), qui sont peu favorables à Foulon et à son gendre. L'enquête juridique faite alors montre assez que Foulon était le conseiller de la contre-révolution ; que Berthier en

que nous pesions des vies d'hommes... d'hommes, hélas! qui vécurent si peu. C'est une circonstance grave dans la destinée de cette génération, qui oblige, pour être juste, de devenir indulgent : elle tomba dans un moment unique, où s'accumulèrent des siècles ; chose terrible, qui ne s'est vue jamais : plus de succession, plus de transition, plus de durée, plus d'années, plus d'heures ni de jours, le temps supprimé !

Quelqu'un, en 1791, dans l'Assemblée nationale, rappelait 1789 : « Oui, dit-on, *avant le déluge.* » —

était l'exécuteur le plus énergique ; il est prouvé par ses lettres, reçus, etc., qu'il faisait fabriquer la poudre, les cartouches. Quant à l'ordre qu'il aurait reçu *de couper les blés en vert*, pour nourrir la cavalerie, Berthier le niait si peu *qu'il désirait vivement faire venir cet ordre*, qui eût reporté la responsabilité sur le ministre dont Berthier était l'instrument ; c'est ce qu'il dit lui-même, dans cette journée fatale, à M. Étienne de La Rivière qui l'amenait à Paris, qui le défendait et le couvrait de son corps. Il essaya en vain d'écrire sur la forme de son chapeau pour faire venir cet ordre ; on l'en empêcha. Beaucoup de gens étaient fort intéressés à ce qu'il ne fût point interrogé, et sans doute ils hâtèrent sa mort. Cet ordre et l'interrogatoire auraient dévoilé sans doute le projet de la cour, qui, hésitant à engager ses troupes dans cette grande ville en armes, eût mieux aimé la tenir assiégée et affamée. On craignait tellement la déposition de La Rivière à ce sujet qu'on trouva moyen d'empêcher les journaux de la donner autrement que par extraits infidèles. Le seul *Ami du peuple* l'inséra intégralement (15 janvier 1790, n° 84, p. 5). S'il s'agissait d'une opinion du journaliste, j'aurais quelque défiance, le connaissant si violent, si crédule ; il s'agit ici d'une pièce qu'aucun journal imprimé publiquement n'aurait osé publier. La seule difficulté que je trouve, c'est que cet ordre, si contraire au caractère connu de Necker, porte au bas son nom. L'ordre, approuvé ou non de lui, n'en aura pas moins été envoyé par le conseil des ministres sous le nom du ministre dans les attributions duquel se trouvait l'affaire. — Nous avons examiné tout ceci très froidement, comme on peut croire, avec un respect réel de la vérité, un ferme désir d'être juste. Seulement nous devons rappeler une grave parole de M. de Bouillé (lettre à M. de Choiseul), qui pose et formule très bien les libertés de l'histoire : « Le caractère des hommes publics appartient au public, non à leur famille. »

Camille Desmoulins, parlant en 1794 d'un homme de 1792 : « Un patriote *antique* dans l'histoire de la Révolution. » — Le même, marié à la fin de 1790, écrit en 1793 : « Des soixante personnes qui vinrent à mon mariage, deux restent, Robespierre et Danton. » Il n'avait pas fini la ligne que des deux il n'en restait qu'un.

Heu! unam in horam natos !...

La tentation du cœur, quand on voit passer si vite ces pauvres éphémères sous le souffle de la mort, serait de les traiter avec une extrême indulgence. Nous ne doutons pas que Dieu n'ait jugé ainsi, qu'il n'ait largement pardonné. L'historien n'est point Dieu, il n'a pas ses pouvoirs illimités ; il ne peut oublier, en écrivant le passé, que l'avenir, toujours copiste, y copiera des exemples. Sa justice se trouve ainsi circonscrite à une mesure moins large que ne conseillait son cœur.

Voici ce que nous pouvions et ce que nous avons fait :

Nous avons rarement donné un jugement total, indistinct, nul *portrait* proprement dit ; tous, presque tous sont injustes, résultant d'une moyenne qu'on prend en tel et tel moment du personnage, entre le bien et le mal, neutralisant l'un par l'autre et les rendant faux tous deux. Nous avons jugé les actes, à mesure qu'ils se présentent, jour par jour et heure par heure. Nous avons daté nos justices, et ceci nous a permis de louer souvent des hommes que plus tard il faudra blâmer. Le critique oublieux et dur

condamne trop souvent des commencements louables
en vue de la fin qu'il connaît, qu'il envisage d'avance.
Mais, nous, nous ne voulons pas la connaître, cette
fin ; quoi que cet homme puisse faire demain, nous
notons à son avantage le bien qu'il fait aujourd'hui ; le mal viendra assez tôt : laissons-lui son
jour d'innocence, écrivons-le soigneusement au
profit de sa mémoire.

Ainsi nous nous sommes arrêté volontiers sur les
commencements de plusieurs hommes pour qui
nous étions médiocrement sympathique. Nous avons
loué provisoirement, là où ils étaient louables, le
prêtre Sieyès et le prêtre Robespierre, le scribe
Brissot, et d'autres.

Que d'hommes en un homme! Qu'il serait injuste,
pour cette créature mobile, de stéréotyper une image
définitive! Rembrandt a fait trente portraits de lui,
je crois, tous ressemblants, tous différents. J'ai suivi
cette méthode ; l'art et la justice me la conseillaient
également. Si l'on prend la peine de suivre dans ces
deux volumes chacun des grands actes historiques,
on verra que chacun d'eux a toute une galerie
d'esquisses, touchées chacune à sa date, selon les
modifications physiques et morales que subissait
l'individu. La reine et Mirabeau passent ainsi et
repassent cinq ou six fois ; à chaque fois, le temps
les marque au passage. Marat apparaît de même sous
divers aspects, très vrais, quoique différents. Le
timide et souffreteux Robespierre, à peine entrevu
en 1789, nous le dessinons, en novembre 1790, le

soir, de profil, à la tribune des Jacobins; nous le posons de face (en mai 1791) dans l'Assemblée nationale, sous un aspect magistral, dogmatique, déjà menaçant.

Nous avons ainsi daté soigneusement, minutieusement, les hommes, et les questions, et les moments de chaque homme.

Nous nous sommes dit et répété un mot qui nous est resté présent et qui domine ce livre :

L'histoire, c'est le temps.

Cette pensée constante nous a empêché d'amener les questions avant l'heure, comme on le fait trop souvent. C'est une tendance commune de vouloir lire toutes les pensées d'aujourd'hui dans le passé, qui souvent n'y songeait pas. Pour ceux qui ont cette faiblesse, rien n'est plus facile. Toute grande question est éternelle ; on ne peut guère manquer de la retrouver à toute époque. Mais le fait de la science est de ne pas prendre ainsi ces côtés vagues et généraux des choses, ces caractères communs des temps, où ils se confondent; au contraire, de *spécifier*, — d'insister, pour chaque époque, sur la question vraiment dominante, et non d'y faire ressortir telle circonstance accessoire, qui se trouve en d'autres temps, qui peut-être de nos jours est devenue dominante, mais ne l'était pas alors.

C'est à tort que les auteurs de l'*Histoire parlementaire* et ceux qui la suivent de près ou de loin ont placé en première ligne, dans l'histoire de la Révolution, les questions qu'on appelle *sociales*, questions éternelles entre le propriétaire et le non-propriétaire, entre le riche et le pauvre, questions formulées aujourd'hui, mais qui, dans la Révolution, apparaissent sous d'autres formes, vagues encore, obscures, dans une place secondaire.

Ces auteurs ont exercé une très grande influence, et par une collection facile à consulter, qui semble dispenser des autres, et par un journal estimable, rédigé malheureusement dans leur esprit, mais dont la moralité forte compense en partie ce défaut. Le *devoir*, ce mot seul, rarement attesté de nos jours, le devoir senti, enseigné, constitue à ce journal une originalité véritable.

Nous ne reprochons rien aux trop modestes élèves, plus sensés d'ailleurs que leurs maîtres. — Quant à ceux-ci, nous ne pouvons nous empêcher d'admirer leur sécurité dans l'absurde, leur intrépidité d'affirmation. Le *devoir* pourtant qu'ils attestent commandait, avant d'affirmer ainsi, d'étudier avec conscience. On ne devine pas l'histoire. Celui qui la parcourt en hâte, pour y trouver quelques preuves d'une théorie toute faite, limite trop ses lectures et n'entend pas même le peu qu'il a lu. C'est ce qui arrive aux auteurs de l'*Histoire parlementaire;* des deux termes qu'ils rapprochent et mêlent sans jugement, le Moyen-âge, la Révolution, ils ne savent pas le premier et ne comprennent pas l'autre.

Qu'est-il arrivé quand ils ont voulu imposer à la Révolution de 1789 le caractère socialiste des temps postérieurs? Ne trouvant rien dans les monuments révolutionnaires qu'ils reproduisent, ils y suppléent, en collant, devant, derrière, des préfaces ou postfaces qui n'y ont aucun rapport. Là, sans preuves, ils affirment que telle fut l'idée secrète des grands acteurs historiques, de tel homme, de tel parti : ils ont pensé ceci, cela ; ils n'en ont rien dit, il est vrai, mais ils auraient dû le dire.

Ou bien, s'ils trouvent un secours, quelques mots qu'ils puissent, en les forçant, détourner à leur profit, c'est dans le camp ennemi qu'ils vont les chercher. Donnons ici un exemple de cette étrange méthode.

L'affaire Réveillon, tout artificielle, comme le dit très bien Barère, affaire visiblement organisée par la cour pour empêcher les élections, décider le roi à ajourner les États généraux, ils en font une question toute semblable à celles qui nous occupent aujourd'hui : *c'est le peuple* contre les bourgeois. Et, pour relever ce prétendu peuple, ils affirment hardiment qu'on ne pilla rien chez Réveillon, *qu'il le dit ainsi lui-même*. Pour les meubles, cela est vrai; on n'aurait pu les emporter; la foule était serrée, compacte, et les spectateurs honnêtes se seraient certainement déclarés contre les pillards. Mais, pour ce qu'on put emporter, pour l'argent, on l'emporta; c'est Réveillon qui, dans sa déposition, le témoigne expressément[1].

---

1. « Il y avait à côté 500 louis d'or, qui m'ont été volés aussi. » (*Exposé justificatif du sieur Réveillon*, réimprimé à la fin du premier volume de Ferrières, p. 422, éd. 1822.)

Il est étrange que l'*Histoire parlementaire* invoque son témoignage pour lui faire dire tout juste le contraire de ce qu'il dit.

Où puise-t-elle son récit? Dans l'*Ami du Roi*. — Vous croyez, d'après ce titre, qu'il s'agit du journal contemporain, racontant un fait de la veille. Nullement. Il s'agit ici d'une histoire écrite par Montjoye, *deux ans après*, « pour former, avec le journal l'*Ami du Roi*, un corps complet d'histoire ». Il n'y a jamais eu un plus effroyable amas de mensonges que ce livre de Montjoye, jusqu'à raconter que Mirabeau était là, dans l'affaire Réveillon, pour pousser l'émeute!..... L'ouvrage, en général, est un recueil très complet de tout ce qu'on avait pu imaginer en fait de calomnies absurdes. Vous retrouverez là, entre autres choses, le roman de la République calviniste, travaillant la Révolution pendant trois cents ans, exactement comme on l'a lu dans la brochure originale de Froment en 1790.

La tactique très perfide des royalistes et des prêtres à cette époque était d'exploiter les souffrances infinies du peuple, d'en accuser la Révolution, de dire que tout au moins elle n'y pouvait rien changer.

Les évêques (juin 1789) apportent hypocritement du pain noir dans l'Assemblée : « Messieurs, voyez le pain du peuple... Ayez pitié du pauvre peuple... » Et Montjoye ajoute en cadence : « Qu'importent ces élections? Le pauvre sera toujours pauvre. » — C'est-à-dire qu'une révolution qui, par le fait, supprimait l'octroi des villes, qui délivrait le paysan de la dîme, abolissait l'impôt indirect, mettait en vente à vil prix des milliards de biens, était une révolution tout indifférente au peuple, œuvre des bourgeois faite uniquement pour l'intérêt des bourgeois. Burke et le clergé ont dit ces choses, mais quel homme sensé les croira ?

Malouet, en 1789, fit la proposition infiniment dangereuse de voter une vaste taxe des pauvres, qui, mise entre les mains du roi, tournait la Révolution exactement à rebours, faisant du roi le tribun des indigents, le nourricier des affamés, le capitaine peut-être des mendiants contre la Révolution. L'Assemblée répondit noblement par des sacrifices personnels, par l'immortelle nuit du 4 août.

En 1790-1791, le club des Amis de la constitution monarchique usa de la même recette. Il se mit à distribuer des bons de pain, non aux plus affamés, mais aux travailleurs robustes. Les Jacobins regardèrent cette tentative comme tellement dangereuse qu'ils eurent recours aux violentes émeutes pour détruire ce club.

Tout était gagné pour les royalistes, s'ils avaient pu obscurcir la question politique, en faire une question sociale, la guerre des bourgeois et du peuple, puis intervenir, faire accepter au peuple du pain, en place de ses droits. Ils avaient compté sans lui. Tout affamé qu'il était, il subordonna la question du ventre à la question d'idées. On vit alors, dans les plus extrêmes épreuves, combien la Révolution était, dans son principe, glorieusement spiritualiste, fille de la philosophie et non pas du déficit. Aux portes des boulangers, comme aux portes de l'Assemblée, on parlait de la disette moins que du veto, moins que du dernier discours qu'avait prononcé Mirabeau; on discutait les Droits de l'homme, etc. C'est ce que les royalistes, confondus, ont appelé la folie de cette époque; c'est sa gloire, à notre avis.

Étranges amis du peuple que ceux qui, adoptant à l'aveugle la tradition royaliste, rabaisseraient ces luttes d'idées aux querelles de famine !

Partout où ils rencontrent du pillage, du brigandage, « c'est le peuple, voilà le peuple... » Et que diraient donc de plus ses cruels *ennemis* ?

On croirait qu'ils sont *ennemis* systématiques de la propriété. Ils ne savent pas bien ce qu'ils sont; ils restent, sur ce point, dans une sorte d'éclectisme, comme leur ami Marat.

Préoccupés exclusivement de Paris, des tendances aristocratiques de la garde nationale de Paris, ils croient voir partout la lutte du peuple et de la garde nationale. Que ne consultent-ils les hommes du temps qui vivent encore ? Ils leur diraient que, de juillet 1789 à juillet 1790, et même au delà, la garde nationale, c'était tout le monde en France. Paris et quelques grandes villes font seules exception à cela. Le charbonnier, le porteur d'eau, le commissionnaire du coin de la rue, montait sa garde à côté du propriétaire, du riche. Notre cher et vénérable M. de Lamennais m'a conté qu'au moment où les villes de Bretagne défendirent du pillage les châteaux des nobles, leurs ennemis, il fut frappé, tout enfant qu'il était, de voir la ville de Saint-Malo tout entière partir en garde nationale.

Les grandes villes, la classe ouvrière, absorbent toute l'attention des auteurs de l'*Histoire parlementaire*. Ils oublient une chose essentielle. Cette classe n'était pas née.

Je veux dire qu'elle était peu nombreuse, en comparaison de ce qu'elle est aujourd'hui.

La France nouvelle est née en deux fois : le paysan est né de l'élan de la Révolution et de la guerre, de la vente des biens nationaux; l'ouvrier est né de 1815, de l'élan industriel de la paix.

La plupart des systèmes qu'on bâtit sur les temps de la Révolution reposent sur l'idée de la classe ouvrière, qui alors existe à peine. Voilà la première erreur de MM. Buchez et Roux, et de ceux qui, avec plus d'esprit, plus de talent, moins d'exagération systématique, ont adopté à la légère plusieurs de leurs conclusions.

Et la seconde erreur, non moins grave, c'est de supposer que la tradition catholique s'est perpétuée dans celle de la Révolution.

Pour défendre ce paradoxe, il a fallu soutenir à la Révolution elle-même qu'elle s'est trompée, qu'elle est identique à ce qu'elle a cru combattre; ce qui n'est pas moins que de la représenter imbécile et idiote.

Mutilez tant que vous voudrez, torturez ses paroles, jamais vous ne la convaincrez d'avoir eu pour principe l'étrange et bizarre éclectisme où vous mêlez grossièrement ensemble les éléments les plus contraires. Elle eut un principe simple, comme toute chose vivante, organique; elle eut une âme, une vie.

Quand vous lui prêteriez vos paroles, vos conceptions bizarres, cela ne suffirait pas encore à la dénaturer, si on la voyait, ce qu'elle est, légitimement amenée par le courant invisible des siècles qui la préparent. Il faut supprimer ces siècles, trois au moins, nier la Renaissance, nier le Protestantisme qui est la moitié du monde, nier le dix-huitième siècle et le monde entier.

Où donc faut-il remonter pour trouver l'esprit véritable auquel nous rattacherons la Révolution? Au traité de Westphalie? A Luther? A Jean Huss? L'Europe, avant ces époques, était une, disent-ils, harmonique, parfaitement équilibrée. Or, savez-vous ce qu'avait à faire la Révolution selon eux? Vous ne le devinez pas? Replacer le monde au même point : « Ramener le droit public de l'Europe à l'état où il était avant le traité de Westphalie » (t. VI, p. XIII, 1re édition).

Même page : « La Réforme *brisa l'unité* religieuse. » L'unité avait été grande en effet au quinzième siècle, grande au quatorzième siècle, grande si nous remontons aux Albigeois et plus haut... l'unité d'un chaos sanglant!

« Plus tard, disent-ils, naquit la doctrine du droit naturel. » Croyez-vous donc, parce que, jusque-là, vos prêtres la faisaient taire, cette doctrine, par le fer et par le feu, qu'elle n'existât pas dans le cœur de l'homme, qu'elle ne criât pas contre eux? — En quelle année, s'il vous plaît, est-elle née? Donnez-moi la date du droit éternel.

J'avais lu toutes ces belles choses dans ce pêle-mêle allemand qu'on appelait *Le Catholique*, où M. d'Eckstein, avec une certaine verve trouble, brouillait toutes sortes de doctrines, de théories empruntées. C'est la source principale où ceux-ci ont puisé ce qu'ils savent du Moyen-âge catholique. Seulement, comme si ce brouillard leur semblait encore trop clair, ils ajoutent tout ce qu'ils ont d'ignorances, de confusions, de malentendus. Les ténèbres bien épaissies, redoublées par des non-sens, ils se sont là-dedans commodément établis, et là fait un tel mélange de formules, d'*abracadabra*, que rien de pareil n'a eu lieu depuis la scène des trois sorcières de *Macbeth*. Vous entendez du dehors toutes sortes de doctrines violées, accouplées, torturées, hurler dans la nuit. Chacune d'elles est mêlée aux autres, d'une manière d'autant plus impitoyable et barbare qu'ils ne savent la vraie nature, la portée d'aucune. Chacune prise de seconde main, dans des extraits infidèles, dans des traductions inexactes, n'ayant plus ni figure ni forme, finit par se prêter à tout. La série des épurations, des rectifications préalables par lesquelles il faudrait faire passer chaque élément de ce mélange, avant d'en venir à discuter l'informe Babel, décourage, les bras en tombent.

Nul système n'est là plus barbarement estropié que la pauvre Révolution.

Pour donner quelque vraisemblance à cette confusion incroyable qui identifie l'âge de *liberté* avec l'âge d'*autorité*, la tyrannie spirituelle, il leur a fallu placer le premier dans ce qui fut le moins lui-même, dans ce qui fut le moins libre, dans ce que la Révolution offre d'analogue aux barbaries du Moyen-âge. La Révolution, selon eux, apparaît précisément dans ses ressemblances avec le système contre lequel depuis des siècles se faisait la Révolution. Née, grandie dans l'indignation légitime qu'inspirait la Terreur de l'Inquisition, elle triomphe enfin, elle éclate, révèle son libre génie, et son génie ne serait autre que la Terreur de 1793 et l'Inquisition jacobine ?

Satire amère de la Révolution ! Qu'elle déclame cinq cents ans contre le Moyen-âge, et qu'arrivée à son jour, sommée par la nécessité de montrer ce qu'elle est, ce qu'elle veut, elle ne montre rien en soi qu'une impuissante déduction du Moyen-âge, qu'une imitation servile de ses procédés barbares, barbarie plus choquante encore, lorsqu'elle se représente, en plein dix-huitième siècle, après Rousseau et Voltaire.

Si cette théorie est bonne, le Moyen-âge a vaincu. Comme terreur, il est supérieur, ayant, par delà les supplices éphémères, les tourments de l'éternité. Comme Inquisition, il est supérieur, connaissant d'avance l'objet sur lequel porte son enquête, ayant élevé enfant cet homme dont il cherche la pensée, l'ayant pénétré d'avance par tous les moyens de l'éducation, le reprenant chaque jour par la confession, exerçant sur lui deux tortures, la volontaire, l'involontaire, etc. L'inquisition révolutionnaire, n'ayant aucun de ses moyens, ne sachant comment discerner les innocents des coupables, est réduite à un aveu général de son impuissance ; elle applique à tous au hasard la qualité de *suspects*.

Le Moyen-âge, nous le répétons, a tout l'honneur en ce système. Il est le système même, et la Révolution n'y apparaît que comme une application malheureuse, un accident barbare. Le catholicisme, ici, c'est le fond de tout, un fond absorbant qui rappelle tout à lui. Les auteurs ont beau faire parade de phrases révolutionnaires, attaquer même en tel point tel abus de l'ancienne Église ; leur principe d'une pente rapide, d'une descente invincible, les fait rouler vers cette Église, au sein des vieilles ténèbres. Ce sont les Jacobins du pape. Le clergé ne s'y trompe pas ; l'apologie de la Saint-Barthélemy lave à ses yeux suffisamment l'apologie du 2 septembre.

Je n'insisterais pas ainsi sur l'*Histoire parlementaire*, si ce recueil, commode à consulter, n'était pas pour la foule des lecteurs qui ont peu de temps une tentation continuelle. Le mot *devoir* est en tête, il commande la confiance. Il porte à croire que l'exécution du livre fut aussi consciencieuse que l'intention pouvait être bonne. Néanmoins, quoique les auteurs soient des hommes honorables, la passion, la préoccupation systématique, sans doute aussi la précipitation avec laquelle ils travaillèrent, leur ont fait admettre dans leur recueil une quantité innombrable d'erreurs matérielles qu'ils trouvaient dans les grandes collections, et ils ont ajouté les leurs[1].

Leurs idées ont acquis aussi une grande influence par ce qu'en ont emprunté des hommes fort supérieurs en talent littéraire et bien moins systématiques. Les derniers historiens de la Révolution, MM. de Lamartine, Louis Blanc, Esquiros (que je ne prétends nullement juger, l'éloge me mènerait bien loin), sont, malgré leurs différences, d'accord avec M. Buchez sur deux points essentiels. En ces points, ils sont tous contraires à la tradition de l'esprit moderne, à celle de la France. Cette tradition n'est pas moins, selon moi, que la *conscience* nationale. Jusqu'à quel point la *science*, aidée du talent et du prestige de l'art, peut-elle avoir raison contre la *conscience* populaire? C'est ce que le temps jugera.

---

1. J'en ferais un livre plus gros que le leur; mais ce qu'il y a de plus curieux, c'est de voir comme ils escamotent les affaires ecclésiastiques, suppriment les discours les plus forts sur ces matières, les disant de peu d'importance, tandis que, dans leurs préfaces, les mêmes matières sont présentées comme les plus importantes.

Parfois l'esprit de système les mène à des mutilations très graves. Par exemple, au 6 août 1789, ils suppriment la proposition que fait Buzot de déclarer que « les biens ecclésiastiques appartiennent à la nation ». Ils craignent de donner à un homme de la Gironde cette grande initiative. — Au 27 juillet 1789, ils omettent une discussion tout entière, ce qui les dispense de dire que Robespierre demanda la violation du secret des lettres, etc. (Voir le tome II, 1re édition, 1834.)

I. Le premier point, c'est leur indulgence pour le clergé. Contrairement à l'opinion générale, ils ne paraissent pas croire que la Révolution ait été amenée par les fautes des prêtres autant que par celles des rois. Les premiers n'apparaissent dans leurs livres que de profil et en seconde ligne. La tradition anti-ecclésiastique de la philosophie française leur inspire peu de sympathie; dans Rabelais, Molière et Voltaire, ils ne voient que les organes d'un individualisme égoïste des classes bourgeoises. Nous, nous y voyons le peuple, la manifestation vraie et forte de l'esprit français, tel qu'on le trouve antérieurement dans les fabliaux, fables, contes, poésies populaires de tout âge, de toute forme et de toute espèce.

Nous ne portons ici aucun jugement sur le mérite des deux doctrines opposées. Nous notons seulement leur opposition.

II. Il en est de même pour le second point. Les quatre écrivains dont je parle s'accordent dans leur admiration pour les hommes de la Terreur; ils croient que le *Salut public* a sauvé la France, ils révèrent les noms qui, à tort ou à raison, sont restés exécrables dans le souvenir du peuple, et, dans sa bouche, maudits.

Deux des histoires en question ne sont point achevées. *Attendons* les faits, inconnus sans doute, qu'elles tiennent encore en réserve, des faits, s'il en est d'assez concluants pour faire que l'instinct populaire a erré, que la France s'est trompée.

En *attendant*, tout ce qu'une longue étude des précédents de la Révolution, et de la Révolution même, nous conduit à croire, c'est que la France a raison, c'est qu'entre la *science* véritable et la *conscience* populaire, il n'y a rien de contradictoire.

Loin d'honorer la Terreur, nous croyons qu'on ne peut même l'excuser comme moyen de salut public. Elle eut des difficultés infinies *à surmonter*, nous le savons; mais la violence maladroite des *premiers* essais de Terreur, qu'on voit dans ce volume même, avait eu l'effet de créer à l'intérieur des millions d'ennemis *nouveaux* à la Révolution, à l'extérieur, de lui ôter les sympathies des peuples, de lui rendre toute propagande impossible, d'unir intimement contre elle les peuples et les rois. Elle eut des obstacles incroyables *à surmonter;* mais les plus terribles de ces obstacles, elle-même les avait faits. — Et elle ne les surmonta pas; c'est elle qui en fut surmontée.

La faute, au reste, n'est pas particulière aux hommes du *Salut public;* c'est celle par laquelle avaient péri les systèmes antérieurs.

Tous commencent par poser le *devoir;* puis les dangers, les nécessités viennent, ils ne songent qu'au *salut*.

Le christianisme part de l'amour de Dieu et de l'homme, du *devoir* moral; puis, dès qu'il est contesté, il procède par le fer et le feu, par voie de *salut* public.

La royauté naissante est une *justice* suprême;

saint Louis est un juste juge, même contre la royauté. Philippe-le-Bel, poussé par le pape, atteste le *salut public* (c'est le mot même dont il se sert). Louis XI l'applique aux seigneurs.

Demandez à chaque système pourquoi ces moyens violents, peu en rapport avec le principe élevé qu'il mit en avant d'abord, il répond : « Il faut que je vive ; la première loi est le salut. » — Et c'est par là qu'il périt.

Ces remèdes héroïques ont cet infaillible effet de donner une vigueur nouvelle à ce que l'on veut détruire. Le fer a une force vivifiante qui fait végéter ce qu'on coupe ; c'est comme la taille des arbres. Torquemada, par les bûchers, enfante des philosophes. Louis XI, par les gibets, réveille l'âme féodale pour le siècle qui va suivre. Marat, en aiguisant le couteau de la guillotine, ne fait que des royalistes et prépare la réaction.

Les hommes de la Révolution, fort courageux et dévoués, manquèrent, il faut le dire, de cet héroïsme d'esprit qui les eût affranchis de la vieille routine du *salut public*, appliquée par les théologiens, formulée, professée par les juristes depuis le treizième siècle, spécialement en 1300 par Nogaret sous son nom romain de *salut public*, puis par les ministres des rois sous le nom *d'intérêt, de raison d'État*.

Nos révolutionnaires retrouvèrent cette doctrine dans Rousseau ; ils la suivirent docilement. Les vingt années qui suivent Rousseau ne leur donnaient nulle idée essentielle de plus. Eux-mêmes, emportés dans l'orage, ils n'y purent rien ajouter. Rousseau fut inconséquent, et ils furent inconséquents.

Notons cette inconséquence.

Dans l'*Émile*, dans la Profession de foi du vicaire savoyard, Rousseau a atteint la profonde idée de la suprématie absolue du droit, du devoir, disant que Dieu même n'en est pas affranchi[1]. Mais dans le *Contrat social*, le droit flotte devant ses yeux, il n'est plus une idée simple, primitive, absolue ; il croit avoir besoin de l'expliquer, il le dérive d'une idée antérieure[2].

Il appuie la justice sur la préférence de chacun pour soi, sur *l'intérêt* personnel. La justice sociale va se trouver fondée sur *l'intérêt* général. Plus d'injustice dès que cet intérêt général commande, dès que l'injustice peut servir au *Salut public*, seule base de la justice.

Le *salut*, dans ce système, est pris pour point de départ, comme l'idée la plus claire, la notion la plus précise, qui prête sa clarté aux autres. Cependant, dans cette incertitude infinie des choses humaines, lorsque les fameux politiques se trompent à chaque instant, sont-ils sûrs de ne pas se tromper ici, de bien savoir ce qu'ils disent, quand ils parlent de

---

1. « Dieu, dit-on, ne doit rien à ses créatures. Je crois qu'il leur doit tout ce qu'il leur promit en leur donnant l'être », etc. (*Émile*, livre IV.)

2. « L'égalité de droit et la notion de justice *qu'elle produit* dérivent de la préférence que chacun se donne. » Il dit, quelques lignes plus haut, que si tous, dans la Cité, désirent le bonheur de tous, c'est qu'ils y voient leur intérêt (liv. II, chap. IV).

Cette doctrine peu élevée rappelle que le *Contrat social* fut écrit d'abord à Venise.

salut? Le *salut* est-il donc chose plus claire dans l'esprit de l'homme que la *justice* ne l'est dans son cœur? « Qui sait en ce monde (un jeune homme d'un grand cœur me disait hier ce mot), qui sait au vrai ce que c'est que le salut? Est-ce vivre? Est-ce mourir? »

Pour moi, tout le spectacle de l'histoire m'a montré une chose (que les empiriques ignorants de la politique feront bien d'apprendre) : c'est que les plus sûrs du salut, c'étaient encore, après tout, ceux qui ne voulaient point de salut aux dépens de la justice.

La justice est une idée positive, absolue, qui se suffit à elle-même. Le salut est une idée négative, qui implique la négation de la ruine, de la mort, etc. Ceux qui firent descendre la Révolution de la justice au salut, de son idée positive à son idée négative, empêchèrent par cela même qu'elle ne fût une religion. Jamais idée négative n'a fondé une foi nouvelle. La foi ancienne dès lors devait triompher tôt ou tard de la foi révolutionnaire. L'ancienne n'aurait pu légitimement céder qu'à une foi plus désintéressée, plus haute, mieux fondée dans la justice.

Personne, du commencement, ne vit tout cela.

L'Assemblée constituante, par la voix de Mirabeau, proclama le principe même de la Révolution (conforme au Rousseau de l'*Émile*) : « Le droit est le souverain du monde. » Et encore par Dupont (de Nemours) : « Périssent les colonies plutôt qu'un principe ! » Ce qui n'empêcha pas les meneurs de l'Assemblée de professer, tout au moins de pratiquer la doctrine du *Salut public*. Ils n'hésitèrent pas à l'avouer dans une occasion solennelle.

Les Girondins et Montagnards commencent précisément de même. Robespierre répète, dans la discussion des colonies, le mot de Dupont (de Nemours). Dans la question de la liberté d'émigrer, il s'abstient, laisse parler les professeurs du *Salut public* (février 1791). Cependant, dès 1789, il a conseillé la violation du secret des lettres ; on peut, sans peine, prévoir que, s'il arrive à tenir le timon des affaires, il ne défendra pas les principes plus obstinément que ne font les Constituants et les Girondins. Le grand *instrumentum regni*, la doctrine du *Salut public*, est invariablement réclamée par les puissants.

Ils n'ont pas une autre recette. Tous, Girondins, Montagnards, partent de l'idée que seuls ils sauront sauver le peuple. Par quelle voie ? Nulle qui leur soit propre. Ils n'ont ni le temps ni l'idée même de chercher des choses nouvelles. Ils n'ajoutent rien, comme philosophie, aux théories de Rousseau, à la formule de Sieyès, qui en dérive ; je parle du *droit du nombre;* seulement ils l'appliquent diversement. Sur quoi ce droit est-il fondé ? Quel est le droit des classes les plus nombreuses, des classes non cultivées, le droit de l'instinct, de l'inspiration naturelle ? En quoi ces classes voient-elles mieux, souvent, que les classes cultivées ? Ils ne songèrent nullement à éclaircir ces questions [1].

La stérilité des Girondins ne tint pas, comme on le dit, à leur qualité de *bourgeois*, mais à leur fatuité d'avocats, de scribes. Les Jacobins, on le verra, furent également des *bourgeois*. Pas un des meneurs jacobins ne sortait du peuple.

Scribes, avocats, disputeurs, les Girondins crurent régenter le peuple par la puissance de la presse. Brissot, que j'ai appelé plus haut un doctrinaire républicain, dit dans sa lettre à Barnave : « Autant un homme libre est au-dessus d'un esclave, autant un philosophe patriote est au-dessus d'un patriote ordinaire. » Brissot ignore que l'instinct et la réflexion, l'inspiration et la méditation sont impuissants l'un sans l'autre; que le philosophe qui ne consulte pas sans cesse les instincts du peuple reste dans une vaine et sèche scolastique; que nulle science, nul gouvernement n'est sérieux sans cet échange de lumières.

Ces docteurs ont cru, précisément comme ceux du Moyen-âge, posséder seuls la raison en propre, en patrimoine; ils ont cru également qu'elle devait venir d'en haut, du plus haut, c'est-à-dire d'eux-mêmes; qu'elle tombait sur le simple peuple de la tête du philosophe et du sage.

---

1. Sont-elles éclaircies aujourd'hui? Pas encore.
Qu'on sache bien cependant que nulle amélioration sociale n'est possible, tant que ces questions ne seront pas résolues et leur formule posée. Un essai a été fait dans ce but, faible essai, mais le premier; c'est la deuxième partie de mon livre *Le Peuple;* la chose la plus sérieuse peut-être que j'aie écrite, celle qui, tout au moins, témoignera de ma bonne volonté.

Girondins et Montagnards, ils sont d'accord là-dessus. Ils parlent toujours du peuple, mais se croient bien au-dessus. Les deux partis également, nous le mettrons en lumière d'une manière évidente, reçurent toute leur impulsion des lettrés, d'une aristocratie intellectuelle.

Les Jacobins portèrent l'orgueil à la seconde puissance; ils adorèrent leur sagesse. Ils firent de fréquents appels à la violence du peuple, à la force de ses bras; ils le soldèrent, le poussèrent, mais ne le consultèrent point. Ils ne s'informèrent nullement des instincts populaires qui réclamaient dans les masses contre leur système barbare[1]. Tout ce que leurs hommes votaient dans les clubs de 1793, par tous les départements, se votait sur un mot d'ordre envoyé du Saint des saints de la rue Saint-Honoré. Ils tranchèrent hardiment par des minorités imperceptibles les questions nationales, montrèrent pour la majorité le dédain le plus atroce, et crurent d'une foi si farouche à leur infaillibilité qu'ils lui immo-

---

[1]. L'organe véritable des masses fut l'infortuné Loustalot, rédacteur des *Révolutions de Paris*, qui mourut à vingt-huit ans, après avoir obtenu un succès tel que la presse, ni avant ni après, n'en peut citer un semblable; son journal fut tiré parfois, je l'ai fait remarquer, à deux cent mille exemplaires! Mirabeau tirait à dix mille, la Société centrale des Jacobins à trois mille, etc. — Malgré la légitime colère qu'inspire à Loustalot la contre-révolution (et dont il est mort), il réclame avec une vigueur admirable les droits de l'humanité; en ce point, il parle hardiment, sans ménagement pusillanime pour sa popularité. Il sent trop bien que c'est le cœur même du peuple qui parle en lui. Il censure les devises menaçantes qui avaient paru à la Fédération, et propose celle-ci : « Vaincre et pardonner. » Il pousse un cri de fureur contre les assassins du boulanger François (octobre 1789) : « Des Français? des Français? Non, ces monstres n'appartiennent à aucun pays; le crime est leur élément, le gibet leur patrie! »

lèrent sans remords un monde d'hommes vivants.

Voilà ce qu'ils dirent à peu près : « Nous sommes les sages, les forts; les autres sont des idiots de modérés, des enfants, des vieilles femmes. Notre doctrine est la bonne, si notre nombre est minime. Sauvons, malgré lui, ce bétail. Qu'on en tue plus ou moins, qu'importe? Cela vivait-il, vraiment, pour se plaindre de mourir? La terre y profitera. »

« Un jour de crime seulement... » — C'est ce que disait ce bon Louis XI : « Encore un petit crime seulement, ma bonne Vierge, seulement la mort de mon frère, et le royaume est sauvé. »

« Un jour de crime seulement, demain le peuple est sauvé; nous *mettons* la Morale et Dieu à l'ordre du jour. » — Autrement dit : « Quand nous aurons rendu ce peuple exécrable au monde, *mettant* sous son nom ce que fait malgré lui une petite minorité, quand nous aurons brisé en lui, par les honteuses habitudes de la peur, tout ressort moral, alors, au moyen d'une petite proclamation, d'un morceau de papier timbré, tout renaîtra, se relèvera; l'âme flétrie de ce peuple va refleurir devant le Ciel et la Terre. »

Chirurgiens ineptes, qui, dans votre profonde ignorance de toute médecine, croyez tout sauver en enfonçant le fer au hasard ici et là dans le malade, qui vous a donné sur lui cette autorité? — Tailler et puis couper encore, c'est toute votre science; le mal repousse à côté? Encore un morceau de chair!

Voilà une bien terrible aristocratie, dans ces démocrates :

« Nous sommes des docteurs, nous; le malade ne sait ce qu'il dit... Nous le guérirons, quoi qu'il fasse; il sera bien content demain; il ne lui en aura coûté que tel accessoire, un nez, un œil, une oreille, un bras, une jambe, la tête, à prendre les choses au pis; eh bien, le tronc sera sauvé ! »

La situation était atroce; mais elle était ridicule, c'est ce qui nous tira de là. Qui tuera le rire en France ? Il tuerait plutôt le reste.

Pendant que les faux Rousseau prouvent à la Convention, au nom des principes, qu'elle doit s'exterminer elle-même, pendant qu'elle baisse la tête et n'ose dire : « Non... » voici un incident grave : Voltaire ressuscite.

Béni sois-tu, bon revenant ! Tu nous viens en aide à tous. Nous étions bien embarrassés sans toi, personne ne pouvait arrêter la mort déchaînée au hasard. Les philanthropes du moment ont guillotiné la clémence; ils ne savent plus eux-mêmes avancer ni reculer.

Le procès voltairien de la mère de Dieu (Catherine Théot), tombé dans la Convention, y soulève un rire immense... Miracle ! ces morts qui rient... Cette Assemblée condamnée, la tête sous le couteau, la mort dans les dents, s'oublie, elle éclate, ne peut se contenir. L'invincible torture du rire, lui donnant la question, suscite du fond de ses entrailles ce qui eût semblé éteint, perdu pour toujours, l'étincelle de

Voltaire... Disons mieux, la flamme immortelle du vrai génie de la France... Rire sacré, rire sauveur, qui vainquit la peur et la mort, rompit l'horrible enchantement.

L'apôtre de la Terreur, sous l'amusante figure de Messie des vieilles femmes, ne fut plus terrible à personne. Le terrorisme sentimental, la grimace de Rousseau (dont Rousseau eût eu horreur) ne put plus se soutenir. Le jour où le dictateur apparut comme roi futur des prêtres, la France réveillée le déposa à côté de Louis XVI.

Grande leçon pour les politiques, et qui doit les faire songer! Qu'ils prennent garde à Voltaire! Cet homme-là ressuscite quand on y pense le moins. Robespierre s'en est mal trouvé. Chaque fois qu'on s'appuie sur Tartufe ou qu'on veut s'y appuyer, Voltaire est là qui vous regarde...

Plusieurs demandent à quoi sert Voltaire, s'il n'est pas fini depuis longtemps, mort et enterré? Non; il vit, pour surveiller les alliances monstrueuses.

Rousseau ne les empêche pas. Tout en renversant les bases du christianisme comme *système*, il l'adopte comme *sentiment*. Les faux Rousseau ne manquent jamais de profiter de l'équivoque; Voltaire, qui vint avant Rousseau, doit encore revenir après, pour que la question ne s'obscurcisse, comme on tâche souvent de le faire.

La France aura toujours deux pôles, Voltaire et Rousseau; on n'ôtera pas plus l'un que l'autre. Que sert de commencer une entreprise impossible? Pour faire plaisir aux prêtres qui n'en sauront aucun gré?

Le côté voltairien, né du sol et du vin des Gaules, perpétué des fabliaux en Rabelais, de Rabelais en Molière, en Voltaire, fleurit, fleurira, cultivé des Béranger de l'avenir. Ce n'est pas, comme vous croyez, un fruit sans conséquence de la vieille gaieté bourgeoise : c'est aussi, c'est avant tout la ferme franchise gauloise, c'est la loyauté de ce peuple, c'est sa haine pour Tartufe (religieux, politique, philanthrope, peu importe).

Voltaire, un en trois personnes, dans ces trois vainqueurs de Tartufe, Rabelais-Molière-Voltaire, est, sous la variété infinie de ses formes vives et légères, malgré tel ou tel mélange accordé à l'esprit du temps, le fond même de ce peuple. Comment? *Par sa haine du faux*, des vaines subtilités, des abstractions dangereuses, des scolastiques meurtrières; et puis *par son amour du vrai*, du positif et du réel, par son sincère attachement à la plus certaine des réalités, la vie, par sa touchante religion pour la pauvre vie humaine, si précieuse et si prodiguée... Par son bon cœur et son bon sens, il est profondément le peuple. Personne ne les séparera, il faut bien vous y résigner. Eussiez-vous l'esprit de Voltaire, vous n'arracherez pas Voltaire de l'esprit national, ni la France de la France.

HISTOIRE DE LA RÉVOLUTION FRANÇAISE

LIVRE III

6 OCTOBRE 1789-14 JUILLET 1790

CHAPITRE PREMIER

ACCORD POUR RELEVER LE ROI (OCTOBRE 1789).
ÉLAN DE LA FRATERNITÉ (OCTOBRE-JUILLET).

Amour du peuple pour le roi. — Générosité du peuple, sa tendance à l'union. — Ses fédérations (d'octobre en juillet). — La Fayette et Mirabeau pour le roi, l'Assemblée pour le roi, octobre 1789. — Le roi n'était pas captif en octobre.

Le matin du 7 octobre, de bonne heure, les Tuileries étaient pleines d'un peuple ému, affamé de voir son roi. Tout le jour, pendant qu'il recevait l'hommage des corps constitués, la foule l'observait du dehors, l'attendait et le cherchait. On le voyait ou on croyait le voir de loin à travers les vitres; celui qui avait le bonheur de l'apercevoir le montrait à son voisin : « Le voyez-vous, le voilà ! » Il fallut qu'il parût au balcon, et ce furent des applaudissements unanimes. Il fallut qu'il descendît au jardin, qu'il répondît de plus près à l'attendrissement du peuple.

Sa sœur, Madame Élisabeth, jeune et innocente personne, fut touchée, ouvrit ses fenêtres et soupa devant la foule. Les femmes approchaient avec leurs enfants, la bénissant, lui disant qu'elle était belle.

On avait pu, dès la veille, le soir même du 6 octobre, se rassurer tout à fait sur ce peuple dont on avait eu tant peur. Lorsque le roi et la reine parurent à l'Hôtel de Ville entre les flambeaux, un tonnerre monta de la Grève, mais de cris de joie, d'amour, de reconnaissance pour le roi qui venait vivre au milieu d'eux... Ils pleuraient comme des enfants, se tendaient les mains, s'embrassaient les uns les autres[1].

« La Révolution est finie, disait-on, voilà le roi délivré de ce Versailles, de ses courtisans, de ses conseillers. » Et en effet ce mauvais enchantement qui depuis plus d'un siècle tenait la royauté captive, loin des hommes, dans un monde de statues, d'automates plus artificiels encore, grâce à Dieu, il était rompu. Le roi était replacé dans la nature réelle, dans la vie et la vérité. Ramené de ce long exil, il revenait chez lui, rentrait à sa vraie place, se trouvait rétabli

---

1. Tout ceci et ce qui va suivre est tiré des écrivains royalistes : Weber, I, 257; Beaulieu, II, 203, etc.
Leur témoignage est conforme à celui de l'*Histoire des deux amis de la liberté*, IV, 2-6.

dans son élément de roi ; et quel autre, sinon le peuple ? Où donc ailleurs un roi pourrait-il respirer et vivre ?

Vivez, Sire, au milieu de nous, soyez libre pour la première fois. Vous ne l'avez été guère. Toujours vous avez agi, laissé agir malgré vous. Chaque matin on vous a fait faire de quoi vous repentir le soir; chaque jour vous avez obéi. Sujet si longtemps du caprice, régnez enfin selon la loi ; c'est la royauté, c'est la liberté. Dieu ne règne pas autrement.

Telles étaient les pensées du peuple, généreuses et sympathiques, sans rancune, sans défiance. Mêlé pour la première fois aux seigneurs, aux belles dames, il était plein d'égards pour eux. Les gardes du corps eux-mêmes, il les voyait avec plaisir, qui se promenaient, bras dessus bras dessous, avec leurs amis et sauveurs, les braves Gardes-françaises. Il applaudissait les uns et les autres, pour rassurer, consoler ses ennemis de la veille.

Qu'on sache éternellement qu'à cette époque mal connue, défigurée par la haine, le cœur de la France fut plein de magnanimité, de clémence et de pardon. Dans les résistances mêmes que provoque partout l'aristocratie, dans les actes énergiques où le peuple se déclare prêt à frapper, il menace et il pardonne. Metz dénonce son parlement rebelle à l'Assemblée nationale, puis intercède pour lui. La Bretagne, dans la redoutable fédération qu'elle fit en plein hiver (janvier), se montre et forte et clémente. Cent cinquante mille hommes armés s'y engagèrent à résister aux ennemis de la loi, et le jeune chef qui, à la tête de leurs députés, jurait, l'épée sur l'autel, ajouta à son serment : « S'ils deviennent de bons citoyens, nous leur pardonnons. »

Ces grandes fédérations, qui pendant huit ou neuf mois se font par toute la France, sont le trait distinctif, l'originalité de cette époque. Elles sont d'abord défensives, de protection mutuelle contre les ennemis inconnus, *les brigands*, contre l'aristocratie. Puis ces frères, armés ensemble, veulent vivre ensemble aussi ; ils s'inquiètent des besoins de leurs frères, ils s'engagent à assurer la circulation des grains, à faire passer la subsistance, de province en province, de ceux qui ont peu à ceux qui n'ont pas. Enfin la sécurité renaît, la nourriture est moins rare, les fédérations continuent, sans autre besoin que celui du cœur : *Pour s'unir*, disent-ils, *et s'aimer les uns les autres.*

Les villes et les villes se sont d'abord unies entre elles, pour se protéger elles-mêmes contre les nobles. Puis les nobles étant attaqués par le paysan ou par des bandes errantes, les châteaux brûlés, les villes sortent en armes, vont protéger les châteaux, défendre les nobles, leurs ennemis. Ces nobles viennent en foule s'établir dans les villes, parmi ceux qui les ont sauvés, et prêter le serment civique (février-mars).

Les luttes des villes et des campagnes durent peu heureusement. Le paysan de bonne heure ouvre l'oreille et les yeux ; il se confédère, à son tour, pour l'ordre et la constitution. J'ai sous les yeux les procès-verbaux d'une foule de ces fédérations des campagnes, et j'y vois le sentiment de la patrie éclater sous forme naïve, autant et plus vivement peut-être encore que dans les villes.

Plus de barrière entre les hommes. Il semble que les murs des villes ont tombé. Souvent les grandes fédérations urbaines vont se tenir dans les campagnes. Souvent les paysans, en bandes réglées, le maire et le curé en tête, viennent fraterniser dans les villes.

Tous en ordre, tous armés. La garde nationale, à cette époque, il ne faut pas l'oublier, c'est généralement tout le monde[1].

Tout le monde se met en branle, tout part comme

---

1. Tout le monde *sans exception* dans les campagnes; au milieu des terreurs paniques qui se renouvelèrent à chaque instant pendant plus d'une année, tous étaient armés, au moins d'instruments aratoires, et paraissaient ainsi armés aux revues, aux fêtes les plus solennelles.

Dans les villes, l'organisation varia; les comités permanents qui s'y formèrent à la nouvelle de la prise de la Bastille ouvrirent des registres où vinrent s'inscrire les hommes de bonne volonté de toutes les classes du peuple; partout où il y avait danger, ces volontaires c'était absolument tout le monde sans exception.

La malheureuse question de l'uniforme commença les divisions; il se forma des corps d'élite, fort mal vus de tous les autres. L'uniforme fut de bonne heure exigé à Paris, et la garde nationale s'y trouva réduite à trente et quelques mille hommes. Partout ailleurs, il y avait peu d'uniformes; tout au plus ajoutait-on un revers qui variait de couleur, selon chaque ville. Peu à peu dominèrent le bleu et le rouge. La proposition d'exiger l'uniforme par toute la France ne fut faite que le 18 juillet 1790. Le 28 avril 1791, l'Assemblée restreignit la qualité de garde national aux citoyens actifs ou électeurs primaires; ces électeurs (qui, comme propriétaires ou locataires, payaient la valeur de trois journées de travail, estimées chacune 20 sols au plus) étaient au nombre d'environ quatre millions d'hommes. Sur ce nombre même, la majorité des travailleurs, et vivant au jour le jour, ne purent continuer l'énorme sacrifice de temps que demandait alors le service de la garde nationale.

au temps des croisades... Où vont-ils par groupes, villes et villes, villages et villages, provinces et provinces ? Quelle est donc la Jérusalem qui attire ainsi tout un peuple, l'attire, non hors de lui-même, mais l'unit, le concentre en lui ? C'est mieux que celle de Judée, c'est la Jérusalem des cœurs, la sainte unité fraternelle... la grande cité vivante, qui se bâtit d'hommes... En moins d'une année elle est faite... Et depuis, c'est la patrie.

Voilà ma route en ce troisième livre ; tous les obstacles du monde, les cris, les actes violents, les aigres disputes, me retarderont, mais ne me détourneront pas. Le 14 juillet m'a donné l'unanimité de Paris. Et l'autre 14 juillet va me donner tout à l'heure l'unanimité de la France.

Comment le vieil amour du peuple, le roi, fût-il resté seul hors de cet universel embrassement fraternel ? Il en fut le premier objet. On avait beau voir près de lui la reine toujours en larmes, triste et dure, ne nourrissant que rancune. On avait beau voir la pesante servitude où le tenaient ses scrupules de dévot, et la servitude aussi où sa nature matérielle le liait près de sa femme. On s'obstinait toujours à placer l'espoir en lui.

Chose ridicule à dire. La peur du 6 octobre avait fait une foule de royalistes. Ce réveil terrible, cette fantasmagorie nocturne avait profondément troublé les imaginations ; on se serrait près du roi. L'Assemblée d'abord. Jamais elle ne fut si bien pour lui. Elle avait eu peur ; dix jours après, ce fut encore avec grande répugnance qu'elle vint siéger dans ce sombre Paris d'octobre, parmi cette mer de peuple. Cent cinquante députés aimèrent mieux prendre des passeports. Mounier, Lally, se sauvèrent.

Les deux premiers hommes de France, le plus populaire, le plus éloquent, La Fayette et Mirabeau, revinrent royalistes à Paris.

M. de La Fayette avait été mortifié d'être mené à Versailles, tout en paraissant mener. Dans son triomphe involontaire, il était presque autant piqué que le roi. Il fit en rentrant deux choses. Il enhardit la municipalité à faire poursuivre au Châtelet la feuille sanglante de Marat. Lui-même il alla trouver le duc d'Orléans, l'intimida, lui parla haut et ferme, et chez lui, et devant le roi, lui faisant sentir qu'après le 6 octobre sa présence à Paris inquiétait, donnait des prétextes, excluait la tranquillité. Il le poussa ainsi à Londres. Le duc voulant en revenir, La Fayette lui fit dire que, le lendemain de son retour, il se battrait avec lui.

Mirabeau, privé de son duc et voyant décidément qu'il n'en tirerait jamais parti, se tourna bonnement avec l'aplomb de la force, et comme un homme nécessaire qu'on ne peut pas refuser, du côté de La Fayette (10-20 octobre); il lui proposait nettement de renverser Necker et de gouverner à deux[1]. C'était certainement la seule chance de salut qui restât au

---

[1]. Lire les trois principaux témoins, Mirabeau, La Fayette et Alexandre de Lameth.

roi. Mais La Fayette n'aimait ni n'estimait Mirabeau. La cour les détestait tous deux.

Un moment, un court moment, les deux forces qui restaient, la popularité, le génie, s'entendirent au profit de la royauté. Un évènement fortuit qui se passa justement à la porte de l'Assemblée, deux ou trois jours après son arrivée à Paris, l'effraya, la poussa à désirer l'ordre à tout prix. Un malentendu cruel fit périr un boulanger[1] (21 octobre). Le meurtrier fut sur-le-champ jugé, pendu. Ce fut pour la municipalité l'occasion de demander une loi de sévérité et de force. L'Assemblée décréta la loi martiale, qui armait les municipalités du droit de requérir les troupes et la garde citoyenne, pour dissiper les rassemblements. En même temps, elle renvoyait les crimes de lèse-nation à un vieux tribunal royal, au Châtelet, petit tribunal pour une si grande mission. Buzot et Robespierre disaient qu'il fallait créer une haute cour nationale. Mirabeau se hasarda jusqu'à dire que toutes ces mesures étaient impuissantes, mais *qu'il fallait rendre force au pouvoir exécutif*, ne pas le laisser se prévaloir de sa propre annihilation.

Ceci le 21 octobre. Que de chemin depuis le 6 ! En quinze jours le roi avait repris tant de terrain que l'audacieux orateur plaçait sans détour le salut de la France dans la force de la royauté.

---

1. Ce crime, commis à la porte de l'Assemblée et qui lui fit voter sur-le-champ des lois répressives, ne pouvait profiter qu'aux royalistes. Je crois pourtant qu'il fut le pur effet du hasard, des défiances et de l'irritation de la misère.

M. de La Fayette écrivait en Dauphiné au fugitif Mounier qui lamentait la captivité du roi et poussait à la guerre civile[1] : que le roi n'était point captif, qu'il séjournerait habituellement dans la capitale, mais qu'il allait reprendre ses chasses. Ce n'était pas un mensonge. La Fayette priait effectivement le roi de sortir, de se montrer, de ne point autoriser par une reclusion volontaire le bruit de sa captivité[2].

Nul doute qu'à cette époque Louis XVI n'eût pu, avec facilité, se retirer soit à Rouen, comme le conseilla Mirabeau, soit à Metz, dans l'armée de Bouillé, ce que désirait la reine.

1. M. de Lally a assuré lui-même que son ami Mounier disait : « Je pense qu'il faut se battre. » (Voir Bailly, III, 223, *note*.)
2. Voir *Mémoires* de La Fayette, II, 418, *note*.

CHAPITRE II

RÉSISTANCES. — LE CLERGÉ (OCTOBRE-NOVEMBRE 1789).

Grandes misères. — Nécessité de reprendre les biens du clergé. — Il n'était pas propriétaire. — Réclamations des victimes du clergé : serfs du Jura, religieux et religieuses, protestants, juifs, comédiens.

Le sombre hiver où nous entrons ne fut pas atrocement froid comme celui de 1789. Dieu eut pitié de la France. Il n'y aurait eu nul moyen de résister et de vivre. La misère avait augmenté ; nulle industrie, nul travail. Les nobles, dès cette époque, émigrent ou du moins quittent leurs châteaux, la campagne trop peu sûre, viennent s'établir dans les villes, s'y tiennent renfermés, serrés, dans l'attente des événements ; plusieurs se préparent à fuir, font leurs malles à petit bruit. S'ils agissent dans leurs domaines, c'est pour demander, non pour soulager ; ils ramassent à la hâte ce qu'on leur doit, l'arriéré des droits féodaux. Resserrement de l'argent, cessation du travail, entassement effroyable des mendiants dans les villes ; près de deux cent mille à Paris ! D'autres y viendraient par millions, si l'on n'obligeait les municipalités de garder les leurs. Chacune, pendant tout l'hiver, s'épuise à nourrir ses pauvres, jusqu'à tarir toutes ressources; les riches, ne recevant plus, descendent presque au niveau des pauvres. Tous se plaignent, tous implorent l'Assemblée nationale. Que les choses continuent, il ne s'agira pour elle de rien moins que de nourrir tout le peuple.

Il ne faut pas que le peuple meure. Il a une ressource, après tout, un patrimoine en réserve, auquel il ne touche pas. C'est pour lui, pour le nourrir, que nos charitables aïeux s'épuisèrent en fondations pieuses, dotèrent du meilleur de leurs biens les dispensateurs de la charité, les ecclésiastiques. Ceux-ci ont si bien gardé, augmenté le bien des pauvres, qu'il a fini par comprendre le cinquième des terres du royaume, estimé quatre milliards.

Le peuple, ce pauvre si riche, vient aujourd'hui frapper à la porte de l'église, sa propre maison, demander part dans un bien qui lui appartient tout entier... *Panem! propter Deum!...* Il serait dur de laisser ce propriétaire, ce fils de la maison, cet héritier légitime, mourir de faim sur le seuil.

Si vous êtes chrétiens, donnez; les pauvres sont les membres du Christ. Si vous êtes citoyens, donnez; le peuple, c'est la patrie vivante. Si vous êtes honnêtes gens, rendez. Car ce bien n'est qu'un dépôt.

Rendez... Et la nation va vous donner davantage. Il ne s'agit pas de vous jeter dans l'abîme, pour le combler. On ne vous demande pas que, nouveaux martyrs, vous vous immoliez pour le peuple. Il s'agit tout au contraire de venir à votre secours et de vous sauver vous-mêmes.

Pour comprendre ceci, il faut savoir que le corps du Clergé, monstrueux de richesse par rapport à la nation, était aussi un monstre, en soi, d'injustice, d'inégalité. Ce corps, énorme à la tête, crevant de graisse et de sang, était, dans ses membres inférieurs, maigre, sec et famélique. Ici le prêtre avait un million de rentes, et là deux cents francs.

Dans le projet de l'Assemblée qui ne parut qu'au printemps, tout cela était retourné. Les curés et vicaires de campagne devaient recevoir de l'État environ soixante millions, les évêques trois seulement. De là la religion perdue, Jésus en colère, la Vierge pleurant dans les églises du Midi, de la Vendée, toute la fantasmagorie nécessaire pour pousser les paysans à la révolte, aux massacres.

L'Assemblée voulait encore donner trente-trois millions de pensions aux moines et religieuses, douze millions de pensions aux ecclésiastiques isolés, etc. Elle eût porté le traitement général du clergé à la somme énorme de *cent trente-trois millions!* qui par les extinctions se fût réduite à la moitié; c'était faire largement les choses. Le moindre curé devait avoir (sans compter les logements, presbytères, jardins) au moins douze cents livres par an. Pour dire vrai, tout le Clergé (moins quelques centaines d'hommes) eût passé de la misère à l'aisance, en sorte que ce qu'on appela la spoliation du Clergé en était l'enrichissement.

Les prélats firent une belle défense, héroïque. Il fallut s'y reprendre à trois fois, livrer trois batailles (octobre, décembre, avril), pour tirer d'eux ce qui n'était que justice et restitution. On put voir parfaitement où ces hommes de Dieu avaient leur vie et leur cœur : *la propriété!* Ils la défendirent, comme les premiers chrétiens avaient défendu la foi !

Les arguments leur manquaient, mais non pas la rhétorique. Tantôt ils se répandaient en prophéties menaçantes : « Si vous touchez à une propriété sainte et sacrée entre toutes, toutes vont être en danger, le droit de propriété périt dans l'esprit du peuple... Le peuple va venir demain demander la loi agraire!... » Un autre disait avec douceur : « Quand on ruinerait le Clergé, on n'y gagnerait pas grand'chose; le Clergé, hélas! est si pauvre... endetté de plus; ses biens, s'ils ne continuent d'être administrés par lui, ne payeront jamais ses dettes. »

La discussion avait été ouverte le 10 octobre. Talleyrand, l'évêque d'Autun, qui avait fait les affaires du Clergé et maintenant voulait faire des affaires à ses dépens, cassa la glace le premier, se hasarda sur ce terrain glissant, d'un pied boiteux, évitant le fond même des questions, disant seulement : « Que le Clergé n'était pas propriétaire, comme les autres propriétaires. »

A quoi Mirabeau ajouta : « Que la propriété était à la nation. »

Les légistes de l'Assemblée prouvèrent surabondamment : 1° que le Clergé n'était *pas propriétaire* (pouvant user, non abuser) ; 2° qu'il n'était *pas possesseur* (le droit ecclésiastique lui défendant de posséder) ; 3° qu'il n'était *pas même usufruitier*, mais dépositaire, administrateur tout au plus et dispensateur.

Ce qui produisit plus d'effet que la dispute de mots, c'est qu'au moment où l'on mit la cognée au pied de l'arbre, des témoins muets comparurent, qui, sans déposer contre lui, montrèrent tout ce qu'il avait couvert, cet arbre funeste, d'injustice, de barbarie, dans son ombre.

Le Clergé avait encore des serfs au temps de la Révolution. Tout le dix-huitième siècle avait passé, tous les libérateurs, et Rousseau, et Voltaire, dont la dernière pensée fut l'affranchissement du Jura... Le prêtre avait encore des serfs.

La féodalité avait rougi d'elle-même. Elle avait, à divers titres, abdiqué ces droits honteux. Elle en avait repoussé, non sans honneur, les derniers restes dans la grande nuit du 4 août... Le prêtre avait toujours des serfs.

Le 22 octobre, l'un d'eux, Jean Jacob, paysan mainmortable du Jura, vieillard vénérable, âgé de plus de cent vingt ans, fut amené par ses enfants et demanda la faveur de remercier l'Assemblée de ses décrets du 4 août. Grande fut l'émotion. L'Assemblée nationale se leva tout entière devant ce doyen du genre humain, le fit asseoir et couvrir... Noble respect de la vieillesse, et réparation aussi pour le pauvre serf, pour une si longue injure aux droits de l'humanité. Celui-ci avait été serf un demi-siècle sous

Louis XIV, et quatre-vingts ans depuis... Il l'était encore ; les décrets du 4 août n'étaient qu'à l'état de déclaration générale : rien d'exécuté. Le servage ne fut expressément aboli qu'en mars 1790 ; le vieillard mourut en décembre ; ainsi ce dernier des serfs ne vit pas la liberté.

Le même jour, 23 octobre, M. de Castellane, profitant de l'émotion de l'Assemblée, demanda qu'on visitât les trente-cinq prisons de Paris, celles de la France, qu'on ouvrît spécialement des prisons plus ignorées encore, plus profondes que les bastilles royales, les cachots ecclésiastiques. Il fallait bien, à la longue, qu'en ce jour de résurrection, le soleil perçât les mystères, que le bienfaisant rayon de la loi éclairât pour la première fois ces justices de ténèbres, ces basses-fosses, ces *in-pace*, où souvent, dans leurs furieuses haines de cloîtres, dans leurs jalousies, leurs amours plus atroces que leurs haines, les moines enterraient leurs frères.

Hélas ! les couvents tout entiers, qu'était-ce que des *in-pace*, où les familles rejetaient, oubliaient tel de leurs membres qui était venu de trop et qu'on immolait aux autres ? Ceux-ci ne pouvaient pas, comme le serf du Jura, se traîner jusqu'aux pieds de l'Assemblée nationale, y demander la liberté, embrasser la tribune, au lieu d'autel... A grand'peine, de loin, et par lettre, pouvaient-ils, osaient-ils se plaindre. Une religieuse écrivit, le 28 octobre, timidement, dans des termes généraux, ne demandant rien pour elle, mais priant l'Assemblée de statuer sur les vœux ecclésiastiques. L'Assemblée n'osa encore prendre un parti ; elle se contenta de suspendre l'émission des vœux, de fermer ainsi l'entrée aux nouvelles victimes. Combien elle se serait hâtée d'ouvrir les portes aux tristes habitants des cloîtres, si elle eût su l'état d'ennui désespéré où ils étaient parvenus ! J'ai dit ailleurs comment toute culture, toute vie avait été peu à peu retirée aux pauvres religieuses, comment les défiances du Clergé leur ôtaient tout aliment. Elles se mouraient, à la lettre, n'ayant rien de vital à respirer, la religion leur manquant autant et plus que le monde... La mort, l'ennui, le vide, rien aujourd'hui, rien demain, rien le matin, rien le soir. Un confesseur parfois et quelque libertinage... Ou bien elles se jetaient brusquement de l'autre côté, du cloître à Voltaire, à Rousseau, en pleine révolution. J'en ai vu de bien incrédules. Peu se faisaient une foi, mais celles-là l'avaient forte et la suivaient dans la flamme... Témoin Mlle Corday, nourrie au cloître[1] de Plutarque et d'*Émile*, sous les voûtes de Mathilde et de Guillaume-le-Conquérant.

Ce fut comme une revue de tous les infortunés ; tous les revenants du Moyen-âge apparurent à leur tour, en face du Clergé, l'universel oppresseur. Les juifs vinrent. Souffletés annuellement à Toulouse ou pendus entre deux chiens, ils vinrent modestement demander s'ils étaient hommes. Ancêtres du christianisme, si durement traités par leur fils, ils l'étaient

---

1. A l'Abbaye-aux-Dames de Caen. (Voir les *Biographies* de Paul Delasalle, Louis Dubois, etc.)

aussi en un sens de la Révolution française; celle-ci, comme réaction du droit, devait s'incliner devant ce droit austère, où Moïse a pressenti le futur triomphe du juste.

Autre victime des préjugés religieux, le pauvre peuple des comédiens eut aussi sa réclamation. Préjugés barbares! Les deux premiers hommes de la France et de l'Angleterre, l'auteur d'*Othello*, l'auteur de *Tartufe*, n'étaient-ce pas des comédiens? Le grand homme qui parla pour eux à l'Assemblée nationale, Mirabeau, fut un comédien sublime. « L'action, l'action, l'action! » c'est tout l'orateur, a dit Démosthènes.

L'Assemblée ne décida rien pour les comédiens, rien pour les juifs. A l'occasion de ceux-ci, elle ouvrit aux *non-catholiques* l'accès des emplois civils. Elle rappela des pays étrangers nos frères infortunés, les protestants, chassés par les barbares directeurs de Louis XIV; elle promit de leur rendre tout ce qu'on pourrait de leurs biens. Plusieurs revinrent au bout d'un siècle d'exil; peu retrouvèrent leur fortune. Cette population innocente, injustement bannie, ne trouva point le milliard si légèrement accordé à la coupable émigration[1].

Ce qu'ils trouvèrent, ce fut l'égalité, la réhabilitation la plus honorable, la France rendue à la justice, la France ressuscitée, les leurs au premier rang de l'Assemblée, Rabaut, Barnave à la tribune.

1. Distinguons néanmoins. Il y a l'émigration de la haine qui va chercher l'étranger, et l'émigration, trop excusable, de la peur.

Trop juste réaction, ces deux protestants illustres étaient membres du comité ecclésiastique et jugeaient leurs anciens juges, réglaient le sort de ceux qui bannirent, rouèrent ou brûlèrent leurs pères. Pour vengeance, ils proposèrent de voter cent trente-trois millions pour le Clergé catholique.

Rabaut Saint-Étienne était, comme on sait, fils du vieux docteur, du persévérant apôtre, du glorieux martyr des Cévennes, qui, cinquante années durant, ne connut d'autre toit que la feuillée et le ciel, poursuivi comme un bandit, passant les hivers sur la neige à côté des loups, sans arme que sa plume, dont il écrivait ses sermons au milieu des bois. Son fils, après avoir travaillé bien des années à l'œuvre de la liberté religieuse, eut le bonheur de la voter. C'est lui aussi qui proposa et fit proclamer l'*unité*, l'*indivisibilité* de la France (9 août 1791)... Noble proposition, que tous sans doute auraient faite, mais qui devait sortir du cœur de nos protestants, si longtemps, si cruellement divorcés de la patrie. L'Assemblée porta Rabaut à la présidence, et il eut l'insigne joie d'écrire à son père octogénaire cette parole de réhabilitation solennelle, d'honneur pour les proscrits : « Le président de l'Assemblée nationale est à vos pieds. »

CHAPITRE III

RÉSISTANCES. — CLERGÉ. — PARLEMENTS. — ÉTATS PROVINCIAUX.

Le clergé fait appel à la guerre civile, 14 octobre. — Élan des villes de Bretagne. — L'Assemblée réduit les électeurs primaires à quatre millions et demi. — L'Assemblée annule le clergé, comme corps, et les parlements, 3 novembre. — Résistance des tribunaux. — Rôle funeste des parlements dans les derniers temps. — Ils n'admettaient plus que des nobles. — Les parlements de Rouen et de Metz résistent, novembre 1789.

La discussion sur les biens ecclésiastiques commença le 8 octobre. Le 14, le Clergé sonna le tocsin de la guerre civile.

Le 14, un évêque breton. Le 24, le Clergé du diocèse de Toulouse. Tocsin de l'Ouest, tocsin du Midi.

Il ne faut pas oublier qu'en ce même mois d'octobre, les prélats, les riches abbés de Belgique, menacés aussi dans leurs biens, créaient une armée et nommaient un général. Le Brabant, la Flandre, arboraient le drapeau à la croix rouge. Les capucins et autres moines entraînaient les paysans, les grisaient de sermons sauvages, de processions frénétiques, leur mettaient dans la main l'épée, le poignard contre l'Empereur.

Nos paysans étaient moins prompts à se mettre en mouvement. Ils ont le jugement sain en général, et tout autrement net et sobre que les Belges. Le vieil esprit gaudisseur des fabliaux, de Rabelais, peu favorable au Clergé, n'est jamais bien mort en France. « M. le curé et sa servante » sont un texte inépuisable pour les veillées de l'hiver. Le curé, au reste, était plus plaisanté que haï. Les évêques (tous nobles alors, Louis XVI n'en faisait pas d'autres) étaient, pour la plupart, bien plus scandaleux. Ils ne se contentaient pas de leurs comtesses de province, qui faisaient les honneurs du palais épiscopal; ils couraient les aventures, les danseuses de Paris. Ces comtesses ou ces marquises, la plupart de pauvre noblesse, honoraient parfois leurs demi-mariages par un mérite réel; telle gouvernait l'évêché, et mieux que n'eût fait l'évêque. L'une d'elles, non loin de Paris, fit dans son diocèse les élections de 1789, et travailla vivement pour envoyer à l'Assemblée nationale deux excellents députés.

Un épiscopat si mondain, qui se souvenait tout à coup de la religion, dès qu'on touchait à ses biens, avait vraiment beaucoup à faire pour renouveler dans les campagnes le vieux fanatisme. En Bretagne même, où le paysan appartient toujours aux prêtres, ce fut une imprudence à l'évêque de Tréguier de lancer, le 14 octobre, le manifeste de la guerre civile; il tira trop tôt, rata. Dans son mandement incendiaire, il montrait le roi captif, la religion renversée, les prêtres n'allaient plus être que *les commis soldés des brigands...* des brigands, c'est-à-dire de la nation, de l'Assemblée nationale.

Pour dire ces choses le 14, il fallait pouvoir, le 15, commencer la guerre civile. En effet, quelques étourdis de jeune noblesse croyaient enlever le paysan. Mais le paysan breton, si ferme, une fois en route, et ne reculant jamais, est lent à se mettre en route ; il avait peine à comprendre que l'affaire des biens d'Église, toute grave qu'elle était sans doute, fût pourtant toute la religion. Pendant que le paysan songeait, ruminait la chose, les villes ne songèrent pas, elles agirent, et sans consulter personne, avec une vigueur terrible. Toutes les municipalités du diocèse de Tréguier fondirent dans Tréguier, procédèrent, sans perdre un jour, contre l'évêque et les nobles enrôleurs, les interrogèrent, écoutèrent des témoins contre eux. L'intimidation fut telle que le prélat et les autres nièrent tout, assurèrent n'avoir rien dit, rien fait pour soulever les campagnes. Les municipalités envoyèrent tout le procès commencé à l'Assemblée nationale, au garde des sceaux ; mais, sans attendre le jugement, elles portèrent déjà une sentence provisoire : « Traître aux communes quiconque enrôlera pour les gentilshommes — et les gentilshommes eux-mêmes, *indignes de la sauvegarde de la nation*, s'ils tentaient de briguer un grade dans la garde nationale [1]. »

Le mandement était du 14, et cette représaille vio-

---

[1] Bailly, III, 209. — Duchatellier donne peu ici.

lente eut lieu le 18 (au plus tard). Dans la semaine, l'épée est tirée. Brest ayant acheté des grains pour ses approvisionnements, on paya, on poussa les paysans pour arrêter à Lannion les voitures de grains et les envoyés de Brest; ils furent en grand danger de mort, forcés de signer un désistement honteux. A l'instant, une armée sortit de Brest et de toutes les villes à la fois. Celles qui étaient trop loin, comme Quimper, Lorient, Hennebon, offrirent de l'argent, des secours. Brest, Morlaix, Landernau, plusieurs autres, marchèrent tout entières; sur la route, toutes les communes arrivaient en armes; on était obligé d'en renvoyer. La merveille, c'est qu'il n'y eut nulle violence. Cet orage terrible, soulevé de toute la contrée, arriva sur la hauteur qui domine Lannion et s'arrêta net. La force héroïque de la Bretagne ne fut jamais mieux marquée; elle fut ferme contre elle-même. On se contenta de reprendre le blé acheté; on ne fit rien aux coupables que de les livrer aux juges, c'est-à-dire à leurs amis.

Ce qui rendait à ce moment les privilégiés si faciles à vaincre, c'est qu'ils ne s'entendaient pas. Plusieurs faisaient tout d'abord appel à la force; mais la plupart ne désespéraient pas de résister par la loi, par la vieille légalité, peut-être la nouvelle.

Les parlements n'agissaient pas encore. Ils étaient en vacances. Ils comptaient agir, à la rentrée, en novembre.

La majorité des nobles, du haut clergé, n'agissaient pas encore. Ils avaient une espérance. Propriétaires de la plus grande partie des terres, dominant dans les campagnes, ils tenaient dans leur dépendance tout un monde de serviteurs, de clients à divers titres. Ces hommes des campagnes, appelés à voter par l'élection universelle de Necker, au printemps de 1789, avaient généralement bien voté, parce que leurs patrons pour la plupart se faisaient une gloriole de pousser aux États généraux, qu'ils croyaient chose peu sérieuse. Mais des siècles avaient passé en un an. Les mêmes patrons aujourd'hui, vers la fin de 1789, allaient certainement faire des efforts désespérés pour faire voter les campagnes contre la Révolution; ils allaient mettre le fermier entre son patriotisme (bien jeune encore) et son pain; ils allaient mener par bandes leurs laboureurs soumis, tremblants, jusqu'à l'urne électorale, les faire voter sous le bâton. Les choses changeront tout à l'heure, quand le paysan pourra entrevoir l'acquisition des biens de l'Église et du domaine, quand l'Assemblée aura créé par ces ventes une masse de propriétaires et de libres électeurs. Pour le moment, rien de tel. Les campagnes sont encore soumises au servage électoral. Le suffrage universel de Necker, si l'Assemblée l'eût adopté, donnait incontestablement la victoire à l'ancien régime.

L'Assemblée, le 22 octobre, décréta que nul ne serait électeur s'il ne payait en imposition directe, comme propriétaire ou locataire, la valeur de trois journées de travail (c'est-à-dire, au plus trois francs).

Avec cette ligne, elle rafla des mains de l'aristocratie un million d'électeurs de campagne.

De cinq ou six millions d'électeurs qu'avait donnés le suffrage universel, il en resta *quatre millions quatre cent mille*[1] (propriétaires ou locataires).

Les amis de l'idéal, Grégoire, Duport, Robespierre, objectèrent inutilement que les hommes étaient égaux, donc que tous devaient voter, aux termes du droit naturel. Deux jours avant, le royaliste Montlosier avait prouvé aussi que les hommes étaient égaux.

Dans la crise où l'on était, rien de plus vain, de plus funeste que cette thèse de droit naturel. Les utopistes, au nom de l'égalité, donnaient un million d'électeurs aux ennemis de l'égalité.

La gloire de cette mesure vraiment révolutionnaire revient à l'illustre légiste de Normandie, à Thouret, un Sieyès pratique, qui fit faire à l'Assemblée, ou du moins facilita les grandes choses qu'elle fit alors. Sans éclat, sans éloquence, il trancha de sa logique les nœuds où les plus forts, les Sieyès, les Mirabeau, semblaient s'embrouiller.

Lui seul finit la discussion des biens du Clergé en la tirant des disputes inférieures, l'élevant hardiment dans la lumière du droit philosophique. Toute son argumentation, en octobre et en décembre, revient à ce mot profond : « Comment posséderiez-vous ? dit-il au corps du Clergé, *vous n'existez pas.* »

Vous n'existez pas comme corps. Les corps moraux que crée l'État ne sont pas des corps au sens propre, ne sont pas des êtres vivants. Ils ont une existence

---

[1]. C'est du moins le nombre que l'on trouve en 1791. Nous reviendrons sur ce point si important.

morale, idéale, que leur prête la volonté de l'État, leur créateur. L'État les fit; il les fait vivre. Utiles, il les a soutenus; nuisibles, il leur retire sa volonté, qui fait toute leur vie et leur raison d'être.

A quoi Maury répondait : « Non, l'État ne nous créa point, nous existons sans l'État. » Ce qui valait autant que dire : Nous sommes un État dans l'État, un principe rival d'un principe, une lutte, une guerre organisée, la discorde permanente au nom de la charité et de l'union.

Le 3 novembre, l'Assemblée décréta que les biens du Clergé *étaient à la disposition de la nation*. En décembre, elle décrétera, aux termes posés par Thouret : Que le Clergé est déchu d'être un ordre, *qu'il n'existe point* (comme corps).

Le 3 novembre est un grand jour. Il brise les parlements, et déjà les États provinciaux.

Le même jour, rapport de Thouret sur l'organisation départementale, sur la nécessité de diviser les provinces, de rompre ces fausses nationalités, malveillantes et résistantes, pour constituer dans l'esprit de l'unité une nation véritable.

Qui avait intérêt à maintenir ces vieilles divisions, toutes ces rivalités haineuses, à conserver des Gascons, des Provençaux, des Bretons, à empêcher les Français d'être une France? Ceux qui régnaient dans les provinces, les parlements, les États provinciaux, ces fausses images de la liberté qui, pendant si longtemps, en avaient donné une ombre, un leurre, l'avaient empêchée de naître.

Eh bien, le 3 novembre, au moment où elle porte le premier coup aux États provinciaux, l'Assemblée met les parlements en vacance indéfinie. Lameth fit la proposition. Thouret rédigea le décret. « Nous les avons enterrés vifs », disait en sortant Lameth.

Toute l'ancienne magistrature avait suffisamment prouvé ce que la Révolution avait à attendre d'elle. Les tribunaux de l'Alsace, du Beaujolais, de la Corse, les prévôts de Champagne, de Provence, prenaient sur eux de choisir entre les lois et les lois; ils connaissaient parfaitement celles qui favorisaient le roi; ils ne connaissaient pas les autres. Le 27 octobre, les juges envoyés à Marseille par le parlement d'Aix jugeaient dans les formes anciennes, avec les procédures secrètes, tout le vieil attirail barbare, sans tenir compte du décret contraire, sanctionné le 4 octobre. Le parlement de Besançon refusait ouvertement d'enregistrer aucun décret de l'Assemblée.

Celle-ci n'avait qu'à dire un mot pour briser cette insolence. Le peuple frémissait autour de ces tribunaux rebelles. « Contre ces États et ces parlements, dit Robespierre, vous n'avez rien à faire; les municipalités agiront assez. »

Le 5 novembre, l'Assemblée leva le bras pour frapper : « Les tribunaux qui n'enregistreront pas sous trois jours seront poursuivis comme prévaricateurs. »

Ces compagnies avaient eu, sous ce faible gouvernement qui tombait, une force considérable de résistance, et légale, et séditieuse. Le mélange bizarre d'attributions qu'elles réunissaient leur en donnait de grands moyens. — Leur *juridiction* souveraine, absolue, héréditaire, et qui n'oubliait jamais, était redoutée de tous; les ministres, les grands seigneurs, n'osaient jamais pousser à bout des juges qui, dans cinquante ans peut-être, s'en souviendraient dans un procès pour ruiner leurs familles. — Leur *refus d'enregistrement*, qui leur donnait une sorte de veto contre le roi, avait au moins cet effet de donner le signal à la sédition, et, d'une manière indirecte, de la proclamer légale. — Leurs usurpations *administratives*, la surveillance des subsistances, dans laquelle ils s'immisçaient, leur fournissaient mille occcasions de faire planer sur le pouvoir une accusation terrible. — Une partie de la *police* enfin était dans leurs mains, c'est-à-dire qu'ils étaient chargés de réprimer d'une part les troubles qu'ils excitaient de l'autre.

Cette puissance si dangereuse était-elle au moins dans des mains sûres et qui pussent rassurer? Les parlementaires, au dix-huitième siècle, avaient été profondément corrompus par leurs rapports avec la noblesse. Ceux même d'entre eux qui, comme jansénistes, étaient hostiles à la cour, dévots, austères et factieux, avec toute leur morgue sauvage, n'en étaient pas moins flattés de voir dans leur antichambre le duc ou le prince un tel. Les grands seigneurs, qui se moquaient d'eux, les caressaient, les flattaient, leur parlaient chapeau bas, pour gagner des procès injustes, spécialement pour pouvoir impunément usurper les biens des communes. Les bassesses auxquelles descendaient les gens de cour devant ces grandes perruques ne tiraient pas à conséquence. Eux-mêmes en riaient; parfois ils daignaient épouser leurs filles, leurs fortunes, pour se refaire. Les jeunes parlementaires, trop flattés de cette camaraderie, de ces alliances avec des gens de haute volée, tâchaient de leur ressembler, d'être, à leur image, d'aimables mauvais sujets, et, comme les copistes maladroits, dépassaient leurs maîtres. Ils quittaient leurs robes rouges, descendaient des fleurs de lys pour courir les petites maisons, les petits soupers, pour jouer la comédie.

Voilà où tombe la justice!... Triste histoire! Au Moyen-âge, elle est matérielle, dans la terre et dans la race, dans le fief et dans le sang. Le seigneur, ou bien celui qui succède à tous, le seigneur des seigneurs, le roi dit : « La justice est à moi, je puis juger ou faire juger, par qui? N'importe, par mon lieutenant quelconque, mon domestique, mon intendant, mon portier... Viens, je suis content de toi, je te donne une justice. » — Celui-ci en dit autant : « Je ne jugerai pas moi-même, je vendrai cette justice. » — Arrive le fils d'un marchand, qui achète, pour revendre, la chose sainte entre toutes : la justice passe de main en main, comme un effet de commerce, elle passe en héritage, en dot... Étrange apport d'une jeune épousée le droit de faire rompre et pendre!...

Hérédité, vénalité, privilège, exception, voilà les noms de la justice! Et comment donc autrement s'appellerait l'injustice?... — Privilèges *de personnes*, jugées par qui elles veulent... — Et privilège *de temps* : Je te juge, à ma volonté, demain, dans dix ans, jamais... — Et privilège *de lieu*. De cent cinquante lieues et plus, le parlement vous attire ce pauvre diable qui plaide avec son seigneur; qu'il se résigne, qu'il cède, je le lui conseille; qu'il abandonne plutôt que de venir traîner des années peut-être, à Paris, dans la boue et la misère, à solliciter un arrêt des bons amis du seigneur.

Les parlements du dernier temps avaient, par des arrêtés non promulgués, mais avoués, exécutés fidèlement, pourvu à ne plus admettre dans leur sein que des nobles ou anoblis.

De là un affaiblissement déplorable dans la capacité. L'étude du droit, abaissée dans les écoles[1], faible chez les avocats, fut nulle chez les magistrats, chez ceux qui appliquaient le droit pour la vie ou pour la mort. Les compagnies demandaient peu qu'on fît preuve de science, si l'on prouvait la noblesse.

De là encore une conduite de plus en plus double et louche. Ces nobles magistrats sans cesse avancent et reculent. Ils crient pour la liberté; Turgot vient, ils le repoussent. Ils crient : « Les États généraux! » Le jour où on les leur donne, ils proposent de les

---

1. Le vénérable M. Berryat Saint-Prix m'a souvent conté là-dessus des faits singuliers.
L'ignorance et la routine devenaient chaque jour davantage le caractère des tribunaux. Sur leur opposition systématique aux tentatives de d'Aguesseau pour ramener le droit de l'unité, voir la belle *Histoire du droit français* de M. Laferrière.

rendre nuls, en les calquant sur la forme des vieux États impuissants.

Ce jour-là, ils étaient morts.

Quand l'Assemblée décréta la vacance indéfinie, ils s'attendaient peu à ce coup. Ceux de Paris voulaient résister[1]. Le garde des sceaux, archevêque de Bordeaux, les supplia de n'en rien faire. Novembre aurait renouvelé le grand mouvement d'octobre. Ils enregistrèrent et firent l'offre, un peu tardive, de juger gratuitement.

Ceux de Rouen enregistrèrent; mais secrètement, prudemment, ils écrivirent au roi qu'ils le faisaient provisoirement et par soumission pour lui. Ceux de Metz en dirent autant, publiquement, avec audace, toutes les chambres assemblées, motivant hardiment cet acte sur la *non-liberté* du roi. Ceux-ci pouvaient être braves sous le canon de Bouillé.

Grande peur du garde des sceaux, le timide évêque. Il montre au roi le péril; l'Assemblée va riposter, s'irriter, lancer le peuple. Le moyen de sauver les parlements, c'est que le roi se hâte de les condamner lui-même. Il sera en position meilleure pour intervenir et intercéder. Déjà, en effet, les villes de Rouen, de Metz, déféraient leur parlement, demandaient leur punition. Ces corps orgueilleux se virent seuls, toute la population contre eux. Ils se rétractèrent. Metz, elle-même, pria pour les coupables. Et l'Assemblée pardonna (25 novembre 1789).

1. Voir le parlementaire Sallier. (*Annales*, II, 49.)

CHAPITRE IV

RÉSISTANCES. — PARLEMENTS. — MOUVEMENT DES FÉDÉRATIONS.

Travaux de l'organisation judiciaire. — Le parlement de Bretagne à la barre, 8 janvier 1790. — Les parlements de Bretagne et de Bordeaux condamnés, janvier, mars. — Origine des fédérations : Anjou, Bretagne, Dauphiné, Franche-Comté, Rhône, Bourgogne, Languedoc, Provence, etc. — La guerre contre les châteaux réprimée ; les villes défendent les nobles, leurs ennemis, février 1790.

La résistance la plus obstinée fut celle du parlement de Bretagne. Par trois fois il refusa l'enregistrement, et il se croyait en mesure de soutenir ce refus. D'une part, il avait la noblesse qui s'assemblait à Saint-Malo, les nombreux et très fidèles domestiques des nobles, les siens, sa clientèle dans les villes, ses amis dans les confréries, dans les corporations de métiers ; ajoutez la facilité de recruter dans cette foule d'ouvriers sans ouvrage, de gens qui vaguaient dans les rues, mourant de faim. Les villes les voyaient travailler, préparer la guerre civile. Environnées de campagnes hostiles ou douteuses, elles pouvaient être affamées. Elles tranchèrent le nœud qui tardait à se dénouer. Rennes et Nantes, Vannes et Saint-Malo envoyèrent à l'Assemblée des accusations foudroyantes, déclarant qu'elles abjuraient tout rapport avec les traîtres. Sans rien attendre, la garde nationale de Rennes entra au château et s'assura des canons (18 décembre 1789).

L'Assemblée prit deux mesures. Elle manda le parlement de Bretagne à comparaître devant elle. Elle accueillit la pétition de Rennes qui sollicitait la création d'autres tribunaux. Elle commença son beau travail sur l'organisation d'une justice digne de ce nom, non payée, non achetée, ni héréditaire, sortie du peuple et pour le peuple. Le premier article d'une telle organisation était, bien entendu, la suppression des parlements (22 décembre 1789).

Thouret, l'auteur du rapport, établit parfaitement cette vérité, trop oubliée depuis, qu'une révolution qui veut durer doit, avant tout, ôter à ses ennemis l'épée de justice.

Étrange contradiction, de dire au système qu'on renverse : « Ton principe m'est opposé, je l'efface des lois, du gouvernement; mais, en toute affaire privée, tu l'appliqueras contre moi... » Comment méconnaître ainsi la toute-puissance, modeste, sourde, mais terrible, du pouvoir judiciaire, son invincible absorption? Tout pouvoir a besoin de lui; lui, il se passe des autres. Donnez-moi le pouvoir judiciaire, gardez vos lois, vos ordonnances, tout ce monde de papier; je me charge de faire triompher le système le plus contraire à vos lois.

Il leur fallut bien venir, ces vieux tyrans parlementaires, aux pieds de la nation (8 janvier). S'ils n'étaient venus d'eux-mêmes, la Bretagne aurait plutôt levé une armée exprès pour les y traîner. Ils comparurent avec arrogance, un mépris mal déguisé pour cette assemblée d'avocats, n'en tenant guère plus de compte qu'aux jours où d'en haut ils écrasaient le barreau de pesantes mercuriales. Les rôles ici étaient changés. Au reste, qu'importaient les personnes? C'était devant la raison qu'il fallait répondre, devant les principes, posés pour la première fois.

Leur superbe baissa tout à fait, ils furent comme cloués à terre, quand, de cette assemblée d'avocats, les mots suivants furent lancés : « On dit que la Bretagne n'est pas représentée, et, dans cette Assemblée, elle a soixante-six représentants... Ce n'est pas dans de vieilles chartes, où la ruse combinée avec la force a trouvé moyen d'opprimer le peuple, qu'il faut chercher les droits de la nation ; c'est dans la raison ; ses droits sont anciens comme le temps, sacrés comme la nature. »

Le président du parlement de Bretagne n'avait pas défendu le parlement qui était en cause. Il défendait la Bretagne, qui ne voulait pas être défendue et n'en avait pas besoin.

Il allégua les clauses du mariage d'Anne de Bretagne, mariage qui n'était qu'un divorce organisé, stipulé, entre la Bretagne et la France. Il plaidait pour ce divorce, comme un droit qui devait être éternel. Haineuse, insidieuse défense, adressée non à l'Assemblée, mais à l'orgueil provincial, provocation retentissante à la guerre civile.

La Bretagne avait-elle à craindre de diminuer, en devenant France? Est-ce qu'une telle séparation pouvait durer à jamais? Ne fallait-il pas tôt ou tard qu'un mariage plus vrai se fît? La Bretagne a gagné assez à participer à la gloire d'un tel empire. Et cet empire, certes, a gagné, nous en conviendrons toujours, à épouser la pauvre et glorieuse contrée, sa fiancée de granit, cette mère des grands cœurs et des grandes résistances.

Ainsi la défense des parlements, trop mauvaise, se retirait dans la défense des provinces, des États provinciaux. Mais ces États se trouvaient plus faibles encore en un sens. Les parlements étaient des corps homogènes, organisés ; les États n'étaient autre chose que de monstrueuses et barbares constructions, hétérogènes et discordantes. Ce qu'on pouvait dire de meilleur en leur faveur, c'est que tels d'entre eux, ceux du Languedoc, par exemple, avaient sagement, prudemment administré l'injustice. D'autres, ceux du Dauphiné, sous l'habile direction de Mounier, avaient pris, la veille de la Révolution, une noble initiative.

Le même Mounier, fugitif, jeté dans la réaction, avait abusé de son influence sur le Dauphiné pour faire indiquer une convocation prochaine des États, « où l'on examinerait si effectivement le roi était libre ». A Toulouse, une ou deux centaines de nobles et de parlementaires avaient simulé un essai de réunion d'États. Ceux de Cambrésis, imperceptible assemblée d'un pays imperceptible, qui s'intitulaient États, avaient réclamé leur privilège de ne pas être France, et dit, comme ceux de Bretagne : « Nous sommes une nation. »

Ces fausses et infidèles représentations des provinces venaient audacieusement parler en leur nom. Et elles recevaient à l'instant de violents démentis. Les municipalités, ressuscitées, pleines de vigueur et d'énergie, venaient une à une, devant l'Assemblée nationale, dire à ces États, à ces parlements : « Ne parlez pas au nom du peuple; le peuple ne vous connaît pas; vous ne représentez que vous-mêmes, la vénalité, l'hérédité, le privilège gothique. »

La municipalité, corps réel, vivant (on le sent à la force de ses coups), dit à ces vieux corps artificiels, à ces vieilles ruines barbares, l'équivalent du mot déjà signifié au corps du Clergé : « Vous n'existez pas ! »

Ils firent pitié à l'Assemblée. Tout ce qu'elle fit à ceux de Bretagne, ce fut de les déclarer inhabiles à faire ce qu'ils refusaient de faire, de leur interdire toute fonction publique, jusqu'à ce qu'ils eussent présenté requête pour obtenir de prêter serment (11 janvier).

Même indulgence, deux mois après, pour le parlement de Bordeaux, qui, saisissant l'occasion des désordres du Midi, se hasarda jusqu'à faire une espèce de réquisitoire contre la Révolution, décla-

rant dans un acte public qu'elle n'avait fait que
du mal, appelant insolemment l'Assemblée *les députés
des bailliages.*

L'Assemblée eut peu à sévir. Le peuple y suffisait
de reste. La Bretagne comprima le parlement de
Bretagne. Et celui de Bordeaux fut accusé devant
l'Assemblée par la ville même de Bordeaux qui
envoya tout exprès, pour soutenir l'accusation, le
jeune et ardent Fonfrède (4 mars).

Ces résistances devenaient tout à fait insignifiantes
au milieu de l'immense mouvement populaire qui
se déclarait partout. Jamais, depuis les croisades,
il n'y eut un tel ébranlement des masses, si général,
si profond. Élan de fraternité en 1790 ; *tout à l'heure
élan de la guerre.*

Cet élan, d'où commence-t-il? De partout. Nulle
origine précise ne peut être assignée à ces grands
faits spontanés.

Dans l'été de 1789, dans la terreur des *brigands,*
les habitations dispersées, les hameaux même s'effrayent de leur isolement : hameaux et hameaux
s'unissent, villages et villages, la ville même avec
la campagne. Confédération, mutuel secours, amitié
fraternelle, fraternité, voilà l'idée, le titre de ces
pactes. — Peu, très peu, sont écrits encore.

L'idée de fraternité est d'abord assez restreinte.
Elle n'implique que les voisins, et tout au plus la
province. La grande fédération de Bretagne et Anjou
a encore ce caractère provincial. Convoquée le

26 novembre, elle s'accomplit en janvier. Au point central de la presqu'île, loin des routes, dans la solitaire petite ville de Pontivy, se réunissent les représentants de cent cinquante mille gardes nationaux. Les cavaliers portaient seuls un uniforme commun, corset rouge et revers noirs ; tous les autres, distingués par des revers roses, amarante, chamois, etc., rappelaient, dans l'union même, la diversité des villes qui les envoyaient. Dans leur pacte d'union, auquel ils invitent toutes les municipalités du royaume, ils insistent néanmoins pour former toujours une famille de Bretagne et Anjou, « quelle que soit la nouvelle division départementale, nécessaire à l'administration ». Ils établissent entre leurs villes un système de correspondance.

Dans la désorganisation générale, dans l'incertitude où ils sont encore du succès de l'ordre nouveau, ils s'arrangent pour être du moins toujours organisés à part.

Dans les pays moins isolés, au croisement des grandes routes, sur les fleuves spécialement, le pacte fraternel prend un sens plus étendu. Les fleuves, qui, sous l'ancien régime, par la multitude des péages, par les douanes intérieures, n'étaient guère que des limites, des obstacles, des entraves, deviennent, sous le régime de la liberté, les principales voies de circulation, ils mettent les hommes en rapport d'idées, de sentiments, autant que de commerce.

C'est près du Rhône, à deux lieues de Valence,

au petit bourg d'Étoile, que pour la première fois *la province est abjurée*; quatorze communes rurales du Dauphiné s'unissent entre elles et se donnent à la grande unité française (29 novembre 1789). Belle réponse de ces paysans aux politiques, aux Mounier, qui faisaient appel à l'orgueil provincial, à l'esprit de division, qui essayaient d'armer le Dauphiné contre la France.

Cette fédération, renouvelée à Montélimart, n'est plus seulement dauphinoise, mais mêlée de plusieurs provinces des deux rives, Dauphiné et Vivarais, Provence et Languedoc. Cette fois donc, ce sont *des Français*. — Grenoble y envoie d'elle-même, malgré sa municipalité, en dépit des politiques ; elle ne se soucie plus de son rôle de capitale ; elle aime mieux être France. — Tous ensemble ils répètent le serment sacré que les paysans ont fait déjà en novembre : « Plus de province ! la patrie !... » Et s'aider, se nourrir les uns les autres, se passer les blés de main en main par le Rhône (13 décembre).

Fleuve sacré, qui, traversant tant de peuples, de races, de langues, semble avoir hâte d'échanger les produits, les sentiments, les pensées, il est, dans son cours varié, l'universel médiateur, le sociable *Genius*, la fraternité du Midi. C'est au point aimable et riant de son mariage avec la Saône que, sous Auguste, soixante nations des Gaules avaient dressé leur autel. Et c'est au point le plus austère, au passage sérieux, profond, que dominent les monts cuivrés de l'Ardèche, dans la romaine Valence, que se fit, le 31 janvier 1790, la première de nos grandes fédérations. Dix mille hommes étaient en armes, qui devaient en représenter plusieurs centaines de mille. Il y avait trente mille spectateurs. Entre cette immuable antiquité, ces monts immuables, devant ce fleuve grandiose, toujours divers, toujours le même, se fit le serment solennel. Les dix mille, un genou en terre, les trente mille à deux genoux, tous ensemble jurèrent la sainte unité de la France.

Tout était grand, le lieu, le moment; et, chose rare, les paroles ne furent nullement au-dessous. La sagesse du Dauphiné, l'austérité du Vivarais, le tout animé d'un souffle de Languedoc et de Provence. A l'entrée d'une carrière de sacrifices qu'ils prévoyaient parfaitement, au moment de commencer l'œuvre grande et laborieuse, ces excellents citoyens se recommandaient les uns aux autres de fonder la liberté sur la seule base solide, « la vertu », sur ce qui rend les dévouements faciles, « la simplicité, la frugalité, la pureté du cœur » !

Je voudrais savoir aussi ce que disaient, presque en face, de l'autre côté du Rhône, à Voute, les cent mille paysans armés qui y firent l'union du Vivarais. C'etait encore février, rude saison dans ces froides montagnes; ni le temps, ni la misère, ni les routes effroyables, n'empêchèrent ces pauvres gens d'arriver au rendez-vous. Torrents, verglas, précipices, fontes de neiges, rien ne put les arrêter. Une chaleur toute nouvelle était dans l'air; une fermentation précoce se faisait sentir à eux; citoyens pour la première fois, évoqués du fond de leurs glaces au nom inouï de la liberté, ils partirent, comme les rois mages et les bergers de Noël, voyant clair en pleine nuit, suivant sans pouvoir s'égarer, à travers les brumes d'hiver, une lueur de printemps et l'étoile de la France.

Dès longtemps les quatorze villes de Franche-Comté, inquiètes entre les châteaux et les pillards qui forcent et qui brûlent les châteaux, se sont unies à Besançon, se sont promis assistance.

Ainsi, par-dessus les désordres, les craintes, les périls, j'entends s'élever peu à peu, répété par ces chœurs imposants dont chacun est un grand peuple, le mot puissant, magnifique, doux à la fois et formidable, qui contiendra tout et calmera tout : « la fraternité ».

Et à mesure que les associations se forment, elles s'associent entre elles, comme dans les grandes farandoles du Midi, chaque bande de danseurs qui se forme donne la main à une autre, et la même danse emporte des populations entières.

Ici éclate, par une double initiative, le grand cœur de la Bourgogne.

Dès le fond même de l'hiver, dans la rareté des subsistances, Dijon invite toutes les municipalités de Bourgogne à aller au secours de Lyon affamé[1].

Lyon a faim, et Dijon souffre... Ainsi ces mots de fraternité, de solidarité nationale, ne sont pas des

---

1. Archives de Dijon. Je dois cette communication à l'obligeance de M. Garnier.

mots, ce sont des sentiments sincères, des actes réels, efficaces.

La même ville de Dijon, liée aux confédérations de Dauphiné et de Vivarais (elles-mêmes en rapport avec celles de Provence et Languedoc), Dijon invite la Bourgogne à donner la main aux villes de la Franche-Comté. Ainsi l'immense farandole du Sud-Est, liant et formant toujours de nouveaux anneaux, avance jusqu'à Dijon, qui se rattache à Paris.

Tous sortant de l'égoïsme, tous voulant du bien à tous, tous voulant nourrir les autres, les subsistances commencent à circuler facilement, l'abondance se rétablit; il semble que, par un miracle de la fraternité, une moisson nouvelle soit venue en plein hiver.

Nulle trace dans tout cela de l'esprit d'exclusion, d'isolement local, qu'on désigna plus tard sous le nom de fédéralisme. Ici, tout au contraire, c'est une conjuration pour l'unité de la France. Ces fédérations de provinces regardent toutes vers le centre, toutes invoquent l'Assemblée nationale, se rattachent à elle, se donnent à elle, c'est-à-dire à l'unité. Toutes remercient Paris de son appel fraternel. Telle ville lui demande secours. Telle veut être affiliée à sa garde nationale. Clermont lui avait proposé en novembre une association générale des municipalités. A cette époque, en effet, sous la menace des États, des parlements, du Clergé, les campagnes étant douteuses, tout le salut de la France semblait placé dans une ligue étroite des villes. Grâce à Dieu, les grandes fédérations résolurent mieux la difficulté.

Elles entraînèrent, avec les villes, un nombre immense des habitants des campagnes. On l'a vu pour le Dauphiné, le Vivarais, le Languedoc.

Dans la Bretagne, dans le Quercy, le Rouergue, le Limousin, le Périgord, les campagnes sont moins paisibles; il y a en février des désordres, des violences. Les mendiants, nourris à grand'peine jusque-là par les municipalités, sortent peu à peu et courent le pays. Les paysans recommencent à forcer les châteaux, brûler les chartes féodales, exécuter par la force les déclarations du 4 août, les promesses de l'Assemblée. En attendant qu'elle y songe, la terreur est dans les campagnes. Les nobles délaissent leurs châteaux, viennent se cacher dans les villes, trouver sûreté parmi leurs ennemis. Et ces ennemis les défendent. Les gardes nationaux de la Bretagne, qui viennent de jurer leur ligue contre les nobles, s'arment aujourd'hui pour les nobles, vont défendre les manoirs, où l'on conspirait contre eux[1]. Ceux du Quercy, du Midi en général, furent également magnanimes.

Les pillards furent comprimés, les paysans contenus, peu à peu initiés, intéressés au but de la

---

1. Les gardes nationaux de 1790 n'étaient nullement une aristocratie, comme quelques écrivains le font entendre, par un étrange anachronisme. Dans la plupart des villes, c'était, comme je l'ai dit, littéralement *tout le monde*. Tous étaient intéressés à empêcher le ravage des campagnes, qui eût rendu la culture impossible, affamé la France. — Au reste, ces désordres passagers n'eurent aucunement le caractère d'une Jacquerie. Dans certaines localités de Bretagne et de Provence, les paysans réparèrent eux-mêmes les dégâts qu'ils avaient faits. Dans un château où ils ne trouvèrent qu'une dame malade avec ses enfants, ils s'abstinrent de tout désordre, etc.

Révolution. A qui donc pouvait-elle profiter plus qu'à eux? Elle avait affranchi des dîmes ceux d'entre eux qui possédaient. Elle allait, entre les autres, créer des propriétaires et par centaines de mille. Elle allait leur donner l'épée, de serfs en un jour les faire nobles, les mener par toute la terre à la gloire, aux aventures, tirer d'eux des princes, des rois, et que dis-je? bien plus, des héros.

CHAPITRE V

RÉSISTANCES. — LA REINE ET L'AUTRICHE (OCTOBRE-FÉVRIER).

Irritation de la reine, octobre. — Complots de la cour. — Le roi prisonnier du peuple (novembre-décembre?). — La reine se défie des princes. — La reine peu liée avec le clergé. — Elle avait toujours été gouvernée par l'Autriche. — L'Autriche intéressée à ce que le roi n'agit point. — Louis XVI et Léopold se déclarent amis des constitutions, février-mars. — Procès de Besenval et de Favras. — Mort de Favras, 18 février. — Découragement des royalistes. — Grandes fédérations du Nord.

Du spectacle sublime de la fraternité, je retombe, hélas! sur la terre, dans les intrigues et les complots.

Personne n'appréciait l'immensité du mouvement; personne ne mesurait ce flux rapide, invincible, qui monta d'octobre en juillet. Des populations, jusquelà étrangères entre elles, se liaient, se rapprochaient. Des villes éloignées, des provinces naguère divisées encore par les vieilles rivalités, allaient en quelque sorte au-devant les unes des autres, se donnaient la main et fraternisaient. Ce fait si nouveau, si frappant, était à peine remarqué des grands esprits de l'époque. S'il eût pu l'être de la reine, de la cour, il aurait découragé les résistances inutiles. Qui donc, quand l'Océan monte, oserait marcher contre lui?

La reine se trompa dès le point de départ, et elle resta trompée. Elle vit dans le 6 octobre une affaire arrangée par le duc d'Orléans, un tour que lui jouait l'ennemi. Elle céda, mais, avant de partir, conjura le roi, au nom de son fils, de n'aller à Paris que pour attendre le moment où il pourrait s'éloigner[1].

Dès le premier jour, le maire de Paris, le priant d'y fixer sa résidence, lui disant que le centre de l'Empire était la demeure naturelle des rois, n'avait tiré de lui que cette réponse : « Qu'il ferait volontiers de Paris sa résidence *la plus habituelle.* »

Le 9, proclamation du roi où il annonce que, s'il n'eût pas été à Paris, *il eût craint de causer un grand trouble;* que, la constitution faite, il réalisera son projet d'aller *visiter ses provinces;* qu'il se livre à l'espoir de recevoir d'elles des marques d'affection, de les voir *encourager l'Assemblée nationale,* etc.

Cette lettre ambiguë, qui semblait provoquer des adresses royalistes, décida la commune de Paris à écrire aussi aux provinces; elle voulait les rassurer, disait-elle, contre certaines insinuations, *jetant un voile sur le complot* qui avait failli renverser l'ordre nouveau; elle *offrait une fraternité* sincère à toutes les communes du royaume.

---

1. Beaulieu, II, 203.

La reine refusa de recevoir les vainqueurs de la Bastille, qui venaient lui présenter leurs hommages. Elle reçut les dames de la Halle, mais à distance, et comme séparée, défendue par les larges paniers des dames de la cour qui se jetèrent au-devant. Elle éloignait d'elle ainsi une classe très royaliste; plusieurs des dames de la Halle désavouaient le 6 octobre. Elles arrêtèrent elles-mêmes quelques femmes sans aveu, qui pénétraient dans les maisons pour extorquer de l'argent.

Ces maladresses de la reine n'étaient pas propres à augmenter la confiance. Comment eût-elle subsisté, au milieu des tentatives de la cour, toujours avortées, découvertes? D'octobre en mars, on découvrit à peu près un complot par mois (Augeard, Favras, Maillebois, etc.).

Le 25 octobre, on arrête un sieur Augeard, garde des sceaux de la reine; on trouve chez lui un plan pour mener le roi à Metz.

Le 21 novembre, dans l'Assemblée, le comité des recherches, provoqué par Malouet, le fait taire en lui disant qu'il existe un nouveau complot pour enlever le roi à Metz, et que Malouet lui-même le connaît parfaitement.

Le 25 décembre, on arrête le marquis de Favras, encore un enleveur du roi, qui recrutait dans Paris. Si l'on eût eu pour objet de troubler pour toujours l'imagination du peuple, de le rendre fol de défiance et de craintes, l'entourant ainsi de ténèbres, de complots, de pièges, il eût fallu faire exactement ce qu'on fit. Il eût fallu, par une suite de conspirations maladroites, lui montrer à chaque instant le roi en fuite, le roi à la tête des armées, le roi revenant affamer Paris.

Sans doute, en supposant la liberté assise, les résistances moins fortes, il eût mieux valu leur ouvrir la porte toute grande, à ce roi, à cette reine, les mener à leur vraie place, à la frontière, en faire cadeau à l'Autriche.

Mais, dans l'état chancelant, incertain, où se trouvait la pauvre France, ayant pour chef une assemblée de métaphysiciens, et contre elle des hommes d'exécution et de main, comme était M. de Bouillé, comme nos officiers de marine, comme les gentilshommes bretons, il était bien difficile de lâcher le grand otage, le roi, de donner à toutes ces forces ce qui leur manquait, l'unité.

Donc le peuple veillait nuit et jour, rôdait autour des Tuileries; il ne se fiait à personne. Il allait voir tous les matins si le roi n'était pas parti. La garde nationale lui en répondait, et le commandant de la garde nationale. Mille bruits circulaient, reproduits par des journaux violents, furieux, qui à tout hasard dénonçaient quelque complot... Les gens modérés s'indignaient, niaient, ne voulaient pas croire... Le complot n'en était pas moins découvert le lendemain. Le résultat de tout ceci, c'est que le roi, qui n'était nullement prisonnier en octobre, l'était en novembre ou décembre.

La reine avait manqué un moment unique, admirable, irréparable, le moment où La Fayette et Mirabeau se trouvèrent d'accord pour elle (fin octobre).

Elle ne voulait pas être sauvée par la Révolution, par Mirabeau, par La Fayette ; courageuse et rancuneuse, véritable princesse de la maison de Lorraine, elle voulait vaincre et se venger.

Elle risquait à la légère, se disant évidemment, comme disait dans une tempête Henriette d'Angleterre, qu'après tout les reines ne pouvaient pas se noyer.

Marie-Thérèse avait été bien près de périr, et elle n'avait pas péri. Ce souvenir héroïque de la mère influait beaucoup sur la fille — à tort — la mère avait pour elle le peuple, la fille l'avait contre elle.

M. de La Fayette, peu royaliste avant le 6 octobre, l'était sincèrement depuis. Il avait sauvé la reine, protégé le roi. On s'attache par de telles choses. Les efforts prodigieux qu'exigeait de lui le maintien de l'ordre lui faisaient vivement désirer que l'autorité reprît force. Il écrivit par deux fois à M. de Bouillé, le priant de s'unir à lui pour sauver la royauté. M. de Bouillé regrette amèrement, dans ses *Mémoires*, de ne point l'avoir écouté.

La Fayette avait fait une chose agréable à la reine, en chassant le duc d'Orléans. Il lui faisait une sorte de cour. Il est curieux de voir le général, l'homme occupé, suivre la reine aux églises, assister aux offices où elle faisait ses pâques[1].

---

1. En cela, M. de La Fayette voulait, je crois, faire aussi sa cour à sa dévote et vertueuse femme.
Il lui écrit vite ce grand événement.

Pour la reine, pour le roi, La Fayette surmonta la répugnance que lui inspirait Mirabeau.

Dès le 15 octobre, Mirabeau s'était offert, par une note, que son ami La Marck, l'homme de la reine, ne montra pas même au roi. — Le 20, nouvelle note de Mirabeau; mais celle-ci, il l'envoya à La Fayette, qui s'aboucha avec l'orateur, le conduisit chez le ministre Montmorin.

Ce secours inespéré, qui leur tombait du ciel, fut tout à fait mal reçu. Mirabeau aurait voulu que le roi se contentât de un million pour toute dépense; qu'il se retirât, non à Metz dans l'armée, mais à Rouen, et que de là il publiât des ordonnances plus populaires que les décrets de l'Assemblée[1]. Ainsi point de guerre civile, le roi se faisant plus révolutionnaire que la Révolution même.

Étrange projet, qui prouve la confiance, la facile crédulité du génie!... Si la cour l'eût accepté pour un jour, si elle eût consenti de feindre, c'eût été pour faire pendre le lendemain Mirabeau.

Dès novembre, il put bien voir ce qu'il avait à attendre de ceux qu'il voulait sauver. Il lui fallait le ministère, et garder en même temps sa position dominante dans l'Assemblée nationale. Pour cela, il avait besoin que la cour lui ménageât l'appui, la connivence, le silence du moins, des députés royalistes. Loin de là, le garde des sceaux avertit, anima plusieurs députés, même de l'opposition, contre le

---

1. Voir les pièces citées dans l'*Histoire* de M. Droz et les *Mémoires* de Mirabeau.

projet. Au ministère, aux Jacobins (ce club était à peine ouvert), on travailla en même temps pour rendre Mirabeau impossible. Deux honnêtes gens, Montlosier du côté droit, Lanjuinais du côté gauche, parlèrent dans le même sens. Ils proposèrent et firent décréter « qu'aucun député en fonction, ni trois ans après, ne pût accepter de place ». — Ainsi les royalistes réussirent à interdire le ministère au grand orateur, qui eût été le soutien de leur parti (7 novembre).

La reine, nous l'avons dit, ne voulait pas être sauvée par la Révolution, et elle ne voulait pas l'être non plus par l'émigration, par les princes. Elle avait trop bien connu le comte d'Artois pour ne pas savoir le peu que c'était. Elle se défiait avec raison de Monsieur, comme d'un caractère louche et faux.

Quelles étaient donc ses espérances ? ses vues ? ses secrets conseillers ?

Il ne faut pas compter Mme de Lamballe, jolie[1] petite femme très nulle, amie tendre de la reine, mais sans idées, sans conversation, et qui ne méritait pas la responsabilité terrible que l'on fit peser sur elle. Elle semblait être un centre; elle tenait avec grâce le véritable salon de Marie-Antoinette, au rez-de-chaussée du pavillon de Flore. Beaucoup

---

1. Jolie est le mot propre; rien de plus loin de la beauté. Des traits fort petits, peu de front, peu de cerveau. « Elle avait les mains un peu grosses », dit Mme de Genlis. Le portrait de Versailles marque très bien la race et le pays; c'était une gentille Savoyarde. Les cheveux cachés dans la poudre, mais (hélas ! il n'y parut que trop !) abondants, admirables...

de noblesse y venait, un monde indiscret, futile, compromettant, qui croyait, comme au temps de la Fronde, mener tout par des satires, des mots piquants, des chansons. On lisait là le très spirituel journal des *Actes des apôtres;* on y chanta telle romance sur la captivité du roi qui fit pleurer tout le monde, les amis et les ennemis.

Les relations de Marie-Antoinette étaient toutes avec les nobles, peu avec les prêtres. Elle n'était pas bigote, pas plus que son frère Joseph II.

Les nobles n'étaient pas un parti : c'était une classe nombreuse divisée et sans lien. Mais les prêtres étaient un parti, un corps très serré et matériellement très puissant. La dissidence momentanée des curés et des prélats le faisait paraître faible. Mais la force de la hiérarchie, mais l'esprit de corps, mais le pape, la voix du Saint-Siège, allait tout à l'heure refaire l'unité du Clergé. Alors, par ses membres inférieurs, il allait puiser des forces inconnues dans la terre et dans les hommes de la terre, les habitants des campagnes. Il allait contre le peuple de la Révolution amener un peuple, la Vendée contre la France.

Marie-Antoinette ne vit rien de tout cela. Ces grandes forces morales étaient lettres closes pour elle. Elle rêvait la victoire, la force matérielle, Bouillé et l'Autriche.

Lorsque, au 10 août, on trouva dans l'armoire de fer les papiers de Louis XVI, on lut avec étonnement que, dans les premières années de son mariage, il n'avait vu dans sa jeune femme qu'un pur agent de l'Autriche[1].

Marié malgré lui par M. de Choiseul dans cette maison deux fois ennemie, comme Lorraine et comme Autriche, obligé de recevoir le précepteur de la reine, l'abbé de Vermond, espion de Marie-Thérèse, il persévéra longtemps dans sa défiance, jusqu'à rester dix-neuf ans sans parler à ce Vermond.

On sait comment la pieuse impératrice avait distribué les rôles à sa nombreuse famille, employant surtout ses filles comme agents de sa politique. Par Caroline, elle gouvernait Naples. Par Marie-Antoinette, elle comptait gouverner la France. Celle-ci, avant tout, Lorraine, Autrichienne, persécuta dix ans Louis XVI pour lui faire donner le ministère au Lorrain Choiseul, l'homme de l'Impératrice. Elle réussit du moins à lui faire accepter Breteuil, qui, comme Choiseul, avait été d'abord ambassadeur à Vienne, et comme lui appartenait entièrement à cette cour. Ce fut encore la même influence (celle de Vermond sur la reine) qui, en dernier lieu, surmonta les scrupules de Louis XVI et lui fit prendre un athée pour premier ministre, l'archevêque de Toulouse.

La mort de Marie-Thérèse, les paroles sévères de Joseph II sur Versailles et sur sa sœur, semblaient

---

1. Il surveillait sa correspondance avec Vienne, par Thugut, à qui elle se confiait. (Lettre en date du 17 octobre 1774, citée par Brissot, *Mémoires*, IV, 120.)

devoir rendre celle-ci moins favorable à l'Autriche. Ce fut alors cependant qu'elle décida le roi à donner les millions que Joseph II voulait extorquer des Hollandais.

En 1789, la reine avait trois confidents, trois conseillers : Vermond, toujours Autrichien, Breteuil, non moins Autrichien, enfin l'ambassadeur d'Autriche, M. de Mercy-Argenteau. Derrière ce vieux Mercy, il faut voir celui qui le pousse, le vieux prince de Kaunitz, ministre septuagénaire de la monarchie autrichienne; ces deux fats ou ces deux vieilles, qui semblaient tout occupées de toilettes et de bagatelles, menaient la reine de France.

Funeste direction, dangereuse alliance. L'Autriche était alors dans une situation si mauvaise que, loin de servir Marie-Antoinette, elle ne pouvait lui être qu'un obstacle pour agir, un guide pour agir mal, la pousser à toute démarche absurde que pourrait demander l'intérêt autrichien.

Cette catholique et dévote Autriche, s'étant faite à moitié philosophe sous Joseph II, avait trouvé moyen de n'avoir personne pour elle. Contre elle se tournait sa propre épée, la Hongrie. Les prêtres belges lui avaient enlevé les Pays-Bas, avec l'encouragement des trois puissances protestantes, Angleterre, Hollande et Prusse. Et pendant ce temps, que faisait l'Autriche? Elle tournait le dos à l'Europe, se promenait dans les déserts des Turcs, usait ses meilleures armées au profit de la Russie.

L'Empereur ne se portait pas mieux que l'Empire.

Joseph II était poitrinaire. Il mourait désespéré. Il avait montré, dans l'affaire de Belgique, une variation déplorable, d'abord des menaces furieuses de tuer, brûler, des exécutions barbares qui firent l'horreur de l'Europe, puis (le 25 novembre) amnistie illimitée, dont personne ne voulut.

L'Autriche eût été perdue si la Révolution de Belgique eût trouvé appui dans la Révolution de France[1].

Ici tout le monde pensait que les deux révolutions allaient agir d'ensemble et marcher du même pas. Le plus brillant de nos journalistes, Camille Desmoulins, avait, sans attendre, uni en espoir les deux sœurs, intitulant son journal : *Révolutions de France et de Brabant.*

La difficulté à cela, c'est que l'une était une révolution de prêtres, et l'autre de philosophes.

Les Belges, sachant cependant qu'ils ne pouvaient pas compter sur leurs protecteurs les trois puissances protestantes s'adressèrent à nous. L'homme du clergé des Pays-Bas, le grand agitateur de la tourbe catholique, Van der Noot, ne se fit pas scru-

---

1. Un mouvement vigoureux, même de contre-révolution, pouvait lui porter préjudice. Si nos évêques, par exemple, étaient aidés par le roi dans leurs tentatives, s'ils obtenaient quelque avantage, leur succès encourageait les prélats belges, qui avaient chassé l'Autriche. Elle trouvait son compte, pour le moment, à se faire modérée, libérale même, pour se rattacher les *progressistes* belges, dont le libéralisme modéré se rapprochait beaucoup des idées de La Fayette. Si La Fayette eut donné la main à ses *progressistes*, ils auraient repoussé à coup sûr la main de l'Autriche, préféré l'appui de la France. Donc l'intérêt autrichien était que rien ne se fît chez nous, ni dans un sens, ni dans l'autre.

pule d'écrire à l'Assemblée et au roi. La lettre fut renvoyée (10 décembre). Louis XVI se montra un parfait beau-frère de l'Empereur[1]. L'Assemblée méprisa une révolution d'abbés. Les Tuileries, entièrement dominées par l'ambassadeur d'Autriche, parvinrent à endormir l'honnête M. de La Fayette, qui endormit l'Assemblée.

L'homme de la reine, La Marck, partit en décembre pour offrir son épée aux Belges, ses compatriotes, contre l'Autrichien. Il avait cependant le consentement de la reine et, par conséquent, celui de l'ambassadeur d'Autriche. On espérait que La Marck, grand seigneur aimable, ami de toute nouveauté, pourrait servir de médiateur, et peut-être faire accepter aux Belges, alors vainqueurs, un moyen terme qui apaisât tout, une constitution bâtarde sous un prince autrichien. — Avec ce mot de constitution, on endort encore La Fayette.

La Marck, très justement suspect au parti des prêtres belges et de l'aristocratie, réussit mieux auprès de ceux qu'on appelait *progressistes*. L'Autriche, pour diviser ses ennemis, se disait alors amie du progrès. L'avènement du philanthrope et réformateur Léopold aidait fort à ce mensonge (20 février).

Dans sa participation indirecte à tout cela, la reine

---

1. Je ne crois pas qu'aux Tuileries on ait eu jamais sérieusement l'idée de faire le duc d'Orléans roi de Brabant, comme quelques-uns l'ont dit. Le vrai moyen d'y faire sa cour, c'était de témoigner beaucoup d'intérêt pour l'Empereur. C'est aussi ce que fait Livarot, commandant de Lille. (*Correspondance inédite*, 30 novembre 1789, 13 décembre 1789.)

se fit grand tort. Elle eût dû se lier de plus en plus au clergé. L'Autriche, en lutte avec le clergé, avait des intérêts absolument différents.

Elle espérait apparemment que, si l'Empereur, s'arrangeant avec les Belges, se retrouvait enfin libre de ses mouvements, elle pourrait s'abriter sous la protection impériale, montrer à la Révolution une guerre prête à fondre sur la France, peut-être fortifier la petite armée de Bouillé de quelques corps autrichiens.

Mauvais calcul. Tout cela était trop long, et le temps marchait très vite. L'Autriche, fort égoïste, était un secours très lointain et très douteux.

Quoi qu'il en soit, les deux beaux-frères suivirent exactement la même conduite. Dans le même mois, Louis XVI et Léopold se déclarèrent l'un et l'autre amis de la liberté, défenseurs zélés des constitutions, etc.

Même conduite dans deux situations parfaitement opposées. Léopold agissait très bien pour regagner la Belgique ; il divisait ses ennemis, fortifiait ses amis. Louis XVI, tout au contraire, loin de fortifier ses amis, les jetait par cette parade dans le plus profond découragement ; il paralysait le Clergé, la Noblesse, la contre-révolution.

Les modérés, Necker, Malouet, croyaient que le roi, par une profession de foi constitutionnelle, presque révolutionnaire, pouvait se constituer le chef de la Révolution. C'est ainsi que les conseillers de Henri III lui firent faire la fausse démarche de se dire chef de la Ligue. L'occasion semblait, il est vrai, favorable. Les désordres de janvier avaient alarmé vivement la propriété. Devant ce grand intérêt social, on supposait que tout intérêt politique allait pâlir. La désorganisation était effrayante; le pouvoir n'avait garde d'y remédier; ici il était mort en réalité, et là *il faisait le mort*, comme disait un des Lameth. Beaucoup avaient déjà assez de révolution, et trop; de découragement, ils auraient volontiers sacrifié les songes d'or qu'ils avaient faits, à la paix, à l'unité.

Au même moment (du 1ᵉʳ au 4 février), deux événements de même sens :

D'abord s'ouvre le club des *impartiaux* (Malouet, Virieu, etc.). Leur impartialité consistait, ils le disent dans leur déclaration, à *rendre force au roi* et à *conserver des terres à l'Église*, à subordonner l'aliénation des biens du clergé à la volonté des provinces.

Le 4 février, le roi se présente à l'improviste dans l'Assemblée, prononce un discours touchant, qui étonne et attendrit... Chose incroyable, merveilleuse! le roi était secrètement épris de cette constitution qui le dépouillait. Il loue, il admire spécialement la belle division des départements. Seulement il conseille à l'Assemblée d'ajourner une partie des réformes. Il déplore les désordres, il défend, console le Clergé et la Noblesse; mais enfin il est, avant tout, dit-il, l'ami de la constitution.

Il se présentait ainsi à l'Assemblée embarrassée

de rétablir l'ordre, et il semblait dire : « Vous ne savez que faire? Eh bien, rendez-moi le pouvoir... »

L'effet de la scène fut prodigieux. L'Assemblée perdit la tête. Barère pleurait à chaudes larmes. Le roi sort, on court après lui, on se précipite. On va chez la reine. Elle reçoit la députation, avec le Dauphin. Toujours altière et gracieuse : « Voici mon fils, dit-elle, je lui apprendrai à chérir la liberté; j'espère qu'il en sera l'appui. »

Elle ne fut pas ce jour-là la fille de Marie-Thérèse, mais la sœur de Léopold. Peu après, son frère lançait le manifeste hypocrite où il se déclara ami de la liberté, de la constitution des Belges, jusqu'à leur dire, lui, Empereur, qu'après tout ils avaient eu droit de s'armer contre l'Empereur.

Pour revenir, l'Assemblée délira complètement, ne sut plus ce qu'elle disait. Elle se lève tout entière, elle jure fidélité à la constitution qui n'est pas encore. Les tribunes se joignent à ces transports, dans un inconcevable enthousiasme. Tout le monde se met à jurer, à l'Hôtel de Ville, à la Grève, dans les rues. On chante un *Te Deum*. On illumine le soir. Pourquoi ne pas se réjouir? La Révolution est faite, bien faite pour cette fois.

Du 5 février au 15, ce fut une suite de fêtes, à Paris et dans les provinces. Partout, sur les places publiques, on se pressait pour prêter le serment. Les écoliers, les enfants, y étaient conduits en bande. Tout était plein d'élan, de joie et d'enthousiasme.

Beaucoup d'amis de la liberté s'effrayaient de ce

mouvement, croyant qu'il tournerait au profit du roi. Erreur. La Révolution était une chose si forte, dans un tel mouvement ascendant, que tout événement nouveau, pour ou contre, finissait toujours par la favoriser, la pousser plus vite encore. Dans cette affaire du serment, il arrivait ce qui arrive toujours pour toute passion violente. Chacun, en prononçant des mots, ne leur donnait nul autre sens que ce qu'il avait dans le cœur. Tel avait juré pour le roi, qui n'avait rien entendu sinon jurer pour la patrie.

On remarqua qu'au *Te Deum*, le roi n'était pas venu à Notre-Dame, qu'il n'avait pas, comme on l'espérait, juré sur l'autel. Il voulait bien mentir, mais non pas se parjurer.

Dès le 9 février, pendant que les fêtes duraient encore, Grégoire et Lanjuinais dirent que la cause des désordres était la non-exécution des décrets du 4 août; donc qu'il ne fallait pas faire halte, mais bien avancer.

Les tentatives des royalistes pour rendre la force et les armes au pouvoir royal ne furent pas heureuses. Maury essaya la ruse, disant qu'*au moins dans les campagnes*, il fallait permettre à la force armée d'agir, sans autorisation des municipalités. Cazalès essaya l'audace, ouvrit l'avis étrange de donner au roi la dictature *pour trois mois*. Ruse grossière. Mirabeau, Buzot, d'autres encore, déclarèrent nettement qu'on ne pouvait se fier au pouvoir exécutif. L'Assemblée ne se fia qu'aux municipalités, leur donna tout pouvoir d'agir et les rendit responsables des désordres qu'elles ne pourraient empêcher.

L'audace inouïe de la proposition de Cazalès ne s'explique que par sa date (20 février). Un sacrifice sanglant avait été fait le 18, qui paraissait répondre de la bonne foi de la cour.

Elle avait alors deux affaires, deux procès sur les bras : celui de Besenval, celui de Favras.

Besenval, accusé pour le 14 juillet, n'avait fait après tout qu'exécuter les ordres de son chef le ministre, les ordres du roi. Pourtant, si on l'innocentait, on paraissait condamner la prise de la Bastille et la Révolution même. Il était spécialement odieux comme étant l'homme de la reine, l'ex-confident des parties de Trianon, l'ancien ami de Choiseul, et, comme tel, appartenant à la cabale autrichienne.

Favras intéressait moins la cour. C'était l'homme de Monsieur. Il s'était chargé, pour lui, d'enlever le roi. Monsieur, vraisemblablement, eût été lieutenant général, régent peut-être, si l'on eût interdit le roi, comme le proposaient quelques parlementaires et amis des princes. M. de La Fayette dit, dans ses *Mémoires*, que Favras devait commencer par tuer Bailly et La Fayette.

Favras ayant été arrêté dans la nuit du 25 décembre, Monsieur, très effrayé, fit la démarche singulière d'aller se justifier... Où? devant quel tribunal? Devant la ville de Paris. Les magistrats municipaux n'étaient nullement qualifiés pour recevoir un tel acte. Monsieur renia Favras, dit qu'il n'avait nulle connaissance de l'affaire, fit une parade hypocrite de sentiments révolutionnaires, d'amour pour la liberté.

Favras montra beaucoup de courage et releva fort sa vie par sa mort. Il se défendit très bien, et pas plus qu'il ne fallait, ne compromettant personne. On lui fit comprendre qu'il lui fallait mourir discrètement, et il le fit. La longue et cruelle promenade à laquelle on le condamna, l'amende honorable à Notre-Dame, etc., n'ébranlèrent pas sa fermeté. A la Grève, il demanda à déposer encore et ne fut pendu qu'aux flambeaux (18 février). C'était la première fois qu'on pendait un gentilhomme. Le peuple montrait une impatience furieuse, croyant toujours que la cour trouverait moyen de le sauver. « Ses papiers, recueillis par le lieutenant civil, furent (dit La Fayette) remis par la fille de ce magistrat à Monsieur, devenu roi, qui s'empressa de les brûler. »

Le dimanche qui suivit l'exécution, la veuve et le fils de Favras vinrent en deuil assister au dîner public du roi et de la reine. Les royalistes croyaient qu'ils allaient combler, caresser la famille de la victime. La reine n'osa lever les yeux.

Ils virent alors l'impuissance où la cour était réduite, combien peu d'appui pouvaient attendre ceux qui se dévoueraient pour elle.

Déjà, au 4 février, la visite du roi à l'Assemblée, sa profession de foi patriotique, les avaient fort abattus. Le vicomte de Mirabeau sortit et, dans son désespoir, brisa son épée... Que penser? Que croire en effet? Les royalistes avaient le choix de croire le roi ou menteur ou transfuge, déserteur de son propre parti. Le roi n'était donc plus royaliste? Ou bien il sacrifiait son Clergé, sa fidèle Noblesse, pour sauver un lambeau de royauté?

M. de Bouillé, laissé sans instructions, dans l'ignorance absolue de ce qu'il avait à faire, tombe alors dans le plus profond découragement. Telle est aussi l'impression de beaucoup de gentilshommes, d'officiers de terre et de mer, qui partent de France. M. de Bouillé lui-même demande la permission d'en faire autant, de servir à l'étranger. Le roi lui fait dire de rester, qu'il aura besoin de lui. On s'est trop hâté d'espérer; la Révolution était finie le 14 juillet, finie le 6 octobre, elle l'était au 4 février; je crains maintenant qu'en mars elle ne le soit pas encore.

Qu'importe! la liberté, adulte, robuste au berceau même, doit craindre peu les résistances. Elle vient, en un moment de vaincre la plus redoutable, le désordre et l'anarchie. Ces pillages des campagnes, cette guerre contre les châteaux, qui, gagnant de proche en proche, menaçait tout le pays d'un embrasement immense, tout cela a fini d'un coup. Le mouvement de janvier, février, est déjà apaisé en mars. Pendant que le roi se présentait comme l'unique garant de la paix publique, pendant que l'Assemblée cherchait et ne trouvait pas les moyens de la ramener, la France l'avait faite elle-même. L'élan de la fraternité avait devancé les lois; le nœud qu'on ne dénouait pas avait été tranché par la magnanimité nationale. Les villes, armées tout entières, avaient marché à la défense des châteaux; elles avaient protégé les nobles, leurs ennemis.

Les grandes réunions continuent, et plus grandes chaque jour, si formidables que, sans agir, par leur seule apparition, elles doivent intimider les deux ennemis de la France : d'une part l'anarchie, le pillage, d'autre part la contre-révolution. Ce ne sont plus seulement les populations plus rares, plus dispersées du Midi, qui s'assemblent; ce sont les massives, les compactes légions des grandes provinces du Nord; c'est la Champagne, cent mille hommes; c'est la Lorraine, cent mille hommes; les Vosges, l'Alsace, etc.

Mouvement plein de grandeur, désintéressé et sans jalousie. Tout se groupe, tout s'unit, tout gravite à l'unité. Paris appelle les provinces, veut s'unir toutes les communes. Et les provinces, d'elles-mêmes, sans la moindre pensée d'envie, veulent encore plus s'unir. La Bretagne, le 20 mars, demande que la France envoie un homme sur mille à Paris. Bordeaux a déjà demandé une fête civique pour le 14 juillet. Les deux propositions tout à l'heure n'en feront qu'une. La France appellera toute la France à cette grande fête, la première du nouveau culte.

CHAPITRE VI

LA REINE ET L'AUTRICHE. — LA REINE ET MIRABEAU.
L'ARMÉE (MARS-MAI 1790).

L'Autriche se rallie l'Europe. — Elle conseille de gagner Mirabeau, mars. — Conduite équivoque de la cour dans sa négociation avec Mirabeau. — Mirabeau lui porte de nouveaux coups, avril. — Mirabeau peu influent dans les clubs. — Mirabeau gagné, 10 mai. — Mirabeau fait donner au roi l'initiative de la guerre, 22 mai. — Entrevue de Mirabeau et de la reine, fin mai. — Le soldat fraternise avec le peuple. — La cour croit gagner le soldat. — Misère de l'ancienne armée. — Insolence des officiers. — Ils essayent de mettre le soldat contre le peuple. — Réhabilitation du soldat, du marin.

Le complot de Favras était celui de Monsieur; le complot de Maillebois (qu'on découvre en mars) se rattache au comte d'Artois, à l'émigration. La cour, sans les ignorer, paraissait suivre plutôt le conseil que l'on trouva dans le Mémoire d'Augeard, garde des sceaux de la reine : ruser, attendre, *simuler la confiance, laisser filer cinq ou six mois.*

Même mot d'ordre à Vienne, à Paris.

Léopold négociait. Il mettait les gouvernements soi-disant amis de la liberté, les faux révolutionnaires (j'entends l'Angleterre et la Prusse), à une sérieuse épreuve; il les plaçait en face de la Révolution, et peu à peu ils laissaient tomber le masque. Léopold disait aux Anglais : « Vous plaît-il que je sois forcé de céder à la France une partie des Pays-Bas ? » et l'Angleterre reculait ; elle sacrifiait, devant cette peur, l'espoir de s'emparer d'Ostende. Aux Prussiens, aux Allemands en général, il disait : « Pouvons-nous délaisser nos princes allemands possessionnés en Alsace, qui perdent leurs droits féodaux ? » La Prusse elle-même, le 16 février, avait déjà parlé pour eux, proclamé le droit de l'Empire de demander raison à la France.

L'Europe entière des deux parts, d'une part Autriche et Russie, d'autre part Angleterre et Prusse, gravitait peu à peu vers une même pensée, la haine de la Révolution. Seulement il y avait cette différence que la libérale Angleterre, la philosophique Prusse, avaient besoin d'un peu de temps pour passer d'un pôle à l'autre, pour se décider à se démentir, s'abjurer, se renier, avouer ce qu'elles étaient, les ennemies de la liberté. Ce respectable combat de la honte et de la pudeur devait être ménagé par l'Autriche. Donc, à attendre, il y avait infiniment à gagner. Encore un moment, tout le monde des honnêtes gens allait se trouver d'accord. Seule alors, que ferait la France ?... De quel poids énorme allait peser contre elle tout à l'heure l'Autriche, assistée de l'Europe ?

Rien n'empêchait, en attendant, de donner aux révolutionnaires de France et de Belgique de bonnes paroles, de les endormir, si l'on pouvait, de les diviser.

Dès que Léopold fut Empereur (20 février), dès qu'il eut publié son étrange manifeste où il adopte les principes de la révolution belge, avoue la légalité de l'insurrection contre l'Empereur (2 mars), son ambassadeur, M. de Mercy-Argenteau, décida Marie-Antoinette à surmonter ses répugnances, à se rapprocher de Mirabeau.

Mais, quelle que fût la facilité du caractère de l'orateur, son éternel besoin d'argent, le rapprochement était difficile. On l'avait dédaigné, repoussé, au moment où il pouvait être utile. Et on venait le chercher lorsque tout était compromis, perdu peut-être.

En novembre, on s'était entendu avec les députés les plus révolutionnaires pour fermer à Mirabeau le ministère pour toujours. Maintenant on l'appelait.

On l'appelait à une entreprise impossible, après tant d'imprudences et trois complots avortés.

L'ambassadeur d'Autriche se chargea lui-même de faire revenir de Belgique l'homme qui pouvait le mieux servir d'intermédiaire, M. de La Marck, ami personnel de Mirabeau et personnellement aussi tout dévoué à la reine.

Il revint. Le 15 mars, il porta à Mirabeau les ouvertures de la cour, le trouva très froid. Son bon sens lui faisait sentir que la cour lui proposait seulement de se noyer avec elle.

Pressé par La Marck, il dit qu'on ne pouvait relever le trône qu'en s'appuyant sur la liberté ; que, si la cour voulait autre chose, il la combattrait, loin de la servir. Quelle garantie pouvait le rassurer là-dessus? Il venait lui-même de proclamer devant l'Assemblée combien peu il se fiait au pouvoir exécutif. Pour le rassurer, Louis XVI écrivit à La Marck qu'il n'avait jamais désiré qu'un pouvoir limité par les lois.

Pendant cette négociation, la cour en menait une autre avec La Fayette. Le roi lui promettait par écrit la confiance la plus entière. Le 14 avril, il lui demandait ses idées sur la prérogative royale. Et La Fayette avait la simplicité de les lui donner.

Sérieusement, que voulait la cour? Amuser et rien de plus, endormir La Fayette, neutraliser Mirabeau, amortir son action, le tenir partagé entre des tendances diverses, peut-être aussi le compromettre, comme on avait compromis Necker. La cour mit toujours sa profonde politique à perdre et ruiner ses sauveurs.

Exactement à la même époque et de la même manière, le frère de la reine, Léopold, négociait avec les *progressistes* belges, les compromettait, puis, menacés par le peuple, dénoncés et poursuivis, les amenait à désirer l'invasion, le rétablissement de l'Autriche[1].

Comment croire que ces démarches du frère et de la sœur, précisément identiques, se soient accordées par hasard?

Mirabeau devait bien y regarder à deux fois avant de se fier à la cour. C'était le moment où le roi,

---

1. Sur la conduite de Léopold en Europe, en Belgique spécialement, voir Hardenberg, Borgnett, etc.

cédant aux exigences de l'Assemblée, lui livra le fameux *Livre rouge* (dont nous parlerons tout à l'heure) et l'honneur de tant de gens ; tous les pensionnaires secrets virent leurs noms chantés par les rues. Qui pouvait assurer Mirabeau que la cour ne jugerait pas utile, dans quelque temps, de publier aussi son traité ?... La négociation n'était pas fort rassurante ; on avançait, on reculait ; on ne lui confiait rien du tout et on lui demandait ses secrets : la pensée de son parti.

On ne jouait pas ainsi avec un tel homme. Il fallait l'avoir pour ami ou pour ennemi, le combattre à mort ou se jeter dans ses bras. Quelles que fussent, au fond, ses tendances royalistes, il était impossible d'aveugler entièrement un homme de tant d'esprit. Il allait, en attendant ; organe de la Révolution, il ne lui manquait jamais dans les moments décisifs ; on aurait pu le gagner, on ne pouvait l'amortir, l'énerver, le neutraliser. Quand la situation parlait, à l'instant le Mirabeau vicieux, corrompu, disparaissait, le dieu entrait en lui, la patrie agissait par lui et lançait la foudre...

Dans un seul mois (avril) où la cour traînait, marchandait, finassait, la foudre frappa deux fois.

La première (que nous remettons au chapitre suivant pour réunir toute l'affaire du Clergé), c'est la fameuse apostrophe sur Charles IX et la Saint-Barthélemy, qui est dans toutes les mémoires : « Je vois d'ici la fenêtre », etc. Jamais les prêtres n'avaient reçu sur la tête un coup si pesant ! (13 avril.)

La seconde affaire, non moins grave, fut la question de savoir si l'Assemblée se dissoudrait ; les pouvoirs de plusieurs députés étaient bornés à un an, et cette année finissait. Déjà, avant le 6 octobre, on avait proposé (et avec raison alors) de dissoudre l'Assemblée. La cour attendait, épiait le moment de la dissolution, l'entr'acte, le moment toujours périlleux entre l'Assemblée qui n'est plus et celle qui n'est pas encore. Qui régnerait dans l'intervalle, sinon le roi, par ordonnances ? Le pouvoir une fois repris, l'épée une fois ressaisie, c'était à lui de la garder.

Maury, Cazalès, dans des discours pleins de force, mais irritants, provocants, demandèrent à l'Assemblée si ses pouvoirs étaient illimités, si elle se croyait une *Convention nationale ;* ils insistaient sur cette distinction de convention, d'assemblée, de législature. Ces arguties poussèrent Mirabeau dans une de ces magnifiques colères qui montaient jusqu'au sublime : « Vous demandez comment, de députés de bailliages, nous nous sommes faits Convention ? Je répondrai : Le jour où, trouvant notre salle fermée, hérissée, souillée de baïonnettes, nous courûmes au premier lieu qui pût nous réunir et jurâmes de périr plutôt... ce jour-là, si nous n'étions Convention, nous le sommes devenus... Qu'ils aillent chercher maintenant dans la vaine nomenclature des publicistes la définition de ces mots : Convention nationale ?... Messieurs, vous connaissez tous le trait de ce Romain qui, pour sauver sa patrie d'une grande conspiration, avait été contraint d'outrepasser les pouvoirs que lui conféraient les lois. Un tribun captieux exigea de lui le serment de les avoir respectés. Il croyait, par cet insidieux *interrogat*, placer le consul dans l'alternative d'un parjure ou d'un aveu embarrassant. Je jure, dit le grand homme, je jure que j'ai sauvé la République! — Messieurs..., je jure que vous avez sauvé la chose publique! »

A ce magnifique serment, l'Assemblée se lève tout entière et décrète : « Point d'élection que la constitution ne soit achevée. »

Les royalistes furent atterrés. Plusieurs néanmoins pensaient que l'espoir de leur parti, l'élection nouvelle, eût bien pu tourner contre eux, qu'elle eût amené peut-être une Assemblée plus hostile, plus violente. Dans l'immense fermentation du royaume, dans l'ébullition croissante, qui pouvait être sûr de bien voir?... La simple organisation des municipalités remuait la France dans sa profondeur. Elles se formaient à peine, et déjà, à côté d'elles, s'organisaient des sociétés, des clubs pour les surveiller. Sociétés redoutables, mais utiles, éminemment utiles dans une telle crise; organe, instrument nécessaire de la défiance publique, en présence de tant de complots.

Les clubs iront grandissant, il le faut, la situation le veut ainsi. Cette époque n'est pas encore celle de leur plus grande puissance. Pour la France, c'est l'époque des fédérations. Mais déjà les clubs règnent à Paris.

Paris semble veiller pour la France, Paris reste haletant, debout, tenant ses soixante districts assemblés en permanence, n'agissant pas, près d'agir. Il écoute, il s'inquiète; vous diriez la sentinelle à deux pas de l'ennemi. Le cri : « Prenez garde à vous! » s'entend à chaque heure. Deux voix le poussent sans cesse, du club des Cordeliers, du club des Jacobins. J'y pénètre au prochain livre, dans ces antres redoutables; ici, je m'abstiens d'y entrer. Les Jacobins ne sont pas caractérisés encore, ils sont à leur premier âge, âge bâtard, constitutionnel, où règnent chez eux les Duport et les Lameth.

Le caractère principal de ces grands laboratoires d'agitation, de surveillance publique, de ces puissantes machines (je parle surtout des Jacobins), c'est que, comme en toutes machines, l'action collective y dominait de beaucoup l'action individuelle, que l'individu le plus fort, le plus héroïque, y perdait ses avantages. Dans les sociétés de ce genre, la médiocrité active monte à l'importance, le génie pèse très peu. Aussi Mirabeau n'allait jamais volontiers aux clubs, il n'appartenait exclusivement à aucun, y faisait de courtes visites, passait une heure aux Jacobins, une heure dans la même soirée au club de 1789 qu'avaient formé au Palais-Royal Sieyès, Bailly, La Fayette, Chapelier et Talleyrand (13 mai).

Club élégant, magnifique, nul d'action. La vraie force était au vieux couvent enfumé des Jacobins. La domination d'intrigue, de parlage facile et vulgaire qu'y exerçait souverainement le triumvirat de Duport, Barnave et Lameth, ne contribua pas peu à rendre Mirabeau accessible aux suggestions de la cour.

Homme de contradictions ! au fond qu'était-il ? Royaliste, noble quand même. Et quelle était son action ? Toute contraire ; à coups de foudre, il brisait la royauté.

S'il voulait enfin la défendre, il lui fallait se hâter. Elle enfonçait d'heure en heure. Elle avait perdu Paris ; il lui restait en province de grandes foules dispersées ; par quel art pouvait-on en faire un faisceau ? C'est à quoi Mirabeau rêvait. Il projetait d'organiser une vaste correspondance, sans doute à l'instar, à l'encontre de celle des Jacobins. Telle fut la base du traité de Mirabeau avec la cour (10 mai). Il eût constitué chez lui une sorte de ministère de l'esprit public. Dans ce but ou sous ce prétexte, il reçut de l'argent, un traitement fixe. Et comme il était dans ses habitudes de faire tout avec audace, le mal et le bien, il prit un train de maison, voiture, table ouverte et le petit hôtel de la Chaussée-d'Antin qui subsiste encore.

Tout cela n'était que trop clair, et il y parut bien mieux, quand du milieu du côté gauche on le vit parler avec la droite pour la royauté, pour lui faire donner l'initiative de la paix ou de la guerre.

Le roi avait perdu l'intérieur, puis la justice ; les juges, comme les magistrats municipaux, échappaient à son action. Si on lui ôtait la guerre, y avait-il encore royauté ? Voilà ce que dit Cazalès.

Barnave et le côté opposé trouvaient mille réponses, sans dire un mot de la meilleure. — C'est que le roi était suspect, c'est que la Révolution ne s'était faite qu'en brisant l'épée dans la main du roi, c'est que, de tous les pouvoirs, celui qu'il était le plus dangereux de lui laisser dans les mains, c'était justement la guerre.

L'occasion du débat était celle-ci. L'Angleterre avait été alarmée de voir la Belgique tendre la main à la France. Elle commençait à s'effrayer, tout comme l'Empereur et la Prusse, d'une révolution vivace, contagieuse, qui gagnait, et par son ardeur, et par un caractère de généralité (plus que nationale) *humaine*, très contraire au génie anglais. Un homme de talent, passionné et vénal, l'Irlandais Burke, élève des Jésuites de Saint-Omer, lança aux Chambres une furieuse philippique contre la Révolution, laquelle lui fut payée comptant par son adversaire, M. Pitt. L'Angleterre n'attaqua pas la France, mais elle abandonna la Belgique à l'Empereur, elle alla au bout du monde chercher querelle sur les mers à notre alliée, l'Espagne. Louis XVI fit savoir à l'Assemblée qu'il armait quatorze vaisseaux.

Là-dessus, une longue, immense discussion théorique sur la question générale : A qui appartient l'initiative de la guerre? — Peu ou rien sur la question particulière, qui pourtant dominait l'autre. Tout le monde semblait l'éviter, la fuir, avait peur de la voir.

Paris n'en avait pas peur, Paris l'envisageait en face. Tout le monde sentait, disait que, si le roi avait l'épée, la Révolution périssait. Il y avait cinquante mille hommes aux Tuileries, à la place Vendôme, dans la rue Saint-Honoré, attendant avec une inexprimable anxiété, recueillant avidement les billets qu'on leur jetait des fenêtres de l'Assemblée, pour leur faire suivre de moment en moment le progrès de la discussion. Tous étaient indignés, exaspérés contre Mirabeau. A l'entrée, à la sortie, l'un lui montrait une corde, et l'autre des pistolets.

Il fit preuve de sang-froid. Dans un moment même où Barnave occupait la tribune de ses longs discours, croyant avoir saisi le point où il le terrasserait, Mirabeau n'en écouta pas davantage, il alla se promener aux Tuileries, au milieu de cette foule, fit sa cour à la jeune et ardente Mme de Staël, qui était là aussi à attendre avec le peuple.

Son courage n'en rendait pas sa cause meilleure. Il triomphait de dire sur la question théorique, sur l'association naturelle (dans ce grand acte de la guerre) entre la pensée et la force, entre l'Assemblée et le roi. Toute cette métaphysique ne pouvait masquer la situation.

Ses ennemis employèrent un moyen peu parlementaire qui touchait de près à l'assassinat, pouvait le faire mettre en pièces. Ils firent écrire, imprimer la nuit, répandre un libelle atroce. Le matin, allant à l'Assemblée, Mirabeau entendit crier partout : « La grande trahison découverte du comte de Mirabeau. » Le péril, comme il lui arrivait toujours, l'inspira admirablement, il écrasa ses ennemis : « Je savais bien qu'il n'y a pas loin du Capitole à la roche Tarpéienne », etc.

Il triompha sur la question personnelle. Sur l'affaire même en litige, il recula habilement; à la première ouverture que lui donna la proposition d'une rédaction moins hardie, il fit sa retraite, céda sur la forme et gagna le fond. Il fut décidé que le roi avait le droit de faire les *préparatifs*, de *diriger* les forces comme il voulait, qu'il *proposait* la guerre à l'Assemblée, laquelle ne décidait rien qui ne fût *sanctionné* par le roi (22 mai).

En sortant, Barnave, Duport, Lameth, qui s'en allaient désespérés, furent applaudis, portés presque par le peuple, qui croyait avoir vaincu. Ils n'eurent pas le courage de lui dire la vérité. Dans la réalité, la cour avait l'avantage.

Elle venait d'éprouver deux fois la force de Mirabeau, en avril contre elle, et pour elle en mai. En cette dernière occasion, il avait fait des efforts plus qu'humains, sacrifié sa popularité, hasardé sa vie. La reine lui accorda une entrevue, la seule, selon toute apparence, qu'il ait eue jamais.

Autre faiblesse en cet homme, qu'on ne peut dissimuler. Quelques marques de confiance, exagérées sans doute par le zèle de La Marck qui voulait les rapprocher, montèrent l'imagination du grand orateur, crédule comme sont les artistes. Il attribua à la reine une supériorité de génie, de caractère, qu'elle ne montrait nullement. D'autre part, il crut aisément, dans sa force et son orgueil, que celui à qui nul homme ne résistait entraînerait sans difficulté la volonté d'une femme. Il eût été le ministre d'une reine plus volontiers que d'un roi, le ministre ou bien l'amant?

La reine était alors, avec le roi, à Saint-Cloud. Entourés par la garde nationale, généralement bienveillante, ils s'y trouvaient dans une demi-captivité, assez libre, puisque tous les jours ils allaient se promener sans gardes, et souvent à quelques lieues. Il y avait cependant beaucoup de bonnes gens, de bons cœurs, qui ne pouvaient supporter l'idée d'un roi, d'une reine prisonniers de leurs sujets. Un jour, dans l'après-midi, la reine entend un petit bruit dans la cour solitaire de Saint-Cloud, elle lève le rideau et voit sous son balcon environ cinquante personnes, femmes de campagne, prêtres, vieux chevaliers de Saint-Louis, qui pleuraient à demi voix et retenaient leurs sanglots.

Mirabeau ne pouvait être à l'épreuve de pareilles impressions. Resté, malgré tous ses vices, homme d'ardente imagination, de passion orageuse, il trouvait quelque bonheur à se sentir l'appui, le défenseur, le libérateur peut-être d'une belle reine prisonnière. Le mystère de l'entrevue ajoutait à l'émotion. Il vint, non pas en voiture, mais à cheval, pour ne pas attirer l'attention. Il fut reçu non au château, mais dans un lieu très solitaire, au point le plus élevé du parc réservé, dans un kiosque qui couronne ce jardin d'Armide... C'était à la fin de mai.

Mirabeau était alors très visiblement atteint du mal qui le mit au tombeau; je ne parle pas de ses excès, de ses prodigieuses fatigues. Non, Mirabeau ne mourut que de la haine du peuple. Adoré, puis conspué ! avoir eu son prodigieux triomphe de Provence, où il se sentit pressé sur le sein de la patrie... Puis, en mai 1790, le peuple, dans les Tuileries, le demandant pour le pendre !... Lui-même, faisant face à l'orage, sans pouvoir être soutenu par une bonne conscience, mettant la main sur sa poitrine et n'y sentant que l'argent reçu le matin de la cour... Tout cela bouillonnait ensemble, colère, honte, vague espoir, mêlés dans cette âme trouble. Un teint obscur, gris, peu net, des yeux malades et rougis, un commencement de pesanteur et d'obésité malsaine, les joues affaissées, tel était sur son cheval, montant lentement l'avenue de Saint-Cloud, atteint, blessé, non brisé, le violent Mirabeau.

Et la reine, dans son pavillon, combien aussi elle est changée ! Les trente-cinq ans apparaissent, l'âge touchant que tant de fois s'est plu à peindre Van Dyck ; ajoutez des nuances délicates, légèrement violacées qui révèlent un mal profond... Malade, profondément malade ! et à ne guérir jamais... Malade de cœur et de corps... Elle lutte, on le voit bien. La tête haute, les yeux secs, mais qui ne témoignent que trop qu'elle pleure toutes les nuits. Sa dignité naturelle, celle du courage et du malheur, qui sont une autre royauté, défendent toute défiance... Il a bien besoin de la croire, celui qui se dévoue pour elle.

Elle fut surprise de voir que cet homme haï, décrié, cet homme fatal par qui a parlé la Révolution, ce monstre enfin, était un homme... qu'il avait un charme particulier de délicatesse, qu'une telle énergie semble exclure. Selon toutes les apparences, l'entretien fut vague, nullement concluant. La reine avait sa pensée, qu'elle gardait. Mirabeau la sienne, qu'il ne cachait nullement, sauver à la fois le roi et la liberté... Quelle langue commune entre eux ?... Au moment de terminer, Mirabeau, s'adressant à la femme autant qu'à la reine par une galanterie à la fois respectueuse et hardie : « Madame, lorsque votre auguste mère admettait un de ses sujets à l'honneur de sa présence, jamais elle ne le congédiait sans lui donner sa main à baiser. » La reine lui présenta la sienne. Mirabeau s'inclina, puis, relevant la tête, il dit avec un accent plein d'âme et de fierté : « Madame, la monarchie est sauvée ! »

Il s'en alla tout ému, comblé, trompé... La reine écrivait à son agent en Allemagne, M. de Flachslanden, qu'on se servait de Mirabeau, mais qu'il n'y avait rien de sérieux dans les rapports qu'on avait avec lui.

Au moment même où il venait, au prix de sa popularité, presque de sa vie, d'emporter ce dangereux décret qui, au fond, rendait au roi le droit de paix et de guerre, le roi faisait chercher aux archives du Parlement les vieilles formes de protestation contre les États généraux, voulant en faire une secrète *contre tous les décrets de l'Assemblée* (23 mai)[1].

---

1. Louis XVI y envoya le garde des sceaux lui-même, qui, à l'époque de l'émigration, a révélé le fait à Montgaillard.
Quant à la lettre de la reine à Flachslanden, elle existe en original dans

Grâce à Dieu, le salut de la France ne dépendait pas de ce grand homme crédule et de cette cour trompeuse. Un décret rend l'épée au roi, mais cette épée est brisée.

Le soldat redevient peuple, se mêle au peuple, fraternise avec le peuple.

M. de Bouillé nous apprend dans ses *Mémoires* qu'il ne négligeait rien pour mettre en opposition le soldat et le peuple, pour inspirer au militaire la haine et le mépris du bourgeois.

Les officiers avaient saisi avidement une occasion de faire monter cette haine plus haut encore, jusqu'à l'Assemblée nationale, de la calomnier auprès du soldat. Un des plus fermes patriotes, Dubois de Crancé, avait exposé à l'Assemblée la triste composition de l'armée, recrutée en grande partie de mauvais sujets; il tirait de là la nécessité d'une organisation nouvelle qui devait faire de l'armée ce qu'elle a été, la fleur de la France. Ce fut justement de ces paroles bienveillantes pour le militaire, de cette tentative pour réformer, réhabiliter l'armée, que l'on abusa. Les officiers allaient disant, répétant au soldat que l'Assemblée l'outrageait. La cour en conçut de grandes espérances; elle crut qu'elle allait ressaisir l'armée. Des bureaux du ministère on écrivait au commandant de Lille ces paroles significatives : « Tous les jours, nous prenons un peu de consistance. Qu'on veuille nous oublier, ne nous compter

une collection particulière; elle y a été lue non par moi, mais par un employé des Archives, très attentif, très instruit, digne de toute confiance.

pour rien, et bientôt nous serons tout. » (8 décembre, 3 janvier.)

Vaine espérance! pouvait-on croire que le soldat fermerait longtemps les yeux, qu'il verrait sans émotion cet enivrant spectacle de la fraternité de la France, qu'au moment où la patrie était retrouvée, seul, il s'obstinerait à rester hors de la patrie, que la caserne, le camp, seraient comme une île, séparés du reste du monde?

Il est alarmant sans doute de voir l'armée qui délibère, qui distingue, choisit dans l'obéissance. Ici, pourtant, comment pouvait-il en être autrement? Si le soldat obéissait aveuglément à l'autorité, il désobéissait à l'autorité suprême d'où procèdent toutes les autres; docile à ses officiers, il se trouvait infailliblement rebelle au chef de ses chefs, à la loi. S'abstenir, ne pas agir, il ne le pouvait; la contre-révolution ne l'entendait pas ainsi, elle lui commandait de tirer sur la Révolution, sur la France, sur le peuple, sur son père, son frère, qui lui tendaient les bras.

Les officiers lui apparurent ce qu'ils étaient, l'ennemi; — un peuple à part, qui était, et de plus en plus, d'autre race, d'autre nature. Comme les vieux pécheurs endurcis s'enfoncent dans leur péché en avançant vers la mort, l'Ancien-Régime vers sa fin était plus dur et plus injuste. Les hauts grades ne se donnaient plus qu'aux jeunes gens de la cour, aux petits protégés des dames; le ministre Montbarey a raconté lui-même la scène violente, indécente que la reine lui fit pour un jeune colonel. Les moindres grades, accessibles encore sous Louis XIV et sous Louis XV, ne furent donnés sous Louis XVI qu'à ceux qui pouvaient prouver quatre degrés de noblesse. Fabert, Catinat, Chevert n'auraient pu arriver au grade de lieutenant.

J'ai dit le budget de la guerre (en 1784) : quarante-six millions pour l'officier, quarante-quatre pour le soldat. Pourquoi dire soldat ? Mendiant serait le mot propre. La solde, relativement forte au dix-septième siècle, vient à rien sous Louis XV. Sous Louis XVI, il est vrai, une autre solde s'ajoute, payée en coups de bâton. C'était pour imiter la fameuse discipline de Prusse ; on crut que c'était là tout le secret des victoires du grand Frédéric : l'homme mené comme une machine et châtié comme un enfant. Le pire des systèmes à coup sûr, unissant les mots opposés, système à la fois mécanique et non mécanique, d'une part fatalement dur, de l'autre violemment arbitraire.

Les officiers méprisaient souverainement le soldat, le bourgeois, toute espèce d'hommes, et ne cachaient pas ce mépris. Pourquoi ? Pour quel si haut mérite ? Un seul, ils tiraient bien l'épée. Le préjugé si respectable qui met la vie des braves à la discrétion des adroits constituait à ceux-ci une sorte de tyrannie. Ils essayèrent à l'Assemblée même ce genre d'intimidation ; dans la chambre de la Noblesse, certains membres tirèrent l'épée pour empêcher les autres de s'unir au Tiers-état. La Bourdonnais, Noailles, Castries, Cazalès, provoquèrent Barnave et Lameth.

Tels adressaient à Mirabeau de grossières injures, dans l'espoir de s'en défaire; il fut immuable. Plût au ciel que le plus grand homme de mer de ce temps, Suffren, l'eût été aussi! Selon une tradition qui n'est que trop vraisemblable, un jeune fat de grande naissance eut l'insolence coupable d'appeler en duel cet homme héroïque dont la vie sacrée n'appartenait qu'à la France; lui, déjà sur l'âge, il eut la bonhomie de répondre et reçut un coup mortel. Le jeune homme était bien en cour, l'affaire fut étouffée. Qui fut ravi? L'Angleterre; pour un si beau coup d'épée, elle eût donné des millions.

Le peuple n'eut jamais l'esprit de comprendre ce point d'honneur. Les Belzunce, les Patrice, qui défiaient tout le monde, s'en trouvèrent très mal. L'épée de l'émigration cassa comme verre, sous le sabre de la République.

Si nos officiers de terre, qui n'avaient rien fait, étaient pourtant si insolents, qu'était-ce donc, grand Dieu! des officiers de marine? Depuis leurs derniers succès (qui pourtant ne furent le plus souvent que de brillants duels de vaisseau à vaisseau), ils ne se connaissaient plus; leur orgueil était exalté jusqu'à la férocité. Un des leurs avait le malheur de déroger jusqu'à fréquenter un ancien camarade, devenu officier de terre; ils le forcèrent de se battre avec lui, pour se laver de ce crime; chose affreuse, il le tua!

Un officier de marine, Acton, était comme roi de Naples. Les Vaudreuil entouraient la reine et le comte d'Artois de leurs conseils violents. Des officiers de marine, les Bonchamp, les Marigny, aussitôt que la France eut toute l'Europe en face, lui plantèrent dans le dos le poignard de la Vendée.

Le premier coup à leur orgueil, ce fut Toulon qui le porta. Là commandait le très brave, très insolent, très dur Albert de Rioms, un de nos meilleurs capitaines. Il croyait mener les deux villes, et l'Arsenal, et Toulon, justement de même manière, comme une chiourme de forçats, à coups de cordes et de lianes, protégeant la cocarde noire, punissant la tricolore. Il se fiait à un pacte que ses officiers de marine avaient fait avec ceux de terre contre les gardes nationaux. Quand ceux-ci vinrent réclamer, les magistrats en tête, il les reçut comme il eût fait des galériens de l'Arsenal. Alors un peuple furieux entoure l'hôtel du commandant. Il commande le feu, et pas un soldat ne tire. Il lui faut prier les magistrats de la ville de lui accorder secours. Les gardes nationaux qu'il avait insultés eurent grand'peine à le défendre ; ils ne parvinrent à le sauver qu'en le mettant au cachot (novembre-décembre 1789).

A Lille, on essaya de même de mettre aux prises les troupes et la garde nationale, même d'armer les régiments entre eux. Le commandant Livarot (on le voit par ses lettres inédites) les animait en leur parlant de la prétendue injure que Dubois de Crancé aurait faite à l'armée dans l'Assemblée nationale. L'Assemblée ne répondit qu'en améliorant le sort du soldat, lui témoignant du moins intérêt, comme on le pouvait alors, par l'augmentation de quelques deniers qu'on ajouta à la solde. Ce qui l'encouragea bien plus, ce fut de voir qu'à Paris M. de La Fayette avait porté tous les sous-officiers aux grades supérieurs. L'infranchissable barrière était donc enfin rompue.

Pauvres soldats de l'Ancien-Régime, qui si longtemps avaient souffert sans espoir et en silence!... Sans être les prodigieux soldats de la République et de l'Empire, ils n'étaient pas indignes d'avoir aussi enfin leur jour. Tout ce que je lis d'eux dans nos vieilles histoires m'étonne comme patience et me touche comme bonté. Je les vois, à La Rochelle, entrant dans la ville affamée, donner leur pain aux habitants. Leurs tyrans, leurs officiers, qui leur fermaient toute carrière, ne trouvaient en eux que docilité, respect, douceur et bienveillance. Dans je ne sais quelle affaire sous Louis XV, un officier de quatorze ans, à peine arrivé de Versailles, ne pouvait plus avancer : « Passe-le-moi, dit un grenadier gigantesque, je le mettrai sur mon dos; s'il y a une balle à recevoir, je la sauverai à l'enfant. »

Il fallait bien qu'à la fin il y eût un jour pour la justice, l'égalité, la nature; heureux ceux qui vécurent assez pour le voir!... Et ce fut pour tous un bonheur. Quelle joie pour la Bretagne de retrouver encore, à près de cent ans, dans son humble état de pilote, le pilote de Duguay-Trouin, celui dont la main ferme et froide menait le vainqueur sous le feu!... Jean Robin, de l'île de Batz, fut reconnu aux élections et d'un accord unanime placé près du président. On rougissait pour la France d'une si longue injustice; on eût voulu, dans la personne de cet homme vénérable, honorer tant de générations héroïques indignement méconnues, rabaissées pendant leur vie par l'insolence de ceux qui profitèrent de leurs services, puis vouées, hélas! à l'oubli.

CHAPITRE VII

LUTTE RELIGIEUSE. — PAQUES. — LA PASSION DE LOUIS XVI.

Légende du roi martyr. — Scandale de l'ouverture des couvents. — Le clergé exalte les masses ignorantes. — L'agent du clergé veut s'entendre avec l'émigration. — Le clergé et la noblesse en opposition. — Manœuvres du clergé à Pâques. — L'Assemblée publie le *Livre rouge*, avril 1790. — Elle hypothèque les assignats sur les biens du clergé. — Le clergé somme l'Assemblée de déclarer le catholicisme religion nationale, 12 mai 1790.

Il était trop visible qu'on ne pouvait armer le soldat contre le peuple. Il fallait trouver un moyen d'armer le peuple contre lui-même, contre une révolution qui ne se faisait que pour lui.

A l'esprit de fédération, d'union, à la nouvelle foi révolutionnaire, on ne pouvait opposer que l'ancienne foi, si elle existait encore.

Au défaut du vieux fanatisme éteint ou tout au moins profondément assoupi, le Clergé avait une prise qui ne manque guère, la facile bonté du peuple, sa sensibilité aveugle, sa crédulité pour ceux qu'il aimait, son respect invétéré pour le prêtre et pour le roi... le roi, cette vieille religion, ce mystique personnage, mêlé des deux caractères du prêtre et du magistrat, avec un reflet de Dieu?

Toujours le peuple avait adressé là ses vœux, ses soupirs; avec quel succès, quel triste retour, on le sait de reste. La royauté avait beau le fouler, l'écraser, comme une machine impitoyable; il l'aimait comme une personne.

Rien ne fut plus facile aux prêtres que de montrer en Louis XVI un saint, un martyr. Cette figure béate et paterne, lourde (comme maison de Saxe et comme maison de Bourbon), était un saint de cathédrale, tout fait pour un portail d'église. L'air myope, l'indécision, l'insignifiance, lui donnaient justement ce vague qui permet tout à la légende.

Texte admirable, pathétique, bien propre à troubler les cœurs. Il avait aimé le peuple, il voulait le bien du peuple, et il en était puni... Des ingrats, des forcenés, avaient osé lever la main contre cet excellent père, contre l'oint de Dieu!... Le bon roi, la noble reine, la sainte Madame Élisabeth, le pauvre petit dauphin, captifs dans cet affreux Paris! Que de larmes à ces récits, que de vœux au ciel, de prières, de messes pour la délivrance! Quel cœur de femme ne se brisait, lorsque, sortant de l'église, le prêtre tout bas lui disait : « Priez pour le pauvre roi! » — Priez aussi pour la France, voilà ce qu'il fallait dire encore, priez pour un pauvre peuple, trahi, livré à l'étranger.

L'autre texte, non moins puissant pour exciter la guerre civile, c'était l'ouverture des couvents, l'ordre d'inventorier les biens ecclésiastiques, la réduction des maisons religieuses. Cette réduction fut cependant faite avec de grands ménagements. On réserva dans chaque département une maison au moins de chaque ordre, où ceux qui voulaient rester pouvaient toujours se retirer. Qui voulait sortir sortait et touchait une pension. Cela était modéré et nullement violent. Les municipalités, fort douces à cette époque, ne montraient que trop de facilité dans l'exécution. Elles connivaient souvent, inventoriaient à peine, souvent moitié des objets, et à moitié des valeurs réelles. — N'importe! on ne négligeait rien pour leur rendre ce devoir difficile et dangereux. On avertissait à grand bruit du jour de l'inventaire, du jour maudit où des laïques franchiraient la clôture sacrée. Pour arriver seulement à la porte, les magistrats municipaux devaient d'abord, au péril de leur vie, traverser la foule ameutée, les cris des femmes, les menaces des robustes mendiants que nourrissaient les monastères. Les douces brebis du Seigneur opposaient aux hommes de la loi, forcés d'exécuter la loi, refus, délais, résistance, de quoi les faire mettre en pièces.

Tout cela fut travaillé avec beaucoup d'habileté, une adresse remarquable. S'il était possible d'en faire l'histoire détaillée et complète, on serait fort édifié sur un curieux sujet de haute philosophie : Comment, dans une époque indifférente, incrédule, les politiques peuvent faire, refaire du fanatisme ? — Beau chapitre à ajouter au livre indiqué par un penseur : *La Mécanique de l'enthousiasme.*

Le Clergé n'avait pas la foi, mais il trouvait pour instruments des personnes qui l'avaient encore, des âmes pieuses, convaincues, des visionnaires ardents, têtes poétiques et bizarres qui ne manquent jamais, spécialement en Bretagne. Une Mme de Pont-Levès, femme d'un officier de marine, publia la *Compassion de la Vierge pour la France*, petit livre brûlant, mystique, livre de femme pour les femmes, propre à les troubler et les rendre folles.

Le Clergé avait encore une action bien facile sur ces pauvres populations sans connaissance de la langue française. Il leur laissait ignorer la suppression des dîmes et du casuel, passait sous silence l'abolition successive des impôts indirects et les jetait dans le désespoir en leur montrant tout le poids des taxes qui écrasait la terre, leur annonçant qu'on allait tout à l'heure prendre le tiers de leurs meubles et de leurs bestiaux.

Le Midi offrait d'autres éléments de trouble, non moins favorables, des hommes de passion sèche, actifs, ardents, politiques, esprits d'intrigue et de ruse, propres non seulement à soulever, mais à organiser, régler, diriger le soulèvement.

Le véritable secret de la résistance, la voie unique qui donnait des chances sérieuses à la contre-révolution, l'idée de la future Vendée, fut formulé d'abord à Nîmes : Contre la Révolution, point de résultat possible, sans la guerre religieuse. — Autrement dit : Contre la foi, nulle autre force que la foi.

Voie terrible, à faire reculer, quand on se souvient...

quand on voit les ruines, les déserts, qu'a faits le vieux fanatisme... Que serait-il arrivé, si tout le Midi, tout l'Ouest, toute la France, étaient devenus Vendée?

Mais la contre-révolution n'avait pas une autre chance. Au génie de la fraternité un seul pouvait être opposé, celui de la Saint-Barthélemy.

Telle fut à peu près la thèse que, dès janvier 1790, soutint à Turin, devant le grand conseil de l'émigration, l'ardent envoyé de Nîmes, homme du peuple, homme de peu, mais tête forte, intrépide, qui voyait parfaitement et posait la question.

Celui qui, par grâce spéciale, était admis à parler devant les princes et les seigneurs, Charles Froment, c'était son nom, fils d'un homme accusé de faux (puis lavé), n'était lui-même rien de plus qu'un petit receveur du clergé et son factotum. D'abord révolutionnaire, il avait senti qu'à Nîmes il y avait plus à faire de l'autre côté. Tout d'abord il se trouva chef de la populace catholique, la lança aux protestants. Lui-même était beaucoup moins fanatique que factieux, un homme du temps des Gibelins. Mais il voyait nettement que la vraie force était le peuple, l'appel à la foi du peuple.

Froment fut gracieusement reçu, écouté, peu compris. On lui donna quelque argent et l'espoir que le commandant de Montpellier pourrait lui fournir des armes. Du reste, on sentit si peu combien il pouvait être utile que, plus tard, ayant émigré, il n'obtint pas même des princes la permission de se joindre aux Espagnols et de les mettre en rapport avec son ancien parti.

« Ce qui a perdu Louis XVI, dit Froment dans ses brochures, c'est d'avoir eu des ministres philosophes. » Il pouvait étendre ceci bien plus loin, avec non moins de raison. Ce qui rendait la contre-révolution généralement impuissante, c'est qu'elle avait en elle, à des degrés différents, mais enfin qu'elle avait au cœur la philosophie du siècle, c'est-à-dire la Révolution même.

J'ai dit, dans mon Introduction, que tous alors, la reine même, le comte d'Artois, la noblesse, étaient, à des degrés différents, atteints de l'esprit nouveau.

La langue du vieux fanatisme était pour eux une langue morte. Le réveiller dans les masses, c'était une opération incompréhensible à de tels esprits. Le peuple soulevé, même pour eux, leur faisait peur. D'ailleurs, rendre force au clergé, c'était chose toute contraire aux idées de la noblesse ; elle avait toujours attendu, espéré la dépouille du clergé. Les cahiers de ces deux ordres étaient opposés, hostiles. La Révolution, qui devait les rapprocher, les avait brouillés encore. Les propriétaires nobles, dans certaines provinces, par exemple en Languedoc, gagnaient par la suppression des dîmes ecclésiastiques plus qu'ils ne perdaient en droits féodaux.

Dans la discussion des vœux monastiques (février), pas un noble n'aide le Clergé. Lui seul défend la vieille tyrannie des vœux irrévocables. Les nobles votent avec leurs adversaires ordinaires pour l'abolition des vœux, l'ouverture des monastères, la liberté des moines et religieuses.

Le Clergé prend sa revanche. Quand il s'agit d'abolir les droits féodaux, la Noblesse crie à son tour à la violence, à l'atrocité, etc. Le Clergé, du moins la majorité du Clergé, laisse crier la Noblesse, vote contre elle, aide à sa ruine.

Les conseillers du comte d'Artois, M. de Calonne et autres, les conseillers autrichiens de la reine, étaient certainement, comme le parti de la Noblesse en général, très favorables à la spoliation du Clergé, pourvu qu'elle se fît par eux. Plutôt que d'employer l'arme du vieux fanatisme, ils aimaient beaucoup mieux faire appel à l'étranger. Ils n'y avaient nulle répugnance. La reine, dans l'étranger, voyait son propre parent. La Noblesse avait par toute l'Europe des relations de famille, de caste, de culture commune, qui la rendaient très philosophe à l'endroit des préjugés vulgaires de nationalité... Quel Français était plus Français que le général de l'Autriche, le charmant prince de Ligne?... La philosophie française ne régnait-elle pas à Berlin? Quant à l'Angleterre, pour nos nobles les plus avancés, c'était justement l'idéal, la terre classique de la liberté. Il n'y avait pour eux que deux nations en Europe, celle des honnêtes gens et celle des malhonnêtes gens. Pourquoi n'aurait-on pas appelé les premiers en France, pour mettre à la raison les autres?

Voilà donc trois contre-révolutions qui agissent sans pouvoir s'entendre :

1° La reine, l'ambassadeur d'Autriche, son principal conseiller, attendent que l'Autriche, libre de son affaire de Belgique et se ralliant l'Europe, puisse menacer la France, la contraindre (au besoin) par corps ;

2° L'émigration, le comte d'Artois, les brillants chevaliers de l'Œil-de-Bœuf, qui s'ennuient fort à Turin, qui ont hâte de retrouver leurs maîtresses et leurs actrices, voudraient que l'étranger agît tout d'abord, leur rouvrît la France, n'importe à quel prix ; en 1790, ils voudraient 1815 ;

3° Le clergé est encore moins disposé à attendre. Exproprié par l'Assemblée, poussé peu à peu de chez lui et mis à la porte, il voudrait armer aujourd'hui sa nombreuse clientèle de paysans, de fermiers. Aujourd'hui, demain peut-être, tout s'attiédira. Que sera-ce, si le paysan s'avise d'acheter des biens ecclésiastiques?... Alors la Révolution aurait vaincu sans retour.

Nous l'avons vu en octobre faire feu avant l'ordre. Nouvelle explosion, et dans l'Assemblée même, en février. C'était le moment où l'homme de Nîmes, revenu de Turin, courait la campagne, organisait les sociétés catholiques, travaillait à fond le Midi.

Au milieu de la discussion sur l'inviolabilité des vœux, un membre de l'Assemblée invoqua les droits de la nature, repoussa comme un crime de l'ancienne barbarie cette surprise à la volonté de l'homme, qui, sur un mot échappé, peut-être arraché de sa bouche, le lie, l'enterre pour toujours... Là-dessus des cris s'élèvent : « Blasphème ! blasphème ! il a blasphémé. » L'évêque de Nancy s'élance à la tribune : « Reconnaissez-vous que la religion catholique, apostolique et romaine est la religion nationale ?... » L'Assemblée sentit le coup, l'esquiva. On répondit qu'il s'agissait surtout de finances dans la suppression des couvents, qu'il n'était personne qui ne crût la religion catholique religion nationale, que la sanctionner par un décret, ce serait la compromettre.

Ceci le 13 février. Le 18, on apporta un libelle, répandu en Normandie, où l'Assemblée était désignée à la haine du peuple, comme assassinant à la fois la religion et la royauté. Pâques approchait ; l'occasion fut saisie, on vendit, on distribua, autour des églises, un pamphlet terrible : *La Passion de Louis XVI*.

L'Assemblée, à cette légende, pouvait en opposer une autre, d'égal intérêt, c'est que Louis XVI, qui jurait, le 4 février, amour à la constitution, avait près de son frère, au milieu des ennemis mortels de la constitution, un agent en permanence ; que Turin, Trèves et Paris étaient comme une même cour, entretenue, payée par le roi.

A Trèves existait, soldée, habillée par lui, sa maison militaire, sa grande et petite écurie, sous le prince de Lambesc[1]. On payait Artois, Condé, Lambesc, tous les émigrés, et des pensions énormes. Et l'on ajour-

---

1. Tout continuait comme à Versailles. C'était un ministère que le roi avait publiquement à l'étranger. Rien ne se faisait à Paris qui ne fût réglé à Trèves. Les états de dépenses et autres papiers (inédits) montrent Lambesc signant les comptes, faisant droit à des pétitions envoyées de Paris, nommant

naît indéfiniment des pensions alimentaires de veuves et autres malheureux, de deux cents, trois cents ou quatre cents livres.

Le roi payait les émigrés sans égard à un décret par lequel depuis deux mois l'Assemblée avait essayé de retenir cet argent qui passait à nos ennemis. Il avait justement oublié de sanctionner ce décret. L'irritation augmenta lorsque Camus, le sévère rapporteur du comité des finances, déclara ne point découvrir l'emploi d'une somme de soixante millions. L'Assemblée ordonna que, pour tout décret présenté à la sanction, le garde des sceaux rendrait compte *dans la huitaine* de la sanction royale ou du refus de sanction.

Grands cris, grande lamentation sur cette exigence outrageuse à la volonté du roi... Camus répondit en faisant imprimer le trop célèbre *Livre rouge* (1er avril), que le roi avait confié, dans l'espoir qu'il resterait secret entre lui et le comité. Ce livre immonde, sale à chaque page des ordures de l'aristocratie, des faiblesses criminelles de la royauté, montra si l'on avait tort de fermer l'égout par où s'en allait la vie de la France... Beau livre, avec tout cela! il enfonça la Révolution dans le cœur des hommes.

« Oh! que nous avons eu raison! » Ce fut le cri général, et qu'on était loin, dans les plus violentes

---

des employés pour Paris, des pages pour les Tuileries, etc. On confectionnait ici, pour les envoyer à Trèves, des uniformes de gardes de corps. On faisait venir d'Angleterre des chevaux pour monter les officiers de là-bas. Le roi pria Lambesc de vouloir bien prendre au moins des chevaux français.

accusations, d'entrevoir la réalité! — En même temps s'affermit la foi, que ce monstrueux régime, contre la nature, contre Dieu, ne pouvait jamais revenir. La Révolution, quand elle vit, sans voile et sans masque, la face hideuse de son adversaire, s'affermit sur elle-même, se sentit vivre, et pour toujours... Oui, quels qu'aient été les obstacles, les haltes, les trahisons, elle vit et vivra!

Un signe de cette foi forte, c'est que, dans la détresse universelle, parmi plus d'une émeute contre les impôts indirects, l'impôt direct fut régulièrement, religieusement payé.

On met en vente quatre cents millions de biens ecclésiastiques. Et la seule ville de Paris en achète pour deux cents millions. Toutes les municipalités suivent.

Cette marche était très bonne. Peu de gens auraient voulu exproprier eux-mêmes le Clergé; les municipalités seules pouvaient se charger de cette opération pénible. Elles devaient acheter, puis revendre. L'hésitation était grande, surtout chez le paysan; voilà pourquoi les villes devaient lui donner l'exemple, acheter, revendre d'abord les maisons ecclésiastiques; puis viendrait la vente des terres.

Tous ces biens servaient d'hypothèque au papier-monnaie qui fut créé par l'Assemblée. A chaque papier un lot était assigné, affecté; ces billets furent dits *assignats*. Chaque papier était du bien, de la terre mobilisée. Rien de commun avec les fameux billets de la Régence, fondés sur le Mississipi, sur des terres lointaines et possibles.

Ici l'on touchait le gage. A cette garantie joignez celle des municipalités qui avaient acheté à l'État et qui revendaient. Divisés dans tant de mains, ces lots de papier une fois lancés, circulant, allaient engager dans cette grande opération la nation tout entière. Tous auraient de cette monnaie, les ennemis comme les amis étaient également intéressés au salut de la Révolution.

Cependant le souvenir de Law, les traditions de tant de familles ruinées par le *Système*, n'étaient pas un léger obstacle. La France, moins que l'Angleterre, moins que la Hollande, était habituée à voir les valeurs circuler sous la forme de papier. Il fallait que tout un peuple s'élevât au-dessus de ses habitudes matérielles ; c'était un acte de spiritualisme, de foi révolutionnaire que demandait l'Assemblée.

Le Clergé fut terrifié en voyant que sa dépouille serait ainsi aux mains de tous. Divisée en poudre impalpable, il n'y avait guère d'apparence qu'elle lui revînt jamais. Il s'efforça d'abord d'assimiler ces solides assignats, dont chacun était de la terre, avec les chiffons du Mississipi : « J'avais cru, dit perfidement l'archevêque d'Aix, que vous aviez réellement renoncé à la banqueroute. »

La réponse était trop facile. Alors ils se tournèrent ailleurs. « Tout cela est arrangé par les banquiers de Paris ; les provinces n'en veulent pas. » Alors on leur apporta les adresses des provinces, qui réclamaient la prompte création des assignats.

Ils avaient cru au moins gagner du temps, et, dans

l'intervalle, rester en possession, attendre toujours, saisir quelque bonne circonstance. On leur ôta cet espoir : « Quelle confiance, dit Prieur, aurait-on, dans l'hypothèque qui fonde les assignats, si les biens hypothéqués ne sont pas vraiment dans nos mains ? » Ceci aboutissait à dessaisir immédiatement le Clergé, à le déloger, et mettre tout dans la main des municipalités, des districts.

L'Assemblée avait beau leur offrir un monstrueux traitement d'une centaine de millions, ils étaient inconsolables.

L'archevêque d'Aix, dans un discours pleureur, plein de lamentations enfantines, décousues, demanda si l'on aurait bien le cœur de ruiner les pauvres, en ôtant au Clergé ce qui lui fut donné pour les pauvres. Il hasarda ce paradoxe que la banqueroute suivrait infailliblement l'opération destinée à prévenir la banqueroute. Il accusa l'Assemblée d'avoir mis la main sur le spirituel, en déclarant nuls les vœux, etc.

Enfin il s'avança jusqu'à offrir, au nom du Clergé, un emprunt de quatre cents millions, hypothéqués sur ses biens.

A quoi Thouret répondit avec son flegme normand : « On offre au nom d'un corps *qui n'existe plus...* » — Et encore : « Quand la religion vous a envoyés dans le monde, vous a-t-elle dit : « Allez, « prospérez et acquérez ?... »

Il y avait dans l'Assemblée un bonhomme de chartreux, dom Gerle, d'excellent cœur, de courte vue, chaud patriote, mais non moins bon catholique. Il crut (ou très probablement il se laissa persuader par quelque renard du Clergé) que ce qui tourmentait les prélats, c'était uniquement le péril spirituel, la crainte que le pouvoir civil ne touchât à l'encensoir. « Rien de plus simple, dit-il ; pour répondre aux gens qui disent que l'Assemblée ne veut pas de religion, ou bien qu'elle veut admettre toutes les religions en France, il n'y a qu'à décréter : « Que la religion « catholique, apostolique et romaine est et sera tou- « jours la religion de la nation, et que son culte est « le seul autorisé. » (12 avril 1790.)

Charles de Lameth crut s'en tirer comme au au 13 février, en disant que l'Assemblée, qui, dans ses décrets, suivait l'esprit de l'Évangile, n'avait nullement besoin de se justifier ainsi.

Mais la chose ne tomba pas. L'évêque de Clermont reprit avec amertume, affecta de s'étonner que, lorsqu'il s'agissait de rendre hommage à la religion, on délibérât, au lieu de répondre par une acclamation de cœur.

Tout le côté droit se lève et pousse une acclamation.

Le soir, ils se réunissent aux Capucins et préparent, pour le cas où l'Assemblée ne déclarerait pas le catholicisme religion nationale, une protestation violente qu'on porterait solennellement au roi, et qu'on répandrait à grand nombre par toute la France, pour bien faire connaître au peuple que l'Assemblée nationale ne voulait nulle religion.

CHAPITRE VIII

LUTTE RELIGIEUSE. — SUCCÈS DE LA CONTRE-RÉVOLUTION
(MAI 1790).

L'Assemblée élude la question. — Le roi n'ose recevoir la protestation du clergé, avril. — Éruption religieuse du Midi, mai. — Le Midi toujours inflammable. — Anciennes persécutions religieuses; Avignon, Toulon. — Le fanatisme attiédi, habilement ravivé. — Les protestants toujours exclus des fonctions civiles et militaires. — Unanimité des deux cultes en 1789. — Le clergé ranime le fanatisme, organise la résistance à Nîmes, 1790. — Il éveille les jalousies sociales. — Terreur des protestants. — Explosion de Toulouse, Nîmes, avril. — Connivence des municipalités. — Massacre de Montauban, 10 mai. — Triomphe de la contre-révolution dans le Midi.

La motion de cet homme simple avait étonnamment changé la situation. D'une époque de discussion, la Révolution parut tout à coup transportée dans un âge de terreur.

Deux terreurs en face. Le Clergé avait un argument muet, sous-entendu, formidable; il montrait à l'Assemblée une Méduse, la guerre civile, le soulèvement imminent de l'Ouest et du Midi, le renouvellement probable des vieilles guerres de religion. L'Assemblée avait en elle la force immense, inéluctable, d'une Révolution lancée, qui devait renverser tout, d'une

Révolution qui, pour principal organe, avait l'émeute de Paris. Elle rugissait aux portes, se faisait souvent entendre plus haut que les députés.

Le beau rôle était au Clergé, d'abord parce qu'il semblait être dans un danger personnel; ce danger le relevait; tel prélat incrédule, licencieux, intrigant, se trouvait tout à coup, par la grâce de l'émeute, posé dans la gloire du martyre. Martyre impossible pourtant, avec les précautions infinies de M. de La Fayette, si fort alors, si populaire, à son apogée, vrai roi de Paris.

Le Clergé avait encore pour lui l'avantage d'une position simple et l'extérieur de la foi. Interrogé jusqu'ici, mis sur la sellette par l'esprit du siècle, c'est lui maintenant qui interroge. Il demande fièrement : « Êtes-vous catholique? » — L'Assemblée répond timidement, d'un ton suspect, équivoque, qu'elle ne peut pas répondre, qu'elle respecte trop la religion pour répondre, qu'en salariant un seul culte elle prouve assez, etc.

Mirabeau dit hypocritement : « Faut-il décréter que le soleil luit?... » Et un autre : « Je crois la religion catholique la seule véritable, je la respecte infiniment... Il est dit : « Les portes de l'Enfer ne prévau« dront pas contre elle. » Et nous croirions par un misérable décret confirmer une telle parole? » etc.

D'Espréménil arracha ce masque par un mot violent : « Oui, dit-il, quand les Juifs crucifièrent Jésus-Christ, ils disaient : « Salut, roi des Juifs! »

Personne ne répondit à cette terrible attaque. Mirabeau se tut, se ramassa sur lui-même, comme le lion qui médite un bond. Puis, saisissant l'occasion d'un député qui citait, en faveur de l'intolérance, je ne sais quel traité de Louis XIV : « Et comment toute intolérance n'eût-elle pas été consacrée sous un règne signalé par la Révocation de l'Édit de Nantes?... Si l'on en appelle à l'histoire, n'oubliez pas qu'on voit d'ici, qu'on voit de cette tribune la fenêtre d'où un roi, armé contre son peuple par d'exécrables factieux qui couvraient l'intérêt personnel de celui de la religion, tira l'arquebuse et donna le signal de la Saint-Barthélemy! »

Et il montrait la fenêtre du doigt, du regard. Elle était impossible à apercevoir de là; lui, il la voyait en effet, et tout le monde la vit...

Le coup avait porté juste. Ce que l'orateur avait dit révélait précisément ce que le Clergé voulait faire. Son plan était de porter au roi une protestation violente qui eût armé les croyants, de mettre l'arquebuse aux mains du roi, pour tirer le premier coup.

Louis XVI n'était pas Charles IX. Très sincèrement convaincu du droit du Clergé, il eût accepté le péril, pour ce qu'il croyait le salut de la religion. Mais trois choses l'arrêtaient : son indécision naturelle, la timidité de son ministère, plus que tout le reste enfin, ses craintes pour la vie de la reine, la terreur du 6 octobre, renouvelée chaque jour, cette foule émue, menaçante, qu'il avait sous sa fenêtre, ce flot d'hommes qui battait les murs. A toute résistance du roi, la reine semblait être en péril. Elle-même avait d'ailleurs d'autres vues, d'autres espérances, fort éloignées du Clergé.

On répondit, au nom du roi, que, si la protestation était apportée aux Tuileries, elle ne serait point reçue.

On a vu combien le roi, en février avait découragé Bouillé, les officiers, la Noblesse. En avril, son refus de soutenir le Clergé lui ôterait le courage, s'il pouvait jamais le perdre, lorsqu'il s'agit de ses biens. Maury dit avec fureur qu'on saurait en France dans quelles mains se trouvait la royauté.

Restait d'agir sans le roi. Agir avec la Noblesse? Et pourtant le Clergé ne pouvait non plus compter beaucoup sur son secours. Elle avait encore tous les grades; mais, n'étant pas sûre du soldat, elle craignait l'explosion, elle était moins impatiente, moins belliqueuse que les prêtres. L'agent du Clergé à Nîmes, Froment, quoiqu'il eût obtenu un ordre du comte d'Artois, ne pouvait décider le commandant de la province à lui ouvrir l'arsenal. L'affaire pressait cependant. Les grandes fédérations du Rhône avaient enivré le pays. Celle d'Orange, en avril, mit le comble à l'enthousiasme. Avignon ne se souvint plus qu'elle appartenait au pape, elle envoya à Orange, avec toutes les villes françaises. Encore un moment, et elle échappait. Si Avignon, si Arles, si les capitales de l'aristocratie et du fanatisme, dont on menaçait toujours, devenaient elles-mêmes révolutionnaires, la contre-révolution, serrée d'ailleurs par Marseille et par Bordeaux, n'avait rien à espérer. L'explosion devait avoir lieu à ce moment ou jamais.

On ne comprendrait rien aux irruptions de ces vieux volcans du Midi, si avant tout on n'en sondait le foyer toujours brûlant. Les flammes infernales des bûchers qui s'y rallumèrent tant de fois, ces flammes contagieuses de soufre, semblent avoir gagné le sol même, en sorte que des incendies inconnus y courent toujours sous la terre. C'est comme pour ces houillères qui brûlent dans l'Aveyron. Le feu n'est pas à la surface. Mais, dans ce gazon jauni, si vous enfoncez un bâton, il fume, il prend feu, il révèle l'enfer qui dort sous vos pieds.

Puissent s'amortir les haines!... Mais il faut que les souvenirs restent, que tant de malheurs, de souffrances, ne soient jamais perdus pour l'expérience des hommes. Il faut que la première, la plus sainte de nos libertés, la liberté religieuse, aille souvent se fortifier, se raviver par la vue des affreuses ruines qu'a laissées le fanatisme.

Les pierres parlent, au défaut des hommes. Deux monuments surtout méritent d'être l'objet d'un fréquent pèlerinage, tous deux opposés, tous deux instructifs, l'un infâme, l'autre sacré.

L'infâme, c'est le palais d'Avignon, la Babel des papes, la Sodome des légats, la Gomorrhe des cardinaux.

Palais monstre, qui couvre toute la croupe d'une montagne de ses tours obscènes. Lieux de volupté, de torture, où les prêtres montrèrent aux rois qu'ils ne savaient rien, au prix d'eux, dans les arts honteux du plaisir. L'originalité de la construction, c'est que les lieux de torture n'étant pas bien éloignés des luxurieuses alcôves, des salles de bal et de festin, on aurait bien pu, parmi les chants des cours d'amour, entendre le râle, les cris, le bris sec des os qui craquaient... La prudence sacerdotale y avait pourvu par la savante disposition des voûtes, propres à absorber tous les bruits. La superbe salle pyramidale où le bûcher se dressait (figurez-vous l'intérieur d'un cône vide de soixante pieds), témoigne d'une effroyable entente de l'acoustique; seulement, de place en place, quelques traînées de suie grasse rappellent les chairs brûlées.

L'autre lieu, saint et sacré, c'est le bagne de Toulon, le calvaire de la liberté religieuse, le lieu où moururent lentement, sous le fouet et le bâton, les confesseurs de la foi, les héros de la charité.

Qu'on songe que plusieurs de ces martyrs, condamnés aux galères perpétuelles, n'étaient pas des protestants, mais des hommes accusés d'avoir fait évader des protestants!

On en vendait sous Louis XV. A un prix honnête (trois mille francs), on pouvait acheter un galérien. M. de Choiseul, pour faire sa cour à Voltaire, lui en donne un, en pur don.

Ce code effroyable que la Terreur copia, sans pouvoir jamais l'atteindre, arme les enfants contre les pères, leur donne d'avance leurs biens, en sorte que le fils est intéressé à tenir son père à Toulon.

Quoi de plus curieux que de voir l'Église, *la colombe gémissante*, gémir en 1682, lorsqu'on venait d'enlever les petits enfants aux mères hérétiques... Gémir pour les délivrer?... Non, pour que le roi trouve des lois plus efficaces, plus dures... Et comment en trouver jamais de plus dures que celles-ci?

A chaque assemblée du Clergé, la colombe gémit toujours. Et sous Louis XVI encore, lorsqu'il se laisse arracher par l'esprit du temps cette belle charte d'affranchissement qui exclut toujours les protestants de toute fonction publique, le Clergé adresse au roi de nouveaux gémissements, par un prêtre athée, Loménie.

J'entrai plein de tremblement et de respect dans ce saint bagne de Toulon. J'y cherchai la trace des martyrs de la religion, de ceux de l'humanité, tués là de mauvais traitements, pour avoir eu un cœur d'homme, pour avoir seuls entrepris de défendre l'innocence, de faire la tâche de Dieu!

Hélas! il n'y a plus rien. Rien ne reste de ces galères, atroces et superbes, dorées et sanglantes, plus barbares que les Barbaresques, que le nerf de bœuf arrosait de la rosée du sang des saints... Les registres mêmes où leurs noms étaient consignés, ont en grande partie disparu. Dans le peu qui reste, de sèches indications, l'entrée, la sortie; et la sortie, le plus souvent, c'est la mort... La mort qui vient plus ou moins prompte, indiquant ainsi des degrés dans la résignation ou le désespoir... Une brièveté terrible : deux lignes pour un saint, deux ou trois pour un martyr... On n'a pas noté les gémissements, les protestations, les appels au ciel, les prières muettes, les psaumes chantés tout bas entre les blasphèmes des voleurs et des assassins... Ah! tout cela doit être ailleurs. « Console-toi! les pleurs des hommes sont gravés pour l'éternité dans la pierre et dans le marbre! » a dit Christophe Colomb.

Dans la pierre! Non, dans l'âme humaine. A mesure que j'ai étudié et su davantage, j'ai vu avec consolation qu'en vérité, ces martyres obscurs n'en ont pas moins porté leur fruit, fruit admirable : l'amélioration de ceux qui les virent ou les ouïrent, l'attendrissement des cœurs, l'adoucissement de l'âme humaine au dix-huitième siècle, l'horreur croissante pour le fanatisme et la persécution. Peu à peu il n'y avait plus personne pour appliquer ces lois barbares. L'intendant Lenain (de Tillemont), neveu du janséniste illustre, obligé de condamner à mort l'un des derniers martyrs protestants, lui disait : « Hélas! Monsieur, ce sont les ordres du roi. » — Il fondait en larmes ; le condamné le consola.

Le fanatisme se mourait de lui-même. Ce n'était pas sans peine, sans travail, que, par moments, les politiques en ravivaient l'étincelle. Quand le Parlement, accusé d'incrédulité, de jansénisme, d'anti-jésuitisme, saisit l'occasion de Calas pour se réhabiliter, quand, d'accord avec le Clergé, il remua au fond du peuple les vieilles fureurs, on les trouva tout endormies. On ne réussit qu'au moyen de confréries généralement composées des petites gens, qui, comme marchands ou d'autre sorte, étaient les clients du Clergé. Pour brouiller l'esprit du peuple, l'ensorceler, l'effaroucher, l'*ensauvager*, on fit comme aux courses, où l'on met à la bête, sous la peau, un charbon ardent; alors elle ne se connaît plus... Le charbon ici fut une comédie atroce, une affreuse exhibition. Les confrères blancs, dans leur sinistre costume (le capuce couvrant le visage, avec deux trous pour les yeux), firent une fête de mort au fils que Calas avait tué, disaient-ils, pour l'empêcher d'abjurer. Sur un catafalque énorme, parmi les cierges, on voyait un squelette remué par des ressorts, qui d'une main tenait la palme du martyre, de l'autre une plume pour signer l'abjuration de l'hérésie.

On sait que le sang de Calas retomba sur les fanatiques, on sait l'excommunication que lança aux meurtriers, aux faux juges et aux faux prêtres, le vieux pontife de Ferney. Ce jour-là, touchés de la foudre, ils commencèrent la descente où l'on ne s'arrête pas; ils roulèrent la tête en bas, ils plongèrent, les réprouvés, au gouffre de la Révolution.

Et à la veille, à grand'peine, au bord même de l'abîme, la royauté qu'ils entraînaient s'avisa enfin d'être humaine. Un édit parut (1787) où l'on avouait que les protestants étaient des hommes; on leur permettait de naître, de se marier, de mourir. Du reste, nullement citoyens, exclus des fonctions civiles, ne pouvant ni administrer, ni juger, ni enseigner; admis, pour tout privilège, à payer l'impôt, à payer leur persécuteur, le clergé catholique, à entretenir de leur argent l'autel qui les maudissait.

Les protestants des montagnes cultivaient leur maigre pays. Les protestants des villes faisaient la seule chose qui leur fût permise, le commerce et, à mesure qu'ils se rassuraient, un peu d'industrie. Tenus bas et durement, hors de tout emploi, de toute influence, exclus très spécialement depuis cent années de toute position militaire, ils n'avaient rien des hardis huguenots du seizième siècle ; le protestantisme était retombé à son point de départ du Moyen-âge, industriel, commercial. Si l'on excepte les Cévenols, incorporés à leurs rochers, les protestants en général possédaient très peu de terre; leurs richesses, considérables déjà à cette époque, étaient des maisons, des usines, mais surtout, mais essentiellement, des richesses mobilières, celles qu'on peut toujours emporter.

Les protestants du Gard étaient, en 1789, un peu plus de cinquante mille mâles (comme en 1698, comme en 1840, le nombre a peu varié), très faibles par conséquent, isolés et sans rapports avec leurs frères d'autres provinces, perdus comme un point, un atome, dans un océan de catholiques, qui se comptaient par millions. A Nîmes, dans la seule ville où les protestants étaient ramassés en grand nombre, ils étaient six mille hommes, en face de vingt et un mille hommes de l'autre religion. Des six mille, trois ou quatre mille étaient des ouvriers de manufactures, race malsaine et chétive, misérable, sujette, comme l'ouvrier l'est partout, à des chômages fréquents.

Les catholiques ne chômaient pas, travaillant pour la plupart à la terre; le climat fort doux permet ce travail en toutes saisons. Beaucoup avaient un peu de terre et cultivaient en même temps pour le Clergé, la Noblesse, les gros bourgeois catholiques, qui avaient toute la banlieue.

Les protestants des villes, instruits, modérés, sérieux, clos, dans la vie sédentaire, voués à leurs souvenirs, ayant dans chaque famille de quoi pleurer et peut-être craindre, étaient une population infiniment peu aventureuse et très dure à l'espérance. Quand ils virent poindre ce beau jour de la liberté, à la veille de la Révolution, ils osèrent à peine espérer. Ils laissèrent les parlements, la Noblesse, s'avancer hardiment, parler en faveur des idées nouvelles; généralement ils se turent. Ils savaient parfaitement que, pour entraver la Révolution, il eût suffi qu'on les vît exprimer des vœux pour elle.

Elle éclate. Les catholiques, disons-le à leur honneur, la grande masse des catholiques, furent ravis de voir les protestants devenir enfin leurs égaux. L'unanimité fut touchante, et l'une des plus dignes choses d'arrêter sur la terre le regard de Dieu. Dans bien des lieux, les catholiques allèrent au temple des protestants, s'unir à eux pour rendre grâces ensemble à la Providence. D'autre part, les protestants assistaient au *Te Deum* catholique. Par-dessus tous les autels, tous les temples, toutes les églises, une lueur s'était faite au ciel...

Le 14 juillet fut reçu du Midi, ainsi que de toute la France, comme la délivrance de Dieu, comme la sortie d'Égypte ; le peuple avait franchi la mer et, parvenu à l'autre bord, chantait le cantique. Ni protestants ni catholiques, nulle différence, des Français. Il se trouva, sans qu'on le voulût, sans qu'on y songeât, que le comité permanent qui s'organisa dans les villes fut mixte, des deux religions ; mixte également fut la milice nationale. Les officiers furent généralement catholiques, parce que les protestants, étrangers au service militaire, n'auraient guère pu commander. En récompense, ils formèrent presque toute la cavalerie ; beaucoup avaient des chevaux pour les besoins de leur commerce.

Deux mois, trois mois, se passèrent. On s'avisa alors, et à Nîmes et à Montauban, de former de nouvelles compagnies exclusivement catholiques.

Cette belle unanimité avait disparu. Une question grave, profonde, celle des biens du Clergé, avait changé tout.

Le Clergé montra une force remarquable d'organisation, une vigueur intelligente à créer la guerre civile, dans une population qui n'en avait nulle envie.

Trois choses furent employées. Premièrement, les moines mendiants, capucins, dominicains, qui se firent distributeurs, propagateurs d'une prodigieuse multitude de brochures et de pamphlets. Deuxièmement, les cabarets, les petits revendeurs de vin, qui, dépendant du principal propriétaire de vignobles, le Clergé, étaient d'autre part en rapport avec le petit peuple catholique, surtout avec les paysans électeurs de campagne. Ceux-ci venant à la ville faisaient halte au cabaret. Ils y dépensaient (et ceci compte pour troisième article) vingt-quatre sols que le Clergé leur donnait pour chaque jour qu'ils venaient aux élections.

L'agent des prêtres en tout ceci, Froment, était plus qu'un homme, c'était toute une légion ; il agissait en même temps par une multitude de bras, par son frère, Froment-*tapage*, par ses parents, par ses amis, etc. Il avait son bureau, sa caisse, sa librairie de pamphlets, son antre aux élections, tout contre l'église des Dominicains, et sa maison communiquait avec une tour qui dominait les remparts. Vraie position de guerre civile qui défiait la fusillade, ne craignait que le canon.

Avant d'en venir aux armes, Froment travailla la Révolution en dessous, par la Révolution même, par la garde nationale et par les élections. Des assemblées tenues la nuit dans l'église des Pénitents blancs préparèrent les élections municipales, de manière à exclure tous les protestants. Les droits énormes que l'Assemblée donne au pouvoir municipal, le droit de requérir les troupes, de proclamer la loi martiale, d'arborer le drapeau rouge, se trouvent placés ainsi, et à Nîmes et à Montauban, dans les mains des catholiques ; ce drapeau sera arboré pour eux, s'ils en ont besoin, et jamais contre eux.

La garde nationale était mixte. Elle s'était composée en juillet des plus ardents patriotes, qui se hâtèrent d'être inscrits, de ceux aussi qui, n'ayant guère qu'une fortune mobilière, craignaient le plus les pillages ; tels étaient les négociants, protestants pour la plupart. Quant aux riches catholiques, qui possédaient les terres, ils ne pouvaient perdre leurs terres et se hâtèrent moins d'armer. Quand leurs châteaux furent attaqués, la garde nationale, mêlée de protestants, de catholiques, mit tous ses soins à les défendre ; celle de Montauban sauva un château du royaliste Cazalès.

Pour changer cette situation, il fallait éveiller l'envie, faire naître les rivalités. Elles venaient assez d'elles-mêmes et par la force des choses, à part toute différence d'opinion et de parti. Tout corps qui semblait d'élite, qu'il fût aristocrate, comme les volontaires de Lyon et de Lille, qu'il fût patriote, comme les dragons de Montauban et de Nîmes, étaient également détesté. On anima contre ces derniers les petites gens qui formaient la masse des compagnies catholiques, en répandant parmi eux que les autres les appelaient *cébets* ou mangeurs d'oignons. Accusation gratuite. Pourquoi les protestants auraient-ils insulté les pauvres ? Personne n'était plus pauvre à Nîmes que les ouvriers protestants. Et dans les Cévennes, leurs amis et défenseurs, les protestants de la montagne, qui souvent n'ont pas d'autre aliment que les châtaignes, menaient une vie plus dure, plus pauvre, plus abstinente que les mangeurs d'oignons de Nîmes, qui mangent du pain aussi et boivent souvent du vin.

Vers le 20 mars, on apprit que l'Assemblée, non contente d'ouvrir aux protestants l'accès aux fonctions publiques, avait élevé à la première de toutes, et plus haut alors que la royauté, élevé, dis-je, un protestant, Rabaut Saint-Étienne, à sa présidence. Rien n'était prêt encore, peu ou pas d'armes; cependant l'impression fut si forte que quatre protestants furent assassinés en expiation (fait contesté, mais certain).

Toulouse fit pénitence du sacrilège de l'Assemblée, amende honorable, neuvaines pour détourner le courroux de Dieu. C'était l'époque d'une fête exécrable, la procession annuelle qu'on faisait en souvenir du massacre des Albigeois. Les confréries de toutes sortes se rendent en foule à chaque chapelle érigée sur la plaine du massacre. Les motions les plus furieuses sont faites dans les églises. Les machines sont montées partout. On tire des vieilles armoires les instruments de fanatisme qui jouèrent au temps des Dragonnades ou de la Saint-Barthélemy, les Vierges qui pleureront pour avoir des assassinats, les Christs qui hocheront la tête, etc. Ajoutez-y quelques moyens de nouvelle fabrique, par exemple un dominicain qui s'en va par les rues de Nîmes dans son blanc habit de moine, mendiant son pain, pleurant sur les décrets de l'Assemblée; à Toulouse, un buste du roi captif, du roi martyr, qui, posé près du prédicateur et voilé de noir, apparaîtra tout à coup au beau moment du sermon pour demander secours au bon peuple de Toulouse.

Tout cela était trop clair. Cela voulait dire : du sang. Les protestants le comprirent.

Isolés au milieu d'un grand peuple catholique, ils se voyaient un petit troupeau, marqué pour la boucherie. Les terribles souvenirs conservés dans chaque famille leur revenaient dans leurs nuits, les éveillaient en sursaut. Ces paniques étaient bizarres; la peur des *brigands*, qui courait dans les campagnes, se mêlait souvent dans leurs imaginations avec celle des assassins catholiques; étaient-ils en 1790 ou en 1572? Ils n'auraient pas su le dire. A Saint-Jean-de-la-Gardonnenque, petite ville de marchands, des courriers entrent le matin, criant : « Garde à vous! les voilà! » Le tocsin sonne, on court aux armes, la femme se pend au mari pour l'empêcher de sortir, on ferme, on se met en défense, des pavés sur les fenêtres... Mais voilà que la ville en effet est envahie... par les amis, les protestants des campagnes, qui venaient à marches forcées. On distinguait parmi eux une belle fille entre ses deux frères, armée, portant le fusil. Ce fut l'héroïne du jour, on la couronna de lauriers; tous ces marchands rassurés se cotisèrent entre eux pour leur aimable sauveur, et elle emporta sa dot aux montagnes dans son tablier.

Rien ne pouvait les rassurer qu'une association permanente entre les communes, une fédération armée. Ils la firent vers la fin de mars dans une prairie du Gard, une sorte d'île entre un canal et le fleuve, à l'abri de toute surprise. Des milliers d'hommes s'y rendirent, et, ce qui fut plus rassurant, c'est que les protestants virent grand nombre de catholiques mêlés à eux, sous le drapeau. Les paisibles ruines romaines qui dominent le paysage rappelaient des souvenirs meilleurs; elles semblaient avoir survécu pour voir passer et mépriser ces misérables querelles, pour promettre un âge plus grand.

Les deux partis étaient en face, très près d'agir; Nîmes, Toulouse, Montauban, regardaient Paris, attendaient. Rapprochez les dates. Le 13 avril, à l'Assemblée, on tire d'elle l'étincelle pour allumer le Midi, son refus de déclarer le catholicisme religion dominante; le 19, le clergé proteste. Dès le 18, Toulouse proteste à coups de fusil; on y joue dans une église la scène du buste du roi; les patriotes crient : « Vive le roi! vive la loi! » et des soldats tirent sur eux.

Le 20, à Nîmes, grande et solennelle *déclaration catholique*, signée de trois mille électeurs, fortifiée de l'adhésion de quinze cents *personnes distinguées*, déclaration envoyée à toutes les municipalités du royaume, suivie, copiée de Montauban, Albi, Alais, Uzès, etc. La pièce, délibérée aux Pénitents blancs, est écrite par les commis de Froment, et la foule va signer chez lui. Elle équivalait à un acte d'accusation de l'Assemblée nationale; on lui signifiait qu'elle eût à rendre le pouvoir au roi, à donner à la religion catholique le monopole du culte.

On travaillait partout en même temps à la formation des nouvelles compagnies. La composition en était bizarre, des agents ecclésiastiques et des paysans, des marquis et des domestiques, des nobles et des crocheteurs. En attendant les fusils, ils avaient des fourches et des faux. On fabriquait secrètement une arme perfide et terrible, des fourches dont le dos était une scie.

Les municipalités créées par les catholiques fermaient les yeux sur tout cela; elles semblaient tout occupées de fortifier les forts, d'affaiblir encore les faibles. A Montauban, les protestants, six fois moins nombreux que leurs adversaires, voulaient accéder au pacte fédératif que venaient de faire les protestants de la campagne; la municipalité ne le permit pas. Ils essayèrent alors de désarmer la haine, en se retirant des fonctions publiques auxquelles on les avaient portés, y faisant nommer des catholiques à leur place. Cela fut pris pour faiblesse. La croisade religieuse n'en fut pas moins prêchée dans les églises. Les vicaires généraux exaltèrent encore le peuple, en faisant faire, pour le salut de la religion en péril, des prières de Quarante-Heures.

La municipalité de Montauban se démasqua à la fin par une chose qui ne pouvait manquer d'amener l'explosion. Pour exécuter le décret de l'Assemblée qui ordonnait de faire inventaire dans les communautés religieuses, elle prit juste le 10 mai, le jour des Rogations. C'est aussi dans une fête de printemps qu'on fit les *Vêpres siciliennes*.

La saison ajoutait de même à l'exaltation. Cette fête des Rogations, c'est le moment où toute la population répandue au dehors, pleine des émotions passionnées du culte et de la saison, sent l'ivresse du printemps, si puissant dans le Midi. Parfois retardé par les grêles des Pyrénées, il n'éclate qu'avec plus de force. Tout sort à la fois, tout s'élance, l'homme de sa maison, l'herbe de la terre, toute créature bondit; c'est comme un coup d'État de Dieu, une émeute de la nature.

Et les femmes qui vont traînant par les rues leurs cantiques pleureurs : *Te rogamus, audi nos.....* on savait parfaitement qu'elles pousseraient leurs maris au combat, qu'elles les feraient tuer, s'il le fallait, plutôt que de laisser entrer les magistrats dans les couvents.

Ceux-ci se mettent en marche, et, comme ils devaient le prévoir, sont arrêtés par les masses impénétrables du peuple, par des femmes assises, couchées devant les portes sacrées. Il faudrait passer sur elles. Ils se retirent et la foule devient agressive; elle menace de brûler la maison du commandant militaire, catholique, mais patriote. Elle se porte à l'Hôtel de Ville pour en forcer l'arsenal. Si elle y parvenait, si, dans cet état de fureur, elle s'emparait des armes, le massacre des protestants, des patriotes en général, évidemment commençait.

La municipalité pouvait requérir le régiment de Languedoc; elle s'abstient. Les gardes nationaux viennent d'eux-mêmes occuper le corps de garde qui couvre l'Hôtel de Ville et y sont bientôt assiégés. Loin de les secourir, c'est à la populace furieuse que l'on envoie du secours; on la fait appuyer par les employés des gabelles. On tire contre les fenêtres cinq ou six cents coups de fusil. Les malheureux, criblés de balles, ayant déjà plusieurs morts, beaucoup de blessés, n'ayant point de munitions, demandent la vie, présentent un mouchoir blanc; on n'en tire pas moins; on démolit le mur qui seul les protège. Alors la coupable municipalité se décide, *in extremis*, à faire ce qu'elle devait, à requérir le régiment de Languedoc, qui depuis longtemps ne demandait qu'à marcher.

Une grande dame avait fait dire des messes pendant la tuerie.

Ceux qui n'ont pas été tués peuvent donc enfin sortir. Mais la rage n'est pas épuisée. On leur arrache leurs habits, l'uniforme national, on leur arrache la cocarde, on la foule aux pieds. Nu-tête, en chemise, un cierge à la main, arrosant, tout le long de la rue, le pavé de sang, on les traîne à la cathédrale, on les agenouille aux degrés pour faire amende honorable... En avant marchait le maire, qui portait un drapeau blanc.

La France, pour moins que cela, avait fait le 6 octobre. Elle avait, pour un moindre outrage à la cocarde tricolore, renversé une monarchie.

On tremble pour Montauban quand on voit la sensibilité terrible qu'une telle chose allait exciter, la solidarité profonde qui, du Nord au Midi, liait dès lors tout le peuple. S'il n'y avait eu personne dans le Midi pour venger une telle chose, tout le Centre, tout le Nord, tout se serait mis en marche. L'outrage était senti au fond des moindres villages. J'ai sous les yeux les adresses menaçantes des populations de Marne et de Seine-et-Marne sur ces indignités du Midi[1].

Le Nord pouvait rester tranquille. Le Midi suffisait bien. Bordeaux, la première, s'élance, Toulouse, sur laquelle comptaient ceux de Montauban, Toulouse a tourné contre eux, elle demande à les châtier. Bordeaux avance, et, grossi au passage par toutes les communes, les renvoie, ne pouvant nourrir tous ces torrents de soldats. Les prisonniers de Montauban (c'est là toute la défense que rêvent les meurtriers) seront mis à l'avant-garde et recevront les premiers coups... L'avant-garde, il n'y en a plus; le régiment de Languedoc fraternise avec Bordeaux.

On envoya de Paris un commissaire du roi, officier de La Fayette, homme doux, plus que modéré, qui se déclara plutôt contre son propre parti; il renvoya les Bordelais, composa avec l'émeute. Nulle enquête sur le sang versé; les morts restèrent là bien morts, les blessés gardèrent leurs blessures, les emprisonnés restèrent en prison; le commissaire du roi n'avisa d'autre moyen de les en tirer que de se faire

---

1. J'ai lu, je crois, tout ce qui de près ou de loin se rapporte à ces affaires de Montauban, de Nîmes, etc. Je n'ai rien écrit qu'après avoir comparé, pesé les témoignages et formé ma conviction avec l'attention d'un juré. Ceci une fois pour toutes. Je cite peu, pour ne pas rompre l'unité de mon récit.

demander la chose par ceux mêmes qui les y avaient jetés.

Tout se passait de même à Nîmes. Les volontaires catholiques portaient hardiment la cocarde blanche, criaient : « A bas la nation ! » Les soldats et sous-officiers du régiment de Guyenne s'indignèrent, leur cherchèrent querelle. Un régiment, isolé dans une si grande masse de peuple, n'ayant pour lui que la population protestante, tout industrielle et peu belliqueuse, était fort aventuré. Notez qu'il avait contre lui ses propres officiers, qui se déclaraient amis de la cocarde blanche, contre lui la municipalité qui refusa de proclamer la loi martiale. Il y eut beaucoup de blessés; un grenadier fut tiré, tué par le frère même de Froment.

Les soldats furent consignés. Le meurtrier resta libre. La contre-révolution triompha à Nîmes comme à Montauban.

Dans cette dernière ville, les vainqueurs ne s'en tinrent pas là. Ils eurent l'audace d'aller faire une collecte dans les familles des victimes, et jusque dans les prisons où elles étaient encore... Horreur! on ne voulait les laisser sortir qu'en payant leurs assassins!

CHAPITRE IX

LA CONTRE-RÉVOLUTION ÉCRASÉE DANS LE MIDI (JUIN 1790).

Indécision religieuse de la Révolution. — Violences des évêques. — La Révolution croit pouvoir se concilier avec le christianisme.— Les derniers chrétiens. — Ils poussent l'Assemblée à la réforme du clergé. — Résistance du clergé, mai-juin 1790. — Éruption de Nîmes (13 juin 1790) comprimée. — La Révolution victorieuse à Nîmes, Avignon et dans tout le Midi. — Partout le soldat fraternise avec le peuple. (Avril-juin 1790.)

Que faisait pendant ce temps à Paris l'Assemblée nationale? Elle suivait le Clergé à la procession de la Fête-Dieu.

Sa douceur plus que chrétienne, en tout cela, est un spectacle surprenant. Elle se contenta d'une démarche que les ministres exigèrent du roi. Il défendit la cocarde blanche et condamna les signataires de la déclaration de Nîmes. Ceux-ci en furent quittes pour substituer à leur cocarde la houppe rouge des anciens ligueurs.

Ils protestèrent hardiment qu'ils persistaient pour le roi contre les ordres du roi.

Ceci était net, simple, vigoureux; le parti du Clergé

savait très bien ce qu'il voulait. L'Assemblée ne le savait pas. Elle accomplissait alors une œuvre faible et fausse, ce qu'on appela la Constitution civile du clergé.

Rien ne fut plus funeste à la Révolution que de s'ignorer elle-même au point de vue religieux, de ne pas savoir qu'en elle elle portait une religion.

Elle ne se connaissait point, et pas davantage le christianisme; elle ne savait pas bien si elle lui était conforme ou contraire, si elle devait y revenir ou bien aller en avant.

Dans sa confiance facile, elle accueillit avec plaisir les sympathies que lui témoignait la masse du clergé inférieur. Elle se laissa dire, elle crut qu'elle allait réaliser les promesses de l'Évangile, qu'elle était appelée à réformer, renouveler le christianisme, et non à le remplacer. — Elle le crut, marcha en ce sens; au second pas elle trouva les prêtres redevenus des prêtres, des ennemis de la Révolution; l'Église lui apparut ce qu'elle était en effet, l'obstacle, le capital obstacle, bien plus que la royauté.

La Révolution avait fait deux choses pour le Clergé, donné l'existence, l'aisance aux prêtres, la liberté aux religieux. Et c'est justement là ce qui permit à l'épiscopat de les tourner contre elle ; les évêques désignèrent tout prêtre ami de la Révolution à la haine, au mépris du peuple, comme gagné, acheté, corrompu par l'intérêt temporel.

Chose étrange, ce fut pour défendre leurs monstrueuses fortunes, leurs millions, leurs palais, leurs chevaux et leurs maîtresses que les prélats imposèrent aux prêtres la loi du martyre. Tel qui voulait garder huit cent mille livres de rentes fit honte au curé de campagne des douze cents francs de traitement qu'il acceptait de l'Assemblée.

Le clergé inférieur se trouva ainsi tout d'abord, et pour une question d'argent, mis en demeure de choisir. Les évêques ne lui donnèrent pas un moment pour réfléchir, lui déclarèrent que, s'il était pour la nation, il était contre l'Église — hors de l'unité catholique, hors de la communion des évêques et du Saint-Siège, membre pourri, rejeté, renégat et apostat.

Qu'allaient faire ces pauvres prêtres ? Sortir du système antique, où tant de siècles ils avaient vécu, devenir tout à coup rebelles à cette autorité imposante qu'ils avaient toujours respectée, quitter le monde connu, et pour passer dans quel monde ? Dans quel système nouveau ?... Il faut une idée, une foi dans cette idée, pour laisser ainsi le rivage, s'embarquer dans l'avenir.

Un curé vraiment patriote, celui de Saint-Étienne-du-Mont, qui, le 14 juillet, marchait sous le drapeau du peuple à la tête de son district, fut accablé, effrayé de la cruelle alternative où le plaçaient les évêques. Il resta quarante jours, avec un cilice, à genoux devant l'autel. Il eût pu y rester toujours, qu'il n'eût pas trouvé de réponse à l'insoluble question qu'il s'était posée.

Ce que la Révolution avait d'idées, elle le tenait du dix-huitième siècle, de Voltaire, de Rousseau.

Personne, dans les vingt années qui s'écoulent entre la grande époque des deux maîtres et la Révolution, entre la pensée et l'action, personne, dis-je, n'a sérieusement continué leur œuvre.

Donc la Révolution trouve la pensée humaine où ils l'ont laissée : l'ardente humanité dans Voltaire, la fraternité dans Rousseau, deux bases, certes, religieuses, mais posées seulement, très peu formulées.

Le dernier testament du siècle est dans deux pages de Rousseau, d'une tendance fort diverse.

Dans l'une, au *Contrat social*, il établit et il prouve que le chrétien n'est pas, ne peut être citoyen.

Dans l'autre, qui est l'*Émile*, il cède à son enthousiasme pour l'Évangile, pour Jésus jusqu'à dire : « Sa mort est d'un Dieu! »

Cet élan de sentiment et de tendresse de cœur fut noté, consigné comme un aveu précieux, comme un démenti solennel que se donnait la philosophie du dix-huitième siècle. De là un malentendu immense et qui dure encore.

On se remit à lire l'Évangile, et, dans ce livre de résignation, de soumission, d'obéissance aux puissances, on lut partout ce qu'on avait soi-même alors dans le cœur : la liberté, l'égalité. Elles y sont partout, en effet, seulement il faut s'entendre : l'égalité dans l'obéissance, comme les Romains l'avaient faite pour toutes les nations; la liberté intérieure, inactive, toute renfermée dans l'âme, comme on pouvait la concevoir quand, toutes les résistances nationales ayant cessé, le monde sans espoir voyait s'affermir l'Empire éternel.

Certes, s'il est une situation contraire à celle de 1789, c'est celle-là. Rien n'était plus étrange que de chercher dans cette légende de résignation le code d'une époque où l'homme a réclamé son droit.

Le chrétien est cet homme résigné de l'ancien Empire, qui ne place aucun espoir dans son action personnelle, mais croit être sauvé uniquement, exclusivement par le Christ. Il y a très peu de chrétiens. Il y en avait trois ou quatre dans l'Assemblée constituante. Dès cette époque, le christianisme était mort comme système. Beaucoup s'y trompaient, entre autres tels amis de la liberté qui, touchés de l'Évangile, se croyaient pour cela chrétiens. Quant à la vie populaire, le christianisme n'en conservait que ce qu'il doit à sa partie anti-chrétienne, empruntée ou imitée du paganisme, je veux dire à l'idolâtrie de la Vierge, des saints, à la matérielle et sensuelle dévotion du Sacré-Cœur.

Le vrai principe chrétien (que l'homme n'est sauvé que par la grâce du Christ), condamné solennellement par le pape vers la fin de Louis XIV, depuis n'a fait que languir, ses défenseurs diminuant toujours de nombre, se cachant, se résignant, mourant sans bruit, sans révolte. Et c'est en cela que ce parti prouve, autant que par sa doctrine, qu'il est bien vraiment chrétien. Il se cache, je l'ai dit, quoiqu'il ait encore des hommes d'une vigueur singulière, qu'il gagnerait à montrer.

Moi, qui cherche ma foi ailleurs et qui regarde au Levant, je n'ai pu voir cependant sans une émotion profonde ces hommes d'un autre âge qui s'éteignent en silence. Oubliés de tous, excepté de l'autorité pagano-chrétienne, qui exerce sur eux, à l'insu du monde, la plus lâche persécution[1], ils mourront dans le respect. J'ai eu lieu de les éprouver. Un jour que j'allais rencontrer dans mon enseignement leurs grands hommes de Port-Royal, j'exprimai l'intention de dire enfin ma pensée et de décharger mon cœur, de dire qu'alors et aujourd'hui, en ceux-ci comme en Port-Royal, c'était le paganisme qui persécutait le christianisme. Ils me prièrent de n'en rien faire (qu'ils me pardonnent ici de violer leur secret) : « Non, Monsieur, il est des situations où il faut savoir mourir en silence. » — Et, comme j'insistais avec sympathie, ils m'avouèrent naïvement que, selon leur opinion, ils n'avaient pas longtemps à souffrir, que le grand jour, le dernier jour qui jugera les hommes et les doctrines, ne pouvait tarder, le jour où le monde doit commencer de vivre, cesser de mourir... Celui qui, de leur part, me disait ces choses étranges était un jeune homme austère, pâle, vieilli avant l'âge, qui ne voulut pas dire son nom et que je n'ai point revu. Cette apparition m'est restée comme un noble adieu du passé. Je crus

---

1. Persécution vraiment lâche, qui se prend surtout aux femmes, aux dernières sœurs jansénistes, les fait mourir à petit feu.

Lâche aussi dans son acharnement sur l'église de Saint-Séverin ; on ne l'a pas démolie, comme Port-Royal, mais transformée, livrée au paganisme du Sacré-Cœur, périodiquement salie de prédications jésuitiques.

entendre les derniers mots de la *Fiancée de Corinthe* : « Nous nous en irons dans la tombe rejoindre nos anciens dieux. »

Il y avait trois de ces hommes à la Constituante. Aucun n'avait de génie, aucun n'était orateur, et ils n'en exercèrent pas moins une grande influence, trop grande certainement. Héroïques, désintéressés, sincères, excellents citoyens, ils contribuèrent plus que personne à relancer la Révolution dans les vieilles voies impossibles ; autant qu'il était en eux, ils la firent réformatrice, l'empêchèrent d'être fondatrice, d'innover et de créer.

Que fallait-il faire en 1790, en 1800 ? il fallait au moins attendre, faire appel aux forces vives de l'esprit humain.

Ces forces sont éternelles, en elles est la source intarissable de la vie philosophique et religieuse. Point d'époque désespérée ; la pire des siècles modernes, celle de la Guerre de Trente-Ans, n'en a pas moins produit Descartes, le rénovateur de la pensée européenne. Il fallait appeler la vie et non organiser la mort.

Les trois hommes qui poussèrent l'Assemblée à cette grande faute s'appelaient Camus, Grégoire et Lanjuinaïs.

Trois hommes, trois têtes de fer. Ceux qui virent Camus mettant la main sur Dumouriez au milieu de son armée, ceux qui virent, le 31 mai, Lanjuinais précipité de la tribune, remontant, s'y accrochant entre les poignards et les pistolets, savent que peu d'hommes furent braves à côté de ces deux braves.

Quant à l'évêque Grégoire, resté à la Convention pendant toute la Terreur, seul sur son banc, dans sa robe violette, personne n'osant s'asseoir près de lui, il a laissé la mémoire du plus ferme caractère qui peut-être ait paru jamais.

Ces hommes intrépides et purs n'en furent pas moins la tentation suprême de la Révolution. Ils la poussèrent à ce tort grave d'organiser l'Église chrétienne sans croire au christianisme.

Sous leur influence, sous celle des légistes qui les suivaient sans le bien voir, l'Assemblée, généralement incrédule et voltairienne, se figura qu'on pouvait toucher à la forme sans changer le fond. Elle donna ce spectacle étrange d'un Voltaire réformant l'Église, prétendant la ramener à la rigueur apostolique.

A part l'incurable défaut de cette origine suspecte, la réforme était raisonnable; on pouvait l'appeler une charte de délivrance pour l'Église et le Clergé.

L'Assemblée veut que désormais le Clergé soit l'élu du peuple, *affranchi* du Concordat, du pacte honteux où deux larrons, le roi, le pape, s'étaient partagé l'Église, avaient tiré sa robe au sort; — *affranchi*, par l'élévation du traitement régulier, de l'odieuse nécessité d'exiger le casuel, la dîme, de rançonner le peuple; — *affranchi* des passe-droits, des petits abbés de cour qui, des boudoirs et des alcôves, sautaient à l'épiscopat; — *quitte* enfin de tous les mangeurs, des ventrus, des cages ridicules à empâter des chanoines. — Une meilleure division des diocèses, désormais d'égale étendue ; quatre-vingt-trois évêchés, autant que de départements. Le revenu fixé à soixante-dix-sept millions, et le clergé mieux rétribué avec cette somme qu'avec ses trois cents millions d'autrefois qui lui profitaient si peu.

La discussion ne fut ni forte ni profonde. Il n'y eut qu'un mot hardi, et il fut dit par le janséniste Camus, dont il dépassait certainement la pensée : « Nous sommes une Convention nationale ; *nous avons assurément le pouvoir de changer la religion;* mais nous ne le ferons pas... » Puis, s'effrayant de son audace, il ajouta bien vite : « Nous ne pourrions l'abandonner sans crime. » (1er juin 1790.) Légistes et théologiens, ils n'invoquaient que les textes, les vieux livres; à chaque citation contestée, ils allaient chercher leurs livres, ils s'inquiétaient de prouver non que leur opinion était bonne, mais qu'elle était vieille : « Ainsi firent les premiers chrétiens. » Triste argument. Il était fort douteux qu'une chose propre au temps de Tibère le fût dix-huit cents ans après, à l'époque de Louis XVI.

Il fallait, sans tergiverser, examiner si le droit était en haut ou en bas, dans le roi, le pape, ou bien dans le peuple.

Que produirait l'élection du peuple, on ne le savait pas sans doute. Mais on savait parfaitement ce que c'était qu'un clergé de la façon du roi, du pape et des seigneurs[1]. Quelle contenance auraient faite ces prélats

---

1. Le droit de collation, entre les mains des seigneurs, avait des effets curieux. Un juif, un Samuel Bernard, qui achetait telle seigneurie, par cela

qui criaient si haut, s'il leur eût fallu montrer de quelle huile et de quelle main ils avaient été sacrés ! Le plus sûr était pour eux de ne pas trop remuer cette question d'origine. Ils criaient de préférence sur la question la plus extérieure, la plus étrangère à l'ordre spirituel, la division des diocèses. On avait beau leur prouver que cette division, tout impériale dans son origine romaine et faite par le gouvernement, pouvait être modifiée par un autre gouvernement. Ils ne voulaient rien entendre et s'aheurtaient là... Cette division était la chose sainte et sacro-sainte ; nul dogme de la foi chrétienne n'était plus avant dans leur cœur... Si l'on ne convoquait un concile, si l'on n'en référait au pape, tout était fini ; on allait être schismatique, et de schismatique hérétique, d'hérétique sacrilège, athée, etc.

Ces facéties sérieuses, qui, à Paris, faisaient hausser les épaules, n'en avaient pas moins l'effet voulu dans l'Ouest et le Midi. On les répandait imprimées à nombre immense, avec la fameuse protestation en faveur des biens du clergé, laquelle arriva en deux mois à la trentième édition. Répété le matin en chaire, le soir commenté au confessionnal, orné de gloses meurtrières, ce texte de haine et de discorde allait exaspérant les femmes, ravivant les fureurs

---

même avait le droit de nommer à tel bénéfice ; entre les lods et ventes, il acquérait le Saint-Esprit. — Le Saint-Esprit venait, hélas ! d'endroits plus tristes encore. Tel était évêque par la grâce de Mme de Polignac, tel fut nommé par la Pompadour, tel surpris à Louis XV dans les folâtres ébats de Mme Du Barry. Un joli abbé de vingt ans, l'abbé de Bourbon, doté de un million de rentes, venait d'une petite fille noble qui fut vendue par ses parents.

religieuses, affilant les poignards, aiguisant les fourches et les faux.

Le 29, *le 31 mai*, l'archevêque d'Aix et l'évêque de Clermont (l'un des principaux meneurs et l'homme de confiance du roi) notifièrent à l'Assemblée l'ultimatum ecclésiastique : « Que nul changement ne pouvait se faire sans la convocation d'un concile.

— Dans *les premiers jours de juin*, le sang coule à Nîmes.

Froment avait armé ses compagnies les plus sûres, il avait même, à grands frais, habillé plusieurs de ses hommes aux couleurs du comte d'Artois. Voilà les premiers *verdets* du Midi. Appuyé d'un aide de camp du prince de Condé, soutenu de plusieurs officiers municipaux, il avait enfin tiré du commandant de la province la promesse d'ouvrir l'arsenal, de donner des fusils à toutes les compagnies catholiques. Dernier acte décisif que la municipalité et le commandant ne pouvaient faire sans se déclarer franchement contre la Révolution.

« Attendez encore un moment, disait la municipalité. Les élections du département commencent le 4 à Nîmes; allons doucement jusqu'au vote; faisons-nous donner les places. »

« Agissons, disait Froment, les électeurs voteront mieux, au bruit des coups de fusil. Les protestants s'organisent. Ils s'entendent fortement, de Nîmes à Paris, de Nîmes aux Cévennes. »

Nîmes était-elle bien sûre pour le Clergé, si l'on attendait? La ville allait ressentir dans son industrie un bienfait immédiat de la Révolution, la suppression des droits sur le sel, le fer, les cuirs, les huiles, savons, etc. Et la campagne catholique, fort catholique avant la moisson, le serait-elle autant après, lorsque le clergé aurait exigé la dîme ?

Un procès était pendant contre les meurtriers de mai, contre le frère de Froment. Il avançait lentement, ce procès, mais il avançait.

Une dernière chose et décisive, qui força Froment d'agir, c'est que la révolution d'Avignon s'était accomplie le 11 et le 12, qu'elle allait démoraliser son parti, lui faire tomber les armes des mains. Avant que la nouvelle fût répandue, le 13, au soir, il attaqua, jour favorable, un dimanche, octave de la Fête-Dieu, une bonne partie du peuple ayant bu, étant montée.

Froment et les historiens de sa couleur, du parti battu, assurent cette chose incroyable : que les protestants commencèrent, qu'ils troublèrent eux-mêmes les élections où était tout leur espoir; — ils soutiennent que c'est le petit nombre qui entreprit d'égorger le grand (six mille hommes contre vingt et quelques mille, sans parler de la banlieue).

Et ce petit nombre était donc bien aguerri, bien terrible? C'était une population éloignée depuis un siècle de toute habitude militaire; — des marchands qui craignaient excessivement le pillage; — des ouvriers chétifs, physiquement très inférieurs aux portefaix, vignerons et laboureurs que Froment avait armés. Les dragons de la garde nationale, protestants, pour la plupart, marchands et fils de marchands, n'étaient pas gens pour tenir contre ces hommes forts et rudes, qui buvaient à volonté dans les cabarets le vin du clergé.

Partout où les protestants avaient la majorité, les deux cultes offrirent le spectacle de la fraternité la plus touchante. A Saint-Hippolyte, par exemple, le 5 juin, les protestants avaient voulu monter la garde avec les autres, pour la procession de la Fête-Dieu.

Le jour de l'explosion, à Nîmes, les patriotes, quinze cents du moins, et les plus actifs, étaient réunis au club, sans armes, et délibéraient; les tribunes pleines de femmes. La panique y fut horrible, aux premiers coups de fusil (13 juin 1790).

Huit jours avant, à l'ouverture des élections, on avait commencé d'insulter, d'effrayer les électeurs. Ils demandèrent un poste de dragons, des patrouilles pour dissiper la foule qui les menaçait. Mais cette foule menaça bien plus encore les patrouilles; la complaisante municipalité tint alors les dragons au poste. Le 13, au soir, les hommes à houppes rouges viennent dire aux dragons que, s'ils ne partent, ils sont morts. Ils restent et reçoivent des coups de fusil. Le régiment de Guyenne brûlait d'aller au secours; les officiers ferment les portes et le tiennent au quartier.

Devant cette lutte inégale, devant les élections si criminellement troublées, la municipalité avait un devoir sacré, arborer le drapeau rouge, requérir les troupes. Plus de municipalité. L'assemblée électorale du département, dans cette ville hospitalière, se trouve abandonnée des magistrats, au milieu des coups de fusil.

Parmi les *verdets* de Froment se trouvaient les domestiques mêmes de plusieurs des officiers municipaux, pêle-mêle avec ceux du clergé. La troupe, la garde nationale, ne recevant nulle réquisition, Froment tenait seul le pavé; ses gens égorgeaient à leur aise, ils commençaient à forcer les maisons des protestants. Pour peu qu'il gardât l'avantage, il lui fût venu de Sommières, qui n'est qu'à quatre lieues, un régiment de cavalerie, dont le colonel, très ardent, s'offrait, lui, ses hommes, sa bourse. La chose alors, prenant la figure d'une vraie révolution, le commandant de la province eût suivi enfin les ordres qu'il avait du comte d'Artois, il aurait marché sur Nîmes.

Chose tout à fait inattendue, ce fut Nîmes qui manqua. Des dix-huit compagnies catholiques formées par Froment, trois seulement le suivirent. Les quinze autres ne bougèrent. Grande leçon qui fit voir au clergé combien il s'était trompé sur l'état réel des esprits. Au moment de verser le sang, les vieilles haines fanatiques, habilement ravivées de jalousie sociale, ne furent pas assez fortes encore.

Cette grande et puissante Nîmes, qu'on avait cru pouvoir soulever si légèrement, resta ferme, comme ses indestructibles monuments, ses nobles et éternelles Arènes.

Un nombre infiniment petit des deux partis combattirent. Les *verdets* se montrèrent très braves, mais furieux, aveugles. Par deux fois on força les municipaux, enfin retrouvés, d'aller à eux avec le drapeau rouge; deux fois ils enlevèrent tout, drapeau rouge et municipaux, à la barbe de leurs ennemis. Ils tiraient sur les magistrats, sur les électeurs, sur les commissaires du roi ; le lendemain, ils tirèrent sur le procureur du roi et le lieutenant criminel, qui faisaient la levée des morts. Ces crimes capitaux, s'il en fut, réclamaient la plus prompte, la plus sévère répression. Eh bien, la municipalité ne réclama de la troupe qu'un service de patrouilles!

Si Froment eût eu plus de monde, il eût sans doute occupé le grand poste des Arènes, très défendable alors. Il y laissa quelques hommes, et quelques autres aussi au couvent des capucins. Lui-même, il rentra dans son fort, aux remparts, dans la tour du vieux château. Une fois dans cette tour, en sûreté, tirant à son aise, il écrivit à Sommières, à Montpellier, pour avoir secours. Il envoya dans les villages catholiques, y fit sonner le tocsin.

Les catholiques furent très lents ou même restèrent chez eux. Les protestants furent très prompts. A la nouvelle du péril où se trouvaient les électeurs, ils marchèrent toute la nuit. Le matin, de quatre à six heures, une armée de Cévenols, sous la cocarde tricolore, était dans Nîmes, en bataille, criant : « Vive la nation! »

Alors les électeurs agirent. Formant un comité militaire, à l'aide d'un capitaine d'artillerie, ils allèrent à l'arsenal chercher des canons. On y entrait par la rue ou par le quartier du régiment de Guyenne. Les officiers, dans leur malveillance, leur dirent : « Passez par la rue. » Ils y furent criblés de coups de fusil, rentrèrent, et les officiers, voyant leurs soldats indignés qui allaient tourner contre eux, livrèrent enfin les canons. La tour, battue en brèche, fut bien obligée de parler. Froment, audacieux jusqu'au bout, envoya une incroyable missive, où il offrait... « d'oublier... » Alors il n'y eut plus de grâce, le soldat ne voulut plus que la mort des assiégés. On tâchait de les sauver; mais ils se perdirent eux-mêmes : en parlementant, ils tiraient. Ils furent forcés, pris d'assaut, poursuivis et massacrés.

Deux jours, trois jours, on les chercha, ou du moins, sous ce prétexte, beaucoup de haines s'assouvirent. Le couvent des capucins (la boutique des pamphlets, d'où on avait tiré d'ailleurs) fut forcé, et tout tué. Il en fut de même d'un cabaret célèbre, quartier général des *verdets*; on trouva cachés dans ce bouge deux magistrats municipaux. Tout ce temps, les deux partis se fusillaient par les rues ou des fenêtres. Les sauvages des Cévennes ne faisaient guère grâce; il y eut trois cents morts en trois jours. Nulle église ne fut pillée, nulle femme insultée, ils étaient austères dans la fureur même. Ils n'auraient pas imaginé, comme les *verdets* de 1815, de fouetter des filles à mort d'un battoir fleurdelysé.

Cette cruelle affaire de Nîmes, perfidement arrangée par la contre-révolution, eut cela de curieux qu'elle écrasa ceux qui la firent. Le preneur fut pris au piège, le gibier chassa le chasseur.

Tout manqua à la fois au moment de l'exécution.

On comptait sur Montpellier. Le commandant n'ose venir. Ce qui vient, c'est la garde nationale, brave et patriote, le noyau futur de la légion de la victoire, la 32ᵉ demi-brigade.

On comptait sur Arles. En effet, Arles offre secours, mais c'est pour écraser le parti de la contre-révolution.

Le Pont-Saint-Esprit arrête les envoyes de Froment.

Allez maintenant, appelez les catholiques du Rhône. Tâchez d'embrouiller les choses, de faire croire qu'en tout ceci votre religion est en péril. Il s'agit de la patrie.

C'est tout le Rhône catholique qui se déclare contre vous, et bien plus révolutionnaire que ne furent les protestants. Votre sainte ville du Rhône, la petite Rome du pape, Avignon a éclaté.

Avignon! Comment la France avait-elle jamais pu ôter ce diamant de son diadème... O Vaucluse! ô pur, éternel souvenir de Pétrarque, noble asile du grand Italien qui mourut d'amour pour la France, symbole adoré du mariage futur des deux contrées, comment donc étiez-vous tombé aux mains polluées du pape?... Une femme, pour de l'argent, pour l'absolution d'un assassinat, vendit Avignon et Vaucluse (1348).

Avignon, sans prendre conseil, avait fait comme

la France, une milice nationale, une municipalité. Le 10 juin, tout ce qu'il y avait de noblesse et d'amis du pape, maîtres de l'Hôtel de ville, de quatre pièces de canon, crient : « Vive l'aristocratie ! » Trente personnes tuées ou blessées. Mais alors aussi le peuple se met sérieusement au combat, en tue plusieurs, en prend vingt-deux. Toutes les communes françaises, Orange, Bagnols, Pont-Saint-Esprit, viennent secourir Avignon et sauver les prisonniers. Ils les tirent des mains des vainqueurs, se chargent de les garder.

Le 11 juin, on brise les armes de Rome. Et l'on met à la place les armes de France. Avignon vient à la barre de l'Assemblée nationale et se donne à sa vraie patrie, disant cette grande parole, testament du génie romain : « Français, régnez sur l'univers. »

Entrons plus loin dans les causes. Complétons, expliquons mieux ce drame rapide.

Pour faire une guerre religieuse, il faut être religieux. Le Clergé n'était pas assez croyant pour fanatiser le peuple.

Et il ne fut pas non plus très politique. Cette année même, 1790, lorsqu'il avait tant besoin du peuple, qu'il soldait ici et là, il lui demanda encore la dîme, abolie par l'Assemblée. Dans plusieurs lieux, des soulèvements eurent lieu contre lui, spécialement dans le Nord, pour cette malheureuse dîme, qu'il ne pouvait pas lâcher.

Ce clergé aristocratique, sans intelligence des forces morales, crut qu'un peu d'argent, de vin, la violence du climat, une étincelle, suffisaient. Il aurait dû comprendre que, pour refaire du fanatisme, il fallait du temps, de la patience, de l'obscurité, un pays moins surveillé, loin des routes et des grandes villes. On pouvait, à la bonne heure, travailler lentement ainsi le Bocage vendéen ; mais agir en pleine lumière, au beau soleil du Midi, sous l'œil inquiet des protestants, dans le voisinage des grands centres, comme Bordeaux, Marseille, Montpellier, qui voyaient tout, qui pouvaient, à la moindre lueur, venir, marcher, sur l'étincelle... c'était un essai d'enfant.

Froment fit ce qu'il pouvait. Il montra beaucoup d'audace, de décision, et il fut abandonné[1].

Il éclata au vrai moment, voyant que l'affaire d'Avignon allait gâter celle de Nîmes, ne comptant pas trop ses chances, mais tâchant de croire, en brave, que ces gens douteux, qui jusque-là n'osaient se déclarer pour lui, prendraient enfin leur parti quand ils le verraient engagé, qu'ils ne pourraient de sang-froid le voir écraser.

1. Froment échappa au massacre. Quelque peu favorable qu'on soit et à l'homme et au parti, il est impossible de ne pas s'intéresser à son étrange destinée. Honoré, anobli, comblé par le comte d'Artois et l'émigration; puis, en 1816, délaissé, renié !... On a détruit partout avec soin les brochures qu'il publia alors, le procès du vieux serviteur contre un maître ingrat et sans cœur.
Dirai-je que ce maître alla jusqu'à lui ôter, après le procès, la misérable petite pension alimentaire qu'il avait? Et cela, après trente années de service gratuit, voulant que l'homme, ruiné, endetté, usé pour lui, mourût au coin d'une borne... Les brochures de Froment mériteraient d'être réimprimées, ainsi que les *Mémoires* de l'émigré Vauban, devenus si rares. On devrait réimprimer aussi le très habile plaidoyer de M. Mérilhou pour Froment (1823).

La municipalité, autrement dit la bourgeoisie catholique, fut prudente; elle n'osa requérir le commandant de la province.

La noblesse fut prudente. Le commandant, les officiers, en général, ne voulurent rien faire que sur bonne et légale réquisition de la municipalité.

Ce n'était pas que les officiers manquassent de courage. Mais le soldat n'était pas sûr. Au premier ordre extra-légal, il pouvait répondre à coups de fusil. Pour le donner, ce premier ordre, pour faire cette dangereuse expérience, il fallait d'avance avoir sacrifié sa vie... Sacrifié à quelle idée, à quelle foi?... La majorité de la noblesse, royaliste, aristocrate, n'en était pas moins philosophe et voltairienne, c'est à-dire, par un côté, gagnée aux idées nouvelles.

La Révolution, de plus en plus harmonique et concordante, apparaît chaque jour davantage ce qu'elle est, une religion. Et la contre-révolution, dissidente, discordante, atteste en vain la vieille foi, elle n'est pas une religion.

Nul ensemble, nul principe fixe. Sa résistance est flottante, dans plusieurs sens à la fois. Elle va comme un homme ivre, à droite et à gauche. Le roi est pour le Clergé, et il refuse d'appuyer la protestation du Clergé. Le Clergé solde, arme le peuple, et il lui demande la dîme. La Noblesse, les officiers, attendent l'ordre de Turin, et en même temps celui des autorités révolutionnaires.

Une chose leur manque à tous pour rendre leur

action simple et forte, la chose qui abonde dans l'autre parti : la foi !

L'autre parti, c'est la France ; elle a foi à la loi nouvelle, à l'autorité légitime, l'Assemblée, vraie voix de la nation.

De ce côté, tout est lumière. De l'autre, tout est équivoque, incertitude et ténèbres.

Comment hésiter ? Tous ensemble, le soldat, le citoyen, se donnant la main, iront désormais d'un pas ferme et sous le même drapeau. D'avril en juin, presque tous les régiments fraternisent avec le peuple. En Corse, à Caen, à Brest, à Montpellier, à Valence, comme à Montauban, comme à Nîmes, le soldat se déclare pour le peuple et pour la loi. Le peu d'officiers qui résistent est tué, et l'on trouve sur eux les preuves de leur intelligence avec l'émigration. On l'attend, celle-ci, de pied ferme. Les villes du Midi ne s'endorment pas : Briançon, Montpellier, Valence, enfin la grande Marseille, veulent se garder elles-mêmes ; elles s'emparent de leurs citadelles, les remplissent de leurs citoyens. Viennent maintenant, s'ils veulent, l'émigré et l'étranger !

Une France, une foi ! un serment !... Ici, point d'hommes douteux. Si vous voulez rester flottant, quittez la terre de loyauté, passez le Rhin, passez les Alpes.

Le roi lui-même sent bien que sa meilleure épée, Bouillé, finirait par se trouver seul, s'il ne jurait comme les autres. L'ennemi des fédérations, qui se mettait entre l'armée et le peuple, est obligé de céder. Peuple, soldats, unis de cœur, tous assistent à ce grand spectacle : l'inflexible va fléchir, le roi ordonne, il obéit; il s'avance entre eux, triste et sombre, et, sur son épée royaliste, jure fidélité à la Révolution.

CHAPITRE X

DU NOUVEAU PRINCIPE. — ORGANISATION SPONTANÉE DE LA FRANCE
(JUILLET 1789-JUILLET 1790).

La loi fut partout devancée par l'action spontanée. — Obscurité et désordre de l'ancien régime. — L'ordre nouveau se fait lui-même. — Les nouveaux pouvoirs naissent du mouvement de la délivrance et de la défense. — Associations intérieures, extérieures, qui préparent les municipalités, les départements. — L'Assemblée crée treize cent mille magistrats, départementaux, municipaux, judiciaires. — Éducation du peuple par les fonctions publiques.

J'ai longuement raconté les résistances du vieux principe : Parlement, Noblesse, Clergé. Et je vais en peu de mots inaugurer le nouveau principe, exposer brièvement le fait immense où ces résistances vinrent se perdre et s'annuler. Ce fait admirablement simple dans une variété infinie, c'est l'*organisation spontanée de la France*.

Là est l'histoire, le réel, le positif, le durable. Et le reste est un néant.

Ce néant, il a fallu toutefois le raconter longuement. Le mal, justement parce qu'il n'est qu'une exception, une irrégularité, exige, pour être compris, un détail minutieux. Le bien, au contraire, le naturel, qui va coulant de lui-même, nous est presque connu d'avance par sa conformité aux lois de notre nature, par l'image éternelle du bien que nous portons en nous.

Les sources où nous puisons l'histoire en ont conservé précieusement le moins digne d'être conservé, l'élément négatif, accidentel, l'anecdote individuelle, telle ou telle petite intrigue, tel acte de violence.

Les grands faits nationaux, où la France a agi d'ensemble, se sont accomplis par des forces immenses, invincibles, et par cela même nullement violentes. Ils ont moins attiré les regards, passé presque inaperçus.

Tout ce qu'on donne sur ces faits généraux, ce sont les lois qui en dérivent, qui en sont les dernières formules. On ne tarit pas sur la discussion des lois, on respecte religieusement le parlage des assemblées. Mais les grands mouvements sociaux qui les décidèrent ces lois, qui en furent l'origine, la raison, la nécessité, à peine une ligne sèche les rappelle au souvenir.

C'est pourtant là le fait suprême, où se résout tout le reste, dans cette miraculeuse année qui va de juillet en juillet : la loi est partout devancée par l'élan spontané de la vie et de l'action, — action qui, parmi tels désordres particuliers, contient pourtant l'ordre nouveau, et d'avance réalise la loi qu'on fera tout à l'heure. L'Assemblée croit mener, elle suit; elle est le greffier de la France; ce que la

France fait, elle l'enregistre plus ou moins exactement, elle le formule et l'écrit sous sa dictée.

Que les scribes viennent ici apprendre, qu'ils sortent un moment de leur antre, le *Bulletin des lois*, qu'ils écartent ces montagnes de papier timbré qui leur ont caché la nature. Si la France n'avait pu se sauver que par leur plume et leur papier, la France aurait péri cent fois.

Moment grave, d'intérêt infini, où la nature se retrouve à temps pour ne pas périr, où la vie, en présence du danger, suit l'instinct, son meilleur guide, et trouve en lui son salut.

Une société vieillie, dans cette crise de résurrection, nous fait assister à l'origine des choses. Les publicistes rêvaient le berceau des nations; pourquoi rêver? Le voici.

Oui, c'est le berceau de la France que nous avons sous les yeux... Dieu te protège! ô berceau! qu'il te sauve et te soutienne sur ces grandes eaux sans rivage où je te vois avec tremblement flotter sur la mer de l'avenir!...

La France naît et se lève, au canon de la Bastille. En un jour, sans préparatifs, sans s'être entendus d'avance, toute la France, villes et villages, s'organise en même temps.

En chaque lieu, c'est la même chose : on va à la maison commune, on prend les clés et le pouvoir, au nom de la nation. Les électeurs (en 1789, tous ont été électeurs) forment des comités, comme celui de Paris, d'où sortiront tout à l'heure les municipalités régulières.

Les gouvernements de villes (comme celui de l'État), échevins, notables, etc., s'en vont la tête basse par la porte de derrière, laissant à la commune qu'ils administraient des dettes pour souvenir.

La bastille financière que l'oligarchie des notables fermait si bien à tous les yeux, la caverne administrative[1], apparaît au jour. Les informes instruments de ce régime équivoque, l'embrouillement des papiers, la savante obscurité des calculs, tout cela est traîné à la lumière.

Le premier cri de cette liberté (qu'ils appellent l'esprit de désordre), c'est au contraire : ordre et justice.

L'ordre, dans la pleine lumière. — La France dit à Dieu comme Ajax : « Fais-moi plutôt périr à la clarté des cieux ! »

Ce qu'il y avait de plus tyrannique dans la vieille tyrannie, c'était son obscurité. Obscurité du roi au peuple, du corps de ville à la ville, obscurité non moins profonde du propriétaire au fermier... Que devait-on en conscience payer à l'État, à la commune, au seigneur ?... Nul ne pouvait le savoir. La plupart payaient ce qu'ils ne pouvaient même lire. L'ignorance profonde où le grand instituteur du peuple, le Clergé, l'avait retenu, le livrait, aveugle

---

[1]. Voir, dans Leber, le honteux tableau de cette ancienne administration municipale, les gratifications que se faisaient donner les échevins, etc. Lyon était endettée de vingt-neuf millions ! etc., etc.

et sans défense, à l'épouvantable vermine des griffonneurs de papier. Chaque année, ce papier timbré revenait plus noir encore, avec de lourdes surcharges, pour l'effroi du paysan. Ces surcharges mystérieuses, inconnues, qu'on lui lisait bien ou mal, il lui fallait les payer; mais elles lui restaient sur le cœur, déposées l'une sur l'autre, comme un trésor de vengeances, d'indemnités exigibles. Plusieurs, en 1789, disaient qu'en quarante années ils avaient payé, avec ces surcharges, bien plus que ne valaient les biens, donc qu'ils étaient propriétaires.

Nulle atteinte ne fut portée à la propriété dans nos campagnes qu'au nom de la propriété. Le paysan l'interprétait à sa manière; mais jamais il n'éleva de doute sur l'idée même de ce droit. Le travailleur des campagnes sait ce que c'est qu'acquérir; l'acquisition par le travail qu'il fait ou voit faire tous les jours lui inspire le respect et comme la religion de la propriété.

C'est au nom de la propriété, longtemps violée et méconnue par les agents des seigneurs, que les paysans érigèrent ces *Mais* où ils suspendaient les insignes de la tyrannie féodale et fiscale, les girouettes des châteaux, les mesures de redevances injustement agrandies, les cribles qui triaient le grain tout au profit du seigneur, ne laissaient que le rebut.

Les comités de juillet 1789 (origine des municipalités de 1790) furent, pour les villes surtout, l'insurrection de la *liberté*, — et pour les villages, celle de la propriété, je veux dire de la plus simple propriété, du *travail* de l'homme.

Les associations de villages furent des sociétés de garantie : 1° contre l'homme d'affaires; 2° contre le brigand, — deux mots souvent synonymes.

Conjuration contre les hommes d'argent, collecteurs, régisseurs, procureurs, huissiers, contre cet affreux grimoire qui, par une magie inconnue, avait desséché la terre, anéanti les bestiaux, maigri le paysan jusqu'à l'os, jusqu'au squelette.

Confédération aussi contre cette bande de pillards qui couraient la France, gens sans travail, affamés, mendiants devenus voleurs, qui la nuit coupaient les blés, même en vert, tuaient l'espérance. Si les villages n'avaient pris les armes, une famine terrible en fût résultée, une année comme fut l'an 1000, et plusieurs du Moyen-âge. Ces bandes mobiles, insaisissables, attendues partout et que la terreur rendait comme présentes partout, glaçaient d'effroi nos populations moins militaires qu'aujourd'hui.

Tout village arma. Les villages se promirent protection mutuelle. Ils convenaient entre eux de se réunir en cas d'alarme en tel lieu, dont la position était centrale, ou qui dominait un passage de route ou de rivière, important pour le pays.

Un seul fait éclaircira mieux. Il rappelle sous quelques rapports la panique de Saint-Jean-du-Gard, que j'ai racontée plus haut.

Un jour d'été, de grand matin, les habitants de Chavignon (Aisne) virent, non sans crainte, leurs rues toutes pleines de gens armés. Ils reconnurent que, heureusement, c'étaient leurs voisins et amis, les gardes nationales de toutes les communes voisines qui, sur une fausse alarme, avaient marché toute la nuit pour venir les défendre *des brigands.* On s'attendait à un combat, et ce ne fut qu'une fête. Tous les gens de Chavignon, ravis, sortirent des maisons, se mêlèrent à leurs amis. Les femmes apportèrent, mirent en commun tout ce qu'on avait de vivres; on ouvrit des pièces de vin. On déploya sur la place le drapeau de Chavignon, où l'on voyait du blé, des raisins, traversés d'une épée nue; la devise résumait très complètement toute la pensée du moment : « Abondance et sécurité, liberté, fidélité et concorde. » Le capitaine général des gardes nationales qui étaient venues fit un petit discours fort touchant sur l'empressement des communes à venir défendre leurs frères : « Au premier mot, nous avons laissé nos femmes et nos enfants en larmes; nous avons laissé nos charrues, nos ustensiles, dans les champs... Nous sommes venus, sans prendre le temps de nous habiller tout à fait... »

Les gens de Chavignon, dans une adresse à l'Assemblée nationale, lui racontent tout, comme l'enfant à sa mère, et, pleins de reconnaissance, ils ajoutent ce mot du cœur : « Quels hommes, Messieurs, quels hommes, depuis que vous leur avez donné une patrie ! »

Ces expéditions spontanées se faisaient ainsi, comme en famille, le curé marchant en tête. A celle de

Chavignon, quatre des communes qui vinrent avaient leurs curés avec elles.

Dans certaines contrées, par exemple dans la Haute-Saône, les curés ne s'associèrent pas seulement à ces mouvements, ils s'en firent le centre, en furent les chefs, les meneurs. Dès le 27 septembre 1789, dans les environs de Luxeuil, les communes rurales se fédérèrent sous la direction du curé de Saint-Sauveur. Tous les maires jurèrent dans ses mains.

A Issy-l'Évêque (Haute-Saône), il y eut une chose plus étrange. Dans l'anéantissement de toute autorité publique, ne voyant plus de magistrat, un vaillant curé prit pour lui tous les pouvoirs; il rendit des ordonnances, rejugea des procès jugés; il fit venir les maires du voisinage et promulgua devant eux les lois nouvelles qu'il donnait à la contrée; puis, armé, l'épée à la main, il commençait à procéder au partage égal des terres. Il fallut arrêter son zèle, lui rappeler qu'il y avait encore une Assemblée nationale.

Ceci est rare et singulier. Le mouvement en général fut régulier, mieux ordonné qu'on ne l'eût attendu de telles circonstances. Sans loi, tout suivit une loi, la conservation, le salut.

Avant que les municipalités s'organisent, le village se gouverne, se garde, se défend, comme association armée d'habitants du même lieu.

Avant qu'il y ait des arrondissements, des départements créés par la loi, les besoins communs, spécialement celui d'assurer les routes, d'amener les subsistances, forment des associations entre villages et villages, villes et villes, de grandes confédérations de protection mutuelle.

On est tout près de bénir ces périls, quand on voit qu'ils forcent les hommes de sortir de l'isolement, les arrachent à leur égoïsme, les habituent à se sentir vivre dans les autres, qu'ils éveillent en ces âmes engourdies d'un sommeil de plusieurs siècles la première étincelle de fraternité.

La loi vient reconnaître, autoriser, couronner tout cela; mais elle ne le produit point.

La création des municipalités, la concentration dans leurs mains de pouvoirs même non communaux : contributions, haute police, disposition de la force armée, etc.), cette concentration qu'on a reprochée à l'Assemblée, n'était pas l'effet d'un système, c'était la simple reconnaissance d'un fait. Dans l'anéantissement de la plupart des pouvoirs, dans l'inaction volontaire (souvent perfide) de ceux qui restaient, l'instinct de la conservation avait fait ce qu'il fait toujours : les intéressés avaient pris eux-mêmes leurs affaires en main. Et qui n'est intéressé dans de telles crises? Celui qui n'a point de propriété, *celui qui n'a rien*, comme on dit, a pourtant encore ce qui est bien plus cher qu'aucune propriété, une femme, des enfants à défendre.

La nouvelle loi municipale créa *douze cent mille* magistrats municipaux. L'organisation judiciaire créa *cent mille* juges (dont cinq mille juges de paix, quatre-vingt mille assesseurs des juges de paix). Tout cela pris dans les *quatre millions deux cent quatre-*

vingt-dix-huit mille électeurs primaires[1] (qui, comme propriétaires ou locataires, payaient la valeur de trois journées de travail, environ trois livres).

Le suffrage universel avait donné six millions de votes ; je m'expliquerai plus loin sur cette limitation du droit électoral, sur les principes divers qui dominèrent l'Assemblée.

Il me suffit ici de faire remarquer le prodigieux mouvement que dut faire en France, au printemps de 1790, cette création d'un monde de juges et administrateurs, *treize cent mille* à la fois, tous sortis de l'élection !

On peut dire qu'avant la conscription militaire, la France avait fait une conscription de magistrats.

La conscription de la paix, de l'ordre, de la fraternité. Ce qui domine ici, dans l'ordre judiciaire, c'est ce bel élément nouveau, inconnu à tous les siècles, les cinq mille arbitres ou juges de paix, leurs quatre-vingt mille assesseurs. Et, dans l'ordre municipal, c'est la dépendance où la force militaire se trouve à l'égard des magistrats du peuple.

Le pouvoir municipal hérita de toutes les ruines. Lui seul, entre l'Ancien-Régime détruit, le nouveau sans action, lui seul fut debout. Le roi était désarmé,

---

1. C'est le nombre donné en 1791 dans l'*Atlas national de France*, destiné à l'instruction publique et dédié à l'Assemblée. L'évêque d'Autun, dans un discours du 8 juin 1790, ne compte que trois millions six cent mille citoyens actifs. Ce petit nombre serait trop grand, s'il ne s'agissait que des *propriétaires ;* mais il s'agit aussi de ceux qui payent la valeur d'environ trois livres comme *locataires*. Le grand nombre est le plus vraisemblable. Tous deux, au reste, le grand et le petit, sont sans doute approximatifs.

l'armée désorganisée, les États, les parlements démolis, le clergé démantelé, la noblesse rasée tout à l'heure. L'Assemblée elle-même, la grande puissance apparente, ordonnait plus qu'elle n'agissait; c'était une tête sans bras. Elle eut quarante-quatre mille mains dans les municipalités. Elle se remit presque de tout aux douze cent mille magistrats municipaux.

Ce nombre immense était une grande difficulté d'action; mais, comme éducation d'un peuple, comme initiation à la vie publique, c'était admirable. Renouvelée rapidement, la magistrature devait bientôt, dans beaucoup de localités, épuiser la classe où elle se recrutait (les quatre millions de propriétaires ou locataires à trois livres d'impôt). Il fallait, c'était une belle nécessité de cette grande initiation, il fallait créer une classe nouvelle de propriétaires. Les paysans du clergé, de l'aristocratie, exclus d'abord de l'élection comme clients de l'Ancien-Régime, allaient maintenant, comme acquéreurs des biens mis en vente, se trouver propriétaires, électeurs, magistrats municipaux, assesseurs de juges de paix, etc., et, comme tels, devenir les plus solides appuis de la Révolution.

CHAPITRE XI

DE LA RELIGION NOUVELLE. — FÉDÉRATIONS
(JUILLET 1789-JUILLET 1790).

La France de 1789 a senti la liberté, celle de 1790 sent l'unité de la patrie. — Les fédérations ont aplani les obstacles. — Les barrières artificielles tombent. — Procès-verbaux des fédérations. — Ils témoignent de l'amour de l'unité nouvelle, du sacrifice des provincialités, des vieilles habitudes. — Fêtes des fédérations. — Symboles vivants. — Le vieillard, la fille, la femme, la mère. — L'enfant sur l'autel de la patrie. — Oubli des divisions de classes, de partis, de religions. — L'homme retrouve la nature. — L'homme embrasse de cœur la patrie, l'humanité. — Additions et détails divers.

Rien de tout cela encore dans l'hiver de 1789. Ni municipalités régulières, ni départements. Point de lois, point d'autorité, aucune force publique. Tout va se dissoudre, ce semble, c'est l'espoir de l'aristocratie... Ah! vous vouliez être libres; voyez maintenant, jouissez de l'ordre que vous avez fait... — A cela que répond la France? Dans ce moment redoutable, elle est sa loi à elle-même; elle franchit sans secours, dans sa forte volonté, le passage d'un monde à l'autre, elle passe, sans trébucher, le pont étroit de l'abîme, elle passe, sans y regarder, elle ne voit que le but. Elle s'avance avec courage dans ce ténébreux hiver, vers le printemps désiré qui promet la lumière nouvelle.

Quelle lumière? Ce n'est plus, comme en 1789, l'amour vague de la liberté. C'est un objet déterminé, d'une forme fixe, arrêtée, qui mène toute la nation, qui transporte, enlève les cœurs; à chaque pas que l'on fait, il apparaît plus ravissant, et la marche est plus rapide... Enfin l'ombre disparaît, le brouillard s'enfuit, la France voit distinctement ce qu'elle aimait, poursuivait sans le bien saisir encore : l'unité de la patrie.

Tout ce qu'on avait cru pénible, difficile, insurmontable, devient possible et facile. On se demandait comment s'accomplirait le sacrifice de la patrie provinciale, du sol natal, des souvenirs, des préjugés envieillis... « Comment, se disait-on, le Languedoc consentira-t-il jamais à cesser d'être Languedoc, un empire intérieur, gouverné par ses propres lois? Comment la vieille Toulouse descendra-t-elle de son Capitole, de sa royauté du Midi? Et croyez-vous que la Bretagne mollisse jamais devant la France, qu'elle sorte de sa langue sauvage, de son dur génie? Vous verrez mollir avant les récifs de Saint-Malo et les rochers de Penmark. »

Eh bien, la grande patrie leur apparaît sur l'autel, qui leur ouvre les bras et qui veut les embrasser... Tous s'y jettent et tous s'oublient; ils ne savent plus ce jour-là de quelle province ils étaient... Enfants isolés, perdus jusqu'ici, ils ont trouvé une mère; ils sont bien plus qu'ils ne se croyaient : ils avaient l'humilité de se croire Bretons, Provençaux... Non, enfants, sachez-le bien, vous étiez les fils de la France, c'est elle qui vous le dit, les fils de la grande mère, de celle qui doit, dans l'égalité, enfanter les nations.

Rien de plus beau à voir que ce peuple avançant vers la lumière, sans loi, mais se donnant la main. Il avance, il n'agit pas, il n'a pas besoin d'agir ; il avance, c'est assez : la simple vue de ce mouvement immense fait tout reculer devant lui ; tout obstacle fuit, disparaît, toute résistance s'efface. Qui songerait à tenir contre cette pacifique et formidable apparition d'un grand peuple armé ?

Les fédérations de novembre brisent les États provinciaux, celles de janvier finissent la lutte des parlements, celles de février compriment les désordres et les pillages ; en mars, avril, s'organisent les masses qui étouffent en mai et juin les premières étincelles d'une guerre de religion, mai encore voit les fédérations militaires, le soldat redevenant citoyen, l'épée de la contre-révolution, sa dernière arme, brisée... Que reste-t-il ? La fraternité a aplani tout obstacle, toutes les fédérations vont se confédérer entre elles, l'union tend à l'unité. Plus de fédérations, elles sont inutiles, il n'en faut plus qu'une : la France. — Elle apparaît transfigurée dans la lumière de juillet.

Tout ceci, est-ce un miracle ?... Oui, le plus grand et le plus simple, c'est le retour à la nature. Le fond de la nature humaine, c'est la sociabilité. Il avait fallu tout un monde d'inventions contre nature pour empêcher les hommes de se rapprocher. Douanes intérieures, péages innombrables sur les routes et sur les fleuves, diversité infinie de lois et de règlements, de poids, mesures et monnaies, rivalités de villes, de pays, de corporations, soigneusement entretenues... Un matin, ces obstacles tombent, ces vieilles murailles s'abaissent... Les hommes se voient alors, se reconnaissent semblables, ils s'étonnent d'avoir pu s'ignorer si longtemps, ils ont regret aux haines insensées qui les isolèrent tant de siècles, ils les expient, s'avancent les uns au-devant des autres, ils ont hâte d'épancher leur cœur.

Voilà ce qui rendit si facile, si exécutable, une création qu'on croyait tout artificielle, celle des départements. Si elle eût été une pure conception géométrique, éclose du cerveau de Sieyès, elle n'eût eu ni la force ni la durée que nous voyons ; elle n'eût pas survécu à la ruine de tant d'autres institutions révolutionnaires. Elle fut généralement une création naturelle, un rétablissement légitime d'anciens rapports entre des lieux, des populations que les institutions artificielles du despotisme, de la fiscalité, tenaient divisées. Les fleuves, par exemple, qui, sous l'Ancien-Régime, n'étaient guère que des obstacles (vingt-huit péages sur la Loire! pour ne donner qu'un exemple), les fleuves, dis-je, redevinrent ce que la nature veut qu'ils soient, le lien du genre humain. Ils formèrent, nommèrent la plupart des départements ; ceux-ci, Seine, Loire, Rhône, Gironde, Meuse, Charente, Allier, Gard, etc., furent comme des fédérations naturelles entre les deux rives des fleuves, que l'État reconnut, proclama et consacra.

La plupart des fédérations ont elles-mêmes conté leur histoire. Elles l'écrivaient à leur mère, l'Assemblée nationale, fidèlement, naïvement, dans une forme bien souvent grossière, enfantine; elles disaient comme elles pouvaient; qui savait écrire écrivait. On ne trouvait pas toujours dans les campagnes de scribe habile qui fût digne de consigner ces choses à la mémoire. La bonne volonté suppléait. Vénérables monuments de la fraternité naissante, actes informes, mais spontanés, inspirés, de la France, vous resterez à jamais pour témoigner du cœur de nos pères, de leurs transports, quand pour la première fois ils virent la face trois fois aimée de la patrie.

J'ai retrouvé tout cela, entier, brûlant, comme d'hier, au bout de soixante années, quand j'ai récemment ouvert ces papiers, que peu de gens avaient lus. A la première ouverture, je fus saisi de respect; je ressentis une chose singulière, unique, sur laquelle on ne peut pas se méprendre. Ces récits enthousiastes adressés à la patrie (que représentait l'Assemblée), ce sont des lettres d'amour.

Rien d'officiel ni de commandé. Visiblement, le cœur parle. Ce qu'on y peut trouver d'art, de rhétorique, de déclamation, c'est justement l'absence d'art, c'est l'embarras du jeune homme qui ne sait comment exprimer les sentiments les plus sincères, qui emploie les mots des romans, faute d'autres, pour dire un amour vrai. Mais, de moment en moment, une parole arrachée du cœur proteste contre cette impuissance de langage et fait mesurer la profondeur réelle du sentiment... Tout cela verbeux; eh! dans ces moments, comment finit-on jamais?... Comment se satisfaire soi-même?... Le détail matériel les a fort préoccupés; nulle écriture assez belle, nul papier assez magnifique, sans parler des somptueux petits rubans tricolores pour relier les cahiers... Quand je les aperçus d'abord, brillants et si peu fanés, je me rappelai ce que dit Rousseau du soin prodigieux qu'il mit à écrire, embellir, parer les manuscrits de sa Julie... Autres ne furent les pensées de nos pères, leurs soins, leurs inquiétudes, lorsque, des objets passagers, imparfaits, l'amour s'éleva en eux à cette beauté éternelle!

Ce qui me toucha, me pénétra d'attendrissement et d'admiration, c'est que, dans une telle variété d'hommes, de caractères, de localités, avec tant d'éléments divers, qui la plupart étaient hier étrangers les uns aux autres, souvent même hostiles, il n'y a rien qui ne respire le pur amour de l'unité.

Où sont donc les vieilles différences de lieux et de races? Ces oppositions géographiques, si fortes, si tranchées? Tout a disparu, la géographie est tuée. Plus de montagnes, plus de fleuves, plus d'obstacles entre les hommes... Les voix sont diverses encore, mais elles s'accordent si bien qu'elles ont l'air de partir d'un même lieu, d'une même poitrine... Tout a gravité vers un point, et c'est ce point qui résonne, tout part à la fois du cœur de la France.

Voilà la force de l'amour. Pour atteindre à l'unité, rien n'a fait obstacle, nul sacrifice n'a coûté. D'un coup, sans s'en apercevoir même, ils ont oublié à la fois les choses pour lesquelles ils se seraient fait tuer la veille, le sol natal, la tradition locale, la légende... Le temps a péri, l'espace a péri, ces deux conditions matérielles auxquelles la vie est soumise... Étrange *vita nuova* qui commence pour la France, éminemment spirituelle, et qui fait de toute sa Révolution une sorte de rêve, tantôt ravissant et tantôt terrible... Elle a ignoré l'espace et le temps.

Et c'est pourtant l'Antiquité, les habitudes, les vieilles choses connues, les signes usités, les symboles vénérés, c'est tout cela qui, jusqu'à ce jour, avait fait la vie... Tout cela aujourd'hui ou pâlit ou disparaît. Ce qui en reste, par exemple, les cérémonies du vieux culte, appelé pour consacrer ces fêtes nouvelles, on sent que c'est un accessoire. Il y a dans ces immenses réunions, où le peuple de toute classe et de toute communion ne fait plus qu'un même cœur, une chose plus sacrée qu'un autel. Aucun culte spécial ne prête de sainteté à la chose sainte entre toutes : l'homme fraternisant devant Dieu.

Tous les vieux emblèmes pâlissent, et les nouveaux qu'on essaye ont peu de signification. Qu'on jure sur le vieil autel, devant le Saint-Sacrement, qu'on jure devant la froide image de la Liberté abstraite, le vrai symbole se trouve ailleurs. C'est la beauté, la grandeur, le charme éternel de ces fêtes : le symbole y est vivant.

Ce symbole pour l'homme, c'est l'homme. Tout le monde de convention s'écroulant, un saint respect lui revient pour la vraie image de Dieu. Il ne se prend pas pour Dieu; nul vain orgueil. Ce n'est point comme dominateur ou vainqueur, c'est dans des conditions tout autrement graves et touchantes que l'homme apparait ici. Les nobles harmonies de la famille, de la nature, de la patrie suffisent pour remplir ces fêtes d'un intérêt religieux, pathétique.

Le vieillard d'abord préside. Le vieillard, entouré d'enfants, a pour enfant tout le peuple. La musique l'amène et le reconduit. A la grande fédération de Rouen, où parurent les gardes nationales de soixante villes, on alla chercher jusqu'aux Andelys, pour présider l'assemblée, un vieux chevalier de Malte, âgé de quatre-vingt-cinq ans. A Saint-Andéol, l'honneur de prêter serment à la tête de tout le peuple fut déféré à deux vieillards de quatre-vingt-treize et quatre-vingt-quatorze ans. L'un, noble, colonel de la garde nationale, l'autre simple laboureur. Ils s'embrassèrent sur l'autel en remerciant le ciel d'avoir vécu jusque-là. Le peuple, ému, crut voir dans ces deux hommes vénérables l'éternelle réconciliation des partis. Ils se jetèrent tous dans les bras les uns des autres, se prirent par la main; une farandole immense, embrassant tout le monde, sans exception, se déroula par la ville, dans les champs, vers les montagnes d'Ardèche et vers les prairies du Rhône; le vin coulait dans les rues, les tables y étaient dressées, et les vivres en commun. Tout le peuple ensemble mangea le soir cette agape, en bénissant Dieu.

Partout le vieillard à la tête du peuple, siégeant à la première place, planant sur la foule. Et autour de lui, les filles, comme une couronne de fleurs. Dans toutes ces fêtes, l'aimable bataillon marche en robe blanche, ceinture *à la nation* (cela voulait dire tricolore). Ici l'une d'elles prononce quelques paroles nobles, charmantes, qui feront des héros demain. Ailleurs (dans la procession civique de Romans en Dauphiné), une belle fille marchait, tenant à la main une palme, et cette inscription : *Au meilleur citoyen!...* Beaucoup revinrent bien rêveurs.

Le Dauphiné, la sérieuse, la vaillante province qui ouvrit la Révolution, fit des fédérations nombreuses, et de la province entière, et de villes, et de villages. Les communes rurales de la frontière, sous le vent de la Savoie, à deux pas des émigrés, labourant près de leurs fusils, n'en firent que plus belles fêtes. Bataillon d'enfants armés, bataillon de femmes armées, autre de filles armées. A Maubec, elles défilaient en bon ordre, le drapeau en tête, tenant, maniant l'épée nue, avec cette vivacité gracieuse qui n'est qu'aux femmes de France.

J'ai dit ailleurs l'héroïque initiative des femmes et filles d'Angers. Elles voulaient partir, suivre la jeune armée d'Anjou, de Bretagne, qui se dirigeait sur Rennes, prendre leur part de cette première croisade de la liberté; nourrir les combattants, soigner les blessés. Elles juraient de n'épouser jamais que de loyaux citoyens, de n'aimer que les vaillants, de n'associer leur vie qu'à ceux qui donnaient la leur à la France.

Elles inspiraient ainsi l'élan dès 1788. Et maintenant, dans les fédérations de juin, de juillet 1790, après tant d'obstacles écartés, dans ces fêtes de la victoire, nul n'était plus ému qu'elles. La famille, pendant l'hiver, dans l'abandon complet de toute protection publique, avait couru tant de dangers!... Elles embrassaient, dans ces grandes réunions si rassurantes, l'espoir du salut. Le pauvre cœur était cependant encore bien gros du passé... de l'avenir?... Mais elles ne voulaient d'avenir que le salut de la patrie! Elles montraient, on le voit, dans tous les témoignages écrits, plus d'élan, plus d'ardeur que les hommes mêmes, plus d'impatience de prêter le serment civique.

On éloigne les femmes de la vie publique, on oublie trop que vraiment elles y ont droit plus que personne. Elles y mettent un enjeu bien autre que nous; l'homme n'y joue que sa vie, et la femme y met son enfant... Elle est bien plus intéressée à s'informer, à prévoir. Dans la vie solitaire et sédentaire que mènent la plupart des femmes, elles suivent de leurs rêveries inquiètes les crises de la patrie, les mouvements des armées... Vous croyez celle-ci au foyer?... Non, elle est en Algérie, elle participe aux privations, aux marches de nos jeunes soldats en Afrique; elle souffre et combat avec eux.

Appelées ou non appelées, elles prirent la plus vive

part aux fêtes de la fédération. Dans je ne sais quel village, les hommes s'étaient réunis seuls dans un vaste bâtiment pour faire ensemble une adresse à l'Assemblée nationale. Elles approchent, elles écoutent, elles entrent, les larmes aux yeux, elles veulent en être aussi. Alors on leur relit l'adresse ; elles s'y joignent de tout leur cœur. Cette profonde union de la famille et de la patrie pénétra toutes les âmes d'un sentiment inconnu. La fête, toute fortuite, n'en fut que plus touchante... Elle fut courte, comme tous nos bonheurs, elle ne dura qu'un jour. Le récit finit par un mot naïf de mélancolie et de retour sur soi-même : « C'est ainsi que s'est écoulé le plus bel instant de notre vie. »

C'est qu'il faut travailler demain et se lever de bonne heure, c'est le temps de la moisson. Les fédérés d'Étoile, près Valence, s'expriment à peu près en ces termes après avoir conté les feux de joie, les farandoles : « Nous qui, au 29 novembre 1789, donnâmes à la France l'exemple de la première fédération, nous n'avons pu donner à cette fête qu'un jour, et nous sommes retirés le soir pour nous reposer et reprendre nos travaux demain ; les travaux de la campagne pressent, nous le regrettons... » Bons laboureurs, ils écrivent tout cela à l'Assemblée nationale, convaincus qu'elle s'occupe d'eux, que, comme Dieu, elle voit et fait tout.

Ces procès-verbaux de communes rurales sont autant de fleurs sauvages qui semblent avoir poussé du sein des moissons. On y respire les fortes et vivifiantes odeurs de la campagne, à ce beau moment de fécondité. On s'y promène parmi les blés mûrs.

Et c'était, en effet, en pleine campagne que tout cela se faisait. Nul temple n'aurait suffi. La population sortait tout entière, tous les hommes, toutes les femmes et tous les enfants; on y traînait la chaise du vieillard, le berceau du nourrisson. Des villages, des villes entières, étaient laissées sous la garde de la foi publique. Quelques hommes en patrouille, qui traversent un bourg, déposent qu'ils n'y ont vu exactement que les chiens. Celui qui, le 14 juillet 1790 à midi, aurait, sans voir la campagne, parcouru ces villages déserts, les aurait pris pour autant d'Herculanum et de Pompéi.

Personne ne pouvait manquer à la fête; personne n'était simple témoin; tous étaient acteurs, depuis le centenaire jusqu'au nouveau-né. Et celui-ci plus qu'un autre.

On l'apportait, fleur vivante, parmi les fleurs de la moisson. Sa mère l'offrait, le déposait sur l'autel. Mais il n'avait pas seulement le rôle passif d'une offrande, il était actif aussi, il comptait comme personne, il faisait son serment civique par la bouche de sa mère, il réclamait sa dignité d'homme et de Français, il était mis déjà en possession de la patrie, il entrait dans l'espérance.

Oui, l'enfant, l'avenir, c'était le principal acteur. La commune elle-même, dans une fête du Dauphiné, est couronnée dans son principal magistrat par un jeune enfant. Une telle main porte bonheur. Ceux-ci, que je vois ici, sous l'œil attendri de leurs mères, déjà armés, pleins d'élan, donnez-leur deux ans seulement, qu'ils aient quinze ans, seize ans, ils partent : 1792 a sonné ; ils suivent leurs aînés à Jemmapes... Leur main a porté bonheur ; ils ont rempli ce grand augure, ils ont couronné la France !... Aujourd'hui même, faible et pâle, elle siège sous cette couronne éternelle et impose aux nations.

Grande génération, heureuse, qui naquit dans une telle chose, dont le premier regard tomba sur cette vue sublime ! Enfants apportés, bénis à l'autel de la patrie, voués par leurs mères en pleurs, mais résignées, héroïques, donnés par elles à la France... ah ! quand on naît ainsi, on ne peut plus jamais mourir... Vous reçûtes, ce jour-là, le breuvage d'immortalité. Ceux même d'entre vous que l'histoire n'a pas nommés, ils n'en remplissent pas moins le monde de leur vivant esprit sans nom, de la grande pensée commune portée par toute la terre...

Je ne crois pas qu'à aucune époque le cœur de l'homme ait été plus large, plus vaste, que les distinctions de classes, de fortunes et de partis aient été plus oubliées. Dans les villages surtout, il n'y a plus ni riche, ni pauvre, ni noble, ni roturier ; les vivres sont en commun, les tables communes. Les divisions sociales, les discordes, ont disparu. Les ennemis se réconcilient, les sectes opposées fraternisent, les croyants, les philosophes, les protestants, les catholiques.

A Saint-Jean-du-Gard, près d'Alais, le curé et le pasteur s'embrassèrent à l'autel. Les catholiques menèrent les protestants à l'église ; le pasteur siégea à la première place du chœur. Mêmes honneurs rendus par les protestants au curé, qui, placé chez eux au lieu le plus honorable, écoute le sermon du ministre. Les religions fraternisent au lieu même de leur combat, à la porte des Cévennes, sur les tombes des aïeux qui se tuèrent les uns les autres, sur les bûchers encore tièdes.... Dieu, accusé si longtemps, fut enfin justifié... Les cœurs débordèrent; la prose n'y suffit pas, une éruption poétique put soulager seule un sentiment si profond; le curé fit, entonna un hymne à la Liberté; le maire répondit par des stances; sa femme, mère de famille respectable, au moment où elle mena ses enfants à l'autel, répandit aussi son cœur dans quelques vers pathétiques.

Les lieux ouverts, les campagnes, les vallées immenses où généralement se faisaient ces fêtes, semblaient ouvrir encore les cœurs. L'homme ne s'était pas seulement reconquis lui-même, il rentrait en possession de la nature. Plusieurs de ces récits témoignent des émotions que donna à ces pauvres gens leur pays vu pour la première fois... Chose étrange! ces fleuves, ces montagnes, ces paysages grandioses, qu'ils traversaient tous les jours, en ce jour ils les découvrirent; ils ne les avaient vus jamais.

L'instinct de la nature, l'inspiration naïve du

génie de la contrée, leur fit souvent choisir pour théâtre de ces fêtes les lieux mêmes qu'avaient préférés nos vieux Gaulois, les druides. Les îles, sacrées pour les aïeux, le redevinrent pour les fils. Dans le Gard, dans la Charente et ailleurs, l'autel fut dressé dans une île. Celle d'Angoulême reçut les représentants de soixante mille hommes, et il y en avait peut-être autant sur l'admirable amphithéâtre qui porte la ville, au-dessus du fleuve. Le soir, un banquet dans l'île aux lumières, et tout un peuple pour convive, un peuple pour spectateur, du plus haut au plus bas du gigantesque colisée.

A Maubec (Isère), où se réunirent beaucoup de communes rurales, l'autel fut érigé au milieu d'un plateau immense, en face d'un ancien monastère; lointain superbe, horizon infini, et le souvenir de Rousseau, qui y vécut quelque temps!..... Dans un discours brûlant d'enthousiasme, un prêtre exalta le glorieux souvenir du philosophe qui, dans ce lieu même, rêvait, préparait le grand jour... Il finit par montrer le ciel, il attesta le soleil, qui perça la nue à l'instant, comme pour jouir, lui aussi, de cette vue touchante et sublime.

Nous, croyants de l'avenir, qui mettons la foi dans l'espoir et regardons vers l'aurore, nous que le passé défiguré, dépravé, chaque jour plus impossible, a bannis de tous les temples, nous qui, par son monopole, sommes privés de temple et d'autel, qui souvent nous attristons dans l'isolement de nos pensées, nous eûmes un temple, ce jour-là, comme on n'en avait eu jamais!...

Plus d'église artificielle, mais l'universelle église.

Un seul dôme, des Vosges aux Cévennes et des Pyrénées aux Alpes.

Plus de symbole convenu. Tout nature, tout esprit, tout vérité.

L'homme qui, dans nos vieilles églises, ne se voit point face à face, s'aperçut ici, se vit pour la première fois, recueillit dans les yeux de tout un peuple une étincelle de Dieu.

Il aperçut la nature, il la ressaisit et il la retrouva sacrée, il y sentit Dieu encore.

Et ce peuple, et cette terre, il trouva son nom : Patrie.

Et la Patrie, tout aussi grande qu'elle soit, il élargit son cœur, jusqu'à l'embrasser. Il la vit des yeux de l'esprit, l'étreignit des vœux du désir.

Montagnes de la Patrie, qui bornez nos regards, et non nos pensées, soyez témoins que si nous n'atteignons pas de nos bras fraternels la grande famille de France, dans nos cœurs elle est contenue...

Fleuves sacrés, îles saintes où fut dressé notre autel, puissent vos eaux, qui murmurent sous le courant de l'esprit, aller dire à toutes les mers, à toutes les nations, qu'aujourd'hui, au solennel banquet de la liberté, nous n'aurions pas rompu le pain sans les avoir appelées, et qu'en ce jour de bonheur, l'humanité tout entière s'est trouvée présente dans l'âme et les vœux de la France!

« Ainsi finit le meilleur jour de notre vie. » Ce mot que les fédérés d'un village écrivent le soir de la fête à la fin de leur récit, j'ai été tout près de l'écrire moi-même en terminant ce chapitre. Il est fini, et rien de semblable ne reviendra pour moi. J'y laisse un irréparable moment de ma vie, une partie de moi-même, je le sens bien, qui restera là et ne me suivra plus; il me semble que je m'en vais appauvri et diminué. — Que de choses j'avais à ajouter, que j'ai sacrifiées! Je ne me suis pas permis une seule note; la moindre aurait fait une interruption, une discordance peut-être, dans ce moment sacré. Il en aurait fallu beaucoup pourtant; une foule de détails intéressants réclamaient, voulaient trouver place. Plusieurs des procès-verbaux méritaient d'être imprimés tout entiers (ceux de Romans, de Maubec, de Teste-de-Buch, de Saint-Jean-du-Gard, etc.). Les discours valent moins que les récits; plusieurs cependant sont touchants; le texte qui y revient le plus souvent, c'est celui du vieillard Siméon : « Maintenant je puis mourir... » Voir entre autres le procès-verbal de Regnianwez (Renwez?) près Rocroy.

Chaque pièce, prise à part, est faible. Mais l'ensemble a un charme extraordinaire : *la plus grande diversité* (provinciale, locale, urbaine, rurale, etc.) *dans la plus parfaite unité*. Chaque pays accomplit ce grand acte d'unité avec son originalité spéciale. Les fédérés de Quimper se couronnent de chêne breton; les Dauphinois de Romans (à la porte du Midi) mettent une palme dans la main de la belle fille qui mène la fête. La sérénité courageuse, l'ordre, le bon sens dans le bon cœur, brillent dans ces fédérations dauphinoises. Dans celles de la Bretagne, c'est un caractère de force, de gravité passionnée, un sérieux très près du tragique; on sent que ce n'est pas un jeu, qu'on est là devant l'ennemi. Dans les montagnes du Jura, au pays des derniers serfs, c'est l'étonnement, le ravissement de la délivrance, de se voir exaltés de la servitude à la liberté, « plus que libres, citoyens! Français! supérieurs à toute l'Europe... » Ils fondent un anniversaire de la sainte nuit du 4 août.

Ce qui touche extrêmement, c'est le prodigieux effort de bonne volonté que fait ce peuple, si peu préparé, pour traduire le sentiment profond qui remplit son âme. Ceux de Navarreins, aux Pyrénées, pauvres gens, disent-ils eux-mêmes, perdus dans les montagnes, avec si peu de ressources, n'ayant pas la communauté du langage, bégayant le Français du Nord, offrent à la patrie leur cœur, leur impuissance même. Un des procès-verbaux les plus informes, qui le croirait? est celui d'une commune voisine de Versailles et de Saint-Germain. Le papier, grossier et rude, témoigne d'une extrême pauvreté, l'écriture d'une ignorance toute barbare : la plupart ne signent qu'avec des croix; mais tous signent tellement quellement; aucun ne veut s'en dispenser; après le nom de la mère, vous voyez celui de l'enfant, de la petite fille, etc.

Leur grande affaire, en général, où ils ne réussissent pas toujours bien heureusement, c'est de trouver des signes visibles, des symboles, pour exprimer leur foi nouvelle. A Dôle, le feu sacré où le prêtre doit brûler l'encens sur l'autel de la patrie est, au moyen d'un verre ardent, extrait du soleil par la main d'une jeune fille. A Saint-Pierre (près Crépy), à Mello (Oise), à Saint-Maurice (Charente), on mit sur l'autel la Loi même, les décrets de l'Assemblée. A Mello, elle y fut portée dans une arche d'alliance. A Saint-Maurice, elle fut posée sur une mappemonde qui servait de tapis d'autel, et placée avec l'épée, la charrue et la balance, entre deux boulets de la Bastille.

Ailleurs, une inspiration plus heureuse leur fait choisir des symboles d'union tout humains, des mariages célébrés à l'autel de la patrie, des baptêmes, des adoptions d'un enfant par une commune, par un club. Souvent les femmes font faire un service funèbre aux morts de la Bastille. Ajoutez d'immenses charités, des distributions de vivres; ou bien mieux que la charité, la communauté des vivres, les tables ouvertes à tous. Ce que j'ai trouvé de plus touchant comme bon cœur, c'est (à la Pleyssade, près de Bergerac) une quête que quelques soldats font entre eux, et qui donne une somme énorme (relativement aux facultés de ces pauvres gens), cent vingt francs! *pour une veuve de la Bastille.* — A Saint-Jean-du-Gard, la cérémonie finit « par une réconciliation solennelle de ceux qui étaient brouillés ensemble ». A Lons-le-Saulnier, on but : « A tous les hommes, à nos ennemis même, que nous jurons d'aimer et de défendre! »

CHAPITRE XII

DE LA RELIGION NOUVELLE. — FÉDÉRATION GÉNÉRALE
(14 JUILLET 1790).

Étonnement, attendrissement de toutes les nations au spectacle de la France. — Grande fédération de Lyon, 30 mai 1790. — La France demande une fédération générale, juin. — Le chant des fédérés. — Paris leur prépare le Champ de Mars. — L'Assemblée abolit la noblesse héréditaire, 19 juin 1790. — Elle a déjà aboli le principe chrétien de l'hérédité du crime.— Elle reçoit les *députés du genre humain*. — Fédération des rois contre celle des peuples. — Fédération générale de la France à Paris, 14 juillet 1790. — Élan de la France, à la fois pacifique et guerrier.

Cette foi, cette candeur, cet immense élan de concorde, au bout d'un siècle de disputes, ce fut pour toutes les nations l'objet d'un grand étonnement, comme un prodigieux rêve. Toutes restaient muettes, attendries.

Plusieurs de nos fédérations avaient imaginé un touchant symbole d'union, de célébrer des mariages à l'autel de la patrie. La Fédération elle-même, ce mariage de la France avec la France, semblait un symbole prophétique du futur mariage des peuples, de l'hymen général du monde.

Autre signe, et non moins profond, qui parut aussi

dans ces fêtes. On mit parfois sur l'autel un petit enfant que tous adoptaient, qui, doté des dons, des vœux, des larmes de tous, devenait à tous le leur.

La France est l'enfant sur l'autel, et toute la terre alentour. Enfant commun des nations, en elle toutes se sentent unies, toutes s'associent de cœur à ses destinées futures, l'environnent d'inquiètes pensées, et de crainte et d'espérance... Il n'y en a pas une entre elles qui la voie sans pleurer.

Comme l'Italie pleurait ! et la Pologne ! et l'Irlande ! (Ah ! sœurs, rappelez-vous ce jour) !..... Toute nation opprimée, oubliant son esclavage au spectacle de cette jeune liberté, lui disait : « Je suis libre en toi[1] ! »

L'Allemagne, devant ce miracle, fut profondément absorbée, entre le rêve et l'extase. Klopstock était en prières. L'auteur de *Faust* ne pouvait plus soutenir le rôle de l'ironie sceptique, il se surprenait lui-même près de tomber dans la foi.

Au fond des mers du Nord, il y avait alors une bizarre et puissante créature, un homme? Non, un système, une scolastique vivante, hérissée, dure, un roc, un écueil taillé à pointes de diamant dans le granit de la Baltique. Toute religion, toute philosophie, avait touché là, s'était brisée là. Et lui, immuable. Nulle prise au monde extérieur. On l'ap-

[1]. Ces sentiments se retrouvent dans une foule d'adresses, vraiment pathétiques, d'hommes de toute nation, spécialement dans l'adresse des volontaires de Belfast.

pelait Emmanuel Kant; lui, il s'appelait Critique.
Soixante ans durant, cet être tout abstrait, sans
rapport humain, sortait juste à la même heure et,
sans parler à personne, accomplissait pendant un
nombre donné de minutes précisément le même
tour, comme on voit aux vieilles horloges des villes
l'homme de fer sortir, battre l'heure et puis rentrer.
Chose étrange, les habitants de Kœnigsberg virent
(ce fut pour eux un signe des plus grands événements) cette planète se déranger, quitter sa route
séculaire... On le suivit, on le vit marcher vers
l'Ouest, vers la route par laquelle venait le courrier
de France...

O humanité!... Voir Kant s'émouvoir, s'inquiéter,
s'en aller sur les routes, comme une femme, chercher les nouvelles, n'était-ce pas là un changement
surprenant, prodigieux?... Eh bien, non, il n'y avait
nul changement en cela. Ce grand esprit suivait sa
voie. Ce qu'il avait jusque-là cherché en vain dans
la science, l'*unité spirituelle*, il l'observait maintenant qui se faisait de soi-même par le cœur et par
l'instinct.

Sans autre direction, le monde semblait se rapprocher de cette unité, son but véritable, auquel il
aspire toujours..... « Ah ! si j'étais un, dit le monde,
si je pouvais enfin unir mes membres dispersés,
rapprocher mes nations ! » — « Ah ! si j'étais un, dit
l'homme, si je pouvais cesser d'être l'homme multiple que je suis, rallier mes puissances divisées,
établir la concorde en moi ! » Ce vœu toujours

impuissant, et du monde, et de l'âme humaine, un peuple semblait en donner la réalité dans cette heure rapide, jouer la comédie divine d'union et de concorde, que nous n'avons jamais qu'en rêve.

Figurez-vous donc tous les peuples qui, de pensée, de cœur, de regard et d'attention, sont tous élancés vers la France. Et dans la France elle-même, voyez-vous toutes ces routes, noires d'hommes, de voyageurs en marche, qui des extrémités se dirigent vers le centre?... L'union gravite à l'unité.

Nous avons vu les unions se former, les groupes se rallier entre eux, et, ralliés, chercher une centralisation commune; chacune des petites Frances a tendu vers son Paris, l'a cherché d'abord près de soi. Une grande partie de la France crut un moment le trouver à Lyon (30 mai). Ce fut une prodigieuse réunion d'hommes, telle qu'il n'y fallait pas moins que les grandes plaines du Rhône. Tout l'Est, tout le Midi avait envoyé; les seuls députés des gardes nationales étaient cinquante mille hommes. Tels avaient fait cent lieues, deux cents lieues, pour y venir. Les députés de Sarrelouis y donnaient la main à ceux de Marseille. Ceux de la Corse eurent beau se hâter, ils ne purent arriver que le lendemain[1].

---

[1]. J'ai sous les yeux une chose très belle, que je regrette vivement de ne pouvoir insérer, un récit de cette grande fédération écrit (tout exprès pour moi) par un octogénaire avec le plus jeune et le plus touchant enthousiasme... « O flamme, qu'étais-tu, si la cendre est brûlante?... »

Mais ce n'était pas Lyon qui pouvait marier la France. Il fallait Paris.

Grand effroi des politiques de l'un et l'autre parti.

Ces masses indisciplinées, les amener à Paris, au centre de l'agitation, n'est-ce pas risquer une épouvantable mêlée, le pillage, le massacre?... « Et le roi, que deviendra-t-il?... » Voilà ce que les royalistes se disaient avec terreur.

« Le roi? disaient les Jacobins, le roi va faire la conquête de tout ce peuple crédule qui nous viendra des provinces. Cette dangereuse réunion va amortir l'esprit public, endormir les défiances, réveiller les vieilles idolâtries... Elle va *royaliser* la France. »

Mais ni les uns ni les autres ne pouvaient rien à cela.

Il fallut que le maire, la commune de Paris, poussés, forcés par l'exemple et les prières des autres villes, vinssent demander à l'Assemblée une fédération générale. Il fallut que l'Assemblée, bon gré mal gré, l'accordât. On fit ce qu'on put du moins pour réduire le nombre de ceux qui voulaient venir. La chose fut décidée fort tard, de sorte que ceux qui venaient à pied des extrémités du royaume n'avaient guère moyen d'arriver à temps. La dépense fut mise à la charge des localités, obstacle peut-être insurmontable pour les pays les plus pauvres.

Mais, dans un si grand mouvement, y avait-il des obstacles? On se cotisa comme on put; comme on put, on habilla ceux qui faisaient le voyage;

plusieurs vinrent sans uniforme. L'hospitalité fut immense, admirable, sur toute la route; on arrêtait, on se disputait les pèlerins de la grande fête. On les forçait de faire halte, de loger, manger, tout au moins boire au passage. Point d'étranger, point d'inconnu, tous parents. Gardes nationaux, soldats, marins, tous allaient ensemble. Ces bandes qui traversaient les villages offraient un touchant spectacle. C'étaient les plus anciens de l'armée, de la marine, qu'on appelait à Paris. Pauvres soldats tout courbés de la Guerre de Sept-Ans, sous-officiers en cheveux blancs, braves officiers de fortune, qui avaient percé le granit avec leur front, vieux pilotes usés à la mer, toutes ces ruines vivantes de l'Ancien-Régime avaient voulu pourtant venir. C'était leur jour, c'était leur fête. On vit au 14 juillet des marins de quatre-vingts ans qui marchèrent douze heures de suite; ils avaient retrouvé leurs forces, ils se sentaient, au moment de la mort, participer à la jeunesse de la France, à l'éternité de la patrie.

Et en traversant par bandes les villages ou les villes, ils chantaient de toutes leurs forces, avec une gaieté héroïque, un chant que les habitants sur leurs portes répétaient. Ce chant, national entre tous, rimé pesamment, fortement, toujours sur les mêmes rimes (comme les commandements de Dieu et de l'Église), marquait admirablement le pas du voyageur qui voit s'abréger le chemin, le progrès du travailleur qui voit la besogne avancer. Il a fidèlement suivi l'allure de la Révolution elle-même, pressant la mesure lorsque ce terrible voyageur se précipitait. Abrégé, concentré dans une ronde de fureur et de vertige, il devint le meurtrier *Ça ira!* de 1793. Celui de 1790 eut un autre caractère :

> Le peuple en ce jour sans cesse répète :
> Ah! ça ira! ça ira! ça ira!
> Suivant les maximes de l'Évangile
> (Ah! ça ira! ça ira! ça ira!)
> Du législateur tout s'accomplira ;
> Celui qui s'élève, on l'abaissera ;
> Et qui s'abaisse, on l'élèvera, etc.

Pour le voyageur qui, des Pyrénées ou du fond de la Bretagne, venait lentement à Paris sous le soleil de juillet, ce chant fut un viatique, un soutien, comme les *proses* que chantaient les pèlerins qui bâtirent révolutionnairement au Moyen-âge les cathédrales de Chartres et de Strasbourg. Le Parisien le chanta avec une mesure pressée, une vivacité violente, en préparant le champ de la fédération, en retournant le Champ de Mars. Parfaitement plan alors, on voulait lui donner la belle et grandiose forme que nous lui voyons. La ville de Paris y avait mis quelques milliers d'ouvriers fainéants, à qui un pareil travail aurait coûté des années. Cette mauvaise volonté fut comprise. Toute la population s'y mit. Ce fut un étonnant spectacle. De jour, de nuit, des hommes de toutes classes, de tout âge, jusqu'à des enfants, tous, citoyens, soldats, abbés, moines, acteurs, sœurs de charité, belles dames, dames de la Halle, tous maniaient la pioche, roulaient la brouette ou menaient le tombereau. Des enfants allaient devant, portant des lumières; des orchestres ambulants animaient les travailleurs; eux-mêmes, en nivelant la terre, chantaient ce chant niveleur : « Ah! ça ira! ça ira! ça ira! Celui qui s'élève, on l'abaissera! »

Le chant, l'œuvre et les ouvriers, c'était une seule et même chose, l'égalité en action. Les plus riches et les plus pauvres, tous unis dans le travail. Les pauvres pourtant, il faut le dire, donnaient davantage. C'était après leur journée, une lourde journée de juillet, que le porteur d'eau, le charpentier, le maçon du pont Louis XVI, que l'on construisait alors, allaient piocher au Champ de Mars. A ce moment de la moisson, les laboureurs ne se dispensèrent point de venir. Ces hommes, lassés, épuisés, venaient, pour délassement, travailler encore aux lumières.

Ce travail, véritablement immense, qui d'une plaine fit une vallée entre deux collines, fut accompli, qui le croirait? en une semaine! Commencé précisément au 7 juillet, il finit avant le 14.

La chose fut menée d'un grand cœur, comme une bataille sacrée. L'autorité espérait, par sa lenteur calculée, entraver, empêcher la fête de l'union; elle devenait impossible. Mais la France voulut et cela fut fait.

Ils arrivaient, ces hôtes désirés, ils remplissaient déjà Paris. Les aubergistes et maîtres d'hôtels garnis réduisirent eux-mêmes et fixèrent le prix modique qu'ils recevraient de cette foule d'étrangers. On ne les laissa pas, pour la plupart, aller à l'auberge. Les Parisiens, logés, comme on sait, fort à l'étroit, se serrèrent et trouvèrent le moyen de recevoir les fédérés.

Quand arrivèrent les Bretons, ces aînés de la liberté, les vainqueurs de la Bastille s'en allèrent à leur rencontre jusqu'à Versailles, jusqu'à Saint-Cyr. Après les félicitations et les embrassements, les deux corps, réunis, mêlés, entrèrent ensemble à Paris.

Un sentiment inouï de paix, de concorde, avait pénétré les âmes. Qu'on en juge par un fait, selon moi le plus fort de tous. Les journalistes firent trêve. Ces âpres jouteurs, ces gardiens inquiets de la liberté, dont la lutte habituelle aigrit tant les âmes, s'élevèrent au-dessus d'eux-mêmes; l'émulation des âmes antiques, sans haine et sans jalousie, les ravit, les affranchit un moment du triste esprit de disputes. L'honnête, l'infatigable Loustalot des *Révolutions de Paris*, le brillant, l'ardent, le léger Camille, émirent tous deux en même temps une idée impraticable, mais touchante et sortie du cœur : *un pacte fédératif entre les écrivains;* plus de concurrence, plus de jalousie, nulle émulation que celle du bien public.

L'Assemblée sembla elle-même gagnée par l'enthousiasme universel. Dans une chaude soirée de juin elle retrouva un moment son inspiration de 1789, son jeune élan du 4 août. Un député de la Franche-Comté dit qu'au moment où les fédérés arrivaient, on devait leur épargner l'humiliation de voir des provinces enchaînées aux pieds de Louis XIV, à la place des Victoires, qu'il fallait faire disparaître ces statues. Un député du Midi, profitant de l'émotion généreuse que cette proposition excitait dans l'Assemblée, demanda qu'on effaçât tous les titres fastueux qui blessaient l'égalité, les noms de comtes, de marquis, les armoiries, les livrées. La proposition, appuyée par Montmorency, par La Fayette, ne fut guère combattue que par Maury (fils, comme on sait, d'un cordonnier). L'Assemblée, séance tenante, abolit la noblesse héréditaire (19 juin 1790). La plupart de ceux qui avaient voté y eurent regret le lendemain. L'abandon des noms de terres, le retour aux noms de famille presque oubliés, désorientait tout le monde ; La Fayette devenait tristement *M. Motier*, Mirabeau enrageait de n'être plus que *Riquetti*.

Ce changement n'était pas cependant un hasard, un caprice ; c'était l'application naturelle et nécessaire du principe même de la Révolution. Ce principe n'est que la justice, qui veut que chacun réponde pour ses œuvres, en bien ou en mal. Ce que vos aïeux ont pu faire compte à vos aïeux, nullement à vous. A vous d'agir pour vous-mêmes ! Dans ce système, nulle transmission du mérite antérieur, nulle noblesse. Mais aussi nulle transmission des fautes antérieures. Dès le mois de février, la barbarie de nos lois condamnant à la potence deux jeunes gens pour de faux billets, l'Assemblée décida, à cette occasion, que les familles des condamnés ne seraient nullement entachées par leur supplice. Le public, touché de la jeunesse et du malheur de ceux-ci, consola leurs honnêtes parents par mille témoignages d'intérêt : plusieurs citoyens honorables demandèrent leur sœur en mariage.

Plus de transmission du mérite, abolition de la noblesse. *Plus de transmission du mal*; l'échafaud ne flétrit plus la famille ni les enfants du coupable.

Le principe juif et chrétien repose précisément sur l'idée contraire. Le péché y est transmissible. Le mérite aussi, celui du Christ, celui des saints, profite même aux moins méritants des hommes.

Dans la même séance où l'Assemblée décréta l'abolition de la noblesse, elle avait reçu une députation étrange qui se disait celle des députés du genre humain. Un Allemand du Rhin, Anacharsis Clootz (caractère bizarre sur lequel nous reviendrons), présenta à la barre une vingtaine d'hommes de toute nation dans leurs costumes nationaux, Européens, Asiatiques. Il demanda en leur nom de pouvoir prendre part à la fédération du Champ de Mars, « au nom des peuples, c'est-à-dire des légitimes souverains, partout opprimés par les rois ».

Tels furent émus, d'autres riaient. Cependant la députation avait un côté sérieux; elle comprenait des hommes d'Avignon, de Liège, de Savoie, de Belgique, qui véritablement voulaient alors être Français. Elle comprenait des réfugiés d'Angleterre, de Prusse, de Hollande, d'Autriche, ennemis de leurs gouvernements, qui, à ce moment même, conspiraient contre la France. Ces réfugiés semblaient un comité européen, tout formé contre l'Europe, un premier noyau des légions étrangères que Carnot conseilla plus tard.

En face de la fédération des peuples, il s'en faisait une des rois. Certes la reine de France avait sujet d'avoir bon espoir, en voyant avec quelle facilité son frère Léopold avait rallié l'Europe à l'Autriche. La diplomatie allemande, si lente ordinairement, avait pris des ailes. Cela tenait à ce que les diplomates n'y étaient pour rien. L'affaire s'arrangeait personnellement par les rois, à l'insu des ambassadeurs, des ministres. Léopold s'était adressé tout droit au roi de Prusse, lui avait montré le danger commun, avait ouvert un congrès en Prusse même, à Reichembach, de concert avec l'Angleterre et la Hollande.

Sombre horizon. La France entourée des vœux impuissants des peuples, et tout à l'heure assiégée des haines et des armées des rois.

La France peu sûre au dedans. La cour faisant tous les jours des conquêtes dans l'Assemblée, agissant non plus par la droite, mais par la gauche elle-même, par le club de 1789, par Mirabeau, par Sieyès, par les corruptions diverses, par la trahison, la peur. Elle emporta ainsi d'emblée une liste civile de vingt-cinq millions, pour la reine un douaire de quatre. Elle obtint des mesures répressives contre la presse, et s'enhardit à faire poursuivre le 5 et le 6 octobre.

Voilà ce que les fédérés trouvèrent en arrivant à

Paris. Leur enthousiasme idolâtrique pour l'Assemblée, pour le roi, eut peine à se soutenir. La plupart venaient pénétrés par un sentiment filial pour ce bon *roi citoyen*, mêlant dans leurs émotions le passé et l'avenir, la royauté et la liberté. Plusieurs, reçus en audience, tombaient à genoux, offraient leur épée, leur cœur... Le roi, timide de sa nature, de sa position double et fausse, trouvait peu à répondre à cet attendrissement juvénile, si chaleureux, si expansif. La reine bien moins encore ; à l'exception de *ses fidèles Lorrains*, sujets originaires de sa famille, elle fut généralement assez froide pour les fédérés.

Voilà enfin le 14 juillet, le beau jour tant désiré, pour lequel ces braves gens ont fait le pénible voyage. Tout est prêt. Pendant la nuit même, de crainte de manquer la fête, beaucoup, peuple ou garde nationale, ont bivouaqué au Champ de Mars. Le jour vient ; hélas ! il pleut ! Tout le jour, à chaque instant, de lourdes averses, des rafales d'eau et de vent. « Le ciel est aristocrate, » disait-on, et l'on ne se plaçait pas moins. Une gaieté courageuse, obstinée, semblait vouloir, par mille plaisanteries folles, détourner le triste augure. Cent soixante mille personnes furent assises sur les tertres du Champ de Mars, cent cinquante mille étaient debout ; dans le champ même devaient manœuvrer environ cinquante mille hommes, dont quatorze mille gardes nationaux de province, ceux de Paris, les députés de l'armée, de la marine, etc. Les vastes amphithéâtres de Chaillot, de Passy, étaient chargés de spectateurs. Magnifique emplacement, immense, dominé lui-même par le cirque plus éloigné que forment Montmartre, Saint-Cloud, Meudon, Sèvres; un tel lieu semblait attendre les États généraux du monde.

Avec tout cela il pleut. Longue est l'attente. Les fédérés, les gardes nationaux parisiens, réunis depuis cinq heures le long des boulevards, sont trempés, mourants de faim, gais pourtant. On leur descend des pains avec une corde, des jambons et des bouteilles, des fenêtres de la rue Saint-Martin, de la rue Saint-Honoré.

Ils arrivent, passent la rivière sur un pont de bois construit devant Chaillot, entrent par un arc de triomphe. Au milieu du Champ de Mars s'élevait l'autel de la patrie; devant l'École militaire, les gradins où devaient s'asseoir le roi, l'Assemblée.

Tout cela fut long encore. Les premiers qui arrivèrent, pour faire bon cœur contre la pluie et dépit au mauvais temps, se mirent bravement à danser. Leurs joyeuses farandoles, se déroulant en pleine boue, s'étendent, vont s'ajoutant sans cesse de nouveaux anneaux dont chacun est une province, un département ou plusieurs pays mêlés. La Bretagne danse avec la Bourgogne, la Flandre avec les Pyrénées... Nous les avons vus commencer, ces groupes, ces danses ondoyantes, dès l'hiver de 1789. La farandole immense qui s'est formée peu à peu de la France tout entière, elle s'achève au Champ de Mars, elle expire... Voilà l'unité !

Adieu l'époque d'attente, d'aspiration, de désir, où

tous rêvaient, cherchaient ce jour!... Le voici! Que désirons-nous? Pourquoi ces inquiétudes? Hélas! l'expérience du monde nous apprend cette chose triste, étrange à dire et pourtant vraie, que l'union trop souvent diminue dans l'unité. La volonté de s'unir, c'était déjà l'unité des cœurs, la meilleure unité peut-être.

Mais silence! Le roi arrive, il est assis, et l'Assemblée, et la reine dans une tribune qui plane sur tout le reste. La Fayette et son cheval blanc arrivent jusqu'au pied du trône; le commandant met pied à terre et prend les ordres du roi. A l'autel, parmi deux cents prêtres portant ceintures tricolores, monte d'une allure équivoque, d'un pied boiteux, Talleyrand, évêque d'Autun : quel autre, mieux que lui, doit officier, dès qu'il s'agit de serment?

Douze cents musiciens jouaient, à peine entendus ; mais un silence se fait : quarante pièces de canon font trembler la terre. A cet éclat de la foudre, tous se lèvent, tous portent la main vers le ciel... O roi! ô peuple! attendez... Le ciel écoute, le soleil tout exprès perce le nuage... Prenez garde à vos serments!

Ah! de quel cœur il jure, ce peuple! Ah! comme il est crédule encore!... Pourquoi donc le roi ne lui donne-t-il pas ce bonheur de le voir jurer à l'autel? Pourquoi jure-t-il à couvert, à l'ombre, à demi caché? Sire, de grâce, levez haut la main, que tout le monde la voie!

Et vous, Madame, ce peuple enfant, si confiant, si

aveugle, qui tout à l'heure dansait avec tant d'insouciance, entre son triste passé et son formidable avenir, ne vous fait-il pas pitié?... Pourquoi dans vos beaux yeux bleus cette douteuse lueur? Un royaliste l'a saisie : « Voyez-vous la magicienne? » disait le comte de Virieu... Vos yeux ont-ils donc vu d'ici votre envoyé qui maintenant reçoit à Nice et félicite l'organisateur des massacres du Midi? Ou bien, dans ces masses confuses, avez-vous cru voir de loin les armées de Léopold?

Écoutez!... Ceci, c'est la paix, mais une paix toute guerrière. Les trois millions d'hommes armés qui ont envoyé ceux-ci ont entre eux plus de soldats que tous les rois d'Europe. Ils offrent la paix fraternelle, mais n'en sont pas moins prêts au combat. Déjà plusieurs départements, Seine, Charente, Gironde, bien d'autres, veulent donner, armer, défrayer chacun six mille hommes pour aller à la frontière. Tout à l'heure les Marseillais vont demander à partir, ils renouvellent le serment des Phocéens leurs ancêtres, jetant une pierre à la mer et jurant, s'ils ne sont vainqueurs, de ne revenir qu'au jour où la pierre surnagera.

LIVRE IV

JUILLET 1790-JUILLET 1791

CHAPITRE PREMIER

POURQUOI LA RELIGION NOUVELLE NE PUT SE FORMULER.
OBSTACLES INTÉRIEURS.

Accord des rois contre la Révolution, 27 juillet 1790. — Obstacles intérieurs. — Divisions de la France. — Nulle grande révolution n'avait cependant moins coûté. — Fécondité religieuse du moment de 1790. — Forces inventives de la France. — Sève généreuse qui était dans le peuple. — Réaction d'égoïsme et de peur, d'irritation et de haine. — La Révolution entravée produit ses résultats politiques, mais ne peut encore atteindre les résultats religieux et sociaux qui l'auraient fondée solidement.

La nuit même de la fête, du 13 au 14 juillet, lorsque toute la population, dans l'abandon de l'enthousiasme et de la confiance, n'avait plus qu'une pensée, on profita de ce moment pour faire sortir de l'Abbaye l'homme du dernier complot, l'agent des émigrés, Bonne de Savardin, qui voulait les mettre dans Lyon, et dont on craignait les aveux.

En même temps, M. de Flachslanden, homme de confiance de la reine auprès du comte d'Artois, était envoyé par lui pour recevoir et complimenter à Nice Froment, échappé de Nîmes.

Le 27, l'Assemblée apprit que le roi accordait aux Autrichiens le passage sur terre de France, pour aller écraser la révolution de Belgique.

Le même jour, date mémorable, le 27 juillet 1790, l'Europe fit son premier accord contre la Révolution, contre celle de Brabant d'abord. Les préliminaires du traité furent signés à Reichembach. L'Angleterre, la Prusse et la Hollande abandonnèrent à la vengeance de l'Autriche la Belgique qu'elles avaient soulevée, encouragée, qui n'espérait qu'en elles, qui s'obstina plus tard encore et jusqu'à sa dernière heure à attendre d'elles son salut.

Le même mois, M. Pitt, sûr du concert européen, ne fit pas difficulté de dire en plein Parlement qu'il approuvait mot pour mot la diatribe de Burke contre la Révolution, contre la France; livre infâme, insensé de rage, plein de calomnies, de basses insultes, de bouffonneries injurieuses, où il compare les Français aux galériens rompant la chaîne, foule aux pieds la *Déclaration des droits de l'homme*, la déchire et crache dessus.

Dure, pénible découverte! Ceux que nous croyions amis sont nos plus cruels ennemis!

Il est grand temps que nous sortions de nos illusions philanthropiques, de nos sympathies crédules. La Révolution ne peut, sous peine de périr, rester dans l'âge d'innocence.

La vérité, dure ou non, il faut la voir face à face.

Il nous faut l'envisager d'un ferme regard, au dehors et au dedans. J'ai suivi la pauvre France, candide et crédule encore, dans l'entraînement trop facile de son cœur, dans ses aveuglements volontaires, involontaires. Je dois faire comme elle fit, en présence de ces dangers imprévus, fouiller plus profondément la réalité, sonder à la fois le péril et les ressources de la résistance.

Le péril, il serait peu à craindre, si la France n'était divisée. Il faut le dire, l'union fut sincère au sublime moment que j'ai eu le bonheur de peindre ; elle fut vraie, mais passagère ; bientôt la division et de classes et d'opinions avait reparu.

Le 18 juillet déjà, quatre jours après la fête, si heureusement passée, lorsqu'on avait tant sujet de se confier au peuple, lorsqu'il eût fallu en maintenir, en fortifier l'union, en présence du danger, Chapelier (quel changement, pour le président du 4 août !), Chapelier propose d'exiger l'uniforme de la garde nationale, c'est-à-dire de la limiter à la classe riche ou aisée, c'est-à-dire de préparer le désarmement des pauvres !... La proposition, il faut le dire, à l'honneur de ce temps, fut mal vue et mal reçue des riches mêmes (sauf la bourgeoisie de Paris et les gens de La Fayette). Barbaroux la blâma à Marseille. La riche Bordeaux la repoussa et protesta que, pour se reconnaître, on pouvait se contenter d'un ruban.

Ces germes de division dans la garde nationale, les défiances qui s'élèvent contre les municipalités, doivent multiplier, fortifier les associations volontaires. La Fédération n'a pas suffi, l'institution des nouveaux pouvoirs n'a pas suffi; il faut une force extra-légale. Contre la vaste conspiration qui se prépare, il faut une conspiration. Vienne celle des Jacobins et qu'elle enveloppe la France.

Deux mille quatre cents sociétés dans autant de villes ou villages s'y rattachent en moins de deux ans. Grande et terrible machine qui donne à la Révolution une incalculable force, qui seule peut la sauver, dans la ruine des pouvoirs publics; mais aussi elle en modifie profondément le caractère, elle en change, en altère la primitive inspiration.

Cette inspiration fut toute de confiance et de bienveillance. Candeur et crédulité, c'est le caractère du premier âge révolutionnaire, qui a passé sans retour... Touchante histoire qu'on ne relira jamais sans larmes... Il s'y mêle un sourire amer. Quoi! nous étions donc si jeunes, tellement faciles à tromper! Quoi! dupes à ce point!... N'importe! Qu'on en rie, si l'on veut, nous ne nous repentirons jamais d'avoir été cette nation confiante et clémente.

J'ai lu bien des histoires de révolutions, et je puis affirmer ce qu'avouait un royaliste en 1791, c'est que *jamais grande révolution n'avait coûté moins de sang, moins de larmes.* Les désordres, inséparables d'un tel bouleversement, ont été grossis à plaisir, complaisamment exagérés, d'après les récits passionnés que nos ennemis recevaient, sollicitaient de tous ceux qui avaient souffert.

En réalité, une seule classe, le Clergé, pouvait, avec quelque apparence, se dire spoliée. Et pourtant il résultait de cette spoliation que la masse du Clergé, affamée sous l'Ancien-Régime au profit de quelques prélats, avait enfin de quoi vivre.

Les nobles avaient perdu leurs droits féodaux ; mais dans beaucoup de provinces, spécialement en Languedoc, ils gagnaient bien plus comme propriétaires à ne plus payer la dîme qu'ils ne perdaient comme seigneurs en droits féodaux.

Pour n'avoir plus les honneurs gothiques et ridicules des fiefs, devenus un non-sens, ils n'étaient pas descendus. Presque partout, avec une déférence aveugle, on leur avait donné les vrais honneurs du citoyen, dont la plupart n'étaient guère dignes, les premières places des municipalités, les grades de la garde nationale.

Confiance excessive, imprudente. Mais ce jeune monde, en présence des perspectives infinies qui lui ouvraient l'avenir, marchandait peu avec le passé. Il lui demandait seulement de le laisser aller et vivre. La foi, l'espoir, étaient immenses. Ces millions d'hommes, hier serfs, aujourd'hui hommes et citoyens, évoqués en un même jour, d'un coup, de la mort à la vie, nouveau-nés de la Révolution, arrivaient avec une plénitude inouïe de force, de bonne volonté, de confiance, croyant volontiers l'incroyable. Eux-mêmes, qu'étaient-ils? Un miracle. Nés vers avril 1789, hommes au 14 juillet, hommes armés surgis du sillon, tous, aujourd'hui ou demain, hommes publics, magistrats (treize cent mille magistrats!)... et tout à l'heure propriétaires, le paysan touchant presque son rêve, son paradis, la propriété!!!... La terre, triste et stérile hier, sous les vieilles mains des prêtres, passant aux mains chaudes et fortes de ce jeune laboureur... Espoir, amour, année bénie! Au milieu des fédérations allait se multipliant la fédération naturelle, le mariage; serment civique, serment d'hymen, se faisaient ensemble à l'autel. Les mariages, chose inouïe, furent plus nombreux d'un cinquième en cette belle année d'espérance.

Ah! ce grand mouvement des cœurs promettait encore autre chose, une bien autre fécondité. Fécond en hommes, fécond en lois, ce mariage moral des âmes et des volontés faisait attendre un dogme nouveau, une toute jeune et puissante idée, sociale et religieuse. Rien qu'à voir le champ de la Fédération, tout le monde aurait juré que de ce moment sublime, de tant de vœux purs et sincères, de tant de larmes mêlées, à la chaleur concentrée de tant de flammes en une flamme, il allait surgir un Dieu.

Tous le voyaient, tous le sentaient. Les hommes les moins amis de la Révolution tressaillirent à ce moment, ils sentirent qu'une grande chose advenait. Nos sauvages paysans du Maine et des marches de Bretagne, qu'un fanatisme perfide allait tourner contre nous, vinrent eux-mêmes alors, émus, attendris, s'unir à nos fédérations et baiser l'autel du Dieu inconnu.

Rare moment où peut naître un monde, heure

choisie, divine!... Et qui dira comment une autre peut revenir? Qui se chargera d'expliquer ce mystère profond qui fait naître un homme, un peuple, un Dieu nouveau?

La conception! l'instant unique, rapide et terrible!... Si rapide et si préparé! Il y faut le concours de tant de forces diverses, qui, du fond des âges, de la variété infinie des existences, viennent ensemble, pour ce seul instant.

Un fait a été remarqué, c'est que la France, comme une femme qui se prépare à un grand enfantement, avait, outre la génération révolutionnaire, sacrifiée à l'action, une autre génération en réserve, plus féconde et plus inventive, celle des hommes qui eurent vingt ans, ou un peu plus, en 1790. — Il y avait eu là un flot incroyable de puissance et de génie; deux années (1768-1769) avaient produit tout à la fois Bonaparte, Hoche, Marceau et Joubert, Cuvier et Chateaubriand, les deux Fourier. — Saint-Martin, Saint-Simon, de Maistre, Bonald et Mme de Staël naissent un peu avant, ainsi que Méhul, Lesueur et les Chénier. Un peu après, Geoffroy-Saint-Hilaire, Bichat, Ampère, Senancour[1].

Quelle couronne pour la France de la Fédération

---

[1]. Si l'on cherche la cause de cette étonnante éruption de génie, on pourra dire sans doute que ces hommes trouvèrent dans la Révolution l'excitation la plus puissante, une liberté d'esprit toute nouvelle, etc. Mais, selon moi, il y a primitivement une autre cause. Ces enfants admirables furent conçus, produits au moment où le siècle, moralement relevé par le génie de Rousseau, ressaisit l'espoir et la foi. A cette aube matinale d'une religion nouvelle, les femmes s'éveillèrent. Il en résulta une génération plus qu'humaine.

que ces hommes de vingt ans, que personne ne connaît encore !... Qui ne serait terrifié en lui voyant briller au front ces diamants magiques qui étincellent dans l'ombre ?

Nul doute que, dans cette foule immense, elle n'en ait eu bien d'autres que ceux-là. Eux seuls grandirent, vécurent. Mais la chaleur vitale du merveilleux orage n'avait pas fait seulement, croyez-le bien, éclore ces quelques hommes. Des millions en naquirent, pleins de la flamme du ciel... Le dirai-je même ? La magnanimité, la bonté héroïque qui fut dans tout un peuple à ce moment sacré faisait attendre, des génies qui en sortirent, une autre inspiration. Si vous mettez à part quelques-uns, peu nombreux, qui furent des héros de bonté, vous trouverez que les autres, hommes d'action, d'invention et de calcul, dominés par l'ascendant des sciences physiques et mécaniques, poussèrent violemment aux résultats ; une force immense, mais trop souvent aride, fut concentrée dans leur tête puissante. Aucun d'eux n'eut ce flot du cœur, cette source d'eaux vives où s'abreuvent les nations.

Ah ! qu'il y avait bien plus dans le peuple de la Fédération qu'en Cuvier, Fourier, Bonaparte !

Il y avait en ce peuple l'âme immense de la Révolution, sous ses deux formes et ses deux âges.

Au premier âge, qui fut une réparation aux longues injures du genre humain, un élan de justice, la Révolution formula en lois la philosophie du dix-huitième siècle.

Au second âge, qui viendra tôt ou tard, elle sortira des formules, trouvera sa foi religieuse (où toute loi politique se fonde), et dans cette liberté divine que donne seule l'excellence du cœur, elle portera un fruit inconnu de bonté, de fraternité.

Voilà l'infini moral qui couvait dans ce peuple (et qu'est-ce auprès que tout génie mortel?), quand, le 14 juillet, à midi, il leva la main.

Ce jour-là, tout était possible. Toute division avait cessé; il n'y avait ni noblesse, ni bourgeoisie, ni peuple. L'avenir fut présent... C'est-à-dire plus de temps... Un éclair de l'éternité.

Il ne tenait à rien, ce semble, que l'âge social et religieux de la Révolution, qui recule encore devant nous, ne se réalisât. Si l'héroïque bonté de ce moment eût pu se soutenir, le genre humain gagnait un siècle ou davantage; il se trouvait avoir, d'un bond, franchi un monde de douleurs...

Un tel état dure-t-il? Était-il bien possible que les barrières sociales, abaissées ce jour-là, fussent laissées à terre, que la confiance subsistât entre des hommes de classes, d'intérêts, d'opinions diverses?

Difficile, à coup sûr, moins difficile pourtant qu'à nulle époque de l'histoire du monde.

Des instincts magnanimes avaient éclaté dans toutes les classes, qui simplifiaient tout. Des nœuds insolubles avant et après se résolvaient alors d'eux-mêmes.

Telle défiance, raisonnable peut-être au début de

la Révolution, l'était peu à un tel moment. L'impossible d'octobre se trouvait possible en juillet. Par exemple, on avait pu craindre, en octobre 1789, que la masse des électeurs de campagne ne servît l'aristocratie ; cette crainte ne pouvait subsister en juillet 1790 : presque partout le paysan suivait, autant que les populations urbaines, l'élan de la Révolution.

Le prolétariat des villes, qui fait l'énorme obstacle d'aujourd'hui, existait à peine alors, sauf à Paris et quelques grandes villes, où les affamés venaient se concentrer. Il ne faut placer en ce temps, ni voir trente ans avant leur naissance, les millions d'ouvriers nés depuis 1815.

Donc, en réalité, l'obstacle était minime entre la bourgeoisie et le peuple. La première pouvait, devait sans crainte se jeter dans les bras de l'autre.

Cette bourgeoisie, imbue de Voltaire et Rousseau, était plus amie de l'humanité, plus désintéressée et généreuse que celle qu'a faite l'industrialisme, mais elle était timide ; les mœurs, les caractères, formés sous ce déplorable Ancien-Régime, étaient nécessairement faibles. La bourgeoisie trembla devant la Révolution qu'elle avait faite, elle recula devant son œuvre. La peur l'égara, la perdit, bien plus encore que l'intérêt.

Il ne fallait pas sottement se laisser prendre au vertige des foules, ne pas s'effrayer, reculer devant cet océan qu'on avait soulevé. Il fallait s'y plonger. L'illusion d'effroi disparaissait alors. Un océan de loin, des lames dangereuses, une vague grondante, de près, des hommes et des amis, des frères qui vous tendaient les bras.

On ne sait pas combien, à cette époque, subsistaient dans le peuple d'anciennes habitudes de déférence, de croyance, de confiance facile aux classes cultivées. Il voyait parmi elles, à ce premier moment, ses orateurs, ses avocats, tous les champions de sa cause. Il avançait vers elles, d'un grand cœur... Mais elles reculèrent.

Ne généralisons pas, toutefois, légèrement. Une partie infiniment nombreuse de la bourgeoisie, loin de reculer comme l'autre, loin d'opposer à la Révolution une malveillante inertie, s'y donna, s'y précipita d'un même mouvement que le peuple. Nos patriotiques assemblées de la Législative, de la Convention (Montagnards, Girondins, n'importe, sans distinction de partis) appartenaient *entièrement* à la classe bourgeoise. Ajoutez-y encore les sociétés patriotiques dans leurs commencements, spécialement les Jacobins; ceux de Paris, dont nous avons les listes, ne paraissent pas avoir admis un seul homme des classes illettrées avant 1793. Cette masse de bourgeoisie révolutionnaire, gens de lettres, journalistes, artistes, avocats, médecins, prêtres, etc., s'accrut immensément des bourgeois qui acquirent des biens nationaux.

Mais, quoiqu'une partie si considérable de la bourgeoisie entrât dans la Révolution, par dévouement ou par intérêt, la primitive inspiration révolutionnaire fut modifiée sensiblement en eux par les nécessités de la grande lutte qu'ils eurent à soutenir, par la furieuse âpreté du combat, par l'irritation des obstacles, l'ulcération des inimitiés.

En sorte que, pendant qu'une partie de la bourgeoisie fut corrompue par l'égoïsme et *la peur*, l'autre fut effarouchée par *la haine*, et comme dénaturée, transportée hors de tout sentiment humain. — Le peuple, violent sans doute et furieux, mais n'étant point systématiquement haineux, sortit bien moins de la nature.

Deux faiblesses : *la haine et la peur*.

Il fallait (chose rare, difficile, impossible peut-être dans ces terribles circonstances), il fallait rester fort, afin de rester bon.

Tous avaient aimé certainement le 14 juillet. Il eût fallu aimer le lendemain.

Il eût fallu que la partie timide de la bourgeoisie se souvînt mieux de ses pensées humaines, de ses vœux philanthropiques; qu'elle persistât au jour du péril; qu'effrayée ou non, elle fît comme on fait en mer, qu'elle se remît à Dieu, qu'elle jurât de suivre la foi nouvelle en tous les genres de sacrifice qu'elle imposerait pour sauver le peuple.

Il eût fallu encore que la partie hardie, révolutionnaire de la bourgeoisie, au milieu du danger, en plein combat, gardât son cœur plus haut, qu'elle ne se laissât point ébranler, rabaisser de son sublime élan aux bas-fonds de la haine.

Ah! qu'il est difficile, aux plus forts même qui combattent, de dominer leur combat d'un cœur ferme et serein, de combattre du bras et de garder en eux l'héroïsme de paix!

La Révolution fit beaucoup, mais si elle eût pu se tenir, un moment du moins, à cette hauteur, que n'eût-elle pas fait?

D'abord, elle eût duré. Elle n'aurait pas eu la triste chute de 1800, où les âmes stérilisées, ou de peur ou de haine, devinrent pour longtemps infécondes.

Et puis elle n'eût pas été écrite seulement, mais appliquée. Des abstractions politiques elle fût descendue aux réalités sociales.

Le sentiment de bonté courageuse qui fut son point de départ et son premier élan ne serait pas resté flottant à l'état de vague sentiment, de généralités. Il aurait été à la fois s'étendant et se précisant, voulant entrer partout, pénétrant les lois de détail, allant jusqu'aux mœurs mêmes et jusqu'aux actions les plus libres, circulant dans les ramifications les plus lointaines de la vie.

Parti de la pensée et revenant à elle après avoir traversé la sphère de l'action, ce sentiment sympathique d'amour des hommes amenait de lui-même la rénovation religieuse.

Quand l'âme humaine suit ainsi sa nature, quand elle reste bienveillante, quand, absente de son égoïsme, elle va cherchant sérieusement le remède aux douleurs des hommes, alors, par delà la loi et les mœurs, là où toute puissance finit, l'imagination et la sympathie ne finissent pas; l'âme les suit et veut encore le bien; elle descend en elle, elle devient profonde...

Ceci est tout autre chose que la profondeur de l'esprit et l'invention scientifique. C'est une profondeur de tendresse et de volonté bien autrement féconde, qui donne un fruit vivant. Étrange incubation, d'autant plus divine qu'elle est plus naturelle! D'une douce chaleur, sans effort et sans art, parfois du cœur des simples, éclôt le nouveau génie, la consolation nouvelle qu'attend le monde. Sous quelle forme? Diverse selon les lieux, les temps : que cette âme tendre et puissante réside dans un individu, qu'elle s'étende dans un peuple, qu'elle soit un homme, une parole vivante, un livre, une parole écrite, il n'importe, elle est toujours Dieu.

CHAPITRE II

OBSTACLES EXTÉRIEURS. — DEUX SORTES D'HYPOCRISIE :
HYPOCRISIE D'AUTORITÉ, LE PRÊTRE.

Le prêtre emploie contre la Révolution le confessionnal et la presse. — Pamphlets des catholiques en 1790 — Stérilisés depuis plusieurs siècles, ils ne pouvaient étouffer la Révolution, — Leur impuissance depuis 1800. — La Révolution doit rendre aux âmes l'aliment religieux.

J'ai dit l'obstacle intérieur, la peur, la haine ; mais l'obstacle extérieur précède, et peut-être sans lui l'autre n'existait point.

Non, l'obstacle intérieur ne fut ni le premier ni le principal. Il eût été impuissant, annulé et neutralisé dans l'immensité du mouvement héroïque qui amenait la vie nouvelle.

Une fatalité hostile exista au dehors, qui arrêta l'enfantement de la France.

Qui accuser ? A qui renvoyer le crime de cet enfantement entravé ? Quels sont ceux qui, voyant la France en travail, ont trouvé les mauvaises paroles de l'avortement, ceux qui ont pu, les maudits, mettre la main sur elle, la contraindre à l'action, la forcer de prendre l'épée et de marcher au combat ?

Ah! tout être n'est-il donc pas sacré dans ces moments? Une femme, une société qui enfante, n'a-t-elle pas droit au respect, aux vœux du genre humain?

Maudit qui, surprenant un Newton dans l'enfantement du génie, empêche une idée de naître! Maudit qui, trouvant la femme au moment douloureux où la nature entière conjure avec elle, prie et pleure pour elle, empêche un homme de naître! Maudit trois fois, mille fois, celui qui, voyant ce prodigieux spectacle d'un peuple à l'état héroïque, magnanime, désintéressé, essaye d'entraver, d'étouffer ce miracle, d'où naissait un monde!

Comment les nations vinrent-elles à s'accorder, à s'armer contre l'intérêt des nations? Sombre et ténébreux mystère!

Déjà on avait vu un pareil miracle du diable dans nos guerres de religion; je parle de la grande œuvre jésuitique qui, en moins d'un demi-siècle, fit de la lumière une nuit, cette affreuse nuit de meurtres qu'on appelle la Guerre de Trente-Ans. Mais enfin il y fallut un demi-siècle et l'éducation des Jésuites; il fallut former, élever une génération exprès, dresser un monde nouveau à l'erreur et au mensonge. Ce ne furent point les mêmes hommes qui passèrent du blanc au noir, qui virent d'abord la lumière, puis jurèrent qu'elle était la nuit.

Ici le tour est plus fort. Il suffit de quelques années.

Ce succès rapide fut dû à deux choses :

1° Un emploi habile, immense, de la grande machine moderne, la presse, l'instrument de la liberté tourné contre la liberté. L'accélération terrible que cette machine prit au dix-huitième siècle, cette rapidité foudroyante, qui vous lance feuille sur feuille, sans laisser le temps de penser, d'examiner, de se reconnaître, elle fut au profit du mensonge ;

2° Le mensonge fut bien mieux approprié aux imbécillités diverses, sortant de deux officines, préparé par deux ouvriers, par deux procédés différents : l'ancien, le nouveau, la fabrique catholique et despotique, la fabrique anglaise, soi-disant constitutionnelle.

C'est là ce qui différencie profondément le monde moderne et balance tous ses progrès. C'est d'avoir deux hypocrisies; le Moyen-âge n'en eut qu'une, nous, nous en possédons deux : hypocrisie d'autorité, hypocrisie de liberté, d'un seul mot : *le prêtre*, *l'Anglais*, les deux formes de Tartufe.

Le prêtre agit principalement sur les femmes et le paysan, l'Anglais sur les classes bourgeoises.

Ici un mot du prêtre, pour explique seulement ce que nous avons dit ailleurs.

La vieille fabrique de mensonge recommence en 1789 par tous les moyens à la fois. D'une part, comme autrefois, la diffusion secrète par le confessionnal, le mystère entre prêtre et femme, la publicité à voix basse, les demi-mots à l'oreille. D'autre part, une presse frénétique, qui peut risquer bien plus que l'autre, parce que, remettant ses feuilles en dessous à des mains sûres, aux simples et crédules personnes toutes persuadées d'avance, elle sait parfaitement qu'elle n'a nul contrôle à craindre. Ces brochures sont des poignards; nous en avons entre les mains qui, pour la violence et l'odeur de sang, égalent ou passent Marat.

Quiconque veut voir jusqu'où peut aller la parole humaine dans l'audace du mensonge n'a qu'à lire le pamphlet que l'homme de Nîmes, Froment, lança de l'émigration, au mois d'août 1790. Là se développe à son aise, en pleine sécurité, tout un long roman : comment la République calviniste, fondée au seizième siècle, édifiée peu à peu, triomphe en 1789; comment l'Assemblée nationale a donné commission aux protestants du Midi d'égorger tous les catholiques, pour diviser le royaume en républiques fédératives, etc.

Cette brochure atroce, répandue dans Paris, jetée la nuit sous les portes, semée aux cafés, aux églises, eut ici peu d'action. Elle en eut une, et grande, dans les campagnes. Mille autres la suivirent. Variées selon les tendances différentes du Midi ou de l'Ouest, colportées par de bons ecclésiastiques, de loyaux gentilshommes, des femmes tendres et dévotes, elles commencèrent le grand travail d'obscurcissement, d'erreur, de stupidité fanatique qui, suivi consciencieusement pendant deux années, nous a donné la Vendée, la guerre des Chouans; de là, par contre, l'affreuse contraction de la France, qu'on appelle la *Terreur*.

Nos transfuges, d'autre part, allaient inspirer, dicter aux Anglais leurs arguments contre nous. C'est

Calonne, c'est Necker, c'est Dumouriez, les gens à qui la France a confié ses affaires, qui usent de cette connaissance, qui écrivent contre la France des livres profondément anglais.

Ces trois n'ont pas cependant la grande responsabilité. Calonne était trop méprisé pour être cru, les deux autres trop haïs.

L'homme qui agit incontestablement avec plus d'efficacité contre la Révolution, qui nuisit le plus à la France, qui rassura le plus l'Angleterre sur la légitimité de sa haine, fut un Irlandais (d'origine), Lally-Tollendal.

C'est de lui qu'un autre Irlandais, Burke, reçut le texte tout fait, de lui qu'il partit, et portant la haine et l'insulte à la seconde puissance, donna le ton à l'Europe. Ces deux hommes parlèrent; tout le reste répéta.

Qu'on ne dise pas que je leur donne une responsabilité exagérée, qu'avec leur brillante faconde sans idées, avec la légèreté de leur caractère, ils n'avaient pas en eux de quoi changer ainsi l'Europe. Je répondrai que de tels hommes n'en font que de meilleurs acteurs, parce qu'ils jouent au sérieux, parce que leur vide intérieur leur permet d'autant mieux d'adopter, de pousser vivement comme leurs toutes les idées des autres. Nous avons vu dernièrement un homme tout semblable, O'Connell, tout aussi bruyant et tout aussi vide, prononcer au profit de l'Angleterre, au dommage de l'Irlande, le mot qui pouvait ôter à cette pauvre Irlande son futur salut, peut-être, la sympathie de la France, réclamer pour les Irlandais le carnage de Waterloo.

L'éloquent, le bon, le sensible, le pleureur Lally, qui n'écrivit qu'avec des larmes et vécut le mouchoir à la main, était entré dans la vie d'une manière fort romanesque ; il resta homme de roman. C'était un fils de l'amour, que le malheureux général Lally faisait élever avec mystère sous le simple nom de Trophime. Il apprit dans un même jour le nom de son père, de sa mère, et que son père allait périr. Sa jeunesse, glorieusement consacrée à la réhabilitation d'un père, eut l'intérêt de tout le monde, la bénédiction de Voltaire mourant. Membre des États généraux, Lally contribua à rallier au Tiers la minorité de la Noblesse. Mais dès lors, il l'avoue, ce grand mouvement de la Révolution lui inspirait une sorte de terreur et de vertige. Dès son premier pas, elle s'écartait singulièrement du double idéal qu'il s'était fait. Ce pauvre Lally, le plus inconséquent à coup sûr des hommes sensibles, rêvait à la fois deux choses fort dissemblables, la constitution anglaise et le gouvernement paternel. Dans deux occasions très graves, il nuisit, voulant servir, à son roi qu'il adorait. J'ai parlé du 23 juillet, où son éloquence étourdie gâta une occasion fort précieuse pour le roi de se rallier le peuple. En novembre, autre occasion, et Lally la gâte encore ; Mirabeau voulait servir le roi et tendait au ministère ; Lally, avec son tact habituel, prend ce moment pour lancer un livre contre Mirabeau.

Il s'était alors retiré à Lausanne. La terrible scène

d'octobre avait trop profondément blessé sa faible et vive imagination. Mounier, menacé et réellement en péril, quitta en même temps l'Assemblée.

Le départ de ces deux hommes nous fit un mal immense en Europe. Mounier y était considéré comme la raison, la Minerve de la Révolution. Il l'avait devancée en Dauphiné et lui avait servi d'organe dans son acte le plus grave, le serment du Jeu de paume. Et Lally, le bon, le sensible Lally, adopté de tous les cœurs, cher aux femmes, cher aux familles pour la défense d'un père, Lally, l'orateur à la fois royaliste et populaire, qui avait donné l'espoir d'achever la Révolution par le roi, le voilà qui dit au monde qu'elle est perdue sans retour, que la royauté est perdue et la liberté perdue... Le roi est captif de l'Assemblée, l'Assemblée du peuple. Il adopte, ce Français, le mot de l'ennemi de la France, le mot de Pitt : « Les Français auront seulement traversé la liberté. » Dérision sur la France ! L'Angleterre est désormais le seul idéal du monde. La balance des trois pouvoirs, voilà toute la politique. Lally proclame ce dogme, « avec Lycurgue et Blackstone ».

Fond ridicule, belle forme, éloquente, passionnée, langue excellente, de la bonne tradition, abondance et plénitude, un flot du cœur... Et tout cela pour accuser la patrie, la déshonorer, s'il pouvait, tuer sa mère... Oui, le même homme qui consacra une moitié de sa vie à réhabiliter son père, donne le reste à l'œuvre impie, parricide, de tuer sa mère, la France.

Le Mémoire adressé par Lally à ses commettants

(janvier 1790) offre le premier exemple de ces tableaux exagérés que depuis l'étranger n'a cessé de faire, des violences de la Révolution. Les pages écrites là-dessus par Lally sont copiées, pour les faits, pour les mots même, par tous les écrivains qui suivent. Les soi-disant constitutionnels commencent dès lors contre la France la plus injuste des enquêtes, allant de province en province demander aux seigneurs, aux prêtres : « Qu'avez-vous souffert? » Puis, sans examen, sans contrôle, sans production de pièces ni de témoins, ils écrivent, ils certifient. Le peuple, victime obligée et nécessaire, après avoir souffert des siècles, dans son jour de réaction, souffre encore. Ses prétendus amis enregistrent avidement tous ses méfaits, vrais ou faux; ils reçoivent contre lui les témoins les plus suspects; contre lui, ils croient tout.

Lally marche le premier, il est le maître du chœur; par lui commence ce grand concert de pleureurs, qui pleurent tous contre la France... Pleureurs du roi, de la noblesse, qui gardez la pitié pour eux, qui n'accordez rien aux millions d'hommes qui souffrirent, périrent aussi, dites-nous donc quel rang, quel blason il faut avoir pour qu'on vous trouve sensibles... Nous avions cru, nous autres, que pour mériter les larmes des hommes, être homme, c'était assez.

Ainsi l'on a mis en branle contre le seul peuple qui voulait le bonheur du genre humain ce grand mouvement de pitié. La pitié est devenue une machine de guerre, une machine meurtrière. Et le monde a été cruel, à mesure qu'il était sensible.

Lally et les autres pleureurs ont fomenté contre nous la croisade des peuples et des rois ; elle a jeté la France, acculée entre tous, dans la nécessité homicide de la Terreur. — Pitié exterminatrice! elle a coûté la vie à des millions d'hommes. Cette cataracte de larmes qu'ils eurent dans les yeux a fait couler dans la guerre des torrents de sang.

Qu'on juge avec quelle délectation intérieure, quel sourire de complaisance, l'Angleterre apprit des Français, des meilleurs, des plus sensibles, *des vrais amis de la liberté*, que la France était un pays indigne de la liberté, un peuple étourdi, violent, qui, par faiblesse de tête, tournait aisément au crime. Enfants brutaux, malfaisants, qui gâtent et brisent ce qu'ils touchent... Ils briseraient le monde vraiment, si la sage Angleterre n'était là pour les châtier.

La partie n'était pas égale dans ce procès devant le monde, entre la Révolution et ses accusateurs anglo-français. Eux, ils montraient des désordres trop visibles. Et la Révolution montrait ce qu'on ne voyait pas encore, la persévérante trahison de ses ennemis, l'entente cordiale, intime, des Tuileries, de l'émigration, de l'étranger, l'accord des traîtres du dedans, du dehors. On niait, on jurait, on prenait le ciel à témoin. Soupçonner ainsi, calomnier, ah! quelle injustice!... Ces innocents qui protestaient sont venus en 1815 dire bien haut qu'ils étaient coupables, se vanter et tendre la main.

Oui, nous pouvons aujourd'hui, sur leur témoignage même, affirmer avec sûreté : Les Necker, les Lally, furent des simples, des niais, quand ils garantirent ce que le temps a si violemment démenti... Des niais, mais, dans cette niaiserie, il y avait corruption ; ces têtes faibles et vaniteuses avaient été tournées par leurs désappointements, corrompues par les caresses, les flatteries, la funeste amitié des ennemis de la France.

La France révolutionnaire, qu'on a crue si violente, fut patiente, en vérité. Partout dans Paris, rue Saint-Jacques, rue de la Harpe, on imprimait, on étalait les livres des traîtres, d'un Calonne, par exemple, admirablement exécutés aux frais de la cour, le livre furieux, immonde de Burke, aussi violent que ceux de Marat, et, si l'on songe aux résultats, bien autrement homicide !

Ce livre, si furieux que l'auteur oublie à chaque page ce qu'il vient de dire dans l'autre, s'enfermant lui-même à l'aveugle dans ses propres raisonnements, me rappelle à tout moment la fin de Mirabeau-Tonneau, qui mourut de sa violence, se jetant les yeux fermés sur l'épée d'un officier qu'il forçait de se mettre en garde.

L'excès de la fureur qui souffre de n'en pouvoir dire assez jette à chaque instant l'auteur dans ces basses bouffonneries qui avilissent le bouffon : « Nous n'avons pas été, nous autres Anglais, vidés, recousus, empaillés, comme les oiseaux d'un musée, de paille ou chiffons, de sales rognures de papier qu'ils appellent les *Droits de l'homme.* » Et ailleurs : « L'Assemblée constituante se compose de procureurs de village. Ils ne pouvaient manquer de faire une constitution litigieuse, qui donne nombre de bons coups à faire... »

J'ai cherché, avec une simplicité dont j'ai honte maintenant, s'il y avait quelque doctrine. Rien qu'injure et contradiction. Il dit dans la même page : « Le gouvernement est une œuvre de sagesse *humaine.* » Et quelques lignes plus bas : « Il faut que l'homme soit borné par quelque chose *hors de l'homme.* » Quelle donc ? Un ange, un dieu, un pape ? Revenez donc alors aux merveilleux gouvernements du Moyen-âge, aux politiques de miracle.

Le plus amusant dans Burke, c'est son éloge des moines. Il ne tarit pas là-dessus. Élève de Saint-Omer, converti pour arriver, il semble se rappeler (un peu tard) ses bons maîtres les Jésuites. La protestante Angleterre a le cœur attendri pour eux, par sa haine contre nous. La Révolution a du bon, puisqu'elle rapproche et met d'accord de si anciens ennemis. M. Pitt irait à la messe. Tous ensemble, Anglais et moines, se mettent à l'unisson, dès qu'il s'agit de dire pour la France les vêpres sanglantes, et chantent au même lutrin.

Pitt avoua le livre de Burke. Il voulut créer une brèche éternelle entre les deux peuples, élargir, creuser le détroit.

La haine des Anglais pour la France avait été jusque-là un sentiment instinctif, capricieux, variable. Elle fut dès lors l'objet d'une culture systématique, qui réussit à merveille. Elle grandit, elle fleurit.

Le fonds était bien préparé. Sismondi (nullement défavorable aux Anglais et qui s'est marié chez eux) fait cette remarque très juste sur leur histoire au dix-huitième siècle. Ils étaient d'autant plus belliqueux qu'ils ne faisaient jamais la guerre. Ils ne la faisaient du moins ni par eux-mêmes ni chez eux. Ils se croyaient inattaquables ; de là une sécurité d'égoïsme qui leur endurcissait le cœur, les rendait violents, insolents, irritables pour tout ce qui résistait. Le châtiment de cette disposition haineuse fut le progrès de la haine, la triste facilité avec laquelle ils se laissèrent mener par leurs grands, leurs riches, à toutes les folies que la haine inspire. Les bonnes qualités de ce peuple, laborieux, sérieux, concentré, tournèrent toutes au mal. Une vertu inconnue au continent, et qui a, il faut le dire, servi souvent beaucoup leurs hommes, les Pitt, les Nelson et autres, la *doggedness*, ainsi tournée, fut une sorte de rage mue, cette fureur sans cause du bouledogue, qui mord sans savoir ce qu'il mord et qui ne lâche jamais.

Pour moi, ce triste spectacle ne m'inspire pas haine pour haine. Non, plutôt pitié !... Peuple frère, peuple qui fut celui de Newton et de Shakespeare, qui n'aurait pitié de vous voir tomber à cette crédulité basse, à cette lâche déférence pour nos ennemis communs, les aristocrates, jusqu'à prendre au mot, recevoir avec respect, confiance, tout ce que le nobleman, le gentleman, le lord, vous a dit contre des gens dont la cause était la vôtre?... Votre misérable prévention pour ceux qui vous foulent aux pieds, elle nous a fait bien du mal; vous, elle vous a perdus.

Ah! vous ne saurez jamais ce que fut pour vous le cœur de la France!... Lorsque, en mai 1790, un de nos députés, parlant de l'Angleterre, s'avisa de dire : « Notre rivale, notre ennemie », ce fut dans l'Assemblée un murmure universel. On faillit abandonner l'Espagne, plutôt que de se montrer défiant pour nos amis les Anglais.

Tout cela en 1790, pendant que le ministère anglais et l'opposition réunis lançaient le livre de Burke.

L'effet de cette pauvre déclamation fut immense sur les Anglais. Les clubs qui s'étaient formés à Londres pour soutenir les principes de notre Révolution furent en grande partie dissous. Le libéral lord Stanhope effaça son nom de leurs livres (novembre 1790). Des publications nombreuses, habilement dirigées, multipliées à l'infini, vendues à vil prix dans le peuple, le tournèrent si bien, qu'au 14 juillet 1791 une réunion d'Anglais célébrant à Birmingham l'anniversaire de la Bastille, la populace furieuse alla saccager, briser, brûler les meubles, la maison de Priestley, son laboratoire de chimie. Il quitta ce pays ingrat et passa en Amérique.

Voilà la fête qu'on faisait en Angleterre à l'ami de la France. Et voici, la même année, celle qu'on faisait en France aux Anglais.

En décembre 1791, nos Jacobins, présidés alors par les Girondins Isnard et Lasource, décidèrent que les trois drapeaux de la France, de l'Angleterre et des États-Unis seraient suspendus aux voûtes de leur salle, et les bustes de Price et de Sidney placés à côté de ceux de Jean-Jacques, Mirabeau, Mably et Franklin.

On donna la place d'honneur à un Anglais, député des clubs de Londres. Les félicitations les plus tendres lui furent adressées, parmi les vœux de paix éternelle. Mais l'union eût semblé imparfaite si nos mères, nos femmes, les médiatrices du cœur, ne fussent venues marier les nations et leur mettre la main dans la main. Elles apportèrent un gage touchant, leur propre travail; elles avaient elles-mêmes et leurs filles tissu pour l'Anglais trois drapeaux, le bonnet de la liberté, la cocarde tricolore. Tout cela, mis ensemble dans une arche d'alliance, avec la Constitution, la nouvelle carte de France, des fruits de la terre de France, des épis de blé.

CHAPITRE III

MASSACRE DE NANCY (31 AOUT 1790).

Le prêtre et l'Anglais ont été la tentation de la France. — Entente des royalistes et des constitutionnels. — Le roi de la bourgeoisie, M. de La Fayette, un Anglo-Américain. — Agitation de l'armée. — Irritation des officiers et des soldats. — Persécution du régiment Vaudois de Châteauvieux. — La Fayette, sûr de l'Assemblée et des Jacobins, s'entend avec Bouillé, l'autorise à frapper un coup. — On provoque les soldats, 26 août 1790. — Bouillé marche sur Nancy, refuse toute condition et donne lieu au combat, 31 août. — Massacre des Vaudois abandonnés. — Le reste supplicié ou envoyé aux galères. — Le roi et l'Assemblée remercient Bouillé. — Loustalot en meurt, septembre.

L'obstacle général dans notre Révolution, comme dans toutes les autres, fut l'égoïsme et la peur. Mais l'obstacle spécial qui caractérise historiquement la nôtre, c'est la haine persévérante dont l'ont poursuivie par toute la terre le prêtre et l'Anglais.

Haine funeste dans la guerre, plus fatale dans la paix, meurtrière dans l'amitié. Nous le sentons aujourd'hui.

Ils ont été pour nous, non la persécution seulement, mais, ce qui est plus destructif, la tentation.

A la foule simple et crédule, à la femme, au paysan, le prêtre a donné l'opium du Moyen-âge, plein de trouble et de mauvais songes. Le bourgeois a bu l'opium anglais, avec tous ses ingrédients d'égoïsme, bien-être, confortable, liberté sans sacrifices; une liberté qui résulterait d'un équilibre mécanique, sans que l'âme y fût pour rien, la monarchie sans vertu, comme l'explique Montesquieu; *garantir* sans améliorer, *garantir* surtout l'égoïsme.

Voilà la tentation.

Quant à la persécution, c'est cette histoire tout entière qui doit la conter. Elle commence par une éruption de pamphlets, des deux côtés du détroit, par les faussetés imprimées. Elle continuera tout à l'heure par une émission, non moins effroyable, de faussetés d'un autre genre, fausses monnaies, faux assignats. Nul mystère. La grande manufacture est publique à Birmingham.

Cette nuée de mensonges, de calomnies, d'absurdes accusations, comme une armée d'insectes immondes que le vent pousse en été, eut ce résultat, d'abord d'attacher des millions de mouches piquantes aux flancs de la Révolution, pour la rendre furieuse et folle; puis d'obscurcir la lumière, de cacher si bien le jour que plusieurs qu'on avait crus clairvoyants tâtonnaient en plein midi.

Les faibles, qui jusque-là allaient d'élan, de sentiment, sans principes, perdirent la voie et se mirent à demander : « Où sommes-nous? Où allons-nous? » Le boutiquier commença à douter d'une révolution qui faisait émigrer les acheteurs. Le bourgeois routinier, casanier, forcé à toute minute de quitter la case, au roulement du tambour, était excédé, irrité, « voulait en finir ». Tout à fait semblable en cela à Louis XVI, il eût sacrifié un intérêt, un trône, s'il eût fallu, plutôt que ses habitudes.

Cet état d'irritation, ce besoin de repos, de paix à tout prix, mena très loin la bourgeoisie, et M. de La Fayette, le roi de la bourgeoisie, jusqu'à une méprise sanglante qui eut sur la suite des événements une influence incalculable.

On ne quitte pas aisément ses idées, ses préjugés, ses habitudes de caste. M. de La Fayette, soulevé quelque temps au-dessus de lui-même par le mouvement de la Révolution, redevenait peu à peu le marquis de La Fayette. Il voulait plaire à la reine et la ramener; il voulait complaire aussi, on ne peut guère en douter, à Mme de La Fayette, femme excellente, mais dévote, livrée comme telle aux idées rétrogrades, et qui fit toujours dire la messe dans sa chapelle par un prêtre non assermenté. A ces influences intimes de la famille ajoutez sa parenté tout aristocratique, son cousin M. de Bouillé, ses amis, tous grands seigneurs, enfin son état-major, mêlé de noblesse et d'aristocratie bourgeoise. Sous une apparence ferme et froide, il n'en était pas moins gagné, changé à la longue, par cet entourage contre-révolutionnaire. Une meilleure tête n'y eût pas tenu. La fédération du Champ de Mars mit le comble à l'enivrement. Une foule de ces braves gens qui avaient tant entendu parler de La Fayette dans leurs provinces, et qui avaient enfin le bonheur de le voir donnèrent le spectacle le plus ridicule ; ils l'adoraient à la lettre, lui baisaient les mains, les bottes.

Rien de plus sensible qu'un dieu, de plus irritable ; et la situation elle-même était éminemment irritante. Elle était pleine de contrastes, d'alternatives violentes. Le dieu était obligé, dans les hasards de l'émeute, de se faire commissaire de police, gendarme au besoin : une fois il lui arriva, n'obtenant nulle obéissance, d'arrêter un homme de sa main et de le mener en prison.

La grande et souveraine autorité qui eût encouragé La Fayette et l'eût soutenu dans ces épreuves, était celle de Washington. Elle lui manqua entièrement. Washington était, comme on sait, le chef du parti qui voulait fortifier en Amérique l'unité du gouvernement. Le chef du parti contraire, Jefferson, avait fort encouragé l'élan de notre Révolution. Washington, malgré son extrême discrétion, ne cachait pas à La Fayette son désir qu'il pût enrayer. Les Américains, sauvés par la France et craignant d'être menés par elle trop loin contre les Anglais, avaient trouvé prudent de concentrer leur reconnaissance sur des individus, La Fayette, Louis XVI. Peu comprirent notre situation, beaucoup furent du parti du roi contre la France. Une chose d'ailleurs les refroidit, à quoi nous n'avions point songé, mais qui blessait leur commerce, une décision de l'Assemblée sur les tabacs et les huiles.

Les Américains, si fermes contre l'Angleterre en

toute affaire d'intérêts, sont faibles et partiaux pour elle dans les questions d'idées. La littérature anglaise est toujours leur littérature. La cruelle guerre de presse que nous faisaient les Anglais influa sur les Américains, et par eux sur La Fayette. Du moins ils ne le soutinrent pas dans ses primitives aspirations républicaines. Il ajourna ce haut idéal et se rabattit, au moins provisoirement, aux idées anglaises, à un certain éclectisme bâtard anglo-américain. Lui-même, Américain d'idées, était Anglais de culture, un peu même de figure et d'aspect.

Pour ce provisoire Anglais, pour ce système de royauté démocratique ou *démocratie royale*, qui, disait-il, n'était bon que pour une vingtaine d'années, il fit une chose décisive, qui parut arrêter la Révolution et qui la précipita.

Reprenons les précédents.

Dès l'hiver de 1790, l'armée fut travaillée de deux côtés à la fois, d'un côté par les sociétés patriotiques, de l'autre par la cour, par les officiers qui essayèrent, comme on a vu, de persuader aux soldats qu'ils avaient été insultés dans l'Assemblée nationale.

En février, l'Assemblée augmenta la solde de quelques deniers. En mai, le soldat n'avait rien reçu encore de cette augmentation : elle devint entièrement insignifiante, étant employée presque entièrement à une imperceptible augmentation des rations de pain.

Long retard et résultat nul. Les soldats se crurent volés. Dès longtemps, ils accusaient l'indélicatesse des officiers, qui ne rendaient aucun compte des caisses des régiments. Ce qui est sûr, c'est que les officiers étaient tout au moins des comptables très négligents, très distraits, ennemis des écritures, nullement calculateurs. Dans les dernières années surtout, dans la langueur universelle de la vieille administration, la comptabilité militaire semble n'avoir plus existé. Pour citer un régiment, M. du Châtelet, colonel du régiment du roi, étant à la fois comptable et inspecteur, ne comptait ni n'inspectait.

« Les soldats, dit M. de Bouillé, formèrent des comités, choisirent des députés, qui réclamèrent auprès de leurs supérieurs, d'abord avec assez de modération, des retenues qui avaient été faites... *Leurs réclamations étaient justes*, on y fit droit. » Il ajoute qu'alors ils en firent d'injustes et d'*exorbitantes*. Qu'en sait-il? Avec une comptabilité tellement irrégulière, qui pouvait faire le calcul?

Brest et Nancy furent le théâtre principal de cet étrange dispute, où l'officier, le noble, le gentilhomme, était accusé comme escroc.

Les officiers récriminèrent violemment, cruellement. Forts de leur position de chefs et de leur supériorité dans l'escrime, ils n'épargnèrent aucune insolence au soldat, au bourgeois, ami du soldat. Ils ne se battaient pas contre le soldat, mais ils lui lançaient des maîtres d'armes, des spadassins payés, qui, sûrs de leurs coups, le mettaient en demeure ou de se livrer à une mort certaine, ou de reculer, de saigner du nez, de devenir ridicule.

On en trouva un à Metz, qui, déguisé par les officiers, payé par eux à tant par tête, s'en allait le soir, tantôt en garde national, tantôt en bourgeois, insulter, blesser ou tuer. Et qui refusait de passer par cette épée infaillible était le lendemain matin proclamé, moqué au quartier, un sujet de passe-temps et de gorge chaude.

Les soldats finirent par saisir le drôle, le reconnaître, lui faire nommer les officiers qui lui prêtaient des habits. On ne lui fit pas de mal, on le chassa seulement avec un bonnet de papier, et son nom : Iscariote.

Les officiers découverts passèrent la frontière et entrèrent, comme tant d'autres, dans les corps que l'Autriche dirigeait vers le Brabant.

Ainsi s'opérait la division naturelle : le soldat se rapprochait du peuple, l'officier de l'étranger.

Les fédérations furent une occasion nouvelle où la division éclata. Les officiers n'y parurent pas.

Ils se démasquèrent encore quand on exigea le serment. Imposé par l'Assemblée, retardé, prêté à contre-cœur, par plusieurs avec une légèreté dérisoire, il ne fit qu'ajouter le mépris à la haine que le soldat avait pour ses chefs. Ils en restèrent avilis.

Voilà l'état de l'armée, sa guerre intérieure. Et la guerre extérieure est proche. La nouvelle éclate en juillet que le roi accorde passage aux Autrichiens qui vont étouffer la révolution des Pays-Bas. Le passage? ou le séjour?... Qui sait s'ils ne cesseront pas, si le beau-frère Léopold ne logera pas fraternellement à Mézières ou à Givet?... La population des Ardennes, ne se fiant nullement à une armée si divisée, à Bouillé qui la commandait, voulut se défendre elle-même. Trente mille gardes nationaux s'ébranlèrent; ils marchaient aux Autrichiens, lorsqu'on sut que l'Assemblée nationale avait refusé le passage.

Les officiers, au contraire, ne cachaient nullement devant les soldats la joie que leur inspirait l'armée étrangère. Quelqu'un demandant si réellement les Autrichiens arrivaient : « Oui, dit un officier, ils viennent, et c'est pour vous châtier. »

Cependant les duels continuaient, augmentaient, et d'une manière effrayante. On les employait, comme à Lille, à l'épuration de l'armée. On profitait des disputes, des vaines rivalités qui s'élèvent entre les corps, souvent sans qu'on sache pourquoi. A Nancy, ils allaient se battre quinze cents contre quinze cents; un soldat se jeta entre eux, les força de s'expliquer, leur fit remettre l'épée au fourreau.

On donnait des congés en foule (à l'approche de l'ennemi!); beaucoup de soldats étaient renvoyés, et d'une manière infamante, avec des cartouches jaunes.

Les choses en étaient là, lorsque le régiment du roi, qui était à Nancy avec deux autres (Mestre-de-Camp et Châteauvieux, un régiment suisse), s'avisa de demander ses comptes aux officiers et se fit payer par eux. Cela tenta Châteauvieux. Le 5 août, il envoya deux soldats au régiment du roi pour demander des renseignements sur l'examen des comptes. Ces pauvres Suisses se croyaient Français, voulaient faire comme les Français ; on leur rappela cruellement qu'ils étaient Suisses. Leurs officiers, aux termes des capitulations, étaient leurs juges suprêmes, à la vie et à la mort. Officiers, juges, seigneurs et maîtres : les uns, patriciens des villes souveraines de Berne et Fribourg ; les autres, seigneurs féodaux de Vaud et autres pays sujets qui rendaient à leurs vassaux ce qu'ils recevaient en mépris de Berne. La démarche de leurs soldats leur parut trois fois coupable ; soldats, sujets et vassaux, ils ne pouvaient jamais être assez cruellement punis. Les deux envoyés furent en pleine parade fouettés honteusement, passés par les courroies. Les officiers français regardaient et admiraient : ils complimentèrent les officiers suisses pour leur inhumanité.

Ils n'avaient pas calculé comment l'armée prendrait la chose. L'émotion fut violente. Les Français sentirent tous les coups qui frappaient les Suisses.

Ce régiment de Châteauvieux était et méritait d'être cher à l'armée, à la France. C'est lui qui, le 14 juillet 1789, campé au Champ de Mars, lorsque les Parisiens allèrent prendre des armes aux Invalides, déclara que jamais il ne tirerait sur le peuple. Son refus, évidemment, paralysa Besenval, laissa Paris libre et maître de marcher sur la Bastille.

Il ne faut pas s'en étonner. Les Suisses de Châteauvieux n'étaient pas de la Suisse allemande, mais des hommes du pays de Vaud, des campagnes de Lausanne et de Genève. Quoi de plus Français au monde?

Hommes de Vaud, hommes de Genève et de Savoie, nous vous avions donné Calvin, vous nous avez donné Rousseau. Que ceci soit entre nous un sceau d'alliance éternelle. Vous vous êtes déclarés nos frères au premier matin de notre premier jour, au moment vraiment redoutable où personne ne pouvait prévoir la victoire de la liberté.

Les Français allèrent prendre les deux Suisses battus le matin, les vêtirent de leurs habits, les coiffèrent de leurs bonnets, les promenèrent par la ville et forcèrent les officiers suisses à leur compter à chacun cent louis d'indemnité.

La révolte ne fut d'abord qu'une explosion de bon cœur, d'équité, de patriotisme; mais, le premier pas franchi, les officiers ayant été une fois menacés, contraints de payer, d'autres violences suivirent :

Les officiers, au lieu de laisser les caisses des régiments au quartier où elles devaient être d'après les règlements, les avaient placées chez le trésorier et disaient outrageusement qu'ils les feraient garder par la maréchaussée, comme contre les voleurs. Les soldats, par représailles, dirent qu'ils craignaient que les officiers n'emportassent la caisse en passant à l'ennemi. Ils la remirent au quartier. Elle était à peu près vide. Nouveau sujet d'accusation. Les soldats se firent donner, à compte sur ce qu'on leur devait, des sommes avec lesquelles les Français régalèrent les Suisses, et les Suisses les Français, puis les pauvres de la ville.

Ces orgies militaires n'entraînèrent nul désordre grave, si nous en croyons le témoignage des gardes nationaux de Nancy à l'Assemblée. Cependant elles avaient quelque chose d'alarmant. La situation demandait évidemment un prompt remède.

Ni l'Assemblée ni La Fayette ne comprirent ce qu'il y avait à faire.

Ce qu'il eût fallu voir d'abord, c'est que les règles ordinaires n'étaient nullement applicables. L'armée n'était pas une armée. Il y avait là deux peuples en face, deux peuples ennemis, les nobles et les non-nobles. Ces derniers, les non-nobles, les soldats, avaient vaincu par la Révolution; c'est pour eux qu'elle s'était faite. Croire que les vainqueurs continueraient d'obéir aux vaincus, qui les insultaient d'ailleurs, c'était une chose insensée. Beaucoup d'officiers avaient déjà passé à l'ennemi; ceux qui restaient avaient différé, décliné le serment civique. Il était réellement douteux que l'armée pût obéir sans péril aux amis de l'ennemi.

Une seule chose était raisonnable, praticable, celle que conseillait Mirabeau : dissoudre l'armée, la recomposer. La guerre n'était pas assez imminente pour qu'on n'eût le temps de faire cette opération. L'obstacle, le grave obstacle, c'est que les puissants de l'époque, Mirabeau lui-même, La Fayette, les Lameth, tous ces révolutionnaires gentilshommes, n'auraient guère nommé officiers que des gentilshommes. Le préjugé, la tradition, étaient trop forts en faveur de ceux-ci : on n'attribuait aucun esprit militaire aux classes inférieures; on ne devinait nullement la foule de vrais nobles qui se trouvaient dans le peuple.

Ce fut La Fayette qui, par son ami, le député Emmery, poussa l'Assemblée aux mesures fausses et violentes qu'elle prit contre l'armée, se faisant partie, et non juge. — Partie, au profit de qui? De la contre-révolution.

Le 6 août, La Fayette fit proposer par Emmery, décréter par l'Assemblée, que, pour vérifier les comptes tenus par les officiers, le roi nommerait des inspecteurs *choisis parmi les officiers*, qu'on n'infligerait aux soldats de congés infamants qu'après un jugement selon les formes anciennes, c'est-à-dire *porté par les officiers*. Le soldat avait son recours au roi, c'est-à-dire au ministre (officier lui-même), ou bien à l'Assemblée nationale, qui apparemment allait quitter ses travaux immenses pour se faire juge des soldats.

Ce décret n'était qu'une arme qu'on se ménageait. On avait hâte de *frapper un coup*. Rendu le 6, il fut sanctionné le 7 par le roi. Le 8, M. de La Fayette écrivit à M. de Bouillé, qui devait *frapper le coup*. C'est le mot même dont il se sert, qu'il répète plusieurs fois[1].

---

1. *Mémoires de La Fayette*, lettre portant la date du 18 août 1790, t. III, p. 135. — Je regrette que les historiens français et suisses aient généralement ou omis ou défiguré l'affaire de Châteauvieux.

M. de La Fayette n'était nullement sanguinaire. Ce n'est pas son caractère qu'on attaque ici, mais bien son intelligence.

Il s'imaginait que ce coup, violent, mais nécessaire, allait pour jamais rétablir l'ordre. L'ordre rétabli permettrait enfin de faire agir et fonctionner la belle machine constitutionnelle, la *démocratie royale*, qu'il regardait comme son œuvre, aimait et défendait avec l'amour-propre d'auteur.

Et ce premier acte, si utile au gouvernement constitutionnel, allait être accompli par l'ennemi de la constitution, M. de Bouillé, qui avait différé tant qu'il avait pu de lui prêter serment et qui lui gardait rancune, — par un homme personnellement irrité contre les soldats, qui tout récemment n'avaient tenu compte de ses ordres et l'avaient forcé de payer une partie de ce qu'on leur devait.

Était-ce bien là l'homme calme, impartial, désintéressé, à qui l'on pouvait confier une mission de rigueur ? N'était-il pas à craindre qu'elle ne fût l'occasion d'une vengeance personnelle ?

M. de Bouillé dit lui-même qu'il avait un plan secret : laisser se désorganiser la plus grande partie de l'armée, tenir à part, et sous une main ferme, quelques corps, surtout étrangers. Il est clair qu'avec ces derniers on pourrait accabler les autres.

Pour employer un tel homme en toute sûreté, sans se compromettre, La Fayette s'adressa directement aux Jacobins. Il effraya leurs chefs du péril d'une vaste insurrection militaire. Chose curieuse !

les députés jacobins, dont les émissaires n'avaient pas peu contribué à soulever le soldat, n'en votèrent pas moins contre lui à l'Assemblée nationale. Tous les décrets répressifs furent votés *à l'unanimité.*

La cour fut tellement enhardie qu'elle ne craignit pas de confier à Bouillé le commandement des troupes sur toute la frontière de l'Est, depuis la Suisse jusqu'à la Sambre. Ces troupes, il est vrai, n'étaient guère sûres. Il ne pouvait bien compter que sur vingt bataillons d'infanterie (allemands ou suisses); mais il avait beaucoup de cavalerie, vingt-sept escadrons de hussards allemands et trente-trois escadrons de cavalerie française. De plus, ordre à tous les corps administratifs de l'aider de toute façon, de l'appuyer, spécialement par la garde nationale. M. de La Fayette, pour mieux assurer la chose, écrivit *fraternellement* à ces gardes nationales et leur envoya deux de ses aides de camp : l'un se fit aide de camp de Bouillé; l'autre travailla d'une part à endormir la garnison de Nancy, d'autre part à rassembler les gardes nationales qu'on voulait mener contre elle.

Bouillé, qui nous explique lui-même son plan de campagne, laisse entrevoir beaucoup de choses lorsqu'il avoue « qu'il voulait, par Montmédy, s'assurer une communication avec Luxembourg et l'étranger ».

Dans sa lettre du 8 août, La Fayette disait à Bouillé que pour inspecteur des comptes on enverrait à Nancy un officier, M. de Malseigne, qu'on faisait venir tout exprès de Besançon. C'était un choix fort menaçant. Malseigne passait pour être le « premier crâne de l'armée », un homme fort brave, de première force pour l'escrime, très fougueux, très provocant. Étrange vérificateur! il y avait bien à croire qu'il solderait en coups d'épée. Notez qu'on l'envoyait seul, comme pour signifier un défi.

Cependant les soldats avaient écrit à l'Assemblée nationale ; la lettre fut interceptée. Ils envoyèrent quelques-uns des leurs pour en porter une seconde, et La Fayette fit arrêter et la lettre et les porteurs, dès qu'ils arrivèrent à Paris.

Au contraire, on présenta à l'Assemblée, on lui lut l'accusation portée contre les soldats par la municipalité de Nancy, toute dévouée aux officiers. Emmery soutint hardiment que l'affaire de Châteauvieux (du 5 et du 6 août) avait eu lieu *après qu'on eut proclamé* le décret de l'Assemblée qu'elle avait rendu le 6. Cette affaire, exposée ainsi, sans faire mention de sa date, semblait une violation du décret, non violé, puisqu'il était inconnu à Nancy et qu'il fut fait à Paris le même jour. De même, on présenta aussi comme violant le décret du 6 une insurrection des soldats de Metz qui avait eu lieu plusieurs jours avant le 6.

Au moyen de cette exposition artificieuse et mensongère, on tira de l'Assemblée un décret passionné, indigné, qui avait déjà le caractère d'une condamnation des soldats ; ils devaient, d'après ce décret, déclarer aux chefs leur erreur et leur repentir, même par écrit, s'ils l'exigeaient, c'est-à-dire remettre à leur adverse partie des preuves écrites contre eux.

Décrété à l'unanimité; nulle observation : « Tout presse, tout brûle, dit Emmery; il y a péril dans le plus léger retard. »

Le 26, Malseigne arrive à Nancy, armé du décret. L'ordre y était rétabli; Malseigne trouble, irrite, embrouille. Au lieu de vérifier, il commence par injurier. Au lieu de s'établir pacifiquement à l'Hôtel de Ville, il s'en va au quartier des Suisses et refuse de leur faire droit pour ce qu'ils réclamaient des chefs. « Jugez-nous », lui criaient-ils. Il veut sortir, on l'en empêche. Alors il recule trois pas, tire l'épée, blesse plusieurs hommes. L'épée casse; il en saisit une autre et sort, sans trop se presser, à travers cette foule furieuse, qui pourtant respecte ses jours.

On avait ce qu'on voulait, une belle provocation, tout ce qui pouvait paraître une violation, un mépris des décrets de l'Assemblée. Les Suisses étaient compromis de la manière la plus terrible. Bouillé, pour leur donner lieu d'aggraver leur faute, leur fit ordonner de sortir de Nancy; sortir, c'était se livrer, non à Bouillé seulement, mais à leurs chefs, à leurs juges, ou plutôt à leurs bourreaux; ils savaient parfaitement les supplices effroyables que leur gardaient leurs officiers; ils ne sortirent point de la ville.

Bouillé n'avait plus qu'à agir. Il choisit, rassembla trois mille hommes d'infanterie, quatorze cents cavaliers, tous ou presque tous Allemands. Pour donner un air un peu plus national à cette armée d'étrangers, les aides de camp de La Fayette couraient la campagne et tâchaient d'entraîner les gardes nationaux. Ils en amenèrent sept cents, aristocrates ou fayèttistes, qui suivirent Bouillé et se montrèrent très violents, très furieux. Mais la masse des gardes nationaux, environ deux mille, ne se laissèrent pas tromper ; ils comprirent parfaitement que le côté de Bouillé ne pouvait pas être celui de la Révolution ; ils se jetèrent dans Nancy.

Les carabiniers de Lunéville, où s'était réfugié Malseigne, ne se soucièrent pas non plus de participer à l'exécution sanglante que l'on préparait. Eux-mêmes, ils livrèrent Malseigne à leurs camarades ; ce foudre de guerre fit son entrée à Nancy en pantoufles, robe de chambre et bonnet de nuit.

Bouillé tint une conduite étrange. Il écrit à l'Assemblée qu'il la prie de lui envoyer deux députés, qui puissent l'aider à arranger les choses. Et le même jour, sans attendre, il part pour les arranger lui-même à coups de canon.

Le 31 août, le jour même où le massacre se fit, on lisait à l'Assemblée cette lettre pacifique. Emmery et La Fayette essayaient de faire décréter : « Que l'Assemblée approuve ce que Bouillé fait et fera. » Une députation de la garde nationale de Nancy se trouva là heureusement pour protester, et Barnave proposa, fit adopter une proclamation ferme et paternelle, où l'Assemblée promettait de juger impartialement... Juger ! C'était un peu tard !... L'une des parties n'était plus.

Bouillé, parti de Metz le 28, le 29 de Toul, était

le 31 fort près de Nancy. Trois députations de la ville, à onze heures, à trois, à quatre, vinrent au-devant de lui et lui demandèrent ses conditions. Les députés étaient des soldats et des gardes nationaux (Bouillé dit : de la populace, parce qu'ils n'avaient pas d'uniformes); ils avaient mis à leur tête des municipaux, tout tremblants, qui, arrivés près de Bouillé, ne voulurent pas retourner et restèrent avec lui, l'autorisant encore par leur présence, par la crainte qu'ils témoignaient de revenir à Nancy. Les conditions du général étaient de n'en faire aucune, d'exiger d'abord que les régiments sortissent, remissent leur otage Malseigne et *livrassent* chacun quatre des leurs, qui seraient jugés par l'Assemblée. Leur faire choisir, trahir, livrer eux-mêmes quelques-uns de leurs camarades, cela était dur, déshonorant pour les Français, mais horrible pour les Suisses, qui savaient parfaitement qu'ils n'iraient jamais au jugement de l'Assemblée, qu'en vertu des capitulations leurs chefs les réclameraient pour être pendus, roués vifs ou mourir sous le bâton.

Les deux régiments français (du Roi et Mestre-de-Camp) se soumirent, rendirent Malseigne, commencèrent à sortir de la ville. Resta le pauvre Châteauvieux, dans son petit nombre, deux bataillons seulement ; quelques-uns des nôtres pourtant rougirent de l'abandonner; beaucoup de vaillants gardes nationaux de la banlieue de Nancy vinrent aussi, par un instinct généreux, se ranger auprès des

Suisses et voulurent partager leur sort. Tous ensemble ils occupèrent la porte de Stainville, la seule qui fût fortifiée.

Si Bouillé eût voulu épargner le sang, il n'avait qu'une chose à faire : s'arrêter un peu à distance, attendre que les régiments français fussent sortis, puis faire entrer quelques troupes par les autres portes et placer ainsi les Suisses entre deux feux ; il les aurait eus sans combat.

Mais alors où était la gloire? Où était le *coup imposant* que la cour et La Fayette avaient attendu de Bouillé ?

Celui-ci raconte lui-même deux choses qui sont contre lui : d'abord qu'il avança jusqu'à trente pas de la porte, c'est-à-dire qu'il mit en face, en contact, des ennemis, des rivaux, des Suisses et des Suisses, qui ne pouvaient manquer de s'injurier, se provoquer, se renvoyer le nom de traîtres. Deuxièmement il quitta la tête de la colonne pour parler à des députés qu'il eût pu fort bien faire venir ; son absence eut l'effet naturel qu'on devait attendre : on s'injuria, on cria, enfin on tira.

Ceux de Nancy disent que tout commença par les hussards de Bouillé ; Bouillé accuse les soldats de Châteauvieux. On a peine à comprendre pourtant comment ceux-ci, en si grand danger, s'avisèrent de provoquer. Ils voulaient tirer le canon ; un jeune officier breton, Désilles, aussi hardi qu'obstiné, s'assoit sur la lumière même ; renversé de là, il embrasse le canon, grave incident qui permettait aux gens de Bouillé d'avancer; on ne put l'arracher du canon qu'à grands coups de baïonnette.

Bouillé accourt, se rend maître de la porte, lance ses hussards dans la ville, à travers une fusillade très nourrie qui partait de toutes les fenêtres. Ce n'était pas évidemment Châteauvieux seul qui tirait, ni seulement les gardes nationaux de la banlieue, mais la plus grande partie de la population pauvre s'était déclarée pour les Suisses. Cependant les officiers des deux régiments français suivirent l'exemple de Désilles, et avec plus de bonheur; ils parvinrent à retenir les troupes dans les casernes. Dès lors Bouillé ne pouvait manquer de venir à bout de la ville.

Le soir, l'ordre était rétabli, les régiments français partis, les Suisses de Châteauvieux moitié tués, moitié prisonniers. Ceux qui ne se rendirent pas de suite furent trouvés, les jours suivants, égorgés. Trois jours après, on en prit encore un, qu'on coupa en morceaux dans le marché; dix mille témoins l'ont pu voir.

Après le massacre, la ville eut un spectacle plus affreux encore, un supplice immense. Les officiers suisses ne se contentèrent pas de décimer ce qui restait de leurs soldats, il y eût eu trop peu de victimes : ils en firent pendre vingt et un. Cette atrocité dura tout un jour; et, pour couronner la fête, le vingt-deuxième fut roué.

L'ignoble, l'infâme pour nous, c'est que ces Nérons ayant condamné encore cinquante Suisses aux galères (probablement tout ce qui restait en vie), nous reçûmes ces galériens ; nous eûmes la noble mission de les mener et de les garder à Brest. Ces gens, qui n'avaient pas voulu tirer sur nous le 14 juillet, eurent pour récompense nationale de traîner le boulet en France.

Le même jour, 31 août, nous l'avons dit, l'Assemblée nationale avait fait la promesse pacifique d'une justice impartiale. Antérieurement elle avait voté deux commissaires pacificateurs. Bouillé, qui les demandait, ne les avait pas attendus ; il avait vidé le procès par l'extermination de l'une des deux parties. L'Assemblée apparemment va désapprouver Bouillé !

Au contraire... L'Assemblée, sur la proposition de Mirabeau, remercie solennellement Bouillé et approuve sa conduite ; on vote des récompenses aux gardes nationaux qui l'ont suivi, aux morts des honneurs funèbres dans le Champ de Mars, des pensions à leurs familles.

Louis XVI ne montra point dans cette occasion l'horreur du sang qui lui était ordinaire. Le vif désir qu'il avait de voir l'ordre rétabli fit qu'il eut, de *cette affligeante mais nécessaire affaire, une extrême satisfaction*. Il remercia Bouillé de sa bonne conduite et l'engagea *à continuer*. « Cette lettre, dit Bouillé, peint la bonté, la sensibilité de son cœur. »

« Ah ! dit l'éloquent Loustalot, ce n'est pas là le mot d'Auguste, quand, au récit du sang versé, il se battait la tête aux murs et disait : « Varus, rends-moi mes légions ! »

La douleur des patriotes fut grande pour cet événement. Loustalot n'y résista pas. Ce jeune homme, qui, sorti à peine du barreau de Bordeaux, était devenu en deux ans le premier des journalistes, le plus populaire à coup sûr (puisque ses *Révolutions de Paris* se tirèrent quelquefois à deux cent mille exemplaires), Loustalot prouva qu'il était le plus sincère aussi de tous, celui qui portait le plus vivement la liberté au cœur, vivait d'elle, mourait de sa mort. Ce coup lui parut ajourner pour longtemps, pour toujours, l'espérance de la patrie. Il écrivit sa dernière feuille, pleine d'éloquence et de douleur, une douleur mâle, sans larmes, mais d'autant plus âpre, de celles auxquelles on ne survit pas. Quelques jours après le massacre, il mourut, à l'âge de vingt-huit ans.

CHAPITRE IV

LES JACOBINS.

Danger de la France. — L'affaire de Nancy rend la garde nationale suspecte. Nouveaux troubles du Midi. — Fédération contre-révolutionnaire de Jalès. — Le roi consulte le pape; il proteste auprès du roi d'Espagne, 6 octobre 1790. — Accord de l'Europe contre la Révolution. — L'Europe tire une force morale de l'intérêt qu'inspire Louis XVI. — Nécessité d'une grande association de surveillance. — Origine des Jacobins, 1789. — Exemple d'une fédération jacobine. — Quelles classes recrutaient les Jacobins. — Avaient-ils un *credo* précis? — En quoi modifiaient-ils l'ancien esprit français? — Ils formaient un corps de surveillants et accusateurs, une inquisition contre une inquisition. — La société de Paris est d'abord une réunion de députés, octobre 1789. — Elle prépare les lois et organise une police révolutionnaire. — La Révolution reprend l'offensive, septembre 1790 — Fuite de Necker. — Terreur des nobles duellistes. — Les Jacobins lui opposent la terreur du peuple. — L'hôtel Castries saccagé, 13 novembre 1790.

Le massacre de Nancy est une ère vraiment funeste, d'où l'on pourrait dater les premiers commencements des divisions sociales qui, plus tard, développées avec l'industrialisme, sont devenues de nos jours l'embarras réel de la France, le secret de sa faiblesse, l'espoir de ses ennemis.

L'aristocratie européenne, son grand agent, l'Angleterre, doivent ici remercier leur bonne fortune. La

Révolution aura comme un bras lié, un seul bras pour lutter contre elles.

Ce petit combat de Nancy eut les effets d'une grande victoire morale. Il rendit suspectes d'aristocratie les deux forces que venait de créer la Révolution, ses propres municipalités révolutionnaires, sa garde nationale.

On dit, on répéta, on crut, et plusieurs disent encore que la garde nationale avait combattu pour Bouillé. Et cependant on a vu qu'avec les lettres de La Fayette, avec tous les efforts de ses aides de camp envoyés exprès de Paris, Bouillé ne put ramasser, sur une route assez longue, que sept cents gardes nationaux, des nobles très probablement, leurs fermiers, gardes-chasse, etc. Mais les vrais gardes nationaux, les paysans propriétaires de la banlieue de Nancy, fournissant à eux seuls deux mille hommes, prirent parti pour les soldats, et, malgré l'abandon des deux régiments français, tirèrent sur Bouillé.

Naguère, à la nouvelle que les Autrichiens avaient obtenu le passage, trente mille gardes nationaux s'étaient mis en mouvement.

Chose bizarre. Ce furent surtout les amis de la Révolution qui accréditèrent ce bruit, que la garde nationale avait pris parti pour Bouillé. Leur haine pour La Fayette, pour l'aristocratie bourgeoise qui tendait à se fortifier dans la garde nationale de Paris, leur fit écrire, imprimer, répandre ce que la contre-révolution voulait faire croire à l'Europe.

La conclusion fut, pour l'Europe, qu'il fallait bien

que cette Révolution française fût vraiment une chose exécrable pour que les deux forces qu'elle avait créées, les municipalités, la garde nationale, se tournassent déjà contre elle.

La Fayette armant Bouillé, l'autorité révolutionnaire ne pouvant rétablir l'ordre qu'avec l'épée de la contre-révolution! quoi de plus propre à persuader que celle-ci avait la vraie force, qu'elle était le vrai parti social? Le roi, les prêtres, les nobles, se confirment dans la conviction qu'ils ont de la légitimité de leur cause. Ils s'entendent et se rapprochent ; divisés et impuissants dans la période précédente, ils vont se ralliant dans celle-ci, se fortifiant les uns par les autres.

Les compagnies qu'on croyait mortes relèvent bravement la tête. Le parlement de Toulouse casse les procédures d'une municipalité contre ceux qui foulaient aux pieds la cocarde tricolore. La Cour des Aides donne gain de cause à ceux qui refusaient des payements en assignats. Les percepteurs n'en veulent point. Les fermiers généraux défendent à leurs gens de les recevoir. Repousser la monnaie de la Révolution, c'est un moyen très simple de la prendre par famine, de lui faire faire banqueroute et la vaincre sans combat.

Mais les fanatiques veulent le combat, tout cela est trop lent pour eux. Ceux de Montauban poursuivent à coups de pierres les patrouilles d'un régiment patriote. Dans l'un des meilleurs départements, celui de l'Ardèche, les agents de l'émigration, des Froment, et des Antraigues, organisent un vaste et audacieux complot pour employer les forces de la garde nationale contre elle-même, pour tourner les fédérations à la ruine de l'esprit qui les dicta. On appelle à une fête fédérative, près du château de Jalès, les gardes nationaux de l'Ardèche, de l'Hérault et de la Lozère, sous prétexte de renouveler le serment civique. Cela fait, la fête finie, le comité fédératif, les maires et les officiers de gardes nationales, les députés de l'armée, montent au château de Jalès et là arrêtent que le comité sera permanent, qu'il restera constitué en un corps autorisé, salarié, qu'il sera le point central des gardes nationales, qu'il connaîtra des pétitions de l'armée, qu'il fera rendre les armes aux catholiques de Nîmes, etc. Et tout ceci n'était pas une petite conspiration occulte d'aristocratie. Il y avait une base de fanatisme populaire. Des gardes nationales avaient au chapeau la croix des confréries du Midi, des bataillons entiers portaient la croix pour bannière. Un certain abbé Labastide, général de ces croisés, ayant cinq gardes du corps pour aides de camp, caracolait sur un cheval blanc, appelant ces paysans à marcher sur Nîmes, à aller délivrer leurs frères captifs, martyrs pour la foi.

L'Assemblée nationale, avertie et alarmée, lança un décret pour dissoudre cette assemblée de Jalès, décret si peu efficace qu'elle durait encore au printemps.

L'idée qui se répandait, s'affermissait dans les esprits, qu'une grande partie de la garde nationale était favorable à la contre-révolution, dut contribuer plus qu'aucune autre chose à faire sortir le roi de ses irrésolutions, et lui faire faire en octobre deux démarches décisives. Il se trouvait à cette époque irrévocablement fixé sur la question religieuse, celle qui lui tenait le plus au cœur. En juillet, il avait consulté l'évêque de Clermont pour savoir s'il pouvait, sans mettre son âme en péril, sanctionner la constitution du Clergé. A la fin d'août, il avait adressé la même question au pape. Quoique le pape n'ait fait aucune réponse ostensible, craignant d'irriter l'Assemblée et de lui faire précipiter la réunion d'Avignon, on ne peut douter qu'il n'ait en septembre fait savoir au roi sa vive improbation des actes de l'Assemblée. Le 6 octobre, Louis XVI envoya au roi d'Espagne, son parent, sa protestation contre tout ce qu'il pourrait être contraint de sanctionner. Il adopta dès lors l'idée de fuite qu'il avait toujours repoussée, non pas d'une fuite pacifique à Rouen, qu'avait conseillée Mirabeau, mais d'une fuite belliqueuse dans l'Est, pour revenir à main armée. Ce projet, celui qu'avait toujours recommandé Breteuil, l'homme de l'Autriche, l'homme de Marie-Antoinette, fut reproduit en octobre par l'évêque de Pamiers, qui le fit agréer du roi, obtint plein pouvoir pour Breteuil de traiter avec les puissances étrangères, et fut envoyé de Paris pour s'entendre avec Bouillé.

Ces négociations, commencées par l'évêque, furent continuées par M. de Fersen, un Suédois, très personnellement, très tendrement attaché à la reine depuis longues années, qui revint exprès de Suède et lui fut très dévoué.

L'Espagne, l'Empereur, la Suisse, répondirent favorablement, promirent des secours.

L'Espagne et l'Angleterre, qui semblaient près de faire la guerre, traitèrent le 27 octobre. L'Autriche ne tarde pas à s'arranger avec les Turcs, la Russie avec la Suède. De sorte qu'en quelques mois l'Europe se trouva réunie d'un côté, et la Révolution était toute seule de l'autre.

Allons avec ordre et méthode. C'est assez de tuer une révolution par an : celle de Brabant cette année, celle de France à l'année prochaine.

Beau spectacle. L'Europe contre le Brabant, le monde uni, marchant en guerre, la terre tremblant sous les armées... et pour écraser une mouche. Et encore avec toutes ces forces, les braves employaient de surcroît les armes de la perfidie. Les Autrichiens, par La Marck, ami, agent de la reine, avaient divisé les Belges, amusant leurs *progressistes*, leur donnant espoir de progrès, leur montrant un monde d'or dans le cœur du philanthrope et sensible Léopold. Le jour où Léopold fut sûr de l'Angleterre et de la Prusse, il se moqua d'eux.

Voilà ce qui serait arrivé chez nous aux Mirabeau, aux La Fayette, à ceux qui soutenaient le roi par intérêt ou par un dévouement de bon cœur et de pitié. Chose grave et qui faisait le danger le plus profond peut-être de la situation, c'est que la royauté si cruellement oppressive en Europe, si brutalement tyrannique pour les faibles (naguère à Genève, en Hollande, maintenant à Bruxelles, à Liège), la royauté, dis-je, en même temps intéressait à Paris, elle tirait de Louis XVI et de sa famille une incalculable force de sympathie, de pitié. Ainsi elle allait de l'épée et du poignard, et c'est sur elle qu'on pleurait. La captivité du roi, objet de tous les entretiens chez toutes les nations du monde, y faisait ce qu'il y a de plus rare dans nos temps modernes, de plus puissant, de plus terrible, une légende populaire! une légende contre la France. Tout le monde parlait de Louis XVI et personne ne parlait de la pauvre petite Liège barbarement étouffée par le beau-frère de Louis XVI. Liège, notre avant-garde du Nord, qui jadis pour nous sauver a péri deux ou trois fois, Liège, notre Pologne de Meuse... dédaigneusement écrasée entre ces colosses du Nord, sans que personne y regarde. Mais qu'est-ce donc que le cœur de l'homme, s'il faut qu'il y ait des caprices si injustes dans sa pitié?

De quelque côté que je regarde, je vois un immense, un redoutable filet, tendu de partout, du dehors et du dedans. Si la Révolution ne trouve une force énergiquement concentrée d'association, si elle ne se contracte pas dans un violent effort d'elle-même sur elle-même, je crois que nous périssons. Ce ne sont pas les innocentes fédérations, qui mêlaient indistinctement les amis et les ennemis dans l'aveugle élan d'une sensibilité fraternelle, ce ne sont pas elles, ne l'espérons pas, qui nous tireront d'ici.

Il faut des associations tout autrement fortes, il y faut les Jacobins.

Une organisation vaste et forte de surveillance inquiète sur l'autorité, sur ses agents, sur les prêtres et sur les nobles. Les Jacobins ne sont pas la Révolution, mais l'œil de la Révolution, l'œil pour surveiller, la voix pour accuser, le bras pour frapper.

Associations spontanées, naturelles, auxquelles on aurait tort de chercher une origine mystérieuse ou bien des dogmes cachés. Elles sortirent de la situation même, du besoin le plus impérieux, celui du salut. Elles furent une publique et patente conjuration contre la conspiration, en partie visible, en partie cachée, de l'aristocratie.

Il serait donc fort injuste pour cette grande association d'en placer l'unique origine, d'en resserrer toute l'histoire dans la société de Paris. Celle-ci, mêlée, plus qu'aucune autre, d'éléments impurs, spécialement d'orléanisme, plus audacieuse aussi, peu scrupuleuse sur le choix des moyens, a souvent poussé ses sœurs, les sociétés de provinces, qui la suivaient docilement, dans des voies machiavéliques.

Le nom de *société mère*, que l'on emploie trop souvent, ferait croire que toutes les autres furent des colonies envoyées de la rue Saint-Honoré. La société centrale fut *mère* de ses sœurs, mais ce fut par adoption.

Celles-ci naissent d'elles-mêmes. Elles sont toutes ou presque toutes des clubs improvisés dans quelque danger public, quelque vive émotion. Des foules d'hommes alors se rassemblent. Quelques-uns persistent, et, même quand la crise est finie, continuent de se rassembler, de se communiquer leurs craintes, leurs défiances, ils s'inquiètent, s'informent, écrivent aux villes voisines, à Paris. Ceux-ci, ce sont les Jacobins.

La situation néanmoins n'est pas toute dans la formation de ces sociétés. Leur origine tient aussi à une spécialité de caractère. Le Jacobin est une espèce originale et particulière. Beaucoup d'hommes sont nés Jacobins.

Dans l'entraînement général de la France, aux moments de sympathies faciles et crédules, où le peuple sans défiance se jeta dans les bras de ses ennemis, cette classe d'hommes, plus clairvoyante ou moins sympathique, se tient ferme et défiante. On les voit dans les fédérations, paraître aux fêtes, se mêler à la foule, formant plutôt un corps à part, un bataillon de surveillance, qui, dans l'enthousiasme même, témoigne des périls de la situation.

Quelques-uns firent leur fédération à part, entre eux, à huis clos. Citons un exemple.

Je vois dans un acte inédit de Rouen que, le 14 juillet 1790, trois Amis de la constitution (c'est le nom que prenaient alors les Jacobins) se réunissent chez une dame veuve, personne riche et considérable de la ville; ils prêtent dans ses mains le serment civique. On croit voir Caton et Marcie dans Lucain : *Junguntur taciti contentique auspice Bruto...* Ils envoient fièrement l'acte de leur fédération à l'Assemblée nationale, qui recevait en même temps celui de la grande fédération de Rouen, où parurent les députés de soixante villes et d'un demi-million d'hommes.

Les trois Jacobins sont un prêtre, aumônier de la conciergerie, et deux chirurgiens. L'un d'eux a amené son frère, imprimeur du roi à Rouen. Ajoutez deux enfants, neveu et nièce de la dame, et deux femmes, peut-être de sa clientèle ou de sa maison. Tous les huit jurent dans les mains de cette Cornélie, qui, seule ensuite, fait serment.

Petite société, mais complète, ce semble. La dame (veuve d'un négociant ou armateur) représente les grandes fortunes commerciales. L'imprimeur, c'est l'industrie. Les chirurgiens, ce sont les capacités, les talents, l'expérience. Le prêtre, c'est la Révolution même; il ne sera pas longtemps prêtre : c'est lui qui écrit l'acte, le copie, le notifie à l'Assemblée nationale. Il est l'agent de l'affaire, comme la dame en est le centre. Par lui, cette société est complète, quoiqu'on n'y voie pas le personnage qui est la cheville ouvrière de toute société semblable, l'avocat, le procureur. Prêtre du palais de justice, de la conciergerie, aumônier de prisonniers, confesseur de suppliciés, hier dépendant du Parlement, Jacobin aujourd'hui et se notifiant tel à l'Assemblée nationale, pour l'audace et l'activité, celui-ci vaut trois avocats.

Qu'une dame soit le centre de la petite société, il ne faut pas s'en étonner. Beaucoup de femmes entraient dans ces associations, des femmes fort sérieuses, avec toute la ferveur de leurs cœurs de femmes, une ardeur aveugle, confuse, d'affections et d'idées, l'esprit de prosélytisme, toutes les passions du Moyen-âge au service de la foi nouvelle. Celle dont nous parlons ici avait été sérieusement éprouvée; c'était une dame juive qui vit se convertir toute sa famille et resta israélite; ayant perdu son mari, puis son enfant (par un accident affreux), elle semblait, en place de tout, adopter la Révolution. Riche et seule, elle a dû être facilement conduite par ses amis, je le suppose, à donner des gages au nouveau système, à y embarquer sa fortune par l'acquisition des biens nationaux.

Pourquoi cette petite société fait-elle sa fédération à part? C'est que Rouen en général lui semble trop aristocrate, c'est que la grande fédération des soixante villes qui s'y réunissent avec ses chefs, MM. d'Estouteville, d'Herbouville, de Sévrac, etc., cette fédération mêlée de noblesse, ne lui paraît pas assez pure; c'est qu'enfin elle s'est faite le 6 juillet, et non le 14, au jour sacré de la prise de la Bastille. Donc, au 14, ceux-ci, fièrement isolés chez eux, loin des profanes et des tièdes, fêtent la sainte journée. Ils ne veulent pas se confondre : sous des rapports divers, ils sont une élite, comme étaient la plupart de ces premiers Jacobins, une sorte d'aristocratie ou d'argent, ou de talent, d'énergie, en concurrence naturelle avec l'aristocratie de naissance.

Peu de peuple, à cette époque, dans les sociétés

jacobines, point de pauvres[1]. Dans les villes cependant où il y avait rivalité de deux clubs, où le club aristocratique (comme il arriva parfois) usurpait le titre d'Amis de la constitution, l'autre club du même nom ne manquait pas, pour se fortifier, de se rendre plus facile sur les admissions, de recevoir parmi ses membres des petites gens, boutiquiers et petits industriels. A Lyon et sans doute dans quelques villes manufacturières, les ouvriers assistèrent de bonne heure aux discussions des clubs.

Le vrai fonds des clubs jacobins, c'était, non pas les derniers, non pas les premiers, mais une classe distinguée, quoique secondaire, qui dès longtemps avait une guerre sourde contre ceux des premiers rangs : l'avocat, par exemple, contre le magistrat qui l'écrasait de sa morgue, le procureur, le chirurgien, voulant s'élever au niveau de l'avocat, du médecin, le prêtre contre l'évêque. Le chirurgien, dans ce siècle, avait, à force de mérite, rompu la barrière, monté presque à l'égalité. Le Châtelet entretenait une guerre contre le Parlement; il vainquit en 1789 et fut un moment (qui l'eût cru ?) le grand tribunal national. Le célèbre fondateur des Jacobins de Paris, Adrien Duport, était un homme du Châtelet, qui monta au Parlement, mais qui, à la Révolution, reparut homme du Châtelet, brisa les parlementaires.

---

1. Justement par la raison que plusieurs de ces sociétés se proposaient d'aider les pauvres et faisaient contribuer leurs membres à cet effet.
Elles divisaient leurs membres en économes, introducteurs, rapporteurs, lecteurs, observateurs, consolateurs, etc., etc.

Tout cela ensemble faisait des Jacobins une classe d'hommes âpre, défiante, très ardente et très contenue, plus positive et plus habile qu'on ne l'aurait attendu de leurs théories peu précises.

Quoique les vieilles jalousies, les ambitions nouvelles, aient été un puissant aiguillon pour eux, quoique les intrigues de divers partis aient exploité ces sociétés, leur caractère en général, très fortement exprimé dans l'exemple que nous avons cité, est originairement celui d'associations naturelles, spontanées, formées par une véritable religion patriotique, une dévotion austère à la liberté, une pureté civique fort exigeante et tendant toujours à l'épuration.

Quel était le symbole de ces petites églises? Cette foi ardente avait-elle un *credo* bien arrêté? Non, très vague encore, alliant, sans s'en douter, les principes contradictoires. Tous, presque tous royalistes, à cette époque, et pourtant fort aigres avec le roi. Tous dominés par Rousseau, par le fameux principe de la philosophie du siècle : Revenez à la nature. Et néanmoins, avec cela, plusieurs se croyaient chrétiens, se rattachaient, au moins de nom, à la vieille croyance qui condamne la nature, qui la croit gâtée, déchue.

Cette contradiction même, cette ignorance, cette foi au principe nouveau peu approfondi encore, a quelque chose de respectable. C'est la foi au dieu inconnu. Et cette foi en eux n'est pas moins active. Elle élève, fortifie les âmes. Comme leur maître Rousseau, ils élèvent leurs regards, dirigent leur émulation vers les nobles modèles antiques, vers les héros de Plutarque. S'ils n'entrent pas bien au fond du génie de l'Antiquité, ils en sentent du moins l'austérité morale, la force stoïque, y puisent l'inspiration des dévouements civils; ils apprennent d'elle ce qu'elle a le mieux su, ce qu'eux-mêmes ils auront besoin, dans leurs périlleuses voies, de savoir, d'embrasser : la mort.

Chose grave à dire aussi : ils puisent là une profonde modification à l'esprit de l'ancienne France.

Cet esprit tenait à deux choses, presque impossibles à concilier avec la Révolution, avec la lutte violente qu'elle devait soutenir. D'une part, une certaine facilité de confiance et de croyance, une déférence trop grande pour les autres, une certaine fleur de politesse et de douceur, — charmantes et fatales qualités qui, dans tant d'occasions, ont donné prise sur nous. L'autre caractère du vieil esprit français tenait à ce qu'on appelle l'honneur, à certaines délicatesses de procédés, à certains préjugés aussi, à la facilité, par exemple, avec laquelle on admettait qu'un homme, pour vous avoir insulté, eût droit de vous égorger, opinion qui, en théorie, part de l'estime du courage, et qui, en pratique, livre souvent les braves aux habiles.

Ces deux traits de l'ancienne France furent méprisés des Jacobins.

Adversaires des prêtres, obligés de lutter contre une vaste association dont la confession et la délation sont les premiers moyens, les Jacobins employèrent des moyens analogues, ils se déclarèrent hardiment amis de la délation, ils la proclamèrent le premier des devoirs du citoyen. La surveillance mutuelle, la censure publique, même la délation cachée, voilà ce qu'ils enseignèrent, pratiquèrent, s'appuyant à ce sujet des plus illustres exemples de l'Antiquité. La cité antique, grecque et romaine, la petite cité monastique du Moyen-âge, qu'on appelle couvent, abbaye, ont pour principe le devoir de perfectionner, épurer toujours, par la surveillance que tous les membres de l'association exercent les uns sur les autres. Et tel est aussi le principe que les Jacobins appliquent à la société tout entière.

Nés dans un grand danger national, au milieu d'une immense conspiration, que niaient les conspirateurs (dont ils se sont vantés depuis), les Jacobins formèrent, pour le salut de la France, une légion, un peuple d'accusateurs publics.

Mais, à la grande différence de l'Inquisition du Moyen-âge, qui, par le confessionnal et mille moyens différents, pénétrait jusqu'au fond des âmes, l'inquisition révolutionnaire n'avait à sa disposition que des moyens extérieurs, des indices souvent incertains. De là une défiance excessive, maladive, un esprit d'autant plus soupçonneux qu'il avait moins de certitude d'atteindre le fond. Tout alarmait, tout inquiétait, tout paraissait *suspect*.

Craintes trop naturelles dans le péril où l'on voyait la France, la Révolution, la cause de la liberté et du genre humain! Cette heureuse révolution, attendue mille ans, arrivée enfin hier et déjà près de périr ! Arrachée d'un coup tout à l'heure à ceux qui l'avaient embrassée, mise au fond de leur cœur, comme la meilleure part d'eux-mêmes. Ce n'était plus un bien extérieur qu'il s'agissait de leur ôter, mais leur vie... Nul n'eût survécu.

Pour faire justice aux Jacobins, il faut se replacer au moment et dans la situation, comprendre les nécessités où ils se trouvèrent.

Ils étaient en face d'une association immense, mi-partie d'idiots et mi-partie de coquins, ce qu'on appelait, ce qu'on appelle le monde des *honnêtes gens*.

D'une part, deux délateurs : le roi, qui tout à l'heure dénonce son peuple à l'Europe, et le prêtre, qui dénonce le peuple aux simples, aux femmes, à la Vendée.

D'autre part, l'inepte alliance de La Fayette avec Bouillé, au profit de celui-ci, et qui (avec bonne intention) irait mettre la Révolution aux mains de ses ennemis.

Qui peut dire, dans le détail, ville par ville, dans les campagnes et les villages, ce que c'était que l'association du monde des *honnêtes gens*?

Du monde-prêtres, du monde-femmes, du monde-nobles et quasi nobles.

Les femmes ! quelle puissance ! Avec de tels auxiliaires, qu'est-il besoin de la presse ? Leur parole est un véhicule bien autrement efficace. Vraie force, d'autant plus forte qu'elle n'a rien de cassant, qu'elle cède, est élastique, fléchit pour se mieux relever. Dites-leur un mot à l'oreille, il court, il va, il agit, le jour, la nuit, le matin, au lit, au foyer, au marché, et le soir, dans la causerie, devant les portes, partout, sur l'homme, sur l'enfant, sur tous... Trois fois homme qui y résiste!

Voilà un obstacle réel, terrible pour la Révolution. Et qu'est-ce, au prix, que l'étranger, toutes les armées de l'Europe?... Ayons pitié de nos pères.

Maintenant, qui voudrait entrer dans le détail irritant du monde noble et quasi noble? De la pourriture antique des parlementaires, de leur ancienne police, l'obstacle le plus réel que La Fayette assure avoir trouvé dans Paris. De la clientèle basse, servile de marchands, petits rentiers, créanciers minimes, qui se rattachaient au clergé, aux nobles.

Et ces nobles se retrouvaient, par la grâce de La Fayette et des lois révolutionnaires, chefs, officiers de leurs clients dans la garde nationale.

Pour résister à tout cela, il fallait à la nouvelle association une organisation très forte. Elle se trouva dans la société de Paris. L'originalité primitive de celle-ci fut moins dans les théories que dans le génie pratique de ses fondateurs.

Le principal fut Duport, et il resta pendant longtemps la tête même des Jacobins. « Ce que Duport a pensé, disait-on, Barnave le dit et Lameth le fait. » Mirabeau les appelait le *Triumgueusat*. A la vigueur des coups qu'ils portèrent à la royauté, on les crut républicains, on leur attribua un dessein profond, un projet bien arrêté de changer tout de fond en comble. Eux-mêmes, ils étaient flattés de cette mauvaise renommée. Ils ne la méritaient pas. Ils n'étaient qu'inconséquents. Il se trouva au jour critique qu'ils étaient partisans de la monarchie qu'ils avaient détruite.

Duport était pourtant un penseur, une tête forte et plus complète que celle de ses collègues; homme de spéculation, il avait en même temps beaucoup d'expérience révolutionnaire, avant la Révolution même. Rival de d'Espreménil au Parlement, il avait été l'un des principaux moteurs de la résistance contre Calonne et Brienne. Il devait connaître à fond l'action secrète de la police parlementaire, l'organisation des émeutes de la basoche et du peuple en faveur du Parlement.

Pendant les élections de 1789, il commença à réunir chez lui plusieurs hommes politiques (rue du Grand-Chantier, près du Temple). Mirabeau, Sieyès, y vinrent et n'y voulurent pas retourner. « Politique de caverne! » dit Sieyès. Le grand métaphysicien ne voulait agir que par les idées. Duport, au secours des idées, voulait appeler l'intrigue souterraine, l'agitation populaire, l'émeute s'il le fallait.

Nouvelle réunion à Versailles. Celle-ci, dont le fond était la députation de Bretagne, s'appela le club Breton. Là se préparaient, sous l'influence de Duport, Chapelier, etc., plusieurs des mesures hardies qui sauvèrent la Révolution naissante. La minorité de la noblesse, mi-partie de grands seigneurs philanthropes et de courtisans mécontents, se mêla à ce club Breton et y importa un esprit fort divers, fort équivoque. Des courtisans révolutionnaires, les plus intrigants, les plus audacieux, étaient les frères Lameth, jeunes colonels, d'une famille très favorisée de la cour, mais point satisfaite.

Nobles d'Artois, ils avaient été élus en Franche-Comté. Et ce fut un député de cette dernière province, très probablement leur homme, qui, en octobre 1789, quand l'Assemblée fut à Paris, loua un local pour réunir les députés. Les moines louèrent leur réfectoire pour deux cents francs, et pour deux cents francs le mobilier, tables, chaises. Plus tard, le local ne suffisant pas, le club se fit prêter la bibliothèque et enfin l'église. Les tombeaux des anciens moines, l'école ensevelie de saint Thomas, les confrères de Jacques Clément, se trouvèrent ainsi les muets témoins et les confidents des intrigues révolutionnaires.

Outre les membres du club Breton, beaucoup de députés qui n'étaient jamais venus à Paris, qui n'étaient pas fort rassurés après les scènes d'octobre et se croyaient comme perdus dans cet océan de peuple, s'étaient logés rue Saint-Honoré, près les uns des autres, pour se retrouver au besoin. Ils étaient là à la porte de l'Assemblée, qui siégeait alors au Manège, à l'endroit où se croisent les rues de Rivoli et de Castiglione. Il leur était commode de se réunir presque en face, au couvent des Jacobins.

Il y eut cent députés le premier jour, puis deux

cents, puis quatre cents. Ils prirent le titre d'Amis de la constitution. Dans la réalité, ils la firent. Elle fut entièrement préparée par eux; ces quatre cents, plus liés entre eux, plus disciplinés, *plus exacts d'ailleurs que les autres députés, furent maîtres de l'Assemblée. Ils y apportèrent toutes faites et les lois et les élections; eux seuls nommaient les présidents, secrétaires, etc. Ils masquèrent quelque temps cette toute-puissance en prenant parfois le président dans d'autres rangs que les leurs.

L'hiver de 1789, toute la France vint à Paris. Beaucoup d'hommes considérables voulaient entrer aux Jacobins. Ils admirent d'abord quelques écrivains distingués; le premier fut Condorcet; puis d'autres personnes connues, qui devaient être présentées, recommandées par six membres. On n'entrait qu'avec des cartes, qui étaient soigneusement examinées à la porte par deux membres qu'on y plaçait.

Le club des Jacobins ne pouvait se borner longtemps à être une officine de lois, un laboratoire pour les préparer. Il devint de bonne heure un grand comité de police révolutionnaire.

La situation le voulait ainsi. Que servait de faire la constitution, si la cour, par un coup habile, renversait cet échafaudage péniblement élevé? On a vu qu'au bruit du complot de Brest, qui, disait-on, allait être livré aux Anglais, Duport (le 27 juillet 1789) avait fait créer par l'Assemblée le comité des recherches. Le comité n'avait point d'agents que ceux mêmes du gouvernement qu'il avait à surveiller. Ces agents qui lui manquaient, ils se trouvèrent aux Jacobins. La Fayette, qui apprit à ses dépens à connaître leur organisation, dit que le centre en était une réunion de dix hommes qu'eux-mêmes appelaient le *Sabbat*, qui prenaient tous les jours l'ordre des Lameth; chacun des dix le transmettait à dix autres de bataillons et sections différentes, de sorte que toutes les sections recevaient en même temps la même dénonciation contre les autorités, la même proposition d'émeute, etc.

La Fayette avait pour lui le comité des recherches de la Ville et beaucoup de gens dévoués dans la garde nationale. Ces deux polices se croisaient entre elles et avec celle de la cour. Celle des Jacobins, agissant dans le sens du mouvement populaire, du flot qui montait, trouvait autant de facilité que les autres rencontraient d'obstacles. Elle s'étendit partout, s'organisa dans chaque ville en face des municipalités, opposa à chaque corps civil et militaire une société de surveillance et de dénonciation.

Nous avons parlé du *Club* de 1789 que La Fayette et Sieyès essayèrent d'abord d'opposer aux Jacobins. Ce club conciliateur, qui croyait marier la monarchie et la Révolution, n'eût abouti, s'il eût réussi, qu'à détruire la Révolution. Aujourd'hui que tant de choses alors secrètes sont en pleine lumière, nous pouvons prononcer hardiment que, sans la plus forte, la plus énergique action, la Révolution périssait. Si elle ne redevenait agressive, elle était perdue. L'imprudente association de Bouillé et de La Fayette lui avait porté le coup le plus grave. C'est par les Jacobins qu'elle reprit l'offensive.

Le 2 septembre, on apprit à Paris la nouvelle de Nancy, et le même jour, peu d'heures après, quarante mille hommes remplissaient les Tuileries, assiégeaient l'Assemblée, criant : « Le renvoi des ministres! La tête des ministres! Les ministres à la lanterne! »

L'effet de la nouvelle fut amorti, l'émotion dominée par l'émotion, la terreur par la terreur.

La rapidité singulière avec laquelle fut arrangée cette émeute prouve à la fois l'état inflammable où le peuple se trouvait et la vigoureuse organisation de de la société jacobine qui pouvait, au moment même où elle donnait le signal, réaliser l'action.

Et M. de La Fayette, avec ses trente et quelques mille hommes de garde nationale, avec sa police militaire et municipale, avec les ressources de l'Hôtel de Ville, avec celles de la cour, un moment rapprochée de lui pour *frapper le coup* de Nancy, La Fayette, dis-je, avec tant de ressources diverses, ne pouvait rien à cela.

Le ministre contre lequel on lançait d'abord le peuple était celui qui, dans ce moment, agissait le moins, Necker, ministre des finances. Tout ce qu'il faisait, c'était d'écrire. Il venait de faire paraître un Mémoire contre les assignats. On envoya quelques bandes crier contre lui, menacer. La Fayette, qui frappait si fort à Nancy, n'osa frapper à Paris et conseilla à Necker de se mettre en sûreté. Sur la proposition d'un député jacobin, l'Assemblée décréta qu'elle dirigerait elle-même le Trésor public. Grave décision, l'un des coups les plus violents qu'on pût porter à la royauté.

Voilà donc les deux partis, jacobin, constitutionnel, qui tous les deux emploient la force, la violence, la terreur. La Fayette frappe par Bouillé, les Jacobins par l'émeute. Terreur de Nancy. Terreur de Paris.

A combien de siècles sommes-nous de la fédération de juillet?... Qui le croirait? A deux mois. Cette belle lumière de paix, où donc est-elle déjà? L'éclatant soleil de juillet s'enténèbre tout à coup. Nous entrons dans un temps sombre de complots, de violences. Dès septembre, tout devient obscur. La presse, ardente, inquiète, marche à tâtons, on le sent. Elle cherche, cligne, elle ne voit pas, elle devine. L'inquisition des Jacobins qui commence donne de faibles et fausses lueurs, qui tout à la fois éclairent, obscurcissent, comme ces lumières fumeuses dans la grande nef où ils s'assemblent, au couvent de la rue Saint-Honoré.

Une seule chose était claire, dans cette obscurité, c'était l'insolence des nobles. Ils avaient pris partout l'attitude du défi, de la provocation. Partout ils insultaient les patriotes, les gens les plus paisibles, la garde nationale. Parfois le peuple s'en mêlait et il en résultait des scènes très sanglantes. Pour ne citer qu'un exemple, à Cahors, deux frères gentilshommes trouvèrent plaisant d'insulter un garde national qui avait chanté *Ça ira*. On voulut les arrêter; ils blessèrent, tuèrent ce qui se présenta, puis se jetèrent dans leur maison, et de là, fortifiés, ayant plusieurs fusils chargés, tirèrent sur la foule et tuèrent un grand nombre d'hommes. On mit le feu à la maison pour terminer ce carnage.

Dans l'Assemblée même, au sanctuaire des lois, on n'entendait qu'insultes et défis des gentils-hommes. M. d'Ambly menaçait Mirabeau de la canne. Un autre alla jusqu'à dire : « Que ne tombons-nous sur ces gueux l'épée à la main ? »

Un quidam, envoyé par eux, suivit deux jours entiers Charles de Lameth pour le forcer de se battre. Lameth, très brave et très adroit, refusa obstinément de l'honorer d'un coup d'épée. Le troisième jour, comme rien ne pouvait lasser sa patience, tout le côté droit en masse l'accusa de lâcheté. Le jeune duc de Castries l'insulta ; ils sortirent ; Lameth fut blessé ; de là grande fureur du peuple. On répandit que l'épée de Castries était empoisonnée, que Lameth allait en mourir. Les Jacobins crurent l'occasion bonne pour effrayer les duellistes. Leurs agents poussèrent la foule à l'hôtel de Castries ; il n'y eut ni meurtre ni vol, mais tous les meubles furent brisés, jetés dans la rue. Tout cela tranquillement, méthodiquement ; les briseurs mirent une sentinelle au portrait du roi qui seul fut respecté. La Fayette vint, regarda, ne put rien faire ; la plupart des gardes nationaux étaient indignés eux-mêmes de la blessure de Lameth et trouvaient qu'après tout les briseurs n'avaient pas tort (13 novembre 1790).

Dès ce jour, cette terreur des duellistes, qui peu

à peu rendait l'ascendant à la noblesse, fit place à une autre terreur, celle des vengeances du peuple. La supériorité individuelle que les nobles avaient pour l'escrime disparut devant la foule. Ils avaient essayé de faire des questions d'honneur de toute question de parti. Ils abusaient de l'adresse. On leur opposa le nombre. Les révolutionnaires les plus braves, ceux qui l'ont prouvé depuis sur tous les champs de bataille, refusèrent de donner aux spadassins l'avantage facile des combats individuels.

CHAPITRE V

LUTTE DES PRINCIPES DANS L'ASSEMBLÉE ET AUX JACOBINS.

Paris vers la fin de 1790. — Cercle social, *Bouche de fer*. — Le club de 1789. — Le club des Jacobins. — Robespierre aux Jacobins. — Origine de Robespierre. — Robespierre orphelin à dix ans; boursier du clergé. — Ses essais littéraires. — Juge criminel à Arras; sa démission. — Il plaide contre l'évêque. — Robespierre aux États généraux. — Au 5 octobre, il appuie Maillard. — Conspiration pour le rendre ridicule. — Sa solitude et sa pauvreté. — Il rompt avec les Lameth. — Marche incertaine ou rétrograde, de l'Assemblée. — Elle avait restreint le nombre des citoyens *actifs*. — Conduite double des Lameth et des Jacobins d'alors. — Ils confient leur journal à un orléaniste, novembre. — Probité de Robespierre. — Sa politique. — En 1790, il s'appuie sur les seules grandes associations qui existent alors en France : les Jacobins et les prêtres.

Vers la fin de 1790, il y eut un moment de halte apparente, peu ou point de mouvement. Rien qu'un grand nombre de voitures qui encombraient les barrières, les routes couvertes d'émigrés. En revanche, beaucoup d'étrangers venaient voir le grand spectacle, observer Paris.

Halte inquiète, sans repos. On s'étonnait, on s'effrayait presque de n'avoir pas d'événements. L'ardent Camille se désole de n'avoir rien à conter; il se marie dans l'entr'acte et notifie cet événement au monde.

Point de mouvements; en pleine guerre (comme on se sentait déjà), cela n'était pas naturel. En réalité, il y avait deux mouvements immenses.

Premièrement le roi dénonçait la France aux rois.

Deuxièmement contre la conspiration ecclésiastique-aristocratique s'organisait fortement la conjuration jacobine.

Le trait saillant de l'époque, c'est la multiplication des clubs, l'immense fermentation de Paris spécialement, telle qu'à tout coin de rue s'improvisent des assemblées. Le brillant et monotone Paris de la paix ne donne guère d'idée de celui d'alors. Replongeons-nous un moment dans ce Paris agité, bruyant, violent, sale et sombre, mais vivant, plein de passions débordantes.

Nous devons bien cet égard au premier théâtre de la Révolution, de faire la première visite au Palais-Royal. Je vous y mène tout droit; j'écarte devant vous cette foule agitée, ces groupes bruyants, ces nuées de femmes vouées aux libertés de la nature. Je traverse les étroites galeries de bois, encombrées, étouffées, et, par ce passage obscur, où nous descendons quinze marches, je vous mets au milieu du cirque.

On prêche! Qui s'y serait attendu, dans ce lieu, dans cette réunion, si mondaine, mêlée de jolies femmes équivoques?... Au premier coup d'œil, on dirait d'un sermon au milieu des filles... Mais non, l'assemblée est plus grave, je reconnais nombre de gens de lettres, d'académiciens; au pied de la tribune, j'aperçois M. de Condorcet.

L'orateur, est-ce bien un prêtre? De robe, oui, belle figure de quarante ans environ, parole ardente, sèche parfois et violente, nulle onction, l'air audacieux, un peu chimérique. Prédicateur, poète ou prophète, n'importe, c'est l'abbé Fauchet. Ce saint Paul parle entre deux Thécla, l'une qui ne le quitte point, qui bon gré mal gré le suit au club, à l'autel, tant est grande sa ferveur; l'autre dame, une Hollandaise, de bon cœur et de noble esprit, c'est Mme Palm Aelder, l'orateur des femmes, qui prêche leur émancipation. Elles y travaillent activement. Mlle Kéralio publie un journal. Tout à l'heure Madame Roland sera ministre et davantage.

Je m'étonne peu que ce prophète, si bien entouré de femmes, parle éloquemment de l'amour; l'amour revient à chaque instant dans ses brûlantes paroles. Heureusement, je comprends, c'est l'amour du genre humain. Que veut-il? Il semble exposer quelque mystère inconnu qu'il confie à trois mille personnes. Il parle au nom de la nature et néanmoins se croit chrétien. Il marie bizarrement, sous forme franc-maçonnique, Bacon et Jésus. Tantôt en avant de la Révolution, tantôt rétrograde, un jour il prêche La Fayette, un autre jour il dépasse les démocrates et fonde la société humaine sur le devoir de *donner à chacun de ses membres la suffisante vie.* Plusieurs, dans sa doctrine obscure, croient voir la loi agraire. Son journal, celui du *Cercle social pour la fédération des amis de la vérité*, s'appelle *la Bouche de fer*, titre menaçant, effrayant. Cette bouche toujours ouverte (rue de l'Ancienne-Comédie et près du café Procope) reçoit nuit et jour les renseignements anonymes, les accusations qu'on veut y jeter. Elles y entrent; mais, rassurez-vous, la plupart y restent. *La Bouche de fer* ne mord pas[1].

Sortons. Dans la crise où nous sommes, il faut veiller, il faut pourvoir. Il y a ici trop de théories, trop de femmes et trop de rêves. L'air n'est pas sain ici pour nous. L'amour, la paix, choses excellentes, sans doute, mais quoi? La guerre a commencé. Peut-on faire embrasser les hommes, les principes opposés, avant de les concilier?... Au-dessus du cirque d'ailleurs, pour augmenter mes défiances, je vois planer le *Club* suspect *de* 1789, dans ces brillants appartements qui resplendissent de lumières, au premier étage du Palais-Royal, le club de La Fayette, Bailly, Mirabeau, Sieyès, de ceux qui voudraient enrayer avant d'avoir des garanties. De moment en moment, ces idoles populaires paraissent sur le balcon, saluent royalement la foule. Le nerf de ce club opulent est un bon restaurateur.

J'aime mieux, à la jaune lueur des reverbères qui, de loin en loin, percent le brouillard de la rue Saint-Honoré, j'aime mieux suivre le flot noir de la foule qui va toute dans le même sens, jusqu'à cette petite porte du couvent des Jacobins. C'est là que, tous les matins, les ouvriers de l'émeute viennent prendre

---

1. Ce journal, parmi son fatras de faux mysticisme et de franc-maçonnerie, contient beaucoup de choses éloquentes et bizarres. Il mériterait peut-être d'être réimprimé, comme curiosité historique.

l'ordre des Lameth ou recevoir de Laclos l'argent du duc d'Orléans. A cette heure, le club est ouvert. Entrons avec précaution, le lieu est mal éclairé... Grande réunion pourtant, vraiment sérieuse, imposante. Ici, de tous les points de la France, vient retentir l'opinion ; ici pleuvent des départements les nouvelles vraies ou fausses, les accusations justes ou non. D'ici partent les réponses. C'est ici le Grand-Orient, le centre des sociétés, ici la grande Franc-Maçonnerie, non chez cet innocent Fauchet, qui n'en a que la vaine forme.

.Oui, cette nef ténébreuse n'en est que plus solennelle. Regardez, si vous pouvez voir, ce grand nombre de députés ; ils ont été jusqu'à quatre cents ; aujourd'hui, ce que vous voyez, deux cents environ, toujours les principaux meneurs, Duport, Lameth, et cette présomptueuse figure, provocante et le nez au vent, le jeune et brillant avocat Barnave. Pour suppléer les députés absents, la société a admis près de mille membres, tous actifs, tous distingués.

Ici, nul homme du peuple. Les ouvriers viennent, mais à d'autres heures, dans une autre salle, au-dessous de celle-ci. On a fondé, pour leur instruction, une société fraternelle, où on leur explique la constitution. Une société de femmes du peuple commence aussi à se réunir dans cette salle inférieure [1].

Les Jacobins sont une réunion distinguée, lettrée.

---

1. Marat met en contraste l'énergie de ces femmes et le bavardage de l'aristocratie jacobine (numéro du 30 décembre 1790).

La littérature française est ici en majorité. La Harpe, Marie-Joseph Chénier, Chamfort, Andrieux, Sedaine, tant d'autres; et les artistes abondent. David, Vernet, Larive, et, la Révolution au théâtre, le jeune romain Talma. Aux portes, pour viser les cartes et reconnaître les membres, deux censeurs-portiers, Laïs le chanteur, et ce beau jeune homme, le digne élève de Mme de Genlis, le fils du duc d'Orléans.

L'homme noir qui est au bureau, qui sourit d'un air si sombre, est l'agent même du prince, le trop célèbre auteur des *Liaisons dangereuses*. Grand contraste! A la tribune, parle M. de Robespierre.

Un honnête homme, celui-là, qui ne sort pas des principes. Homme de mœurs, homme de talent. Sa voix faible et un peu aigre, sa maigre et triste figure, son invariable habit olive (habit unique, sec et sévèrement brossé), tout cela témoigne assez que les principes n'enrichissent pas fort leur homme. Peu écouté à l'Assemblée nationale, il prime, primera toujours davantage aux Jacobins. Il est la société même, rien de plus et rien de moins. Il l'exprime parfaitement, marche d'un pas avec elle, sans la devancer jamais. Nous le suivrons de très près et très attentivement, marquant, datant chaque degré dans sa prudente carrière, notant aussi sur son pâle visage le profond travail qu'y fera la Révolution, les rides précoces des veilles et les sillons de la pensée. Il faut le raconter avant de le peindre. Produit tout artificiel de la fortune et du travail, il dut peu à la nature; on ne le comprendrait pas, si l'on ne connaissait à fond les circonstances qui le firent, la grande volonté qui le fit.

Peu de créatures humaines naquirent plus malheureusement. D'abord frappé coup sur coup dans sa famille et sa fortune; puis adopté, protégé par le haut clergé, un monde de grands seigneurs, hostile aux idées, antipathique à l'esprit du siècle que partageait le jeune homme. Il ne sortait ainsi d'un premier malheur que pour retomber dans un plus grand, la nécessité d'être ingrat.

Les Robespierre étaient de père en fils notaires à Carvin, près de Lille. L'acte le plus ancien que j'aie vu d'eux est de 1600[1]. On les croit venus de l'Irlande. Leurs aïeux, peut-être au seizième siècle, auront fait partie de ces nombreuses colonies irlandaises qui venaient peupler les monastères, les séminaires de la côte, et y recevaient des Jésuites une forte éducation d'ergoteurs et disputeurs. C'est là qu'ont été élevés, entre autres, Burke et O'Connell.

Au dix-huitième siècle, les Robespierre cherchèrent un plus grand théâtre. Une branche resta près de Carvin; mais l'autre s'établit à Arras, grand centre ecclésiastique, politique et juridique, ville d'États provinciaux, ville de tribunaux supérieurs, où affluaient les affaires et les procès. Nulle part la noblesse et l'Église ne pesaient plus lourdement. Il y avait spécialement deux princes ou deux rois d'Arras, l'évêque et le puissant abbé de Saint-Waast, auquel appartenait environ

---

[1]. Collection de M. Gentil, à Lille.

un tiers de la ville. L'évêque avait conservé le droit seigneurial de nommer les juges au tribunal criminel. Aujourd'hui encore, son palais immense met la moitié d'Arras dans l'ombre. Des rues à noms expressifs, qui rappellent une vie de chicane, circulent humides et tristes sous les murs de ce palais, rue du Conseil, rue des Rapporteurs, etc. C'est dans cette dernière, la plus sombre, la plus triste, dans une maison fort décente d'honorable bourgeoisie que vivait, travaillait, écrivait nuit et jour un avocat au conseil d'Artois, laborieux et honnête, qui fut père de Robespierre en 1758[1].

Il n'était riche que d'estime et de bonheur domestique; ayant eu le malheur de perdre sa femme, sa vie fut brisée. Il tomba dans une inconsolable tristesse, devint incapable d'affaires, cessa de plaider. On lui conseilla de voyager. Il partit, ne donna plus de nouvelles; on a toujours ignoré ce qu'il était devenu.

Quatre enfants restaient abandonnés dans cette grande maison déserte. L'aîné, Maximilien, se trouva, à dix ou onze ans, chef de famille, tuteur en quelque sorte de son frère et de ses deux sœurs. Son caractère changea tout à coup; il devint ce qu'il est resté, étonnamment sérieux; son visage pouvait sourire; une sorte de faux sourire en devint même plus tard l'expression habituelle, mais son cœur ne rit plus jamais. Si jeune, il se trouva tout d'abord un père,

---

1. Et non 1759. M. Degeorge a bien voulu m'envoyer d'Arras l'acte de naissance retrouvé récemment.

un maître, un directeur pour la petite famille qu'il raisonnait et prêchait.

Ce petit homme, si mûr, était le meilleur élève du collège d'Arras. Pour un si excellent sujet, on obtint sans peine de l'abbé de Saint-Waast une des bourses dont il disposait au collège Louis-le-Grand. Il arriva donc tout seul à Paris, séparé de ses frère et sœurs, sans autre recommandation qu'un chanoine de Notre-Dame, auquel il s'attacha beaucoup. Mais rien ne lui réussissait; le chanoine mourut bientôt. Et il apprit en même temps qu'une de ses sœurs était morte, la plus jeune et la plus aimée.

Dans ces grands murs sombres de Louis-le-Grand, tout noirs de l'ombre des Jésuites, dans ces cours profondes où le soleil apparaît si rarement, l'orphelin se promenait seul, peu en rapport avec les heureux, avec la jeunesse bruyante. Les autres, qui avaient des parents, qui, aux congés, respiraient l'air de la famille et du monde, sentaient moins la rude atteinte de cette triste éducation, qui ôte à l'âme sa fleur, la brûle d'un hâle aride. Elle mordit profondément sur l'âme de Robespierre.

Orphelin, boursier sans protection, il lui fallait se protéger par son mérite, ses efforts, une conduite excellente. On exige d'un boursier bien plus que d'un autre. Il est tenu de réussir. Les bonnes places, les prix, qui sont la couronne des autres, sont comme un tribut du boursier, un payement qu'il fait à ses protecteurs. Position humiliée, triste et dure, qui pourtant ne paraît pas avoir altéré beaucoup le caractère de Camille Desmoulins, autre boursier du clergé. Celui-ci était plus jeune, Danton à peu près de l'âge de Robespierre ; il suivait les mêmes classes.

Sept ans, huit ans, passent ainsi. Puis le droit, comme tout le monde, l'étude du procureur. Il y réussit fort peu ; quoique naturellement raisonneur et bon logicien, ami des abstractions, il ne pouvait se faire à la sophistique du barreau, aux subtilités de la chicane. Nourri de Rousseau, de Mably, les philosophes de l'époque, il ne descendait pas volontiers des généralités. Il lui fallut retourner à Arras, subir la vie de province. Lauréat de Louis-le-Grand, il fut bien reçu, eut quelque succès dans le monde, dans la littérature académique. L'académie des *Rosati*, qui pour prix de poésie donnait des roses, admit Robespierre. Il rimait tout comme un autre. Il concourut pour l'éloge de Gresset et eut l'accessit ; puis pour un sujet plus grave : la réversibilité du crime, la flétrissure des parents du criminel. Tout cela faiblement écrit, d'une sentimentalité pastorale. Le jeune auteur n'en avait fait qu'une plus tendre impression sur une demoiselle du lieu[1]. La demoiselle avait juré de n'en épouser jamais d'autre. En revenant d'un voyage, il la trouva mariée.

Le Clergé, naturellement fier d'un tel protégé, lui restait très favorable. Il avait obtenu de l'abbé de

---

1. C'est d'elle, je pense, qu'il s'agit, dans la devise du premier portrait de Robespierre (collection de M. de Saint-Aubin) :

Très jeune, très mol, très fade, la rose à la main, l'autre main sur le cœur, et ce mot au bas : « Tout pour mon amie. »

Saint-Waast qu'il donnerait à son frère la bourse qu'il avait eue au collège Louis-le-Grand. L'évêque le nomma membre du tribunal criminel. Mais Robespierre ayant été obligé de condamner à mort un assassin, sa sœur assure qu'il en fut trop péniblement affecté ; il donna sa démission.

De toute façon il fit sagement, la veille de la Révolution, de laisser cet odieux métier de juge de l'Ancien-Régime, nommé par des prêtres. Il se fit avocat. Il valait mieux certainement mettre d'accord ses opinions et sa vie, vivre de peu ou de rien, attendre. Quoique fort malaisé, on dit qu'avec un louable scrupule il ne plaidait pas toute cause, il choisissait. L'embarras fut grave pour lui lorsque des paysans vinrent le prier de plaider pour eux contre l'évêque d'Arras. Il examina leur droit, le trouva bon ; nul autre avocat probablement à cette époque n'eût osé le soutenir contre ce roi de la ville. Robespierre, qui croyait que l'avocat est un magistrat, mit les convenances, les sentiments, la reconnaissance sous les pieds de la justice, et sans hésitation plaida contre son protecteur.

Aucun pays plus que l'Artois n'était propre à former des amis ardents de la liberté, aucun ne souffrait davantage de la tyrannie cléricale et féodale. La terre était tout entière aux seigneurs et aux seigneurs-prêtres. Cette dérision d'États que possédait la province semblait un outrage systématique à la justice, à la raison. Le Tiers n'y était représenté que par une vingtaine de maires, à la nomination des seigneurs. Ceux-ci, les Latour-Maubourg, les d'Estournel, les Lameth, etc., tenaient l'administration fixée dans leurs mains comme un bien héréditaire. Administration admirable et rare pour son progrès dans l'absurde. Un des Lameth en fait l'aveu. D'abord tout possesseur de fief avait voix; puis ils exigèrent une terre à clocher et quatre degrés de noblesse; puis il leur fallut sept degrés; la veille de la Révolution, ils ne voulaient plus se contenter à moins de dix degrés de noblesse. Il ne faut pas s'étonner si cette province éminemment rétrograde envoya aux États généraux un rigide partisan des idées nouvelles, si cet homme, ignorant les courbes, ne connaissant que la droite, apporta dans la Révolution une sorte d'esprit géométrique, l'équerre, le compas, le niveau.

Parti d'Arras, il retrouva Arras sur les bancs de l'Assemblée, je veux dire la haine fidèle des prélats pour leur protégé, leur transfuge, le mépris des seigneurs d'Artois pour un avocat, élevé par charité, qui venait siéger près d'eux. Cette malveillance connue ne pouvait manquer d'ajouter à la timidité du débutant, qui était extrême. Il l'avoua à Étienne Dumont : quand il montait à la tribune, il tremblait comme la feuille. Il réussit cependant. Lorsque, en mai 1789, le Clergé vint perfidement prier le Tiers d'avoir pitié du pauvre peuple et de commencer ses travaux, Robespierre répondit avec une aigre véhémence, et, se sentant soutenu par l'approbation de l'Assemblée, il suivit sa passion et fut éloquent.

Absent la nuit du 4 août et désolé d'avoir manqué une si belle occasion, il saisit avidement la périlleuse circonstance du 5 octobre. Quand Maillard, l'orateur des femmes, vint haranguer l'Assemblée, tous étant hostiles ou muets, Robespierre se leva et par deux fois appuya Maillard.

Grave initiative, qui décidait de son sort, désignant cet homme timide comme infiniment audacieux et dangereux, montrant à ses amis surtout qu'un tel homme ne se lierait pas, ne suivrait pas docilement la discipline du parti. Il fut, selon toute apparence, convenu alors entre les nobles Jacobins que cet ambitieux serait l'homme ridicule de l'Assemblée, celui qui amuse et doit amuser tout le monde, sans distinction de partis. Dans l'ennui des grandes assemblées, il y a toujours quelqu'un (souvent ce n'est pas le moins raisonnable) que l'on immole ainsi à l'amusement de tous. Ces moments de dérision sont ceux où l'on se rapproche, où les ennemis les plus implacables riant tous ensemble, la concorde revient un moment; il n'y a plus qu'un ennemi.

Pour rendre un homme ridicule, il y a une chose facile, c'est que *ses amis* sourient quand il parle. Les hommes sont généralement si légers, si faciles à entraîner, si lâchement imitateurs, qu'un sourire du côté gauche, des Barnave ou des Lameth, amenait infailliblement le rire de toute l'Assemblée. Un seul homme semble n'avoir pris nulle part à ces indignités, l'homme vraiment fort, Mirabeau. Il répondit toujours sérieusement, avec égards, à ce faible adversaire, respectant en lui l'image du fanatisme, de la passion sincère, du travail persévérant. Il démêlait finement, mais avec l'indulgence et la bonté du génie, l'orgueil profond de Robespierre, la religion qu'il avait pour lui-même, pour sa personne et ses paroles. « Il ira loin, disait Mirabeau, car il croit tout ce qu'il dit. »

L'Assemblée, riche en orateurs, avait droit d'être difficile. Habituée à la figure léonine de Mirabeau, à la suffisance audacieuse de Barnave, au chaleureux Cazalès, au lutteur insolent Maury, elle trouvait pénible à voir l'indigente figure de Robespierre, sa raideur, sa timidité. Sa constante tension de muscles et de voix, l'effort monotone de son débit, son air un peu myope, donnaient une impression laborieuse, fatigante; on s'en tirait en s'en moquant. Pour comble, on ne lui laissait pas la consolation de se voir au moins imprimé. Les journalistes, par négligence ou peut-être sur la recommandation des *amis* de Robespierre, mutilaient cruellement ses discours les plus travaillés. Ils s'obstinaient à ne pas savoir son nom, l'appelant toujours : *Un membre*, ou M. N..., ou trois étoiles.

Persécuté ainsi, il n'en saisissait que plus avidement toute occasion d'élever la voix, et cette résolution invariable de parler toujours le rendait parfois vraiment ridicule. Par exemple, quand l'Américain Paul Jones vint féliciter l'Assemblée, le président ayant répondu et tout le monde jugeant la réponse suffisante, Robespierre s'obstina à répondre aussi.

Murmures, interruptions, rien n'y fit. A grand'peine il dit quelques mots, insignifiants, inutiles, et encore, en faisant appel aux tribunes, réclamant la liberté d'opinion, criant qu'on étouffait sa voix. Maury fit rire tout le monde en demandant l'impression du discours de M. de Robespierre.

Pour oublier ces mortifications, prodigieusement sensibles à sa vanité, Robespierre n'avait nulle ressource, ni la famille, ni le monde. Il était seul, il était pauvre. Il rapportait ses déboires dans son désert du Marais, dans son triste appartement de la triste rue de Saintonge. Froid logis, pauvre, démeublé. Il vivait petitement et fort serré de son salaire de député ; encore en envoyait-il le quart à Arras pour sa sœur ; un autre quart passait à une maîtresse qui l'aimait fort et qui ne lui servait guère ; il lui fermait souvent sa porte et ne la traitait pas bien[1]. Il était très frugal, dînait à trente sols, et encore il lui restait à peine de quoi se vêtir. L'Assemblée ayant ordonné le deuil pour la mort de Franklin, ce fut un grand embarras. Robespierre emprunta un habit de tricot noir à un homme beaucoup plus grand ; l'habit traînait de quatre pouces. *Nihil habet paupertas durius in se quam quod ridiculos homines facit.* (Juvénal.)

Il se plongea d'autant plus dans le travail. Mais il n'avait guère que les nuits, passant les journées

---

1. Je dois ce détail et plusieurs autres à l'ouvrage de M. Villiers (*Souvenirs d'un déporté*, 1802), lequel vécut la plus grande partie de l'année 1790 avec Robespierre et souvent lui servit de secrétaire gratuitement. Du reste, j'ai suivi presque toujours les *Mémoires de Charlotte de Robespierre*, imprimés à la suite des *Œuvres de Robespierre*, par M. Laponneraye.

entières immuablement assidu aux Jacobins, à l'Assemblée; salles malsaines, étouffées, qui donnèrent à Mirabeau de graves ophtalmies, des hémorragies à Robespierre. Si j'en crois aux différences qu'on trouve entre ses portraits, son tempérament dut subir alors une assez grave altération. Sa figure, jusque-là encore assez jeune et douce, semble avoir séché. Une concentration extrême, une sorte de contraction en devient le caractère. Et il n'avait en effet rien de ce qui détend l'esprit. Son unique plaisir était de limer, polir ses discours assez purs, mais parfaitement incolores; il se défit par le travail de sa facilité vulgaire et parvint peu à peu à écrire difficilement.

Ce qui le servit le plus, ce fut de se mettre hors de son propre parti, de se faire seul, une bonne fois, de rompre avec les Lameth, de ne point traîner la chaîne de cette équivoque amitié. Un matin que Robespierre était allé à l'hôtel Lameth, ils ne purent ou ne voulurent le recevoir; il n'y revint plus.

Libre des hommes d'expédients, il se fit l'homme des principes.

Son rôle fut dès lors simple et fort. Il devint le grand obstacle de ceux qu'il avait quittés. Hommes d'affaires et de parti, à chaque transaction qu'ils essayaient entre les principes et les intérêts, entre le droit et les circonstances, ils rencontrèrent une borne que leur posait Robespierre, le droit abstrait, absolu. Contre leurs solutions bâtardes, anglo-françaises, soi-disant constitutionnelles, il présentait des théories, non spécialement françaises, mais générales, universelles, d'après le *Contrat social*, l'idéal législatif de Rousseau et de Mably.

Ils intriguaient, s'agitaient, et lui, immuable. Ils se mêlaient à tout, pratiquaient, négociaient, se compromettaient de toute manière; lui, il professait seulement. Ils semblaient des procureurs, lui, un philosophe, un prêtre du droit. Il ne pouvait manquer de les user à la longue.

Témoin fidèle des principes et toujours protestant pour eux, il s'expliqua rarement sur l'application, ne s'aventura guère sur le terrain scabreux des voies et moyens. Il dit *ce qu'on devait* faire, rarement, très rarement, *comment on pouvait* le faire. C'est là pourtant que le politique engage le plus sa responsabilité, là que les événements viennent souvent le démentir et le convaincre d'erreur.

La prise, au reste, était facile sur une telle assemblée. Elle flottait, avançait, reculait, perdant à chaque instant de vue le principe de la Révolution, son principe à elle-même par lequel elle existait.

Ce principe, quel était-il? Personne ne le formulait bien, mais chacun l'avait dans le cœur. C'était le droit, *non plus des choses* (des propriétés, des fiefs), *mais le droit des hommes*, le droit égal des âmes humaines, principe essentiellement spiritualiste, qu'on s'en aperçût ou non. Il fut suivi aux premières élections; tous, propriétaires et non-propriétaires, y votèrent également. La *Déclaration des droits* reconnut l'égalité des hommes, et tout le monde comprit que cela impliquait le droit égal des citoyens.

En octobre 1789, l'Assemblée ne reconnaît le droit électoral qu'à ceux qui payeront la valeur de trois journées de travail. De six millions qu'avait donnés le suffrage universel, les électeurs sont réduits à quatre millions deux cent quatre-vingt-dix-huit mille. L'Assemblée craignait alors deux choses opposées, la démagogie des villes et l'aristocratie des campagnes ; elle craignait de faire voter deux cent mille mendiants de Paris, sans parler des autres villes, et un million de paysans qui dépendaient des seigneurs.

Cela était spécieux en 1789, beaucoup moins en 1791. Les campagnes, qu'on croyait serviles, s'étaient montrées au contraire généralement révolutionnaires; presque partout les paysans avaient embrassé les légitimes espérances du nouvel ordre des choses, ils s'étaient mariés en foule, indiquant assez par là qu'ils ne séparaient pas l'idée d'ordre et de paix de celle de la liberté.

La foi était immense dans ce peuple ; il fallait avoir foi en lui. On ne sait pas assez tout ce qu'il fallut de fautes et d'infidélités pour lui ôter ce sentiment. Il croyait d'abord à tout, aux idées, aux hommes, s'efforçant toujours, par une faiblesse trop naturelle, d'incarner en eux les idées ; la Révotion aujourd'hui lui apparaissait dans Mirabeau, demain dans Bailly, La Fayette; des figures, même ingrates et sèches, des Lameth et des Barnave, lui inspiraient confiance. Toujours trompé, il portait ailleurs ce besoin obstiné de croire.

Les cœurs s'étaient ainsi ouverts, et l'esprit avait grandi. Il n'y eut jamais de transformation plus rapide. Circé changeait les hommes en bêtes ; la Révolution avait fait précisément le contraire. Quelque peu préparés que fussent les hommes, le rapide instinct de la France avait suppléé. Une foule d'hommes ignorants comprenaient les affaires publiques.

Dire à ces masses ardentes, intelligentes, énergiques, qui avaient voté en 1789, qu'elles n'avaient plus ce droit, réserver le nom de citoyens *actifs* aux électeurs, faire descendre les non-électeurs au rang de citoyens *passifs*, de citoyens non-citoyens, cela apparaissait comme une sorte de contre-révolution. Plus étrange encore était-il de dire aux électeurs ainsi réduits : « Vous ne choisirez que des riches. » Ils ne pouvaient nommer députés que ceux qui payeraient au moins la valeur de un marc d'argent (cinquante-quatre livres).

Les discussions qui plusieurs fois s'élevèrent à ce sujet donnèrent lieu aux constitutionnels et aux économistes d'étaler naïvement leurs doctrines matérialistes et grossières sur le droit de la propriété. Ces derniers allèrent jusqu'à soutenir que les propriétaires seuls étaient membres de la société, *qu'elle était à eux* [1] *!*

---

[1]. Disciples inintelligents de Quesnay et de Turgot, ils ne voyaient pas que leurs maîtres n'avaient exagéré le *droit* de la terre que pour la frapper plus

La question de l'exercice des droits politiques, si grande en elle-même, l'était encore plus en ce que les treize cent mille juges, assesseurs de juges, administrateurs, créés par l'Assemblée, ne devaient être pris que dans les citoyens *actifs*. On alla plus loin encore, on essaya de restreindre à ceux-ci la garde nationale, de désarmer ce peuple victorieux qui venait de faire la Révolution.

Cette défiance à l'égard du peuple, ce matérialisme bourgeois, qui ne voit de garantie d'ordre que dans la propriété, gagna de plus en plus l'Assemblée constituante. Il augmenta à chaque émeute. Les Sieyès, les Thouret, les Chapelier, les Rabaut Saint-Étienne, allèrent reculant toujours, oubliant leurs précédents. Ce qui est plus étrange encore, c'est que ceux qui avaient le mot de l'émeute et qui parfois la faisaient, Duport, Lameth et Barnave, n'étaient nullement rassurés et votaient, comme députés, des lois pour désarmer ceux qu'ils avaient agités, comme jacobins. La situation de ces trois hommes fut singulièrement double et bizarre dans l'année 1790. Leur popularité avait été portée au comble par leur lutte contre Mirabeau dans la grande circonstance du droit de paix et de guerre. Cependant leurs opinions différaient-elles profondément, essentiellement des siennes ? Qu'étaient-ils au fond ? Royalistes.

Aussi le seul homme au monde que Mirabeau ait

sûrement du *devoir* de payer l'impôt, à une époque où elle était concentrée dans les mains des prêtres et des nobles.

haï, du premier au dernier jour, fut celui où il croyait le mieux voir la duplicité du parti, Alexandre de Lameth.

Si Lameth, Duport et Barnave avaient l'air de faire un seul pas du côté de Mirabeau, ils faisaient place à Robespierre, qui grandissait aux Jacobins. Ils étaient fort embarrassés de leur position d'avant-garde, mais ne voulaient pas la céder. Ils louvoyèrent, hésitèrent, employèrent tout ce que l'intrigue et la ruse peuvent fournir d'expédients. Cependant la marche des choses était si rapide que, si l'on voulait encore rendre force à la royauté, il fallait bien se hâter. Charles de Lameth était applaudi quand il reprochait au pouvoir exécutif « de faire le mort ». Le reproche était sincère; les Lameth entrevoyaient que ce pouvoir, tant affaibli par eux, les emporterait avec lui, et désiraient réellement lui rendre son activité.

Il y parut dans l'affaire de Nancy. Ils votèrent, avec Mirabeau, pour Bouillé et La Fayette, contre les soldats, que la société jacobine dont ils étaient les meneurs n'avait pas peu contribué à exciter, soulever.

L'Assemblée, sous cette influence, ouvertement ou timidement rétrograde, vota, le 6 septembre, que pendant deux ans il n'y aurait pas d'assemblées primaires, que les électeurs déjà nommés par les électeurs primaires exerceraient deux ans le pouvoir électoral.

Les Lameth n'en étaient pas à se repentir d'avoir

(en haine de Mirabeau) voté le décret qui interdit le ministère aux députés. Ils ne doutaient pas que, dans les circonstances nouvelles, tout changement ne plaçât le pouvoir entre leurs mains ou celles de leurs amis. Aussi insistèrent-ils vivement pour faire prier le roi de renvoyer les ministres, et, d'abord par l'émeute, ils vinrent à bout de chasser Necker. L'Assemblée, contre toute attente, refusa de demander le renvoi des autres. Camus, Chapelier, les Bretons, deux cents députés de la gauche, votèrent pour la négative. Il y fallut employer un grand mouvement des sections de Paris, qui demandèrent non plus le renvoi, mais le procès des ministres. Ce vœu fut présenté à l'Assemblée par l'organe de Danton; la première apparition de cette tête de Méduse indiquait assez qu'on ne reculerait devant nul moyen de terreur.

La cour, qui, à cette époque, plaçait son espoir dans l'excès des maux et tenait à constater, devant l'Europe, que la royauté n'était plus, aurait voulu que le roi priât l'Assemblée de choisir elle-même les ministres. Mirabeau eut vent de la chose et s'y opposa violemment, craignant sans doute que l'Assemblée ne choisît parmi ses meneurs ordinaires, qu'elle n'abrogeât en leur faveur le décret qui interdisait le ministère aux députés.

Le triumvirat vit dès lors qu'il n'amènerait jamais la cour à lui remettre le pouvoir. Les Lameth, élevés à Versailles dans la faveur du roi, savaient que leur ingratitude les rendait l'objet d'une haine personnelle. Ils firent une démarche très grave, qui, pour ce moment, indique leur éloignement de Louis XVI, leur rapprochement du parti d'Orléans.

Le 30 octobre, les évêques avaient publié leur *Exposition de principes*, un manifeste de résistance, qui plaçait sous une sorte de Terreur ecclésiastique tout le clergé inférieur, ami de la Révolution. Le 31, par représailles, les Jacobins décidèrent qu'un journal serait créé pour publier par extraits la correspondance de la société avec celles des départements, publication formidable qui allait amener à la lumière une masse énorme d'accusations contre les prêtres et les nobles. Un tel journal, qui devait désigner tant d'hommes à la haine du peuple (qui sait? peut-être à la mort), était, dans la réalité, une magistrature terrible; l'homme qui devait choisir, extraire, dans ce pêle-mêle immense, les noms que l'on dévouait, allait être encore investi d'un étrange et nouveau pouvoir qu'on aurait pu appeler dictature de délation.

Les hauts meneurs des Jacobins étaient encore, à cette époque, Duport, Barnave et Lameth. Quel fut le grave censeur, l'homme irréprochable et pur, à qui ils firent confier ce pouvoir?... Qui le croirait? A l'auteur des *Liaisons dangereuses*, à l'agent connu du duc d'Orléans, à Choderlos de Laclos. — C'est lui qui, dans l'ombre même du Palais-Royal, à la porte de son maître, cour des Fontaines, publiait chaque semaine ce recueil d'accusations, sous le titre peu exact de *Journal des Amis de la constitution;* peu exact, car alors il ne donnait nullement les débats de la société de Paris, semblait en faire un mystère; il publiait *seulement les lettres qu'elle recevait* des sociétés de province, lettres pleines d'accusations collectives et anonymes ; à quoi Laclos ajoutait quelque article, insignifiant d'abord, puis naïvement orléaniste, de sorte que, pendant sept mois (de novembre en juin), l'orléanisme courait la France sous le couvert respecté de la société jacobine. Cette grande machine populaire, détournée de son usage, jouait au profit de la royauté possible.

Les meneurs des Jacobins n'auraient pas fait sans doute cette étrange transaction, si les secours pécuniaires des Orléanistes ne leur eussent été indispensables dans les mouvements de Paris. La cour, qui voyait tout trop tard, commença à regretter de n'avoir fait aucun pas vers ces hommes dangereux. Elle s'adressa d'abord à la vanité bien connue de Barnave (décembre 1790), plus tard aux Lameth (avril 1791). Elle demanda des conseils à Barnave[1]. Elle en demandait à Mirabeau, à Bergasse, à tout le monde, et elle trompait tout le monde, n'écoutant, comme on verra, que Breteuil, le conseiller de la fuite, de la guerre civile et de la vengeance.

Le public n'était pas dans le secret de toutes ces vilaines intrigues. Mais, d'instinct, il les sentait. De quelque côté qu'il se tournât, il ne voyait rien

---

1. *Mémoires de Mirabeau*, VIII, 362.

de sûr, nul homme qui donnât confiance. Des tribunes de l'Assemblée et de celle des Jacobins il regardait, il cherchait une figure d'honnêteté et de probité. Dans celles même de ses défenseurs, les unes ne disaient qu'intrigues, fatuité, insolence, les autres que corruption.

Une seule figure rassurait et disait : « Je suis honnête[1]. » L'habit le disait aussi, le geste le disait aussi. Les discours n'étaient que morale, intérêt du peuple, les principes, toujours les principes. L'homme n'était pas amusant, la personne était sèche et triste, aucunement populaire, mais plutôt académique, en un sens même aristocratique, par la propreté extrême, le soin, la tenue. Nulle amitié, nulle familiarité ; même les anciens camarades de collège étaient tenus à distance.

Malgré toutes ces circonstances peu propres à populariser, le peuple a tellement faim et soif du droit que l'orateur des principes, l'homme du droit absolu, l'homme qui professait la vertu, et dont la figure sérieuse et triste en semblait l'image, devint le favori du peuple. Plus il était mal vu de l'Assemblée, plus il était goûté des tribunes. Il s'adressa de plus en plus à cette seconde assemblée, qui, d'en haut, planait sur les délibérations, se croyait en réalité supérieure, et comme Peuple, comme

---

[1]. Sa figure, qui fut toujours triste, n'avait pas à cette époque l'aspect fantasmagorique et sinistre qu'elle prit plus tard. Un beau médaillon qui subsiste (de Houdon ou de son école, en possession de M. Lebas) indique, s'il est fidèle, l'amour du bien, la rectitude, seulement une tension forte et peut-être ambitieuse.

Souverain, réclamait le droit d'intervenir et sifflait ses délégués.

A plus forte raison devait-il prendre ascendant aux Jacobins. D'abord il y était merveilleusement assidu, laborieux, toujours sur la brèche, parlant sur tout et toujours. Auprès des assemblées comme auprès des femmes, l'assiduité sera toujours le premier mérite. Beaucoup se lassèrent, s'ennuyèrent, désertèrent le club. Robespierre ennuyait parfois, mais ne s'ennuyait jamais. Les anciens partirent, Robespierre resta ; d'autres vinrent en grand nombre et ils trouvèrent Robespierre. Ceux-ci, non députés encore, ardents, impatients d'arriver aux affaires publiques, formaient déjà en quelque sorte l'Assemblée de l'avenir.

Robespierre n'avait point l'audace politique, le sentiment de la force qui fait qu'on prend autorité. Il n'avait pas davantage le haut essor spéculatif, il suivait de trop près ses maîtres, Rousseau et Mably. Il lui manquait enfin la connaissance variée des hommes et des choses, il connaissait peu l'histoire, peu le monde européen.

En revanche, il eut, entre tous, la volonté persévérante, un travail consciencieux, admirable, qui ne se démentit jamais.

De plus, au premier pas même, cet homme qu'on croyait tout principes, tout abstractions, eut une entente vraie de la situation. Il sut parfaitement (ce que ne surent ni Sieyès ni Mirabeau) *où était la force*, où il fallait la chercher.

Les forts veulent faire la force, la créer d'eux-mêmes. Les politiques vont la chercher où elle est.

Il y avait deux forces en France, deux grandes associations : l'une éminemment révolutionnaire, *les Jacobins;* — l'autre, qui, profitant de la Révolution, semblait lui pouvoir être aisément conciliée : je parle du *clergé inférieur*, une masse de quatre-vingt mille prêtres.

C'était l'opinion générale. On n'examinait pas si, moralement, en toute sincérité, l'idée même du christianisme peut être accordée avec celle de la Révolution.

Robespierre, jugeant la chose en politique, ne chercha pas dans l'approfondissement du principe nouveau une forme d'association nouvelle. Il prit ce qui existait et crut que celui qui aurait les Jacobins et les prêtres serait bien près d'avoir tout.

La manière très simple et très forte de rattacher le prêtre à la Révolution, c'était de le marier. Robespierre en fit la proposition le 30 mai 1790. Sa voix fut étouffée par deux fois. L'Assemblée entière parut unanime pour ne point entendre. La gauche, selon toute apparence, ne voulut pas laisser prendre à Robespierre cette grande initiative. Chose remarquable et qu'on ne peut attribuer qu'à l'influence jalouse des hauts meneurs jacobins, les journaux furent d'accord pour ne point imprimer[1], comme

---

1. Perlet en parle, et quelques autres; mais on n'en trouve nulle mention dans les principaux journaux, ni dans les *Révolutions de Paris*, ni dans les *Révolutions de France et de Brabant*, ni dans le *Courrier de Provence*, ni

l'Assemblée l'avait été pour n'écouter point. Le retentissement n'en fut pas moins très grand dans le clergé. Des milliers de prêtres écrivirent à Robespierre leur vive reconnaissance. Il reçut en un mois pour mille francs de lettres, et des vers en toute langue, des poèmes entiers, de cinq cents, sept cents, quinze cents vers, en latin, en grec, en hébreu.

Robespierre continua de parler pour le Clergé [1]. Le 16 juin 1790, il demanda que l'Assemblée pourvût à la subsistance des ecclésiastiques de soixante-dix ans qui n'avaient ni bénéfices ni pensions. Le 16 septembre, il réclama pour certains ordres religieux, que l'Assemblée avait à tort comptés parmi les Mendiants. Bien tard encore, le 19 mars 1791, en pleine guerre ecclésiastique, lorsque le clergé inférieur, entraîné par les évêques, laissait bien peu d'espoir qu'on pût le concilier à l'esprit de la Révolution, Robespierre réclama contre les mesures de sévérité qu'on voulait prendre ; il dit qu'il serait absurde de faire une loi spéciale *contre les discours*

---

dans le *Point du jour*, ni dans l'*Ami du peuple*, ni dans le *Moniteur* (ni dans l'*Histoire parlementaire*, qui suit très docilement le *Moniteur*, ici et ailleurs, par exemple dans l'erreur volontaire du *Moniteur*, relativement à la générosité prétendue du Clergé dans la nuit du 4 août. (Voir mon premier volume.) M. Villiers raconte que Robespierre fut sensible aux nombreux remerciements en vers qu'il reçut. Dînant avec M. Villiers, il lui dit : « On prétend qu'il n'y a plus de poètes ; vous voyez que moi, j'en sais faire. »

1. Une seule fois il lui parut contraire, mais dans une occasion où il était impossible de lui être favorable, lorsqu'un député prêtre demandait que les ecclésiastiques fussent élus par les ecclésiastiques. Les excepter de la règle universelle, l'élection par le peuple, c'eût été les reconstituer comme corps.

factieux des prêtres, qu'on ne pouvait sévir contre personne pour des discours.

Il s'avançait là beaucoup, donnait forte prise. Quelqu'un de la gauche lui lança ce trait : *Passez du côté droit!* Il sentit le coup, s'arrêta, réfléchit, devint prudent. Il se serait compromis s'il eût continué aux prêtres ce patronage, dans l'état où les choses étaient venues. Il durent savoir cependant, et bien se tenir pour dit que, si la Révolution s'arrêtait jamais, ils trouveraient un protecteur dans ce politique.

Les Jacobins, par leur esprit de corps qui alla toujours croissant, par leur foi ardente et sèche, par leur âpre curiosité inquisitoriale, avaient quelque chose du prêtre. Ils formèrent, en quelque sorte, un clergé révolutionnaire. Robespierre, peu à peu, est le chef de ce clergé.

Il montra, dans ce rôle, une remarquable prudence, prit peu d'initiative, exprima les Jacobins et fut leur organe, ne les devança jamais. On le voit spécialement pour la question de la royauté. L'unanimité des cahiers envoyés aux États généraux faisait croire aux Jacobins que la France était royaliste. Donc Robespierre voulait un roi; non pas un roi *représentant* du peuple, comme le voulait Mirabeau, mais *délégué du peuple et commis* par lui, par conséquent responsable. Il admettait, comme presque tout le monde alors, cette vaine hypothèse d'un roi qu'on tiendrait à la chaîne, garrotté et muselé, qui ne mordrait pas sans doute, mais qui, serré à ce point, serait inerte à coup sûr, inutile, plutôt nuisible.

Les Jacobins étaient alors, comme le croyait Barnave, et ils ont presque toujours été relativement, même dans le mouvement le plus violent de la Révolution, une société d'équilibre.

Robespierre disait en parlant du Cordelier Desmoulins (et à plus forte raison des autres Cordeliers, plus impétueux encore) : « Ils vont trop vite, ils se casseront le col ; Paris n'a pas été fait en un jour ; il faut plus d'un jour pour le défaire. »

L'audace et la grande initiative furent aux Cordeliers.

CHAPITRE VI

LES CORDELIERS.

Histoire révolutionnaire du couvent des Cordeliers. — Individualités énergiques du club des Cordeliers. — Leur foi au peuple. — Leur impuissance d'organisation. — Irritabilité de Marat. — Les Cordeliers sont jeunes encore en 1790. — Ivresse de ce moment. — Aspect intérieur du club des Cordeliers. — Camille Desmoulins contre Marat. — Théroigne aux Cordeliers. — Anacharsis Clootz. — Double esprit des Cordeliers. — L'un des portraits de Danton.

Presque en face de l'École de Médecine, regardez, au fond d'une cour, cette chapelle d'un style grave et fort. C'est l'antre sibyllin de la Révolution, le club des Cordeliers. Là elle eut son délire, son trépied, son oracle. Basse et pourtant appuyée sur des contreforts massifs, une telle voûte doit être éternelle : elle a entendu sans s'écrouler la voix de Danton.

Aujourd'hui triste musée de chirurgie, parée de savantes horreurs, elle en cache d'autres plus choquantes. Sa partie postérieure recèle des salles obscures où, sur les marbres noirs, on dissèque les cadavres.

L'hospice voisin et la chapelle étaient originairement le réfectoire des Cordeliers et leur école fameuse, la capitale des Mystiques, où vint étudier leur rival même, le Jacobin saint Thomas. Entre les deux s'élevait leur église, immense et sombre nef pleine de marbres funéraires. Tout cela est aujourd'hui détruit. L'église souterraine, qui s'étendait au-dessous, recéla quelque temps l'imprimerie de Marat.

Bizarre fatalité des lieux! cette enceinte appartenait à la Révolution depuis le treizième siècle, et toujours à son génie le plus excentrique. Cordeliers et Cordeliers, Mendiants et Sans-Culottes, il n'y a pas autant qu'on croirait de différence. La dispute religieuse et la dispute politique, l'école du Moyen-âge et le club de 1790 sont opposés par la forme beaucoup plus que par l'esprit.

Qui a bâti cette chapelle? La Révolution elle-même, en l'an 1240. Elle porte ici le premier coup au monde féodal, qu'elle doit achever la nuit du 4 Août.

Observez bien ces murs, qui semblent construits d'hier : n'ont-ils pas l'air d'être aussi fermes que la justice de Dieu? Et c'est en effet un grand coup de justice révolutionnaire qui les a fondés. Ce grand justicier saint Louis donna le premier exemple de punir un crime sur un haut baron, le sire de Coucy. De l'amende qu'il en tira, le roi-moine (Cordelier lui-même) bâtit l'école et l'église des Cordeliers.

École révolutionnaire. C'est là que, vers 1300, retentit la dispute de l'*Évangile éternel*, et qu'on posa la question : « Christ est-il passé? »

Ce lieu vraiment prédestiné vit, en 1357, quand le roi et la noblesse furent battus et prisonniers, la première Convention qui sauva la France. Le Danton du quatorzième siècle, Étienne Marcel, prévôt de Paris, y fit créer par les États une quasi république, envoya de là dans les provinces les tout-puissants députés pour organiser la réquisition; et l'audace croissant par l'audace, il arma le peuple d'un mot, d'un mémorable décret qui confiait au peuple même la garde de la paix publique : « Si les seigneurs se font la guerre, les bonnes gens leur courront sus. »

Étrange, prodigieux retard, qu'il ait fallu encore quatre siècles pour atteindre 1789 !

La foi des anciens Cordeliers, éminemment révolutionnaire, fut l'inspiration, l'illumination des simples et des pauvres. Ils firent de la pauvreté la première vertu chrétienne; ils en poussèrent l'ambition à un degré incroyable, jusqu'à se laisser brûler plutôt que de rien changer à leur robe de Mendiants. Véritables Sans-Culottes du Moyen-âge pour la haine de la propriété, ils dépassèrent leurs successeurs du club des Cordeliers et toute la Révolution, sans en excepter Babeuf.

Nos Cordeliers révolutionnaires ont, comme ceux du Moyen-âge, une foi absolue dans l'instinct des simples; seulement, au lieu d'illumination divine, ils l'appellent raison populaire.

Leur génie, tout à fait instinctif et spontané, tantôt inspiré, tantôt *possédé*, les sépare profondément de l'enthousiasme calculé, du sombre et froid fanatisme qui caractérise les Jacobins.

Les Cordeliers, à l'époque où nous sommes, étaient une société bien plus populaire. Chez eux n'existait pas la division des Jacobins entre l'Assemblée des hommes politiques et la société fraternelle où venaient les ouvriers. Nulle trace non plus aux Cordeliers du *Sabbat* ou comité directeur. Nulle d'un journal commun au club (sauf un essai passager). On ne peut comparer, au reste, les deux sociétés. Les Cordeliers étaient un club de Paris. Les Jacobins, une immense association qui s'étendait sur la France. Mais Paris vibrait, remuait, aux fureurs des Cordeliers. Paris une fois en branle, les révolutionnaires politiques étaient bien obligés de suivre.

L'individualité fut très forte aux Cordeliers. Leurs journalistes, Marat, Desmoulins, Fréron, Robert, Hébert, Fabre d'Églantine, écrivent chacun pour lui. Danton, le tout-puissant parleur, ne voulut jamais écrire. En revanche, Marat, Desmoulins, qui bégayaient ou grasseyaient, ne faisaient guère qu'écrire, parlaient rarement.

Toutefois, avec ces différences, cet instinct d'individualité, il y avait, ce semble, entre eux un lien très fort et comme un aimant commun. Les Cordeliers formaient une sorte de tribu; tous demeuraient autour du club : Marat, même rue, presque en face, à la tourelle ou auprès; Desmoulins et Fréron, ensemble, rue de l'Ancienne-Comédie; Danton, passage du Commerce; Clootz, rue Jacob; Legendre, rue des Boucheries-Saint-Germain, etc.

L'honnête boucher Legendre, un des orateurs du club, est une des originalités de la Révolution. Illettré, ignorant, il n'en parlait pas moins bravement parmi les savants et les gens de lettres, sans regarder s'ils souriaient; homme de cœur entre tous, malgré ses paroles furieuses, bon homme dans ses moments lucides. L'adieu déchirant qu'il prononça sur la tombe de Loustalot dépasse de bien loin tout ce que dirent les journalistes, sans en excepter Desmoulins.

Ce fut l'originalité des Cordeliers d'être, de rester toujours mêlés au peuple, de parler les portes ouvertes, de communiquer sans cesse avec la foule. Tels d'entre eux qui avaient toujours vécu la vie recluse et sédentaire du savant, du littérateur, établirent leur cabinet dans la rue, travaillèrent en pleine foule, écrivirent sur une borne. Jetant les livres, ils ne lurent plus qu'au grand livre, qui, sous leurs yeux, chaque jour, s'écrivait en traits de feu.

Ils crurent au peuple, eurent foi à l'instinct du peuple. Ils mirent au service de cette foi, pour se la justifier à eux-mêmes, beaucoup d'esprit, beaucoup de cœur. Rien de plus touchant, par exemple, que de voir, au carrefour de l'Odéon et de la Comédie-Française, ce charmant esprit, Desmoulins, se mêlant aux maçons, aux charpentiers qui philosophaient le soir, causer avec eux de théologie, justement comme] eût fait Voltaire, et, ravi de leur esprit, s'écrier : « Ce sont des Athéniens ! »

Cette foi au peuple fit que les Cordeliers furent tout-puissants sur le peuple. Ils eurent les trois forces révolutionnaires, et comme les trois traits de la foudre : la parole vibrante et tonnante, la plume acérée, l'inextinguible fureur, — Danton, Desmoulins, Marat.

Ils trouvèrent là une force, mais aussi une faiblesse, l'impossibilité d'organisation. Le peuple leur parut entier dans chaque homme. Ils placèrent le droit absolu du Souverain dans une ville, une section, un simple club, un citoyen. Tout homme aurait été investi d'un veto contre la France. Pour mieux rendre le peuple libre, ils le soumettaient à l'individu.

Marat, tout furieux et aveugle qu'il était, semble avoir senti le danger de cet esprit anarchique. De bonne heure il proposait la dictature d'un tribun militaire, plus tard la création de trois inquisiteurs d'État. Il semblait envier l'organisation de la société jacobine. En décembre 1790, il proposait d'instituer, sans doute à l'instar de cette société, une confrérie de surveillants et délateurs, pour épier, dénoncer les agents du Gouvernement. Cette idée n'eut pas de suite. Marat fut à lui seul son inquisition. De toute part on lui envoyait des délations, des plaintes, justes ou non, fondées ou non. Il croyait tout, imprimait tout.

Fabre d'Églantine a dit : « La sensibilité de Marat. »

Et ce mot a étonné ceux qui confondent la sensibilité avec la bonté, ceux qui ignorent que la sensibilité exaltée peut devenir furieuse. Les femmes ont des moments de sensibilité cruelle. Marat, pour le tempérament, était femme et plus que femme, très nerveux et très sanguin. Son médecin, M. Bourdier, lisait son journal, et, quand il le voyait plus sanguinaire qu'à l'ordinaire « et tourner au rouge », il allait saigner Marat[1].

Le passage violent, subit, de la vie d'étude au mouvement révolutionnaire lui avait porté au cerveau et l'avait rendu comme ivre. Ses contrefacteurs, ses imitateurs, qui prenaient son nom, son titre, en lui prêtant leurs opinions, ne contribuaient pas peu à augmenter sa fureur. Il ne s'en fiait à personne pour les poursuivre; lui-même, il allait à la chasse de leurs colporteurs, les guettait au coin des rues, parfois les prenait la nuit. La police, de son côté, cherchait Marat pour le prendre. Il fuyait où il pouvait. Dans sa vie pauvre, misérable, dans sa reclusion forcée, il devenait de plus en plus nerveux, irritable; parmi des mouvements violents d'indignation, de compassion pour le peuple, il soulageait sa sensibilité furieuse par des accusations atroces, des vœux de massacres, des conseils d'assassinat. Ses défiances croissant toujours, le nombre des coupables, des victimes nécessaires augmentant dans

---

[1]. C'est ce que M. Bourdier lui-même a raconté à M. Serres, notre illustre physiologiste.

son esprit, l'Ami du peuple en serait venu à exterminer le peuple.

En présence de la nature et de la douleur, Marat devenait très faible; il ne pouvait, dit-il, voir souffrir un insecte, mais seul, avec son écritoire, il eût anéanti le monde.

Quelques services qu'il ait rendus à la Révolution par sa vigilance inquiète, son langage meurtrier et la légèreté habituelle de ses accusations eurent une déplorable influence. Son désintéressement, son courage, donnèrent autorité à ses fureurs; il fut un funeste précepteur du peuple, lui faussa le sens, le rendit souvent faible et furieux, à l'image de Marat.

Du reste, cette créature étrange, exceptionnelle, ne peut faire juger des Cordeliers en général. Aucun d'eux, pris à part, ne fait connaître les autres. Il faut les voir réunis à leurs séances du soir, fermentant, bouillonnant ensemble au fond de leur Etna. J'essayerai de vous y conduire. Allons, que votre cœur ne se trouble pas. Donnez-moi la main.

Je veux les prendre au jour même où éclate, triomphe, chez eux, leur génie d'audace et d'anarchie, le jour où, opposant leur veto aux lois de l'Assemblée nationale, ils ont déclaré que « sur leur territoire » la presse est et sera indéfiniment libre, et qu'ils défendront Marat.

Saisissons-les à cette heure. Le temps va vite, ils changeront. Ils ont encore quelque chose de leur nature primitive. Qu'un an passe seulement, nous ne les reconnaîtrons plus. Regardons-les aujourd'hui. Du reste, n'espérons pas fixer définitivement les images de ces ombres, elles passent, elles coulent; nous aussi qui suivons leur destinée, un torrent nous emporte, orageux, trouble, tout à l'heure chargé de boue et de sang.

Je veux les voir aujourd'hui. Ils sont jeunes encore en 1790, relativement, du moins, aux siècles qui vont s'entasser sur eux avant 1794.

Oui, Marat même est jeune en ce moment. Avec ses quarante-cinq ans, sa longue et triste carrière, brûlée de travail, de passions, de veilles, il est jeune de vengeance et d'espoir. Ce médecin sans malades prend la France pour malade, il la saignera. Ce physicien méconnu foudroiera ses ennemis[1]. L'Ami du peuple espère venger le peuple et lui-même, tous deux maltraités, méprisés... Mais leur jour commence. Rien n'arrêtera Marat; il fuira, se cachera, il portera de cave en cave sa plume et sa presse. Il ne verra plus le jour. Dans cette sombre existence, une femme s'obstine à le suivre, la femme de son imprimeur, qui a quitté son mari pour se faire la compagne de cet être hors la nature, hors la loi, hors le soleil. Sale, hideux, pauvre, elle le soigne; elle préfère à tout d'être, au fond de la terre, la servante de Marat.

---

1. J'approfondirai ce caractère. Je ne donne ici qu'un Marat extérieur, Marat comme Cordelier, Marat en 1790. Je vais au chapitre IX montrer comment le terroriste scientifique qui croyait tuer Newton, Franklin, Voltaire, devint le terroriste politique. Je donnerai plus tard l'exterminateur de 1793.

Généreux instinct des femmes! C'est lui aussi qui, à ce moment, donne à Camille Desmoulins sa charmante et désirée Lucile. Il est pauvre, il est en péril, voilà pourquoi elle le veut. Les parents auraient vu volontiers leur fille prendre un nom moins compromis; mais c'est justement le danger qui tentait Lucile. Elle lisait tous les matins ces feuilles ardentes, pleines de verve et de génie, ces feuilles satiriques, éloquentes, inspirées des hasards du jour et pourtant marquées d'immortalité. La vie, la mort avec Camille, elle embrassa tout, elle arracha le consentement paternel; et, elle-même, riant, pleurant, elle lui apprit son bonheur.

Bien d'autres firent comme Lucile. Plus l'avenir était incertain, plus l'on voyait l'horizon se charger d'orages, plus ceux qui s'aimaient avaient hâte de s'unir, d'associer leur sort, de courir les mêmes chances, de placer, jouer la vie sur une même carte, un même dé!

Moment ému, trouble, mêlé d'ivresse comme les veilles de bataille, d'un spectacle plein d'intérêt, amusant, terrible.

Tout le monde le sentait en Europe. Si beaucoup de Français partaient, beaucoup d'étrangers venaient; ils s'associaient de cœur à toutes nos agitations, ils venaient épouser la France. Et dussent-ils y mourir, ils l'aimaient mieux que vivre ailleurs; au moins, s'ils mouraient ici, ils étaient sûrs d'avoir vécu.

Ainsi le spirituel et cynique Allemand Anacharsis Clootz, philosophe nomade (comme son homonyme le Scythe), qui mangeait ses cent cinquante mille livres de rentes sur les grands chemins de l'Europe, s'arrêta, se fixa ici, ne put s'en détacher que par la mort. Ainsi l'Espagnol Gusman, grand d'Espagne, se fit sans-culotte, et, pour rester toujours plongé dans cette atmosphère d'émeute qui faisait sa jouissance, il s'établit dans un grenier, au fond du faubourg Saint-Antoine.

Mais à quoi donc m'arrêté-je? Arrivons aux Cordeliers.

Quelle foule! Pourrons-nous entrer? Citoyens, un peu de place; camarades, vous voyez bien que j'amène un étranger... Le bruit est à rendre sourd; en revanche, on n'y voit guère; ces fumeuses petites lumières semblent là pour faire voir la nuit. Quel brouillard sur cette foule! L'air est dense de voix et de cris...

Le premier coup d'œil est bizarre, inattendu. Rien de plus mêlé que cette foule, hommes bien mis, ouvriers, étudiants (parmi ces derniers, remarquez Chaumette), des prêtres même, des moines; à cette époque, plusieurs des anciens Cordeliers viennent, au lieu même de leur servitude, savourer la liberté. Les gens de lettres abondent. Voyez-vous l'auteur du *Philinte*, Fabre d'Églantine; cet autre, à tête noire, c'est le républicain Robert, journaliste qui vient d'épouser une journaliste, Mlle Kéralio. Cette figure si vulgaire, c'est le futur Père Duchesne. A côté, l'imprimeur patriote, Momoro, l'époux de la jolie femme qui deviendra un jour la Déesse de la Raison... Cette pauvre Raison, hélas! périra avec Lucile... Ah! s'ils avaient tous ici connaissance de leur sort!

Mais qu'est-ce qui préside là-bas? Ma foi, l'épouvante elle-même... Terrible figure que ce Danton! Un cyclope? un dieu d'en bas?... Ce visage effroyablement brouillé de petite vérole, avec ses petits yeux obscurs, a l'air d'un ténébreux volcan... Non, ce n'est pas là un homme, c'est l'élément même du trouble; l'ivresse et le vertige y planent, la fatalité... Sombre génie, tu me fais peur! Dois-tu sauver, perdre la France?

Voyez, il a tordu sa bouche; toutes les vitres ont frémi.

« La parole est à Marat! »

Quoi! c'est là Marat? Cette chose jaune, verte d'habit, ces yeux gris jaune, si saillants!... C'est au genre batracien qu'elle appartient à coup sûr, plutôt qu'à l'espèce humaine [1]. De quel marais nous arrive cette choquante créature?

Ses yeux pourtant sont plutôt doux. Leur brillant, leur transparence, l'étrange façon dont ils errent, regardant sans regarder, feraient croire qu'il y a là un visionnaire, à la fois charlatan et dupe, s'attribuant la seconde vue, un prophète de carrefour, vaniteux, surtout crédule, croyant tout, croyant sur-

---

1. Le seul portrait sérieux de Marat est celui de Bœze. Ceux de David ont peu de ressemblance. On peut consulter aussi le plâtre pris sur le mort (quoique peut-être il ait été un peu corrigé), et le buste qui était aux Cordeliers (collection de M. le colonel Maurin).

tout ses propres mensonges, toutes les fictions involontaires auxquelles le porte sans cesse l'esprit d'exagération. Ses habitudes d'empirique lui donnent ce tour d'esprit. Le *crescendo* sera terrible; il faut qu'il trouve ou qu'il invente, que de sa cave il puisse crier un miracle au moins par jour, qu'il mène ses abonnés tremblants de trahison en trahison, de découverte en découverte, d'épouvante en épouvante

Il remercie l'assemblée.

Puis sa figure s'illumine. Grande, terrible trahison! nouveau complot découvert!... Voyez comme il est heureux de frémir et de faire frémir!... Voyez comme la vaniteuse et crédule créature s'est transformée!... Sa peau jaune luit de sueur.

« La Fayette a fait fabriquer dans le faubourg Saint-Antoine quinze mille tabatières qui, toutes, portent son portrait... Il y a là quelque chose... Je prie les bons citoyens qui pourront s'en procurer de les briser. On trouvera, j'en suis sûr, le mot même du grand complot[1]. »

Plusieurs rient. D'autres trouvent qu'il y a lieu de s'enquérir, que la chose en vaut la peine.

Marat, se rembrunissant : « J'avais dit, il y a trois mois, qu'il y avait six cents coupables, que six cents bouts de corde en feraient l'affaire. Quelle erreur!...

---

1. *Ami du peuple*, n° 319, 23 décembre 1790. — La crédulité de Marat éclate partout. Au n° 320, Louis XVI pleure à chaudes larmes des sottises que lui fait faire l'Autrichienne. Au n° 321, la reine a donné tant de cocardes blanches que le ruban blanc a enchéri de trois sous l'aune : la chose est sûre, Marat la tient d'une fille de la Bertin (marchande de modes de la reine), etc.

Nous ne nous en tirerons pas maintenant à moins de vingt mille. »

Violents applaudissements.

Marat commençait à être une idole pour le peuple, un fétiche. Dans la foule des délations, des prédictions sinistres dont il remplissait ses feuilles, plusieurs avaient rencontré juste et lui donnaient le renom de voyant et de prophète. Déjà trois bataillons de la garde parisienne lui avaient arrangé un petit triomphe, qui n'aboutit pas, promenant dans les rues son buste couronné de lauriers. Son autorité n'était pas arrivée au degré terrible qu'elle atteignit en 1793. Desmoulins, qui ne respectait pas plus les dieux que les rois, riait parfois du dieu Marat autant que du dieu La Fayette.

Sans égard à l'enthousiasme délirant de Legendre, qui, les yeux, l'oreille, la bouche démesurément ouverts, humait, admirait, croyait, sans remarquer sa fureur contre toute interruption, le hardi petit homme apostropha familièrement le prophète : « Toujours tragique, ami Marat, hypertragique, tragicotatos ! Nous pourrions te reprocher, comme les Grecs à Eschyle, d'être un peu trop ambitieux de ce surnom... Mais non, tu as une excuse ; ta vie errante aux catacombes, comme celle des premiers chrétiens, allume ton imagination... Là, dis-nous bien sérieusement, ces dix-neuf mille quatre cents têtes, que tu ajoutes par forme d'amplification aux six cents de l'autre jour, sont-elles vraiment indispensables ? N'en rabattras-tu pas d'une ?... Il ne faut pas faire avec plus ce qu'on peut faire avec moins. — J'aurais cru que trois ou quatre têtes à panache, roulant aux pieds de la Liberté, suffiraient au dénouement. »

Les Maratistes rugissaient. Mais un bruit se fait à la porte, qui les empêche de répondre, un murmure flatteur, agréable... Une jeune dame entre et veut parler... Comment! ce n'est pas moins que Mlle Théroigne, la belle amazone de Liège! Voilà bien sa redingote de soie rouge, son grand sabre du 5 octobre. L'enthousiasme est au comble. « C'est la reine de Saba, s'écrie Desmoulins, qui vient visiter le Salomon des districts. »

Déjà elle a traversé toute l'assemblée d'un pas léger de panthère, elle est montée à la tribune. Sa jolie tête inspirée, lançant des éclairs, apparaît entre les sombres figures apocalyptiques de Danton et de Marat.

« Si vous êtes vraiment des Salomons, dit Théroigne, eh bien, vous le prouverez, vous bâtirez le Temple, le temple de la liberté, le palais de l'Assemblée nationale... Et vous le bâtirez sur la place où fut la Bastille.

« Comment! tandis que le pouvoir exécutif habite le plus beau palais de l'univers, le pavillon de Flore et les colonnades du Louvre, le pouvoir législatif est encore campé sous les tentes, au Jeu de paume, aux Menus, au Manège, comme la colombe de Noé, qui n'a point où poser le pied?

« Cela ne peut rester ainsi. Il faut que les peuples, en regardant les édifices qu'habiteront les deux pouvoirs, apprennent, par la vue seule, où réside le vrai souverain. Qu'est-ce qu'un souverain sans palais, un dieu sans autel? Qui reconnaîtra son culte?

« Bâtissons-le, cet autel. Et que tous y contribuent, que tous apportent leur or, leurs pierreries (moi, voici les miennes). Bâtissons le seul vrai temple. Nul autre n'est digne de Dieu que celui où fut prononcée la *Déclaration des droits de l'homme*. Paris, gardien de ce temple, sera moins une cité que la patrie commune à toutes, le rendez-vous des tribus, leur Jérusalem! »

« La Jérusalem du monde! » s'écrient des voix enthousiastes. Une véritable ivresse avait saisi toute la foule, un ravissement extatique. Si les anciens Cordeliers, qui, sous les mêmes voûtes, avaient jadis donné carrière à leurs mystiques élans, étaient revenus ce soir, ils se seraient toujours crus chez eux, reconnus. Croyants et philosophes, disciples de Rousseau, de Diderot, d'Holbach, d'Helvétius, tous, malgré eux, prophétisaient.

L'Allemand Anacharsis Clootz était ou se croyait athée, comme tant d'autres, en haine des maux qu'ont faits les prêtres. (*Tantum relligio potuit suadere malorum!*) Mais avec tout son cynisme et son ostentation de doute, l'homme du Rhin, le compatriote de Beethoven, vibrait puissamment à toutes les émotions de la religion nouvelle. Les plus sublimes paroles qu'inspira la grande Fédération sont une lettre de Clootz à Mme de Beauharnais. Nul aussi n'en trouva de plus étrangement belles sur l'unité future du monde. Son accent, sa lenteur allemande, la sérénité souriante, la béatitude d'un fol de génie qui se moque un peu de lui-même, mêlaient l'amusement à l'enthousiasme.

« Et pourquoi donc la nature aurait-elle placé Paris à distance égale du pôle et de l'équateur, sinon pour être le berceau, le chef-lieu de la confédération générale des hommes? Ici s'assembleront les États généraux du monde... Cela n'est pas si loin qu'on croit, j'ose le prédire; que la Tour de Londres s'écroule, comme celle de Paris, et c'en est fait des tyrans. L'oriflamme des Français ne peut flotter sur Londres et Paris sans faire le tour du globe... Alors il n'y aura plus ni provinces, ni armées, ni vaincus, ni vainqueurs... On ira de Paris à Pékin comme de Bordeaux à Strasbourg; l'Océan, ponté de navires, unira ses rivages. L'Orient et l'Occident s'embrasseront au champ de la Fédération. Rome fut la métropole du monde par la guerre, Paris le sera par la paix... Oui, plus je réfléchis, plus je conçois la possibilité d'une nation unique, la facilité qu'aura l'assemblée universelle, séant à Paris, pour mener le char du genre humain. Émules de Vitruve, écoutez l'oracle de la raison : si le civisme échauffe votre génie, vous saurez bien nous faire un temple pour contenir tous les représentants du monde. Il n'en faut guère plus de dix mille. »

« Les hommes seront ce qu'ils doivent être, quand chacun pourra dire : « Le monde est ma patrie, le monde est à moi. » Alors plus d'émigrants. La nature est une, la société est une. Les forces divisées se heurtent; il en est des nations comme des nuages qui s'entre-foudroient nécessairement. »

« Tyrans, vos trônes vont s'écrouler sous vous. Exécutez-vous donc vous-mêmes. On vous fera grâce de la misère et de l'échafaud... Usurpateurs de la souveraineté, regardez-moi en face... Est-ce que vous ne voyez pas votre sentence écrite aux murs de l'Assemblée nationale ?... Allons, n'attendez pas la fusion des sceptres et des couronnes, venez au-devant d'une révolution qui délivre les rois des embûches des rois, les peuples de la rivalité des peuples. »

« Vivat Anacharsis! s'écria Desmoulins. Ouvrons avec lui les cataractes du ciel. Ce n'est rien que la raison ait noyé le despotisme en France; il faut qu'elle inonde le globe, que tous les trônes des rois et des lamas, arrachés de leurs fondements, nagent dans ce déluge... Quelle carrière, de Suède au Japon !... La Tour de Londres branle... Un innombrable club de Jacobins d'Irlande a eu, pour première séance, une insurrection. Au train que prennent les choses, je ne placerais pas un schelling sur les biens du clergé anglican. Quant à Pitt, c'est un homme lanterné, à moins qu'il ne prévienne par la démission de sa place la démission de sa tête, que John Bull va lui demander... On commence à pendre les inquisiteurs sur le Mançanarez; la liberté souffle fort de la France au Midi; c'est tout à l'heure qu'on pourra dire : « Il n'y a plus de Pyrénées. »

« Clootz vient de me transporter par les cheveux, comme l'ange fit au prophète Habacuc, sur les hauteurs de la politique. Je recule les barrières de la Révolution jusqu'aux extrémités du monde[1]... »

Telle est l'originalité des Cordeliers. Voltaire parmi les fanatiques! Car c'est un vrai fils de Voltaire que cet amusant Desmoulins. On est tout surpris de le voir dans ce pandémonium. Bon sens, raison, vives saillies, dans cette bizarre assemblée, où l'on dirait qu'ensemble siègent nos prophètes des Cévennes, les illuminés du long Parlement, les quakers à tête branlante... Les Cordeliers forment à vrai dire le lien des âges; leur génie, à la Diderot, tout ensemble sceptique et croyant, rappelle en plein dix-huitième siècle quelque chose du vieux mysticisme, où parfois brillent par éclairs des lueurs de l'avenir.

L'avenir! mais qu'il est trouble encore! comme il m'apparaît sombre, mêlé, sublime et fangeux à la fois, dans la face de Danton!

J'ai sous les yeux un portrait de cette personnification terrible, trop cruellement fidèle, de notre Révolution, un portrait qu'esquissa David, puis il le laissa,

---

[1]. Je n'ai pas besoin de dire que j'ai tiré tout ce chapitre des journaux de Marat et de Desmoulins, en rapprochant seulement ce qui est divisé et changeant à peine quelques mots. Desmoulins, après avoir exprimé son enthousiasme, demi-sérieux, demi-comique, pour les idées de Clootz, ajoute, pour mêler l'*utile dulci* : J'allais poser la plume, la surdité du peuple ingrat m'avait découragé. Je reprends l'espérance, je constitue mon journal en journal permanent... Nous invitons nos chers et aimés souscripteurs dont l'abonnement expire à le renouveler, non rue de Seine, mais chez nous, rue du Théâtre-Français, où nous continuerons de cultiver une branche de commerce inconnue jusqu'à ce jour, une manufacture de révolutions. »

effrayé, découragé, se sentant peu capable encore de peindre un pareil objet. Un élève consciencieux reprit l'œuvre, et simplement, lentement, servilement même, il peignit chaque détail, cheveu par cheveu, poil à poil, creusant une à une les marques de la petite vérole, les crevasses, montagnes et vallées de ce visage bouleversé.

L'effet est le débrouillement pénible, laborieux, d'une création vaste, trouble, impure, violente, comme quand la nature tâtonnait encore, sans pouvoir se dire au juste si elle ferait des hommes ou des monstres; moins parfaite, mais plus énergique, elle marquait d'une main terrible ses gigantesques essais.

Mais combien les plus discordantes créations de la nature sont pacifiées et d'accord, en comparaison des discordes morales que l'on entrevoit ici!... J'y entends un dialogue sourd, pressé, atroce, comme d'une lutte de soi contre soi, des mots entrecoupés, que sais-je?

Ce qui épouvante le plus, c'est qu'il n'y a pas d'yeux; du moins on les voit à peine. Quoi! ce terrible aveugle sera guide des nations?... Obscurité, vertige, fatalité, ignorance absolue de l'avenir, voilà ce qu'on lit ici.

Et pourtant ce monstre est sublime. — Cette face presque sans yeux semble un volcan sans cratère, — volcan de fange ou de feu, — qui, dans sa forge fermée, roule les combats de la nature. — Quelle sera l'éruption?

C'est alors qu'un ennemi, terrifié de ses paroles, rendant hommage, dans la mort, au génie qui l'a frappé, le peindra d'un mot éternel : le Pluton de l'éloquence.

Cette figure est un cauchemar qu'on ne peut plus soulever, un mauvais songe qui pèse, et l'on y revient toujours. On s'associe machinalement à cette lutte visible des principes opposés ; on participe à l'effort intérieur, qui n'est pas seulement la bataille des passions, mais la bataille des idées, l'impuissance de les accorder ou de tuer l'une par l'autre. C'est un Œdipe dévoué, qui, possédé de son énigme, porte en soi, pour en être dévoré, le terrible sphynx [1].

---

[1]. Ce portrait (collection de M. de Saint-Albin) représente, selon moi, Danton en 1790 au moment où le drame se noue, Danton relativement jeune, dans une étonnante concentration de sang, de chair, de vie, de force. C'est Danton *avant*. — Un petit et merveilleux dessin de David, fait à la plume, dans une séance de nuit de la Convention, donne Danton *après*, Danton à la fin de 1793, les yeux bien ouverts alors, mais si cruellement creusés ! lançant la terreur, mais visiblement le cœur déchiré !... Personne ne verra ce dessin tragique sans un mouvement de douleur, sans s'écrier malgré soi : « Ah ! barbare ! ah ! infortuné !... » Entre ces deux solennels portraits, il y a deux croquis de David où on le voit de profil ; mais c'est un tel mystère de douleur et d'horreur que je ne veux pas en parler encore. Cela viendra assez tôt.

CHAPITRE VII

IMPUISSANCE DE L'ASSEMBLÉE. — REFUS DU SERMENT
(NOVEMBRE 1790 - JANVIER 1791).

Apparition des Jacobins futurs. — Les premiers Jacobins (Duport, Barnave, Lameth, etc.) voudraient enrayer. — Esprit rétrograde de l'Assemblée. — Mirabeau et les Lameth primés par Robespierre aux Jacobins, 21 novembre 1790. — Les Lameth se soutiennent par la guerre ecclésiastique. — Les prêtres provoquent la persécution. — On exige le serment des prêtres, 27 novembre 1790. — Sanction forcée du roi, 26 décembre 1790. — L'Assemblée ordonne en vain le serment immédiat, 4 janvier 1791. — Refus du serment dans l'Assemblée même.

Alexandre de Lameth raconte qu'au mois de juin 1790, une société patriotique l'invita à un banquet avec son frère, Duport et Barnave. Ce banquet de deux cents personnes, hommes et femmes, fut vraiment spartiate, et pour l'austérité patriotique et pour la frugalité. Les convives ayant pris place, le président se lève et prononce avec solennité le premier article de la *Déclaration des droits* : « Les hommes naissent et demeurent libres », etc. L'assemblée écouta dans un religieux silence, et le recueillement dura pendant tout le repas. Une bastille en relief était sur la table; au dessert, les vainqueurs de la Bastille qui se trouvaient parmi les convives tirent leurs sabres et, sans mot dire, mettent la bastille en pièces ; il en sort un enfant avec le bonnet de la liberté. Les dames placent des couronnes civiques sur la tête des députés patriotes, et le dîner finit comme il avait commencé : le président, pour oraison, prononce, dans la même gravité sombre, le second article de la *Déclaration des droits* : « Le but de toute association », etc.

Le président était le mathématicien Romme, alors gouverneur des princes Strogonoff. Il avait senti la liberté où on la sent bien : en Russie, il avait bu en plein esclavage la coupe de la Révolution. Ivre et froid en même temps, ce géomètre allait appliquer inflexiblement le nouveau principe, et, par une large soustraction de chiffres humains, en dégager l'inconnue. Immuable calculateur au sommet de la Montagne, il n'en descendit qu'au 2 prairial, pour s'enfoncer son compas dans le cœur.

Les Lameth se virent avec frémissement dans un monde tout nouveau. Les nobles et élégants Jacobins de 1789 aperçurent les vrais Jacobins.

Ils en conviennent eux-mêmes, cet homme de pierre qui présidait, ces textes législatifs récités pour oraisons, le recueillement, le silence de ces fanatiques, « cela leur parut effrayant ». Ils commencèrent à sonder l'océan où ils entraient ; jusquelà, comme des enfants, ils jouaient à la surface... Que de générations révolutionnaires les séparaient de ceux-ci! Ils les comprenaient à peine. Ils connaissaient parfaitement les agitateurs de place, les ouvriers de l'émeute, qu'ils employaient et lançaient. Ils connaissaient les journalistes violents, les bruyants aboyeurs de clubs, mais les plus bruyants n'étaient pas les plus formidables. Par delà toutes ces colères simulées ou vraies, il y avait quelque chose de froid et terrible, ce qu'ils venaient de toucher ; ils avaient rencontré l'acier de la Révolution.

Ils eurent froid et reculèrent.

Ils voulaient du moins reculer et ne savaient comment le faire. Ils semblaient à l'avant-garde, ils avaient l'air de mener, tout œil était fixé sur eux. La trinité jacobine, Duport, Barnave et Lameth, était saluée comme le pilote de la Révolution, pour la mener en avant. « Ceux-ci au moins sont fermes et francs, disait-on, ce ne sont pas des Mirabeau. » Desmoulins les exalte à côté de Robespierre ; Marat, le défiant Marat, n'a nul soupçon encore sur eux.

Ils devaient pourtant cette grande position à leur dextérité bien plus qu'à leur force. On ne pouvait manquer d'apercevoir leurs côtés faibles, leurs fluctuations, leur caractère équivoque.

On démêla d'abord le vide de Barnave, puis l'intrigue des Lameth. Duport fut connu le dernier.

Chose curieuse, le premier coup, un trait léger de ridicule, fut lancé d'une main nullement hostile, par cet étourdi Desmoulins, enfant terrible, qui disait toujours tout haut ce que bien d'autres pensaient, telles choses souvent qu'on était tacitement convenu de ne pas dire ; le matin, lisant son journal, ses amis y voyaient parfois des mots cruellement vrais. Ici, c'était à l'occasion de la motion pour le renvoi des ministres. Desmoulins se moque de l'Assemblée, « qui garde toujours la harangue de M. Barnave pour le bouquet, puis ferme la discussion... Cette fois pourtant, ce n'était pas le cas, comme on dit, de tirer l'échelle... » L'espiègle, dans le même article, dit un mot original et juste, qui frappe non seulement Barnave, mais presque tous les parleurs, tous les écrivains du temps : « En général, les discours des patriotes ressemblaient trop aux cheveux de 1789, *plats et sans poudre*. Où donc étais-tu, Mirabeau?... » Puis il demande pourquoi les Lameth ont crié : « Aux voix ! » quand Pétion et Rewbell voulaient parler, « quand l'Hercule Mirabeau, avec sa massue, allait écraser les pygmées », etc.

Un coup plus grave fut porté quelques jours après à Barnave, dont il ne s'est point relevé. Le journaliste Brissot, un doctrinaire républicain, dont je parlerai bientôt tout au long, lui lança, au sujet des hommes de couleur, dont Barnave annulait les droits, une longue et terrible lettre où il mit l'avocat à jour, suffisant, brillant et vide, plein de phrases et sans idées. Brissot, écrivain trop facile ordinairement, mais ici fort de raison, trace avec sévérité le portrait du vrai patriote, et ce portrait se trouve être l'envers de celui de Barnave. « Le patriote n'est ni intrigant ni jaloux, il ne cherche point la popularité pour se faire craindre de la cour et devenir nécessaire. Le patriote n'est point l'ennemi des idées, il ne fait point de tirades contre la philosophie. Les plus grands citoyens de l'Antiquité n'étaient-ils pas des philosophes stoïciens ? » etc.

Mais ce qui compromit le plus le parti Barnave et Lameth, c'est qu'au moment où le duel de Lameth le rendait très populaire, ils n'hésitèrent pas à se déclarer sur la question dangereuse de la garde nationale. Jusque-là, dans les moments difficiles, ils se taisaient, votaient silencieusement avec leurs adversaires; on avait pu le voir pour l'affaire de Nancy, où l'unanimité montra que les Lameth avaient voté comme les autres.

L'Assemblée, nous l'avons dit, avait peur du peuple; elle l'avait poussé d'abord, et maintenant elle voulait le ramener en arrière. En mai, elle avait encouragé l'armement, décrétant que nul n'était citoyen *actif*, s'il n'était garde national. En juillet, au moment où la Fédération montrait bien pourtant qu'on pouvait avoir confiance, on fit l'étrange motion d'exiger l'uniforme, ce qui était indirectement désarmer les pauvres. En novembre, une proposition plus directe fut faite par Rabaut Saint-Étienne, celle de restreindre les gardes nationaux aux seuls citoyens *actifs*. Ces derniers étaient fort nombreux, nous l'avons vu, quatre millions. Mais, tel était l'étrange état de la France d'alors, la diversité des provinces, que dans plusieurs, dans l'Artois, par exemple, il n'y aurait presque pas eu de citoyens actifs, ni de gardes nationaux. C'est ce que faisait valoir Robespierre avec beaucoup de force, étendant, exagérant cette observation, très juste pour sa province[1] : « Voulez-vous donc, disait-il, qu'un citoyen soit un être rare?... » Qu'on juge des applaudissements, du trépignement des tribunes !

Le soir du 21 novembre, Robespierre soutenait cette thèse aux Jacobins. Mirabeau était président. Dans la fluctuation continuelle où le public était pour lui, tel jour le portant au ciel et l'autre voulant l'étrangler, il avait ambitionné cette présidence pour étayer sa popularité de celle des Jacobins. On compterait plutôt les vagues de la mer que les alternatives de Mirabeau ; c'était entre lui et le public un orageux amour, plein de querelles et de fureurs. Camille est admirable là-dessus, jamais froid ni indifférent ; aujourd'hui il l'appelle maîtresse adorée, et demain fille publique.

Mirabeau avait baissé pour sa proposition de remercier Bouillé. Mais il avait remonté par un terrible discours contre ceux qui avaient osé se moquer des trois couleurs, un de ces discours éternellement mémorables, qui font que cet homme-là, fût-il plus criminel encore, ne pourra jamais, quoi qu'on fasse, être arraché de la France. — Et puis il avait baissé, en proposant d'ajourner la réunion d'Avignon, de ménager encore le pape. Mais il avait remonté par une simple apparition au théâtre, où pour la première fois on rejouait *Brutus ;* sa vue fit tout oublier, réveilla l'amour, l'enthousiasme, *veteris vestigia flammæ;* on

---

[1]. On disait aussi une chose probablement fausse, que le faubourg Saint-Antoine n'aurait que deux cents électeurs.

ne regardait que lui, on lui adressait mille allusions ; ce fut un triomphe éclatant, mais le dernier.

Cela le 19 novembre. Le 21, présidant aux Jacobins, Mirabeau écoutait avec impatience le discours de Robespierre sur la garde nationale restreinte aux citoyens *actifs*. Il entreprit de lui ôter la parole, sous prétexte qu'il parlait contre des décrets rendus. Chose grave, périlleuse, devant une assemblée émue, toute favorable à Robespierre... « Continuez, continuez », crie-t-on de toute la salle. Le tumulte est au comble ; impossible de rien entendre, ni président, ni sonnette. Mirabeau, au lieu de se couvrir, comme président, fit une chose très hardie, qui allait ou lui donner l'avantage ou faire éclater sa défaite. Il monta sur le fauteuil, et comme si le décret attaqué était en lui Mirabeau, comme s'il s'agissait de le défendre et le sauver, il crie : « A moi, mes collègues !... que tous mes confrères m'entourent ! ». Cette périlleuse démonstration fit cruellement ressortir la solitude de Mirabeau. Trente députés vinrent à son appel. Et l'assemblée tout entière resta avec Robespierre. Desmoulins, ancien camarade de collège de celui-ci et qui ne perd nulle occasion d'exalter son caractère, dit à cette occasion : « Mirabeau ne savait donc pas que si l'idolâtrie était permise chez un peuple libre, ce ne serait que pour la vertu ? »

Grande révélation aussi du changement profond qu'avait déjà subi le club des Jacobins. Fondé par les députés et pour eux, il n'en avait plus dans son sein qu'un petit nombre qui n'y pesaient guère. Des admissions faciles, d'hommes ardents, impatients, avaient renouvelé le club; l'Assemblée y était, sans doute, mais la future Assemblée. Pour elle seule parlait Robespierre.

Charles de Lameth arrive, le bras en écharpe; on fait volontiers silence. Tout le monde était convaincu qu'il était pour Robespierre, il parla pour Mirabeau! Le vicomte de Noailles déclara que le comité avait entendu le décret autrement que Mirabeau et Lameth, dans le sens de Robespierre. Celui-ci reprit la parole, avec toute l'assemblée pour lui, le président réduit au silence... au silence, Mirabeau!

Voilà les Lameth bien malades! Fondateurs des Jacobins, ils les voient échapper. Leur popularité datait surtout du jour où ils luttèrent contre Mirabeau sur le droit de paix et de guerre; et les voilà compromis, associés à Mirabeau dans les défiances publiques. Ils vont enfoncer, se noyer, s'ils ne trouvent moyen de se séparer violemment de celui-ci, de le jeter à la mer, et si, d'autre part, leur guerre au clergé ne leur ramène l'opinion.

Il est bien juste de dire que les prêtres faisaient tout ce qu'il fallait pour mériter la persécution. Ils avaient eu l'adresse de faire reculer dans l'ombre la question des biens ecclésiastiques, de mettre en lumière, en saillie, la question du serment. Ce serment, qui ne touchait en rien la religion, ni le caractère sacerdotal, le peuple ne le connaissait pas, et il croyait volontiers que l'Assemblée imposait aux prêtres une sorte d'abjuration. Les évêques déclaraient qu'ils n'auraient aucune communication avec les ecclésiastiques qui prêteraient le serment. Les plus modérés disaient que le pape n'avait pas encore répondu, qu'ils voulaient attendre, c'est-à-dire que le jugement d'un souverain étranger déciderait s'ils pouvaient obéir à la patrie.

Le pape ne répondait pas. Pourquoi? A cause des vacances. Les congrégations des cardinaux ne s'assemblaient pas, disait-on, à cette époque de l'année. En attendant, par les curés, par les prédicateurs de tout rang et de toute robe, on travaillait à troubler le peuple, à rendre le paysan furieux, à jeter les femmes dans le désespoir. Depuis Marseille jusqu'à la Flandre, un concert immense, admirable contre l'Assemblée. Des pamphlets incendiaires sont colportés de village en village par les curés de la Provence. A Rouen, à Condé, on prêche contre les assignats, comme invention du diable. A Chartres, à Péronne, on défend en chaire de payer l'impôt; un curé bravement se propose pour aller, à la tête du peuple, massacrer les percepteurs. Le chapitre souverain de Saint-Waast dépêche des missionnaires pour prêcher à mort contre l'Assemblée. En Flandre, les curés établissent, d'une manière forte et solide, que les acquéreurs des biens nationaux sont infailliblement damnés, eux, leurs enfants et descendants : « Quand nous voudrions les absoudre, disaient ces furieux, est-ce que nous le pourrions?... Non, personne ne le pourrait, ni curés, ni évêques, ni cardinaux, ni le pape. Damnés, damnés à jamais! »

Une bonne partie de ces faits étaient mis au jour, répandus dans le public, par la correspondance des Jacobins et le journal de Laclos. Ils furent réunis et groupés dans un rapport que le Jacobin Voidel fit à l'Assemblée. Mirabeau appuya par un long et magnifique discours, où, sous des paroles violentes, il tendait aux voies de douceur, restreignant le serment aux prêtres qui confessaient ; pour l'affaiblissement du Clergé, il voulait qu'on se fiât au temps, aux extinctions, etc.

Mais l'Assemblée fut plus aigre. Elle voulait châtier. Elle exigea le serment, le serment immédiat.

Une chose étonne dans cette Assemblée, composée, pour la bonne part, d'avocats voltairiens : c'est sa croyance naïve à la sainteté, à l'efficacité de la parole humaine. Il fallait qu'il y eût encore, après toute la sophistique du dix-huitième siècle, un grand fonds de jeunesse et d'enfance dans le cœur des hommes.

Ils se figurent que, du moment où le prêtre aura juré, du jour où le roi aura sanctionné leurs décrets, tout est fini, tout est sauvé.

Et le roi, au contraire, honnête homme du vieux monde, s'en va mentant tout le jour. La parole qu'ils croient une difficulté si grande, un obstacle, une barrière, un lien pour l'homme, n'embarrasse en rien le roi. De crainte qu'on ne le croie assez, il passe toute mesure. Il parle et reparle sans cesse *de la confiance qu'il mérite.* Il s'exprime, dit-il; *ouvertement, franchement,* — il s'étonne qu'il s'élève des doutes sur *la droiture connue de son caractère*... — (23, 26 décembre 1790).

Les plus innocents de tous, les jansénistes, ne s'arrêtent pas à cela; ils veulent du réel, du solide, un serment, du vent, du bruit.

Donc, le 27 novembre, un décret terrible : « L'Assemblée veut, tout de bon, que les évêques, curés, vicaires, jurent la constitution, *sous huitaine*; sinon ils seront censés avoir renoncé à leur office. Le maire est tenu, huit jours après, de dénoncer le défaut de prestation de serment. Et ceux qui, le serment prêté, y manqueraient, seront cités au tribunal du district, et ceux qui, ayant refusé, s'immisceraient dans leurs anciennes fonctions, poursuivis comme perturbateurs. »

Décrété, non sanctionné!... Nouvel effroi des jansénistes, qui se sont avancés si loin. Ils veulent un résultat. Le 23 décembre, Camus demande « que la force intervienne », la force sous forme de prière; que l'Assemblée *prie* le roi de lui répondre d'une façon régulière sur le décret. La force? c'est ce qu'attendait le roi[1]. Il répond immédiatement qu'il a sanctionné le décret. Il peut dire ainsi à l'Europe qu'il est forcé et captif.

Il dit à M. de Fersen : « J'aimerais mieux être roi de Metz... Mais cela finira bientôt. »

---

1. Toutefois il n'est pas exact de dire, comme l'a fait Hardenberg (*Mémoires d'un homme d'État*), que c'est *après* cette sanction forcée que le roi s'adressa aux puissances. Il l'avait fait du 6 octobre au 3 décembre. Ce dernier jour, il écrit à la Prusse qu'il s'est déjà adressé à tous les souverains. Et c'est le 26 décembre seulement qu'il donna la sanction.

Chose remarquable, ni Robespierre, ni Marat, ni Desmoulins, n'auraient exigé le serment. Marat si intolérant, Marat qui demande qu'on brise les presses de ses ennemis, veut qu'on ménage les prêtres ; c'est, dit-il, la seule occasion où il faut user de ménagements, il s'agit de la conscience. Desmoulins ne veut nulle autre rigueur que d'ôter l'argent de l'État à ceux qui ne jurent point obéissance à l'État. « S'ils se cramponnent dans leur chaire, ne nous exposons pas même à déchirer leur robe de lin, pour les en arracher... Cette sorte de démons, qu'on appelle pharisiens, calotins ou princes des prêtres, n'est chassée que par le jeûne : *Non ejicitur nisi per jejunium.* »

L'exigence dure et maladroite qu'on mit à demander le serment aux députés ecclésiastiques dans l'Assemblée même fut une faute très grave du parti qui dominait. Elle donna aux réfractaires une magnifique occasion, éclatante, solennelle, de témoigner devant le peuple pour la foi qu'ils n'avaient point. L'archevêque de Narbonne disait plus tard, sous l'Empire : « Nous nous sommes conduits en vrais gentilshommes ; car on ne peut pas dire de la plupart d'entre nous que ce fût par religion. »

Il était facile à prévoir que ces prélats, mis en demeure de céder devant la foule, de démentir solennellement leur opinion officielle, répondraient en gentilshommes. Le plus faible, ainsi poussé, deviendrait un brave. Gentilshommes ou non, c'étaient enfin des Français. Les curés les plus révolutionnaires ne purent se décider à laisser leurs évêques au moment critique ; la contrainte les choqua, le danger les tenta, la beauté solennelle d'une telle scène gagna leur imagination, et ils refusèrent.

Dès la première séance, où l'on interpella le seul évêque de Clermont, on pouvait juger de l'effet. Grégoire et Mirabeau, le jour suivant (4 janvier), tâchèrent d'adoucir. Grégoire dit que l'Assemblée n'entendait nullement toucher au spirituel, qu'elle n'exigeait même pas l'assentiment intérieur, ne forçait pas la conscience. Mirabeau alla jusqu'à dire que l'Assemblée n'exigeait pas précisément le serment, mais seulement qu'elle déclarait le refus incompatible avec telles fonctions, qu'en refusant de jurer on était démissionnaire. C'était ouvrir une porte. Barnave la ferma avec une aigre violence, croyant sans doute regagner beaucoup dans l'opinion ; il demanda et obtint qu'on ordonnât de jurer sur l'heure.

Mesure imprudente qui devait avoir l'effet de décider le refus. Les refusants allaient avoir la gloire du désintéressement et aussi celle du courage ; car la foule assiégeait les portes, on entendait des menaces. Les deux partis s'accusent ici ; les uns disent que les Jacobins essayèrent d'enlever le serment par la terreur ; les autres que les aristocrates apostèrent des aboyeurs pour constater la violence qu'on leur faisait, rendre odieux leurs ennemis, pouvoir dire, comme ils le firent en effet : « Que l'Assemblée n'était pas libre. »

Le président fait commencer l'appel nominal :
M. l'évêque d'Agen.

L'évêque : Je demande la parole.

La gauche : Point de parole ! Prêtez-vous le serment, oui ou non ?

(Bruit au dehors.) *Un membre* : Que M. le maire aille donc faire cesser ce désordre !

M. l'évêque d'Agen : Vous avez dit que les refusants seraient déchus de leurs offices. Je ne donne aucun regret à ma place ; j'en donnerais à la perte de votre estime. Je vous prie d'agréer le témoignage de la peine que je ressens de ne pouvoir prêter le serment.

(On continue l'appel.) *M. le curé Fournès* : Je dirai avec la simplicité des premiers chrétiens... Je me fais gloire et honneur de suivre mon évêque, comme Laurent suivit son pasteur.

M. le curé Leclerc : Je suis enfant de l'Église catholique...

L'appel nominal réussissant si mal, un membre fit observer qu'il n'avait pas été exigé par l'Assemblée, qu'il n'était pas sans péril, qu'on devait se contenter de demander *collectivement* le serment. La demande collective n'eut pas plus de succès. L'Assemblée n'en tira d'autre avantage que de rester un quart d'heure et plus silencieuse, impuissante, et de donner à l'ennemi l'occasion de dire quelques nobles paroles qui ne pouvaient manquer, dans un pays comme la France, de faire bien des ennemis à la Révolution.

M. l'évêque de Poitiers : J'ai soixante-dix ans, j'en

ai passé trente-cinq dans l'épiscopat, où j'ai fait tout le bien que je pouvais faire. Accablé d'années et d'études, je ne veux pas déshonorer ma vieillesse; je ne veux prêter un serment... (*Murmures.*) Je prendrai mon sort en esprit de pénitence.

Ce sort n'eut rien de funeste. Les évêques sortirent sans péril de l'Assemblée, y revinrent tant qu'ils voulurent. L'indignation de la foule n'entraîna aucun acte violent.

La séance du 4 janvier fut le triomphe des prêtres sur les avocats. Ceux-ci, dans leur maladresse, s'étaient comme affublés de la vieille robe du prêtre, de cette robe d'intolérance, fatale à qui la revêt. Les évêques gentilshommes trouvèrent dans la situation des paroles heureuses et dignes, qui pour leurs adversaires furent des coups d'épée. La plupart de ces prélats qui parlaient si bien n'étaient pourtant que des courtisans intrigants et mal famés; dans notre sérieux monde moderne, qui demande au prêtre vertus et lumières, ils auraient été obligés tôt ou tard de se retirer de honte. Mais la profonde politique des Camus et des Barnave avait trouvé le vrai moyen pour leur ramener le peuple, pour en faire des héros chrétiens, les sacrer par le martyre.

CHAPITRE VIII

LE PREMIER PAS DE LA TERREUR.

Fureur, légèreté de Marat. — Eut-il une théorie politique et sociale ? — Est-il communiste ? — Ses journaux contiennent-ils des vues pratiques ? — Précédents de Marat. — Naissance, éducation. — Ses premiers ouvrages, politiques, philosophiques. — Marat chez le comte d'Artois. — Sa physique, ses attaques contre Newton, Franklin, etc. — Il commence l'*Ami du peuple*. — Ses modèles. — Sa vie cachée, laborieuse. — Ses prédictions. — Ses rancunes pour ses ennemis personnels. — Son acharnement contre Lavoisier. — Les tribunaux n'osent juger Marat, janvier 1791. — Pourquoi toute la presse suivit Marat dans la violence.

L'année 1791, si tristement ouverte par la scène du 4 janvier, offre tout d'abord l'aspect d'un revirement funeste, d'un violent démenti aux principes de la Révolution : la liberté foulant aux pieds les droits de la liberté, l'appel à la force.

L'appel à la force brutale, d'où part-il ? Chose surprenante, des hommes les plus cultivés. Ce sont des légistes, des médecins, des gens de lettres, des écrivains ; ce sont les hommes de l'esprit qui, poussant la foule aveugle, veulent décider les choses de l'esprit par l'action matérielle.

Marat était parvenu à organiser dans Paris une

sorte de guerre entre les vainqueurs de la Bastille. Hullin et d'autres, qui s'étaient enrôlés dans la garde nationale soldée, étaient désignés par lui à la vengeance du peuple, comme « mouchards de La Fayette ». Il ne se contentait pas de donner leurs noms, il y joignait leur adresse, la rue et le numéro, pour que, sans autre recherche, on allât les égorger. Ses feuilles étaient réellement des tables de proscription où il inscrivait à la légère, sans examen, sans contrôle, tous les noms qu'on lui dictait. Des noms chers à l'humanité, depuis le 14 juillet, celui du vaillant Élie, celui de M. de La Salle, oublié par l'ingratitude du nouveau gouvernement, n'en étaient pas moins inscrits par Marat pêle-mêle avec les autres. Il avoue lui-même que, dans sa précipitation, il a confondu La Salle avec l'horrible de Sade, l'infâme et sanguinaire auteur. Une autre fois, il inscrit parmi les modérés, les Fayettistes, Maillard, l'homme du 5 octobre, le juge du 2 septembre.

Malgré toutes ces violences et ces légèretés criminelles, l'indignation visiblement sincère de Marat contre les abus m'intéressait à lui, je dois le dire. Ce grand nom d'Ami du peuple commandait aussi à l'histoire un sérieux examen. J'ai donc religieusement instruit le procès de cet homme étrange, lisant, la plume à la main, ses journaux, ses pamphlets, tous ses ouvrages[1]. Je savais, par beaucoup d'exemples,

---

1. On comprend, de reste, que pour instruire ce procès, je n'ai cru devoir m'en rapporter à aucun des ennemis de Marat; c'est dans ses ouvrages mêmes que j'ai puisé généralement; c'est sur son propre témoignage que je veux le condamner ou l'absoudre.

combien le sentiment du droit, l'indignation, la pitié pour l'opprimé, peuvent devenir des passions violentes et parfois cruelles. Qui n'a vu cent fois les femmes, à la vue d'un enfant battu, d'un animal brutalement maltraité, s'emporter aux dernières fureurs?... Marat n'a-t-il été furieux que par sensibilité, comme plusieurs semblent le croire? Telle est la première question.

S'il en est ainsi, il faut dire que la sensibilité a d'étranges et bizarres effets. Ce n'est pas seulement un jugement sévère, une punition exemplaire, que Marat appelle sur ceux qu'il accuse; la mort ne lui suffirait pas. Son imagination est avide de supplices; il lui faudrait des bûchers, des incendies[1], des mutilations atroces : « Marquez-les d'un fer chaud, coupez-leur les pouces, fendez-leur la langue[2] »; etc.

Quel que soit l'objet de ces emportements, qu'on le suppose ou non coupable, ils n'avilissent pas moins celui qui s'y livre. Ce ne sont pas là les graves, les saintes colères d'un cœur vraiment atteint de l'amour de la justice. On croirait plutôt y voir le délire d'une femme hors d'elle-même, livrée aux fureurs hystériques ou près de l'épilepsie.

Ce qui étonne encore plus, c'est que ces transports, qu'on voudrait expliquer par l'excès du fanatisme, ne procèdent d'aucune foi précise qu'on puisse caractériser. Tant d'indécision avec tant d'emporte-

1. *Ami du peuple,* n° 327, p. 3, 1ᵉʳ janvier 1791; — n° 351, p. 8, 25 janvier 1791.
2. *Ibid.*, n° 305, p. 7, 9 décembre 1790; — n° 325, p. 4, 30 décembre 1790, etc.

ment, c'est un spectacle bizarre. Il court, furieux... Où court-il? Il ne saurait bien le dire.

Si nous devons chercher les principes de Marat, ce n'est point apparemment dans les ouvrages de sa jeunesse (j'en parlerai tout à l'heure), mais dans ceux qu'il écrivit en pleine maturité, en 1789 et 1790, au moment où la grandeur de la situation pouvait augmenter ses forces et l'élever au-dessus de lui-même. Sans parler de l'*Ami du peuple*, commencé à cette époque, Marat publia, en 1789, la *Constitution ou Projet de déclaration des droits, suivi d'un plan de constitution juste, sage et libre;* — de plus, en 1790, son *Plan de législation criminelle*, dont il avait déjà donné un essai en 1780. Il offrit ce dernier ouvrage à l'Assemblée nationale.

Au point de vue politique, ces ouvrages, extrêmement faibles, n'ont rien qui les distingue d'une infinité de brochures qui parurent alors. Marat y est royaliste et décide que, dans tout grand État, la forme du gouvernement *doit être monarchique; c'est la seule qui convienne à la France* (Constitution, p. 17). *Le prince ne doit être recherché que dans ses ministres; sa personne sera sacrée* (p. 43). En février 1791, Marat est encore royaliste.

Au point de vue social, rien, absolument rien qu'on puisse dire propre à l'auteur. On lui sait gré toutefois de l'attention particulière qu'il donne au sort des femmes, de sa sollicitude pour réprimer le libertinage, etc. Cette partie de son *Plan de législation criminelle* est excessivement développée. Il y a des observations, des vues utiles, qui font pardonner tels détails inconvenants et peu à leur place (par exemple, la peinture du vieux libertin, etc., *Législation*, p. 101).

Les remèdes que l'auteur veut appliquer aux maux de la société sont peu sérieux, tels qu'on ne s'attendrait guère à les voir proposer par un homme de son âge et de son expérience, un médecin de quarante-cinq ans. Dans sa *Législation criminelle*, il demande des pénalités gothiques contre le sacrilège et le blasphème (amende honorable aux portes des églises, etc., p. 119-120), et, dans sa *Constitution*, il n'en parle pas moins légèrement du christianisme et des religions en général (p. 57).

Ces deux ouvrages n'auraient certainement attiré aucune attention, si l'auteur ne partait d'une idée qui ne peut jamais manquer d'être bien reçue, qui devait l'être singulièrement alors dans les extrêmes misères d'une capitale surchargée de cent mille indigents : *la faiblesse ou l'incertitude du droit de propriété, le droit du pauvre à partager*, etc.

Dans son projet de *Constitution* (p. 7), Marat dit en propres termes, en parlant des droits de l'homme : « Quand un homme manque de tout, il a le droit d'arracher à un autre le superflu dont il regorge; que dis-je ? *Il a le droit de lui arracher le nécessaire*, et, plutôt que de périr de faim, il a le droit de l'égorger et de dévorer sa chair palpitante. » — Il ajoute dans une note (p. 6) : « Quelque attentat que l'homme commette, quelque outrage qu'il fasse à ses semblables, il ne trouble pas plus l'ordre de la nature qu'un loup quand il égorge un mouton. » — Dans son livre sur l'*Homme*, publié en 1775, il avait déjà dit : « La pitié est un sentiment factice, acquis dans la société... N'entretenez jamais l'homme d'idées de bonté, de douceur, de bienfaisance, et il méconnaîtra toute sa vie jusqu'au nom de pitié... » (t. I, p. 165).

Voilà l'état de nature, selon Marat. Terrible état! Le droit de prendre à son semblable, non seulement le superflu qu'il peut avoir, mais *son nécessaire*, mais sa chair, et de la manger.

On croirait, d'après ceci, que Marat est bien loin au delà de Morelly, de Babeuf, etc., qu'il va fonder ou la communauté parfaite ou l'égalité rigoureuse des propriétés. On se tromperait. Il dit (*Constitution*, p. 12) : « Qu'une telle égalité ne saurait exister dans la société, qu'elle n'est pas même dans la nature. » On doit désirer seulement d'en approcher, autant qu'on peut. Il avoue (*Législation criminelle*, p. 19) que le partage des terres, pour être juste, n'en est pas moins *impossible, impraticable*.

Marat relègue dans l'état de nature, antérieur à la société, ce droit effrayant de prendre *même le nécessaire* du voisin. Dans l'état de société, reconnaît-il la propriété? Oui, ce semble, généralement. Cependant, à la page 18 de sa *Législation criminelle*, il semble la limiter *au fruit* du travail, sans l'étendre jusqu'à la terre où ce fruit est né.

Au total, comme *socialiste*, si on veut lui donner ce nom, c'est un éclectique flottant, très peu conséquent. Il faudrait, pour l'apprécier, faire ce que nous ne pouvons ici, l'histoire de ce vieux paradoxe, dont Marat approcha toujours, sans y tomber tout à fait, de cette doctrine qu'un de nos contemporains a formulée en trois mots : « la propriété, c'est le vol. » Doctrine négative, qui est commune à plusieurs sectes, du reste fort opposées.

Rien de plus facile que de supposer une société juste, aimante, parfaite de cœur, pure encore et abstinente (condition essentielle), qui fonderait et maintiendrait une communauté absolue de biens. Celle des biens est fort aisée, quand on a celle des cœurs. Et qui donc n'est communiste dans l'amour, dans l'amitié? On a vu une telle chose entre deux personnes au dernier siècle, entre Pechméja et Dubreuil, qui vécurent et moururent ensemble. Pechméja essaya, dans un poème en prose (*le Télèphe*, ouvrage malheureusement faible et de peu d'intérêt), de faire partager aux autres l'attendrissante douceur qu'il trouvait à n'avoir rien en propre que son ami.

Le *Télèphe* de Pechméja n'enseigna pas la communauté plus efficacement que n'avaient fait la *Basiliade* de Morelly et son *Code de la nature*. Tous les poèmes et les systèmes qu'on peut faire sur cette doctrine supposent, comme point de départ, ce qui est la chose difficile entre toutes, ce qui serait le but suprême : l'union des volontés. Cette condition, si rare, qu'on trouve à peine en quelques âmes d'élite, un Montaigne, un La Boétie, dispenserait de tout le reste. Elle-même, elle est indispensable. Sans elle la communauté serait une lutte permanente, ou si on l'imposait par la loi, par la Terreur (ce qui ne peut durer guère), elle paralyserait toute activité humaine.

Pour revenir à Marat, il ne paraît nulle part soupçonner l'étendue de ces questions. Il les pose en tête de ses livres, comme pour attirer la foule, battre la caisse, se faire écouter. Et puis il ne résout rien. Tout ce qu'on voit, c'est qu'il veut une large charité sociale, surtout aux dépens des gens riches : chose raisonnable certainement, mais il faudrait mieux dire le mode d'exécution. Nul doute que ce ne soit une chose odieuse, impie, que de voir tel impôt peser sur le pauvre, épargner le riche ; l'impôt ne doit porter que sur nous qui avons. Mais le politique ne doit pas, comme Marat, s'en tenir aux plaintes, aux cris, aux vœux ; il doit proposer des moyens. Ce n'est pas sortir des difficultés que de s'en remettre, comme tous les utopistes de ce genre, à l'excellence présumée des fonctionnaires de l'avenir, de dire, par exemple : « Qu'on en donne la direction à quelque *homme de bien*, et qu'un magistrat *intègre* en ait l'inspection. ». (Marat, *Législation criminelle*, p. 26.)

Montre-t-il dans son journal, en présence des nécessités du temps, plus d'intelligence pratique ? Pas davantage. On n'y trouve que des choses très décousues et très vagues, rien de neuf comme expédient, rien qu'on puisse appeler théorie.

Au moment où la municipalité entre en possession des couvents et autres édifices ecclésiastiques, il propose d'y établir des ateliers pour les pauvres, de mettre des ménages indigents dans les cellules, dans le lit des moines et religieuses (11, 14 juin 1790). Nulle conclusion générale relativement au travail dirigé par l'État.

Lorsque la loi des patentes, la misère de Paris, les demandes d'augmentation de salaires, attirent son attention, propose-t-il quelque remède nouveau? Nul que de rétablir les apprentissages longs et rigoureux, d'exiger des preuves de capacité, de *mettre un prix honnête au travail des ouvriers, de donnner aux ouvriers qui se conduiront bien pendant trois ans les moyens de s'établir;* ceux qui ne se marieront pas rembourseront au bout de dix ans.

Quels fonds assez vastes pour doter des populations si nombreuses? Marat ne s'explique point là-dessus; seulement, dans une autre occasion, il conseille aux indigents de s'associer avec les soldats, *de se faire assigner de quoi vivre* sur les biens nationaux, *de se partager les terres et les richesses des scélérats* qui ont enfoui leur or pour les forcer par la faim à rentrer sous le joug, etc.

Je voulais avant tout examiner si Marat, en 1790, lorsqu'il prend sur l'esprit du peuple une autorité si terrible, examiner, dis-je, s'il a posé une théorie générale, un principe qui fondât cette autorité. L'examen fait, je dois dire : Non. Il n'existe nulle théorie de Marat.

Je puis maintenant, à mon aise, reprendre ses précédents, chercher si, dans les ouvrages de sa jeunesse, il aurait par hasard posé ce principe d'où peut-être il a cru n'avoir qu'à tirer les conséquences.

Marat ou Mara, Sarde d'origine, était des environs de Neufchâtel, comme Rousseau de Genève. Il avait dix ans, en 1754, au moment où son glorieux compatriote lança le *Discours* sur l'inégalité; vingt ans lorsque Rousseau, ayant conquis la royauté de l'opinion, la persécution et l'exil, revint chercher un asile en Suisse et se réfugia dans la principauté de Neufchâtel. L'intérêt ardent dont il fut l'objet, les yeux du monde fixés sur lui, ce phénomène d'un homme de lettres faisant oublier tous les rois, sans excepter Voltaire, l'attendrissement des femmes éplorées pour lui (on pourrait dire amoureuses), tout cela saisit Marat. Il avait une mère très sensible, très ardente, il le conte ainsi lui-même, qui, solitaire au fond de ce village de Suisse, vertueuse et romanesque, tourna toute son ardeur à faire un grand homme, un Rousseau. Elle fut très bien secondée par son mari, digne ministre, savant et laborieux, qui de bonne heure entassa tout ce qu'il put de sa science dans la tête de l'enfant. Cette concentration d'efforts eut pour résultat naturel d'échauffer la jeune tête outre mesure. La maladie de Rousseau, l'orgueil, y devint vanité, mais exaltée en Marat à la dixième puissance. Il fut le singe de Rousseau.

Il faut l'entendre lui-même (dans l'*Ami du peuple* de 1793) : « A cinq ans, j'aurais voulu être maître d'école; à quinze professeur, auteur à dix-huit, génie créateur à vingt. » — Plus loin, après avoir parlé de ses travaux dans les sciences de la nature (vingt volumes, dit-il, de découvertes physiques), il ajoute froidement : « Je crois avoir *épuisé toutes les combinaisons de l'esprit humain* sur la morale, la philosophie et la politique. »

Comme Rousseau, comme la plupart des gens de son pays, il partit de bonne heure pour chercher fortune, emportant avec son magasin mal rangé de connaissances diverses, le talent plus profitable de tirer des simples quelques remèdes empiriques ; tous ces Suisses de montagne sont quelque peu botanistes, droguistes, etc. Marat se donne ordinairement le titre de docteur en médecine. Je n'ai pu vérifier s'il l'avait réellement.

Cette ressource incertaine ne fournissait pas tellement qu'à l'exemple de Rousseau, à l'exemple du héros de la *Nouvelle Héloïse*, il ne fût aussi parfois précepteur, maître de langues. Comme tel ou comme médecin, il eut occasion de s'insinuer près des femmes ; il fut quelque temps le Saint-Preux d'une Julie qu'il avait guérie. Cette Julie, une marquise délaissée de son mari qui l'avait rendue malade, fut sensible au zèle du jeune médecin, plus qu'à sa figure. Marat était fort petit ; il avait le visage large, osseux, le nez épaté. Avec cela, il est vrai, d'incontestables qualités, le désintéressement, la sobriété, un travail infatigable, beaucoup d'ardeur, beaucoup trop ; la vanité gâtait tout en lui.

La Suisse a toujours fourni l'Angleterre de maîtres de langues et de gouvernantes. En 1772, Marat enseignait le français à Édimbourg. Il avait alors vingt-huit ans, beaucoup acquis, lu, écrit, mais n'avait rien publié. Cette année même s'achevait la publication des *Lettres de Junius*, ces pamphlets si retentissants et pourtant si mystérieux, dont on n'a jamais su l'auteur, qui donnèrent un coup terrible au ministère de ce temps. Les élections nouvelles étaient imminentes, l'Angleterre dans la plus vive agitation. Marat, qui avait vu la terrible émeute pour Wilkes (il en parle vingt ans après), Marat, qui admirait, enviait sans doute le triomphe du pamphlétaire, devenu tout à coup shériff et lord-maire de Londres, fit en anglais un pamphlet, qu'il rendit (comme Junius) plus piquant par l'anonyme : *Les Chaînes de l'esclavage*, 1774. Ce livre, souvent inspiré de Raynal, qui venait de paraître, est, comme le dit l'auteur, une improvisation rapide ; il est plein de faits, de recherches variées ; le plan n'en est pas mauvais ; malheureusement l'exécution est très faible, le style fade et déclamatoire. Peu de vues, peu de portée ; nul sentiment vrai de l'Angleterre ; il croit que tout le danger est du côté de la couronne ; il ignore parfaitement qu'avant tout l'Angleterre est une aristocratie.

Il venait de paraître à Londres, en 1772, un livre français qui faisait du bruit, livre posthume d'Helvétius, une sorte de continuation de son livre : *De l'Esprit ;* celui-ci avait pour titre : *L'Homme*. Marat ne perd point de temps. En 1773, il publie en anglais un volume en opposition, lequel, développé, délayé, jusqu'à former trois volumes, fut donné par lui, en 1775, sous le titre suivant : *De l'Homme, ou des principes et des lois de l'influence de l'âme sur le corps et du corps sur l'âme* (Amsterdam).

Le faible et flottant éclectisme que nous avons observé dans les livres politiques et les journaux de Marat, paraît singulièrement dans cet ouvrage de physiologie et de psychologie. Il semble spiritualiste, puisqu'il déclare que l'âme et le corps sont deux substances distinctes, mais l'âme n'en tire guère avantage; Marat la place entièrement dans la dépendance du corps, déclarant que ce que nous appellerions qualités morales, intellectuelles, courage, franchise, tendresse, sagesse, raison, imagination, sagacité, etc., *ne sont pas des qualités inhérentes* à l'esprit ou au cœur, mais des manières d'exister de l'âme *qui tiennent à l'état des organes corporels* (II, 377). Contrairement aux spiritualistes, il croit que l'âme occupe un lieu : il la loge dans les méninges. Il méprise profondément le chef du spiritualisme moderne, Descartes. En psychologie, il suit Locke et le copie sans le citer (t. II et III, *passim*). En morale, il estime et loue La Rochefoucauld (*Disc. prélim.*, p. VII, XII). Il ne croit pas que la pitié, la justice, soient des sentiments naturels, mais acquis, factices (t. I, p. 165 et 224, note). Il assure que l'homme, dans l'état de nature, est nécessairement un être lâche. Il croit prouver « qu'il n'y a point d'âmes fortes, puisque tout homme est irrésistiblement soumis au sentiment et l'esclave des passions » (II, 187).

Quant au lien des deux substances, il promet des expériences neuves et décisives. Il n'en donne aucune; rien que l'hypothèse vulgaire d'un certain fluide nerveux. Il nous apprend seulement que ce fluide n'est pas entièrement gélatineux, et la preuve, c'est que les liqueurs spiritueuses qui renouvellent si puissamment le fluide nerveux ne contiennent pas de gélatine (I, 56).

Tout est de la même force. On y apprend que l'homme triste aime la tristesse, et autres choses aussi nouvelles. D'autre part, l'auteur assure qu'une blessure n'est pas une sensation; que la réserve est la vertu des âmes unies à des organes tissus de fibres lâches ou compactes, etc. En général, il ne sort du banal que par l'absurde.

Si l'ouvrage méritait une critique, celle qu'on pourrait lui faire, c'est surtout son indécision. Marat n'y prend nullement l'attitude d'un courageux disciple de Rousseau contre les philosophes. Il hasarde quelques faibles attaques contre leur vieux chef Voltaire, le mettant dans une note parmi les auteurs qui font de l'homme une énigme : « Hume, Voltaire, Bossuet, Racine (!), Pascal. » A cette attaque, le malicieux vieillard répondit par un article spirituel, amusant, judicieux, où, sans s'expliquer sur le fond, il montre seulement l'auteur comme il est, charlatan et ridicule; telle est la mode, dit-il : « On voit partout Arlequin qui fait la cabriole pour égayer le parterre. » (*Mélanges littéraires*, t. XLVIII, p. 234, in-octavo, 1784.)

Quoique Marat parle beaucoup du prodigieux succès de ses livres en Angleterre, des boîtes d'or qu'on lui envoyait, il revint très pauvre. Et c'est alors, dit-on, qu'il fut parfois réduit à vendre ses remèdes sur les places de Paris. Cependant son dernier livre pouvait le recommander; un médecin quasi spiritualiste ne pouvait déplaire à la cour : un livre de médecine galante (j'avais oublié tout à l'heure d'indiquer ce caractère du livre *De l'Homme*) pouvait réussir auprès des jeunes gens, à la cour du comte d'Artois. Il y a, en effet, souvent un ton galantin, des scènes équivoques ou sentimentales, aveux surpris, jouissances, etc., sans compter tels avis utiles sur l'effet de l'épuisement. Marat entra dans la maison du jeune prince, d'abord par l'humble emploi de médecin de ses écuries, puis avec le titre plus relevé de médecin de ses gardes du corps.

C'est un des côtés assez tristes de l'Ancien-Régime : peu, bien peu des hommes de lettres, des savants, qui devinrent hommes politiques, avaient pu se passer de haute protection; tous eurent besoin de patronage. Beaumarchais fut d'abord auprès de Mesdames, puis chez Duverney; Mably chez le cardinal de Tencin; Chamfort chez le prince de Condé; Rulhière chez Monsieur; Malouet chez Madame Adélaïde; Laclos, chez Mme de Genlis; Brissot, chez le duc d'Orléans, etc.; Vergniaud fut élevé par la protection de Turgot et de Dupaty; Robespierre par l'abbé de Saint-Waast, Desmoulins par le chapitre de Laon, etc. Marat ne recourut à la protection du comte d'Artois que tard, et contraint par la misère; il fut dans sa maison douze ans.

Dans cette position nouvelle, il s'interdit toute publication politique ou philosophique, revint tout entier aux sciences. Son génie belliqueux, qui n'avait pas réussi contre Voltaire et les philosophes, s'en prit à Newton. Il ne tenta pas moins que de renverser ce dieu de l'autel, se précipita dans une foule d'expériences hâtées, passionnées, légères, croyant détruire l'*Optique* de Newton, qu'il ne comprenait même pas[1]. Se fiant peu aux savants français, il invita Franklin à voir ses expériences. Franklin admira sa dextérité, mais ne jugea pas du fond même, et Marat, peu satisfait, se mit immédiatement à travailler contre Franklin. Il voulait ruiner sa théorie sur l'électricité, et, pour s'appuyer d'un suffrage illustre, il avait invité Volta à venir juger lui-même. Il n'eut pas son approbation.

Le physicien Charles, célèbre par le perfectionnement de l'aérostat, a raconté souvent à un de nos amis, savant très illustre, qu'il surprit un jour Marat en flagrant délit de charlatanisme. Marat prétendait

---

1. Si l'on s'en rapportait au continuateur de Montucla (t. III, p. 595), on croirait que Marat ne savait même pas, en optique, ce qu'on savait avant Newton, ce que Descartes avait dit de meilleur. — Mais ce continuateur est Lalande, poursuivi par Marat, et par conséquent suspect dans son témoignage sur lui. J'ai cru devoir m'enquérir de ce que pensaient à ce sujet les plus illustres physiciens de notre époque, fort désintéressés dans cette vieille question d'histoire; ils m'ont confirmé qu'en effet Marat n'avait pas bien compris les expériences de Newton, qu'il les avait mal jugées en les reproduisant avec des circonstances entièrement différentes, que de toutes les expériences de Marat une seule méritait attention, celle des anneaux colorés que trace la lumière diffuse autour du point de contact d'une lentille de verre et d'un métal.

avoir trouvé de la résine qui conduisait parfaitement l'électricité. Charles tâta, et sentit une aiguille cachée dans la résine, qui faisait tout le mystère.

La Révolution trouva Marat dans la maison du comte d'Artois[1], au centre des abus, des prodigalités, au milieu d'une jeune noblesse insolente, c'est-à-dire au lieu même où l'on pouvait le mieux connaître, haïr l'Ancien-Régime. Il se trouva tout d'abord, et sans transition, lancé dans le mouvement. Il arrivait d'un voyage d'Angleterre quand eut lieu l'explosion du 14 juillet. Son imagination fut saisie de ce spectacle unique; l'ivresse lui gagna le cerveau et ne le quitta plus. Sa vanité aussi s'était trouvée flattée d'un hasard qui lui fit jouer un rôle dans la grande journée. Si l'on en croit une note qu'il envoya aux journalistes, trois mois après le 14 juillet, Marat se trouvant, ce jour même, dans la foule qui couvrait le Pont-Neuf, un détachement de hussards aurait poussé jusque-là, et Marat, servant d'organe à la foule, leur eût commandé de poser les armes, ce qu'ils ne jugèrent pas à propos de faire. Marat ne s'en comparait pas moins modestement à Horatius Coclès qui, seul sur un pont, arrête une armée.

Mécontent des journalistes, qui ne l'avaient pas loué dignement, Marat vendit (il l'assure) les draps de son lit pour commencer un journal. Il essaya de

---

[1]. Plusieurs personnes, encore vivantes, croient qu'il appartenait à M. de Calonne, et affirment avoir lu des brochures contre-révolutionnaires de Marat. Cependant, quelques recherches que j'aie faites, je n'ai pu les découvrir. — La Fayette (*Mém.*, II, 286) assure que, « deux mois avant la Révolution, Marat était parti pour Londres, en clabaudant contre la démocratie ».

plusieurs titres, en trouva un excellent : L'*Ami du peuple ou le Publiciste parisien, journal politique et impartial.* Malgré ce style, parfois burlesque, comme on voit, toujours faible et déclamatoire, Marat réussit. Sa recette fut de partir non du ton habituel des brochures et journaux français, mais des gazettes que nos libellistes réfugiés faisaient en Angleterre, en Hollande, du *Gazetier cuirassé* de Morande et autres publications effrénées. Marat, comme eux, donna toute sorte de nouvelles, de scandales, de personnalités; il s'abstint des théories abstraites, inintelligibles au peuple, que tous les autres journalistes avaient le tort de l'obliger à lire; il parla peu de l'extérieur, peu des départements, qui alors remplissaient entièrement le journal des Jacobins. Il s'en tint à Paris, au mouvement de Paris, aux personnes surtout, qu'il accusa, désigna avec la légèreté terrible des libellistes ses modèles; grande différence toutefois, les scandales de Morande n'avaient de résultat que de rançonner les gens désignés, de valoir des écus à Morande; ceux de Marat, plus désintéressés, risquaient d'envoyer les gens à la mort; tel, nommé par lui le matin, pouvait être assommé le soir.

On s'étonne que cette violence uniforme, la même, toujours la même, cette monotonie de fureur qui rend la lecture de Marat si fatigante, aient toujours eu action, n'aient point refroidi le public. Rien de nuancé, tout extrême, excessif, toujours les mêmes mots : *infâme, scélérat, infernal*; toujours même refrain : *la mort*. Nul autre changement que le chiffre des têtes à abattre, six cents têtes, dix mille têtes, vingt mille têtes; il va, s'il m'en souvient, jusqu'au chiffre, singulièrement précisé, de deux cent soixante-dix mille têtes.

Cette uniformité même, qui semblait devoir ennuyer et blaser, servit Marat. Il eut la force, l'effet d'une même cloche, d'une cloche de mort, qui sonnerait *toujours*. Chaque matin, avant jour, les rues retentissaient du cri des colporteurs : « Voilà l'*Ami du peuple!* » Marat fournissait chaque nuit huit pages in-octavo qu'on vendait le matin; et à chaque instant il déborde, ce cadre ne lui suffit pas; souvent, le soir, il ajoute huit pages; seize en tout pour un numéro; mais cela ne lui suffit pas encore, ce qu'il a commencé en gros caractères, souvent il l'achève en petits, pour concentrer plus de matière, plus d'injures, plus de fureur. Les autres journalistes produisent par intervalles, se relayent, se font aider. Marat jamais. L'*Ami du peuple* est de la même main; ce n'est pas simplement un journal, c'est un homme, une personne.

Comment suffisait-il à ce travail énorme? Un mot explique tout. Il ne quittait pas sa table; il allait très rarement à l'Assemblée, aux clubs. Sa vie était une, simple : écrire. Et puis? Écrire, écrire la nuit, le jour. La police aussi de bonne heure lui rendit le service de le forcer de vivre caché, enfermé, livré tout au travail; elle doubla son activité. Elle intéressa vivement le peuple à son Ami, persécuté pour lui, fugitif, en péril. En réalité, le péril était peu de chose. La vieille police de Lenoir et Sartine n'était plus. La nouvelle, mal organisée, incertaine et timide, dans les mains de Bailly et de La Fayette, n'avait nulle action sérieuse. Sauf Favras et l'assassin du boulanger François, il n'y eut nulle punition grave en 1790 ni 1791. La Fayette lui-même, loin de souhaiter la dictature, hâta auprès de l'Assemblée la mise en activité des procédures nouvelles, qui achevèrent d'annuler le pouvoir judiciaire. La garde nationale soldée, qui faisait sa vraie force, était composée en partie d'anciens Gardes-françaises, vainqueurs de la Bastille, et qui jouaient à regret le rôle de soldats de police.

Marat vécut aisé, au jour le jour toutefois, au hasard d'une vie errante. Sa toilette bizarre exprimait son excentricité; sale habituellement, il avait parfois des recherches subites, un luxe partiel et des velléités galantes : un gilet de satin blanc, par exemple, avec un collet gras et une chemise sale. Ce retour de fortune, qui souvent adoucit les hommes, ne fit rien sur lui. Sa vie malsaine, irritante, toute renfermée, conserva sa fureur entière. Il vit toujours le monde du jour étroit, oblique de sa cave par un soupirail, livide et sombre, comme ces murs humides, comme sa face, à lui, qui semblait en prendre les teintes. Cette vie lui plaisait à la longue, il jouissait de l'effet fantastique et sinistre qu'elle donnait à son nom. Il se sentait régner du fond de cette nuit; il jugeait de là, sans appel, le monde de la lumière, le royaume des vivants, sauvant l'un, damnant l'autre. Ses jugements s'étendaient jusqu'aux affaires privées. Celles des femmes semblent lui être spécialement recommandables. Il protège une religieuse fugitive. Il prend parti pour une dame en querelle avec son mari et fait à ce mari d'effroyables menaces.

Une vie à part, exceptionnelle, qui ne permet pas à l'homme de contrôler ses jugements par ceux des autres hommes, rend aisément visionnaire. Marat n'était pas éloigné de se croire la seconde vue. Il prédit sans cesse, au hasard. En cela, il flatte singulièrement la disposition des esprits; les misères extrêmes les rendaient crédules, impatients de l'avenir; ils écoutaient avidement ce Mathieu Laensberg. Chose curieuse, personne ne voit qu'il se trompe à chaque instant. Cela est frappant néanmoins pour les affaires extérieures : il ne soupçonne nullement le concert de l'Europe contre la France (voir 28 août 1790, n° 204, et autres). Pour l'intérieur, voyant tout en noir, il risque peu de se tromper. On relève avec admiration tout ce qui s'accomplit des paroles du prophète. Les journalistes eux-mêmes, peu jaloux de celui qu'ils jugent un fou sans conséquence, ne craignent pas de le relever, de s'extasier; ils l'appellent le *divin* Marat. Dans la réalité, son excessive défiance lui tient lieu parfois de pénétration. Le jour, par exemple, où Louis XVI sanctionne le décret qui exige le serment des prêtres, Marat lui adresse des paroles pleines de force et de sens. Il rappelle son éducation, ses précédents de famille, et lui demande par quelle sublime vertu il a mérité que Dieu lui accordât ce miracle de s'affranchir du passé et de devenir sincère.

Ces éclairs de bon sens sont rares. Il a bien plus souvent, parmi ses cris de fureur, des accès de charlatanisme, de vanteries délirantes, qu'un fou seul peut hasarder : « Si j'étais tribun du peuple et soutenu par quelques milliers d'hommes déterminés, je réponds que, sous six semaines, *la constitution serait parfaite*, que la machine politique marcherait au mieux, qu'aucun fripon public n'oserait la déranger, que la nation serait libre et heureuse, qu'en moins d'une année elle serait florissante et redoutable, et qu'elle le serait tant que je vivrais » (26 juillet 1790, n° 173).

L'Académie des Sciences, coupable d'avoir dédaigné ce qu'il nomme ses découvertes, est poursuivie, désignée dans sa feuille et dans un pamphlet réimprimé exprès, comme aristocrate. Des hommes paisibles, comme Laplace et Lalande, un véritable patriote, d'un grand caractère, Monge, sont signalés à la haine. Il ne les accuse pas seulement d'incivisme, mais de vol. » L'argent donné à l'Académie pour faire des expériences, ils vont le manger, dit-il, à la Rapée ou chez les filles. »

L'objet principal de cette rage envieuse, c'est naturellement le premier du temps, celui qui venait d'opérer dans la science une révolution rivale de la révolution politique, celui devant qui s'inclinaient

Laplace et Lagrange. Je parle de Lavoisier. On sait que Lagrange fut tellement frappé du grandiose aspect de ce monde chimique dont Lavoisier venait d'arracher le voile que, dix ans durant, il en oublia les mathématiques, ne pouvant plus supporter la sécheresse du calcul abstrait, lorsque s'ouvrait devant lui le sein profond de la nature.

Ce grand révolutionnaire, Lavoisier, n'eût pu faire sa révolution s'il n'eût été riche. Et c'est pour cela qu'il avait voulu être fermier général. Loin de prendre dans ces fonctions l'esprit de fiscalité, il conseilla l'abaissement de plusieurs impôts, soutenant que le revenu croîtrait, loin de diminuer. Créé par Turgot directeur des poudres[1], il abolit l'usage vexatoire de fouiller les caves pour y prendre le salpêtre. Une chose fera juger son cœur. Au milieu de tant de travaux et de fonctions diverses, il trouvait le temps de se livrer à une longue, pénible, dégoûtante recherche, l'étude des gaz qui se dégagent des fosses d'aisances, sans autre espoir que de sauver la vie à quelques malheureux.

---

[1]. Infiniment plus connu que les autres fermiers généraux, Lavoisier concentra sur lui la haine trop naturelle du peuple pour ce corps funeste à l'État. Il avait eu la part principale dans une mesure nécessaire à l'assainissement de Paris, qui occupa tous les esprits, frappa les imaginations, l'enlèvement nocturne des corps entassés depuis tant de siècles au cimetière des Innocents. On lui attribua, sans preuve, le plan de la nouvelle muraille dont la ferme générale entoura Paris. Marat lui reprocha d'avoir voulu, par cette muraille, « ôter l'air à la ville », l'étouffer. Il l'accuse aussi d'avoir transporté les poudres de l'Arsenal dans la Bastille, la nuit du 12 au 13 juillet; le transport, je crois, eut lieu plus tôt (dès le 30 juin, la Bastille fut mise en état de défense), et il eut lieu sur un ordre du ministre, auquel le directeur des poudres ne pouvait rien opposer.

Voilà l'homme qu'attaqua Marat, celui qu'il appelle « un apprenti chimiste, à cent mille livres de rentes ». Ses accusations persévérantes, réitérées sous plusieurs formes, préparent l'échafaud de Lavoisier. Celui-ci, qui sent si bien qu'ayant tant fait et tant à faire, sa vie est d'un prix inestimable pour le monde, ne songe nullement à fuir. Il ne devinera jamais la stupidité funeste qui peut voler une telle vie à la science, au genre humain.

Tout le chagrin de Marat, c'est qu'on ne suive pas encore la même méthode à l'égard de l'Assemblée nationale. Il assure, le 21 octobre 1790, que si, de temps à autre, on promenait quelques têtes autour de l'Assemblée, la constitution eût été bientôt et faite *et parfaite*. Mieux encore vaudrait, selon lui, si ces têtes étaient prises dans l'Assemblée même. Le 22 septembre, le 15 novembre et dans d'autres occasions, il prie instamment le peuple *d'emplir ses poches de cailloux et de lapider*, dans la salle, les députés infidèles[1]. Il insiste, le 24 novembre, pour que *ses chers camarades courent à l'Assemblée toutes les fois que Marat, leur incorruptible ami, leur en donnera le conseil.*

---

1. Dans une lettre spirituelle, où l'on se moque visiblement de Marat, on loue le projet simple et économique qu'il propose pour rendre inutile la plus grande partie des frais qu'exige la défense nationale, pour améliorer la constitution, etc. : *lancer les gens à bonnets de laine avec quelques bouts de corde*, faire étrangler les ministres, les députés infidèles. Mais si, par erreur, ces *bonnets de laine* allaient étrangler leur chef? — A quoi Marat répond sérieusement, sans s'apercevoir de rien, qu'ils ont le tact bien trop sûr pour qu'il puisse y avoir erreur, que d'ailleurs il ne faut pas de chef, aucune organisation, etc. (N° 261, 25 octobre 1790.)

Au mois d'août 1790, lorsque Marat et Camille Desmoulins furent accusés par Malouet à l'Assemblée nationale, Camille, bientôt tiré d'affaire, alla trouver Marat et l'engagea à désavouer quelques paroles horriblement sanguinaires qui faisaient tort à la cause. Marat le lendemain conte tout dans son journal, en se moquant de Camille; loin d'avouer que ces paroles excessives lui sont venues par entraînement, il déclare qu'elles lui semblent dictées par l'humanité; c'est être humain que de verser un peu de sang pour éviter plus tard d'en répandre davantage, etc.

Il reproche la peur à Camille Desmoulins, qui pourtant avait montré beaucoup d'audace; placé dans une tribune, écoutant son accusateur, à ces mots de Malouet : « Oserait-il démentir? » il répondit tout haut : « Je l'ose. » La partie n'était pas égale entre lui, toujours au grand jour, et Marat toujours caché. Celui-ci ne se montrait que dans les rares occasions où, le ban et l'arrière-ban des fanatiques étant convoqués, il se sentait environné d'un impénétrable mur et plus sûr que dans sa cave. En janvier 1791, Marat prêchait le massacre des gardes nationales soldées; il recommandait aux femmes La Fayette lui-même : « Faites-en un Abailard. » Un Fayettiste, qui faisait le *Journal des Halles*, osa l'appeler devant les tribunaux. Il sortit de ses ténèbres, vint au Palais, comparut. La chauve-souris effraya la lumière de son aspect. Il n'avait pas grand'chose à craindre. Une armée l'environnait. L'auditoire était rempli de ses frénétiques amis, toutes les avenues, tous les passages pleins et combles d'un peuple prodigieusement exalté. Pour que la justice eût son cours, il eût fallu une bataille rangée, et il y eût eu un massacre. L'autorité craignit de ne pouvoir même protéger la vie du plaignant ; on l'empêcha de se présenter. Marat, vainqueur sans combat, se trouva avoir démontré le néant des tribunaux, de la police, de la garde nationale, de Bailly et de La Fayette.

Dès ce jour, il eut, sans conteste, une royauté de délation.

Ses transports les plus frénétiques furent sacrés ; son bavardage sanguinaire, mêlé trop souvent de rapports perfides, qu'il copiait sans jugement, fut pris comme oracle. Désormais il peut aller grand train dans l'absurde. Plus il est fou, plus il est cru. C'est le fou en titre du peuple ; la foule en rit, l'écoute et l'aime, et ne croit plus que son fou.

Il marche la tête en arrière, fier, heureux, souriant dans sa plus grande fureur. Ce qu'il a poursuivi en vain toute sa vie, il l'a maintenant ; tout le monde le regarde, parle de lui, a peur de lui. La réalité dépasse tout ce qu'il a pu, dans les rêves de la vanité la plus délirante, imaginer, souhaiter. Hier, un grand citoyen ; aujourd'hui, *voyant,* prophète ; pour peu qu'il devienne plus fou, ce voyant va passer Dieu.

Il va, et toutes les concurrences de la presse, se déchaînant sur sa trace, le suivent à l'aveugle dans les voies de la Terreur.

La presse comptait de bons esprits, hardis, mais élevés, humains, vraiment politiques. Pourquoi suivirent-ils Marat?

Dans la situation infiniment critique où était la France, n'ayant ni la paix ni la guerre, ayant au cœur cette royauté ennemie, cette conspiration immense des prêtres et des nobles, la force publique se trouvant justement aux mains de ceux contre qui on devait la diriger, quelle force restait à la France? Nulle autre, ce semble, au premier coup d'œil, que la Terreur populaire? Mais cette terreur avait un effroyable résultat : en paralysant la force ennemie, écartant l'obstacle actuel, momentané, elle allait créant toujours un obstacle qui devait croître et nécessiter l'emploi d'un nouveau degré de Terreur.

Il eût fallu un grand accord de toutes les énergies du temps, tel qu'on pouvait l'espérer difficilement d'une génération si mal préparée pour organiser un pouvoir national vraiment actif, une justice redoutée, mais juste, pour être fort sans Terreur, pour prévenir par conséquent la réaction de la pitié qui a tué la Révolution.

Les hommes dominants de l'époque différaient, dans le principe, bien moins qu'on ne croit. Le progrès de la lutte élargit la brèche entre eux, augmenta l'opposition. Chacun d'eux, à l'origine, aurait eu peu à sacrifier de ses idées pour s'entendre avec les autres. Ce qu'ils avaient à sacrifier surtout, et ce qu'ils ne purent jamais, c'étaient les tristes passions que l'Ancien-Régime avait enracinées en eux : dans les uns, l'amour du plaisir, de l'argent; dans les autres, l'aigreur et la haine

Le plus grand obstacle, nous le répétons, fut la passion, bien plus que l'opposition des idées.

Et ce qui manqua à ces hommes, du reste si éminents, ce fut le sacrifice, l'immolation de la passion. Le cœur, si j'osais le dire, quoique grand dans plusieurs d'entre eux, le cœur et l'amour du peuple ne furent pas assez grands encore.

Voilà ce qui, les tenant isolés, sans lien, faibles, les obligea, dans le péril, de chercher tous une force factice dans l'exagération, dans la violence ; voilà ce qui mit tous les orateurs de clubs, tous les rédacteurs de journaux à la suite de celui qui, plus égaré, pouvait être sanguinaire sans hésitation ni remords. Voilà ce qui attela toute la presse à la charrette de Marat.

Des causes personnelles, souvent bien petites, misérablement humaines, contribuaient à les faire tous violents. Ne rougissons pas d'en parler.

La profonde incertitude où se trouvait le génie le plus fort, le plus pénétrant peut-être de toute la Révolution (c'est de Danton que je parle), sa fluctuation entre les partis qui lui faisait, dit-on, recevoir de plusieurs côtés, comment pouvait-il la couvrir ? Sous des paroles violentes.

Son brillant ami, Camille Desmoulins, le plus grand écrivain du temps, plus pur d'argent, mais plus faible, est un artiste mobile. La concurrence de Marat, sa fixité dans la fureur, que personne ne peut égaler, jettent par moments Camille dans des sorties violentes, une émulation de colère très contraire à sa nature.

Comment l'imprimeur Prudhomme, ayant perdu Loustalot, pourra-t-il soutenir les *Révolutions de Paris?* Il faut qu'il soit plus violent.

Comment l'*Orateur du peuple*, Fréron, l'intime ami de Camille Desmoulins et de Lucile, qui loge dans la même maison, qui aime et envie Lucile, comment peut-il espérer de briller devant l'éloquent, l'amusant Camille?... Par le talent? Non, mais par l'audace peut-être. Il sera violent.

Mais en voici un qui commence et qui va les passer tous. Un aboyeur des théâtres, Hébert, a l'heureuse idée de réunir dans un journal tout ce qu'il y a de bassesses, de mots ignobles, de jurons dans tous les autres journaux. La tâche est facile. On crie : « Grande colère du *Père Duchesne!* — Il est b... en colère, ce matin, le *Père Duchesne!* » Le secret de cette éloquence, c'est d'ajouter f... de trois en trois mots.

Pauvre Marat, que feras-tu? Ceci est une concurrence.

Vraiment, ta fureur est fade; elle n'est pas, comme celle d'Hébert, assaisonnée de bassesses : tu m'as l'air d'un aristocrate. Il faut t'essayer à jurer aussi (16 janvier 1791). Ce n'est pas sans des efforts inouïs, et toujours renouvelés, de rage et d'outrage, que tu peux tenir l'avant-garde.

C'est un caractère du temps qui mérite d'être

observé que cet entraînement mutuel. En suivant attentivement les dates, on comprendra mieux ceci ; c'est le seul moyen de saisir le mouvement qui les précipite, comme s'il y avait un prix proposé pour la violence, de suivre cette course à mort de clubs à clubs et de journaux à journaux. Là tout cri a son écho ; la fureur pousse la fureur. Tel article produit tel article, et toujours plus violent. Malheur à qui reste derrière !... Presque toujours Marat a l'avance sur les autres. Quelquefois passe devant Fréron, son imitateur ; Prudhomme, plus modéré, a pourtant des numéros furieux. Alors Marat court après. Ainsi, en décembre 1790, quand Prudhomme a proposé d'organiser un bataillon de Scævola contre les Tarquins, une troupe de tueurs de rois, Marat devient enragé, vomit mille choses sanguinaires.

Ce *crescendo* de violence n'est pas un phénomène particulier aux journaux ; ils ne font généralement qu'exprimer, reproduire la violence des clubs. Ce qui fut hurlé le soir s'imprime la nuit à la hâte, se vend le matin. Les journalistes royalistes versent de même au public les flots de fiel, d'outrages et d'ironie qu'ils ont puisés le soir dans les salons aristocratiques ; les réunions du pavillon de Flore, chez Mme de Lamballe, celles que tiennent chez eux les grands seigneurs près d'émigrer, fournissent des armes à la presse, tout aussi bien que les clubs.

L'émulation est terrible entre les deux presses. C'est un vertige de regarder ces millions de feuilles qui tourbillonnent dans les airs, se battent et se croisent. La presse révolutionnaire, toute furieuse d'elle-même, est encore aiguillonnée par la pénétrante ironie des feuilles et pamphlets royalistes. Ceux-ci pullulent à l'infini ; ils puisent à volonté dans les vingt-cinq millions annuels de la liste civile. Montmorin avoua à Alexandre de Lameth qu'il avait en peu de temps employé sept millions à acheter des Jacobins, à corrompre des écrivains, des orateurs. Ce que coûtaient les journaux royalistes, l'*Ami du roi*, les *Actes des apôtres*, etc., personne ne peut le dire, pas plus qu'on ne saura jamais ce que le duc d'Orléans a pu dépenser en émeutes.

Lutte immonde, lutte sauvage, à coups de pierres, à coups d'écus. L'un assommé, l'autre avili. Le marché des âmes d'une part, et de l'autre la Terreur.

CHAPITRE IX

PREMIER PAS DE LA TERREUR. — RÉSISTANCE DE MIRABEAU.

Les Jacobins persécutent les autres clubs, détruisent le club des Amis de la constitution monarchique, décembre 1790-mars 1791. — La majorité des Jacobins d'alors appartient aux partis Lameth et Orléans. — Le duc d'Orléans nuit à son parti, janvier 1790. — Premières idées de république. — Les Jacobins sont encore royalistes. — Inquisition sans religion. — Premiers effets de l'inquisition politique. — Le départ de Mesdames soulève la question de la liberté d'émigration, février 1791. — Violence des Jacobins rétrogrades dans ce débat. — La discussion troublée par le mouvement de Vincennes et des Tuileries, 28 février 1791. — Mirabeau défend la liberté d'émigrer; son danger; il est attaqué aux Jacobins; immolé par les Lameth, 28 février 1791.

Pour comprendre comment le plus civilisé des peuples, le lendemain de la Fédération, lorsque les cœurs semblaient devoir être pleins d'émotions fraternelles, put entrer si brusquement dans les voies de la violence, il faudrait pouvoir sonder un océan inconnu, celui des souffrances du peuple.

Nous avons noté le dehors, les journaux, et, sous les journaux, les clubs. Mais sous cette surface sonore est le dessous, insondable, muet, l'infini de la souffrance. Souffrance croissante, aggravée moralement par l'amertume d'un si grand espoir trompé, aggravée matériellement par la disparition subite de toute ressource. Le premier résultat des violences fut de faire partir, outre les nobles, beaucoup de gens riches ou aisés, nullement ennemis de la Révolution, mais qui avaient peur. Ce qui restait n'osait ni bouger, ni entreprendre, ni vendre, ni acheter, ni fabriquer, ni dépenser. L'argent, effrayé, se tenait au fond des bourses, toute spéculation, tout travail était arrêté.

Spectacle bizarre! la Révolution allait ouvrir la carrière au paysan; elle la fermait à l'ouvrier. Le premier dressait l'oreille aux décrets qui mettaient en vente les biens ecclésiastiques; le second, muet et sombre, renvoyé des ateliers, se promenait les bras croisés, errait tout le jour, écoutait les conversations des groupes animés, remplissait les clubs, les tribunes, les abords de l'Assemblée. Toute émeute, payée ou non payée, trouvait dans la rue une armée d'ouvriers aigris de misère, de travailleurs excédés d'ennui et d'inaction, trop heureux, de manière ou d'autre, de travailler au moins un jour.

Dans une telle situation, la responsabilité de la grande société politique, celle des Jacobins, était véritablement immense. Quel rôle devait-elle prendre? Un seul : rester forte contre sa passion même, éclairer l'opinion, éviter les brutalités terroristes qui allaient créer à la Révolution d'innombrables ennemis, mais en même temps veiller de si près les contre-révolutionnaires qu'à la moindre occasion vraiment juste on pût les frapper.

Loin de là, elle les aida puissamment par sa maladresse. Elle les multiplia, les fortifia en les persécutant et mettant l'intérêt de leur côté. Elle leur valut la propagande la plus énergique et la plus active. En les écrasant dans Paris, elle les étendit en France, en Europe; elle en étouffa des centaines, elle en enfanta des millions.

Les Jacobins semblent se porter pour héritiers directs des prêtres. Ils en imitent l'irritante intolérance, par laquelle le clergé a suscité tant d'hérésies. Ils suivent hardiment le vieux dogme : « Hors de nous, point de salut. » Sauf les Cordeliers, qu'ils ménagent, dont ils parlent le moins qu'ils peuvent, ils persécutent les clubs, même révolutionnaires. Le *Cercle social*, par exemple, réunion francmaçonnique, à qui l'on ne pouvait guère reprocher que des ridicules, club politiquement timide, mais socialement beaucoup plus avancé que les Jacobins, est durement attaqué par eux. L'orléaniste Laclos, qui, comme on a vu, publiait la correspondance des Jacobins, dénonça le *Cercle social*, et dans son journal, et au club. Le Jacobin Chabroud, qui, la veille même, avait été nommé président du Cercle, n'osa le défendre. Camille Desmoulins s'y hasarda et fut arrêté aux premiers mots par l'improbation universelle des Jacobins. Il s'en dédommagea le lendemain et écrivit son admirable n° 54, immortel manifeste de la tolérance politique.

Une guerre plus violente encore fut celle que les Jacobins firent au *Club des Amis de la constitution monarchique*, par lequel les constitutionnels essayaient de renouveler leur *Club des impartiaux*. Ces hommes, la plupart distingués (Clermont-Tonnerre, Malouet, Fontanes, etc.), étaient, il est vrai, suspects, moins encore pour leurs doctrines que pour la dangereuse organisation de leur club. A la grande différence du *Club de* 1789 (Mirabeau, Sieyès, La Fayette, etc.), peu nombreux, cherchant l'action, le *Club monarchique* admettait les ouvriers, distribuait des bons de pain; ces bons n'étaient pas donnés aux mendiants, mais aux travailleurs; on ne donnait pas le pain tout à fait gratuitement. C'était là une base très forte pour l'influence de ce club. Nul moyen d'y mettre obstacle. Les Monarchiens étaient en règle, ils avaient demandé, obtenu de la ville l'autorisation requise, qu'on ne pouvait leur refuser; plusieurs décrets, l'un entre autres, récent, du 30 novembre, sollicités par les Jacobins eux-mêmes, dans l'intérêt de leurs sociétés de province, reconnaissaient aux citoyens le droit de se réunir pour conférer des affaires publiques, bien plus, le droit des sociétés à s'affilier entre elles. Avec tout cela les Jacobins n'hésitèrent pas à poursuivre les Monarchiens de rue en rue et de maison en maison, effrayant par des menaces les propriétaires des salles où ils s'assemblaient. La municipalité eut la faiblesse d'accorder aux Jacobins un arrêté qui suspendit les séances des Monarchiens. Ceux-ci protestant contre cet acte éminemment illégal, on n'osa maintenir l'interdit. Alors les Jacobins eurent recours à un moyen plus indigne, une atroce calomnie. Il y avait eu récemment une collision sanglante entre les chasseurs soldés et les gens de La Villette, qu'on accusait de contrebande; on répandit dans Paris que les Monarchiens avaient payé ces soldats pour assassiner le peuple. Barnave leur lança, de la tribune nationale, un mot cruellement équivoque : « qu'ils distribuaient au peuple un pain *empoisonné* ». On ne leur permit pas de réclamer, de faire expliquer ce mot. Ils s'adressèrent aux tribunaux; mais alors, armant contre eux des gens payés ou égarés, les Jacobins en finirent à coups de pierres et de bâtons; les blessés, loin d'être plaints, furent en grand péril; on soutint effrontément, on répandit dans la foule qu'ils portaient des cocardes blanches.

Au milieu de cette lutte brutale, les Jacobins proclamèrent un principe qui, dès l'origine, avait été le leur, mais qu'ils n'avaient pas avoué. Ils jurent, le 24 janvier, « de défendre de leur fortune et de leur vie *quiconque dénoncerait* les conspirateurs ».

Tout ceci ferait supposer que la société avait dès lors ce fanatisme profond dont plus tard elle fit preuve. On le croirait, on se tromperait.

Beaucoup d'hommes ardents, et ceux-là devaient peu à peu se rattacher à Robespierre, y étaient entrés, il est vrai. Mais la masse appartenait à deux éléments tout autres :

1° Aux fondateurs primitifs, au parti Duport, Barnave et Lameth. Ils tâchaient de se soutenir, en présence des nouveaux venus, par une ostentation de violence et de fanatisme. Chose triste! ils ne différaient guère des Monarchiens, qu'ils persécutaient, que par l'absence de franchise. Mais plus ils se sentaient près d'eux, plus ils déclamaient contre eux. Qu'on juge des extrémités où la fausse violence peut mener, par l'équivoque homicide du *pain empoisonné* qui échappa à Barnave.

2° Un élément moins pur encore du club des Jacobins étaient les Orléanistes. On a vu, par l'attaque de Laclos contre le *Cercle social*, l'indigne manège par lequel on cherchait la popularité dans des fureurs hypocrites. Les Orléanistes venaient de recevoir un coup très grave, dont ils avaient bien besoin de se relever. Et de qui ce coup partait-il? Qui le croirait? Du duc d'Orléans. Lui-même détruisait son parti.

Remontons un peu plus haut. Le sujet est assez important pour mériter explication.

Les Orléanistes se croyaient très près de leur but. La plus grande partie des journalistes, gagnés ou non gagnés, travaillaient pour eux. Ils tenaient par Laclos le journal des Jacobins. Aux Cordeliers, Danton, Desmoulins, leur étaient favorables, Marat même, presque toujours. Le chef de la maison d'Orléans, il est vrai, était indigne. Mais les enfants, mais les dames, Mme de Genlis, Mme de Montesson, étaient fréquemment mentionnées avec éloge. Le duc de Chartres plaisait, ralliait beaucoup d'esprits. Desmoulins assure que ce prince le traitait « comme un frère ».

Ce jeune homme avait été reçu membre des Jacobins avec plus d'éclat, de cérémonie, que son âge ne l'eût fait attendre. Ce fut comme une petite fête. Le mot d'ordre fut donné pour faire valoir dans l'opinion les aimables qualités de l'élève de Mme de Genlis. Desmoulins mit en tête d'un de ses numéros une touchante gravure, représentant le jeune prince, au lit des malades, à l'Hôtel-Dieu, et faisant une saignée.

Les Orléanistes marchaient bien, n'eût été le duc d'Orléans. On avait beau tâcher de le rendre ambitieux ; il était, avant tout, avare. Par là il gâtait d'un côté ce qu'on faisait pour lui de l'autre. Le premier usage qu'il fit de sa popularité renaissante fut de tirer du comité des finances une promesse de lui payer le capital d'une somme dont sa maison recevait la rente depuis le Régent. Le Régent, qu'on ne présente que comme un prodigue, méritait ce nom à coup sûr ; mais ce qui était moins connu, c'était son avidité. Ce prince, voulant sans bourse délier faire prendre au duc de Modène sa fille (fort décriée), s'adresse au roi, à son pupille, et fait signer à ce petit garçon de onze ans, un enfant dépendant de lui, une dot de quatre millions aux dépens du Trésor royal.

Le Trésor était à sec ; dans la déplorable détresse d'une banqueroute de trois milliards et du système de Law, on ne put que payer la rente. Voilà qu'au bout de soixante-dix ans, à une époque aussi misérable, dans la pénurie extrême de janvier 1791, le duc d'Orléans vient réclamer le capital ; sans droit, de toute façon, car la dot n'avait été donnée à la fille qu'autant qu'elle renoncerait à tous ses droits en faveur de son frère aîné, des descendants de ce frère. Le duc d'Orléans était un de ces descendants, de ces représentants de l'aîné, à qui profitait la renonciation. Pouvait-il en même temps se faire le représentant de celle qui avait renoncé?

Le rapporteur de l'affaire était un homme irréprochable, austère, dur, le janséniste Camus. Chaque jour il biffait, ajournait de malheureuses petites pensions de trois cents ou quatre cents livres. Quels moyens furent employés auprès de lui pour le rendre doux et facile, de quelle pressante et puissante obsession fut-il l'objet? On ne peut que le deviner. Lui aura-t-on fait croire que c'était le seul moyen naturel de rembourser au prince les sommes qu'il avait généreusement dépensées au service de la liberté?..... Quoi qu'il en soit, Camus propose de payer! et de payer sur-le-champ, dans l'année, en quatre termes.

Il y eut heureusement une vive indignation dans la presse. Brissot, ancien employé de la maison d'Orléans, n'en sonna pas moins le tocsin. Desmoulins, tout *frère* et ami du prince qu'il se disait, burina cette affaire honteuse en deux ou trois phrases terribles, consentant, disait-il, qu'on récompensât le duc d'Orléans, « mais sans employer des voies basses pour détourner l'argent des citoyens et *saigner le Trésor public dans les souterrains* d'un comité ». Il désavoua la gravure flatteuse et l'imputa à son éditeur.

Ce gros morceau échappa ainsi à la gloutonnerie des Orléanistes. Ce qui resta, ce fut une diminution considérable de leur crédit, leur homme enterré pour longtemps, un préjugé très grave créé contre la royauté, tant citoyenne fût-elle. Une foule de révolutionnaires royalistes, favorables à l'institution monarchique et dominés par la routine anglaise d'appeler les branches cadettes, en furent déroyalisés.

Robespierre a eu tort de dire : « La République s'est glissée entre les partis sans qu'on sût comment. » On connaît très bien la porte par laquelle elle est entrée dans ce pays si monarchique, si obstinément amoureux des rois. L'histoire n'y avait rien fait; en vain Camille Desmoulins, dans son merveilleux pamphlet de juillet 1789 (*La France libre*), avait prouvé de règne en règne que l'ancienne monarchie n'a presque jamais tenu ce que se promettait d'elle l'aveugle dévotion du peuple : il parlait inutilement. L'objection ne semblait pas toucher le nouvel idéal de royauté démocratique que beaucoup de gens se faisaient. Cet idéal fut tué par la royauté en herbe. Son candidat fit penser qu'avec lui le Trésor public serait une caisse sans fond.

Le principal fondateur de la République fut le duc d'Orléans.

L'initiative républicaine, prise par Camille Desmoulins, fut reprise par un autre Cordelier, Robert. Il posa de nouveau l'idée qui seule pouvait donner une simplicité franche et forte à la Révolution, l'idée de la République. Il publia sa brochure : *Le Républicanisme adapté à la France*. Cette question fut peu à peu adoptée par Brissot, comme celle qui dominait la situation. Question de fond, non de forme, comme on le dit trop souvent encore. Nulle amélioration sociale n'était possible, si la question politique n'était nettement posée. A tort, Robespierre et Marat, suivant en cela, il est vrai, l'idée du grand nombre, croyaient-ils pouvoir ajourner, subordonner cette question : elle ne pouvait être résolue en dernier lieu. Continuer le mouvement en traînant un tel bagage, une royauté captive, hostile, puissante encore pour le mal, faire marcher la Révolution en lui laissant au pied cette terrible épine, c'était la blesser à coup sûr, la fausser, l'estropier, probablement la tuer.

Le rédacteur orléaniste du journal des Jacobins, Laclos, ne manqua pas d'être l'avocat de la royauté. Le club même se déclara expressément pour l'institution monarchique. Le 25 janvier, un député d'une section prononçant aux Jacobins le mot de *républicains*, plusieurs crièrent : « Nous ne sommes pas des *républicains !* » L'Assemblée invita l'orateur à ne pas laisser subsister ce mot.

Des trois fractions des Jacobins qu'on peut désigner par trois noms, Lameth, Laclos, Robespierre, les deux premières étaient décidément royalistes, la troisième nullement contraire à l'idée de royauté.

Ainsi la guerre brutale des Jacobins contre les Monarchiens, ce mépris de l'ordre et des lois, cet avant-goût de Terreur qu'on n'aurait nullement excusé chez des fanatiques, tout cela était appliqué par des politiques, par les meneurs de la majorité jacobine, qui y cherchaient un remède à leur popularité décroissante. C'étaient au fond des royalistes qui maltraitaient des royalistes.

L'inquisition jacobine se trouvait en vérité dans des mains peu rassurantes : son journal de délations dans celles de l'Orléaniste Laclos, et son comité d'intrigues et d'émeutes sous la trinité Lameth.

Une inquisition sans religion! sans foi arrêtée! une inquisition exercée par des hommes d'autant plus inquiets et âpres qu'ils sont plus suspects eux-mêmes!

Cette puissance, mal fondée, mal autorisée et mal exercée, n'en avait pas moins une action immense. Elle agissait au nom d'une société considérée comme le nerf du patriotisme même et de la Révolution ; elle agissait de toutes les forces multiples des sociétés de province dociles et ferventes, ignorant généralement le foyer d'intrigues d'où leur venait le mot d'ordre.

La Révolution hier était une religion ; elle devient une police.

Cette police, que va-t-elle être? Changement inattendu! Une machine à faire des aristocrates, à multiplier les amis de la contre-révolution. Elle va donner à celle-ci les faibles, les neutres (un grand peuple!), les bonnes âmes ignorantes et compatissantes, etc.

Une foule d'hommes inoffensifs, qui, sans idées arrêtées, tenaient d'habitudes ou de position à l'Ancien-Régime, se trouvèrent, par l'effet des délations jacobines, dans une situation impossible, voisine du désespoir. Qu'auraient-ils fait? Renié l'opinion qu'on leur reprochait? Mais personne ne les aurait crus; ils n'en auraient eu que la honte. Rester était difficile, partir était difficile. Pour celui qui se trouvait lié de cette sorte d'excommunication politique, rester était un supplice; le pauvre diable d'aristocrate (baptisé ainsi à tort ou à droit) marchait sous un regard terrible; la foule, les petits enfants, suivaient l'ennemi du peuple. Il rentrait; la maison était peu sûre, les domestiques ennemis. La peur le gagnait; un matin il trouvait le moyen de fuir. Cet homme, qui eût été neutre, faible indifférent, si on l'eût laissé tranquille, était jeté dans la guerre, et, s'il ne blessait de l'épée, il blessait de la langue, à coup sûr, de ses plaintes, de ses accusations, tout au moins du spectacle de sa misère, de la pitié qu'il inspirait.

La pitié, cet ennemi terrible, grandissait contre nous dans l'Europe, et la haine de la France et de la Révolution.

Haine au fond injuste. L'inquisition jacobine n'était nullement dans les mains du peuple. Ceux qui l'organisaient alors étaient les Jacobins bâtards issus de l'Ancien-Régime, nobles ou bourgeois, politiques sans principes, d'un machiavélisme inconséquent, étourdi. Ils poussaient, exploitaient le peuple, chose peu difficile dans cet état d'irritabilité, défiante et crédule à la fois, où mettent les grandes misères.

Cette situation éclata avec une extrême violence, lorsque Mesdames, tantes du roi, voulurent émigrer (fin de février). La difficulté de suivre leur culte, de garder des prêtres de leur choix, l'épreuve imminente de Pâques, troublaient ces femmes craintives. Le roi lui-même les engagea à partir pour Rome. Nulle loi n'y mettait obstacle. Le roi, premier magistrat, devait rester ou abdiquer; mais ses tantes, à coup sûr, n'étaient tenues nullement. Il n'était pas bien à craindre que cette recrue de vieilles femmes fortifiât beaucoup les troupes des émigrés. Il eût été plus noble à elles, sans doute de s'obstiner à partager le sort de leur neveu, les misères et les dangers de la France. Mais enfin elles voulaient partir : il fallait les laisser aller, et elles, et tous ceux qui, préoccupés de dangers imaginaires ou réels, aimaient mieux leur sûreté et la vie que la patrie, ceux qui pouvaient abandonner la qualité de Français. Il fallait leur ouvrir les portes, et, si elles n'étaient pas assez larges, plutôt abattre les murailles.

Le peuple était très justement alarmé d'une fuite possible du roi et mêlait ces deux questions absolument différentes.

Mirabeau eut connaissance du prochain départ de Mesdames, comprit le bruit, le danger qui allaient en résulter. Il pria inutilement le roi de ne pas le permettre. Paris s'alarma, fit même prière au roi, à l'Assemblée nationale. Nouvelle alarme pour Monsieur, qui, disait-on, voulait partir, et qui donna parole de ne pas quitter son frère ; en quoi il s'engageait peu, se promettant en effet de partir avec Louis XVI.

Cette fermentation, loin d'arrêter Mesdames, hâte leur départ. L'explosion prédite ne manque pas d'avoir lieu. Marat, Desmoulins, toute la presse crie qu'elles emportent des millions, qu'elles enlèvent le dauphin, qu'elles partent devant le roi pour retenir les logis. Il n'était pas difficile de deviner qu'elles auraient peine à passer. Arrêtées d'abord à Moret; leur escorte force l'obstacle. Arrêtées à Arnay-le-Duc. Mais là nul moyen de passer. Elles écrivent, et le roi écrit pour que l'Assemblée les autorise à continuer leur route.

— Cette affaire, grave en elle-même, l'a été bien autrement, en ce qu'elle fut un solennel champ de bataille, où se rencontrèrent et se combattirent deux principes et deux esprits : l'un, le principe original et naturel qui avait fait la Révolution, la *justice*, l'*équitable humanité*, — l'autre, le principe d'expédients, d'intérêt, qui s'appela le *salut public* et qui a perdu la France :

Perdu, en ce que la jetant dans un *crescendo* de meurtres, qu'on ne pouvait arrêter, elle rendit la France exécrable dans l'Europe, lui créa des haines immortelles ;

Perdu, en ce que les âmes brisées, après la Terreur, de dégoût et de remords se jetèrent à l'aveugle sous la tyrannie militaire ;

— Perdu, en ce que cette tyrannie eut pour dernier résultat de mettre son ennemi à Paris et son chef à Sainte-Hélène.

Dix ans de salut public, par les mains des républicains; quinze de salut public par l'épée de l'empereur... Ouvrez le livre de la dette, vous payez encore aujourd'hui pour la rançon de la France. Le territoire fut racheté, les âmes ne l'ont pas été. Je les vois serves toujours, serves de cupidité et de basses passions, serves d'idées, ne gardant de cette histoire sanglante que l'adoration de la force et de la victoire, — de la force qui fut faible et de la victoire vaincue.

Ce qui n'a pas été vaincu, c'est le principe de la Révolution, de la justice désintéressée, l'équité *quand même*. C'est là qu'il faut revenir. Assez d'une expérience.

Les docteurs de l'*intérêt* public, du *salut* du peuple, auraient dû lui demander au moins s'il voulait être sauvé. L'individu, il est vrai, avant tout, veut vivre; mais la masse est susceptible de sentiments bien plus hauts. Qu'auraient-ils dit, ces sauveurs, si le peuple eût répondu : « Je veux périr et rester juste. »

Et celui qui dit ce mot, c'est celui qui ne périt point.

Mirabeau fut ici l'organe même du peuple, la voix de la Révolution. C'est, parmi toutes ses fautes, un titre impérissable pour lui. Dans cette occasion, il défendit l'équité.

Robespierre s'abstint.

Ce furent des Jacobins bâtards, Barnave, Duport et Lameth, qui posèrent, contre la justice, le droit de l'*intérêt*, du *salut*, l'arme meurtrière, l'épée sans poignée, dont ils furent percés eux-mêmes.

Et pourquoi défendirent-ils ce droit de l'*intérêt*?

Quelque sincères qu'on les croie, il faut remarquer pourtant qu'ils y avaient intérêt. C'est le moment où les Lameth venaient de se découvrir encore par une faute très grave. Pendant que les deux aînés, Alexandre et Charles de Lameth, tenaient à Paris l'extrême point du côté gauche, l'avant-garde de l'avant-garde, leur frère Théodore organisait à Lons-le-Saulnier une société rétrograde ; il lui avait fait accorder, par le crédit de ses frères, l'affiliation des Jacobins, et l'avait fait retirer à la primitive société de la même ville, énergiquement patriote. Celle-ci inséra dans le journal de Brissot une adresse foudroyante pour les Lameth (2 février). Brissot soutint cette adresse, et, malgré tous les efforts des Lameth, les Jacobins détrompés ôtèrent l'affiliation à la société rétrograde, la rendirent à l'autre.

Coup terrible, qui pouvait être mortel à leur popularité ! et qui explique pourquoi ils se montrèrent violents, durs, pétulants, impatients, dans la discussion relative au droit d'émigrer. Ils avaient besoin, devant les tribunes, de faire montre de zèle. Ils s'agitaient sur leurs bancs, criaient, trépignaient. Ils soutinrent avec Barnave que la commune qui avait arrêté Mesdames n'était point coupable d'illégalité, *parce qu'elle avait cru agir pour l'intérêt public.* Mirabeau demandant quelle loi s'opposait au voyage, les Lameth ne répondant rien, un de leurs amis, plus franc, répondit : « Le salut du peuple. »

L'Assemblée permit néanmoins à Mesdames de continuer leur voyage. Elle chargea son comité de constitution de lui présenter le projet d'une loi sur l'émigration.

Ce projet, goûté de Merlin, le futur rédacteur de la *Loi des suspects*, était déjà, en effet, comme un premier article du code de la Terreur; il était copié de l'autre Terreur, de la *Révocation de l'Édit de Nantes*. La législation barbare de Louis XIV, modèle de celle-ci, commence de même par frapper l'émigré de confiscation; puis, de peine en peine, toujours plus dure et plus absurde, elle va jusqu'à prononcer les galères contre la pitié, l'humanité, contre l'homme charitable qui a sauvé le proscrit.

Donc il s'agissait de savoir si l'on ferait le premier pas dans les voies de Louis XIV, dans les voies de la Terreur, si la France, libre d'hier, serait fermée comme un cachot. Une discussion qui intéressait à ce point la liberté demandait d'abord une chose : que l'Assemblée fût libre et calme. Cependant, dès le matin, tout annonçait une émeute. Deux sortes de personnes y travaillaient, les Maratistes, les aristocrates. Marat, par sa feuille du jour, sommait le peuple de courir à l'Assemblée, de manifester hautement, violemment son opinion, *de chasser les députés infidèles*. D'autre part, les royalistes, travaillant habilement le faubourg Saint-Antoine (c'est à eux que La Fayette attribue ce mouvement), l'avaient poussé vers Vincennes, lui faisant croire que l'on y organisait une nouvelle Bastille.

C'était un moyen infaillible de faire sortir de Paris La Fayette et la garde nationale. Beaucoup de gentilshommes, mandés des provinces depuis plusieurs jours, étaient entrés furtivement, un à un, dans les Tuileries, armés de poignards, d'épées et de pistolets; selon toute vraisemblance, ils comptaient enlever le roi. La garde nationale, revenue de Vincennes, au soir, et de mauvaise humeur, les trouva aux Tuileries, les désarma, les maltraita.

Le matin, au milieu de ces mouvements dont on ne s'expliquait pas bien les auteurs ni la portée, l'Assemblée délibérait. Elle entendait battre la générale partout dans Paris, le bruit plus ou moins éloigné des tambours dans la rue Saint-Honoré, le bruit du peuple des tribunes, entassé, étouffé et se contenant à peine, celui plus redoutable encore de la foule grondante qui se pressait à la porte. Agitation, émotion, fièvre universelle, vaste et général murmure du dehors et du dedans.

Visiblement un grand duel allait avoir lieu entre deux partis, bien plus, entre deux systèmes, deux morales. Il était curieux de savoir qui voudrait se compromettre, descendre en champ clos.

- Robespierre tout d'abord se retira sur les hauteurs, dit un mot, sans plus, parla pour ne pas parler. Le rapporteur Chapelier ayant lui-même déclaré que son projet était inconstitutionnel et demandé que l'Assemblée décidât préalablement si elle voulait une loi, Robespierre dit : « Je ne suis pas plus que M. Chapelier partisan de la loi sur les émigrations ; mais c'est par une discussion solennelle que vous devrez reconnaître l'impossibilité ou les dangers d'une telle loi. » Et puis il resta témoin muet de cette discussion. Que Mirabeau s'y compromît, ou les ennemis de Mirabeau (Duport et Lameth), Robespierre devait toujours y trouver son avantage.

Amis, ennemis de Mirabeau, tous désiraient qu'il parlât, pour sa gloire ou pour sa perte. Dans six billets qu'il reçut, coup sur coup, en un moment, on le sommait de proclamer ses principes, et en même temps on lui montrait l'état violent de Paris. Il entendit parfaitement l'appel qu'on faisait à son courage et, pour ne tenir personne en suspens, lut une page vigoureuse que, huit ans auparavant, il avait écrite au roi de Prusse sur la liberté d'émigrer. Et il demanda que l'Assemblée déclarât *ne vouloir entendre* le projet, qu'elle passât à l'ordre du jour.

Nulle réplique de Duport, nulle des Lameth, nulle de Barnave. Profond silence. Ils laissent parler les gens en sous-ordre, Rewbell, Prieur et Muguet. Rewbell établit qu'en temps de guerre, émigrer, c'est déserter. Or c'était là justement le nœud de la situation : était-on en temps de guerre ? On pouvait dire non ou oui. Tant que l'état de guerre n'est pas déclaré, les lois de la paix subsistent, et la liberté pour tous d'entrer, de sortir.

On lut le projet de loi. Il confiait à trois personnes, que l'Assemblée nommerait, le droit dictatorial d'autoriser la sortie ou de la défendre, sous peine de confiscation, de dégradation du titre de citoyen. L'Assemblée presque entière se souleva à cette lecture et repoussa l'odieuse inquisition d'État que le projet lui déférait. Mirabeau saisit ce moment et parla à peu près ainsi : « L'Assemblée d'Athènes ne voulut pas même entendre le projet dont Aristide avait dit : « Il est utile, mais injuste. » Vous, vous avez entendu. Mais le frémissement qui s'est élevé a montré que vous étiez aussi bons juges en moralité qu'Aristide. La barbarie du projet prouve qu'une loi sur l'émigration est impraticable. (*Murmures.*) Je demande qu'on m'entende. S'il est des circonstances où des mesures de police soient indispensables, même contre les lois reçues, c'est le délit de la nécessité ; mais il y a une différence immense entre une mesure de police et une loi... Je nie que le projet puisse être mis en délibération. Je déclare que je me croirais délié de tout serment de fidélité envers ceux qui auraient l'infamie de nommer une commission dictatoriale. (*Applaudissements.*) La popularité que j'ai ambitionnée, et dont j'ai eu l'honneur... (*Murmures à l'extrême gauche.*) dont j'ai eu l'honneur de jouir comme un autre, n'est pas un faible roseau ; c'est dans la terre que je veux enfoncer ses racines sur l'imperturbable base de la raison et de la liberté. (*Applaudissements.*) Si vous faites une loi contre les émigrants, je jure de n'y obéir jamais. »

Le projet du comité est rejeté *à l'unanimité.*

Et pourtant les Lameth avaient murmuré ; l'un

d'eux avait demandé la parole, et il l'avait laissé prendre à un député de son parti, qui, dans une proposition fort obscure, demanda l'ajournement.

Mirabeau persista dans l'ordre du jour pur et simple, et voulut parler encore. Alors un homme de la gauche : « Quelle est donc cette dictature de M. de Mirabeau ? » Celui-ci, qui sentit bien que cet appel à l'envie, à la passion ordinaire des assemblées, ne manquerait pas son but, s'élança à la tribune, et, quoique le président lui refusât la parole : « Je prie, dit-il, Messieurs les interrupteurs de se rappeler que j'ai toujours combattu le despotisme ; je le combattrai toujours. Il ne suffit pas de compliquer deux ou trois propositions.... (*Murmures plusieurs fois répétés.*) Silence aux trente voix !... Si l'ajournement est adopté, il faut qu'il soit décrété *que d'ici là il n'y aura pas d'attroupements !* »

Et il y avait attroupement ; on ne l'entendait que trop. Les trente, qui cependant avaient ce peuple pour eux, n'en furent pas moins atterrés et ne sonnèrent mot. Mirabeau avait fait tomber d'aplomb sur leur tête la responsabilité, et ils ne répondaient pas. Le public, la foule inquiète qui remplissait les tribunes attendait en vain. Jamais il n'y eut un coup plus fortement asséné.

La séance finit à cinq heures et demie. Mirabeau alla chez sa sœur, son intime et chère confidente, et lui dit : « J'ai prononcé mon arrêt de mort. C'est fait de moi, ils me tueront. »

Sa sœur, sa famille, depuis longtemps en jugeait

de même, elle croyait sa vie en danger. Quand il sortait le soir pour aller à la campagne, son neveu, armé, le suivait de loin, malgré lui. Plusieurs fois, on avait cru son café empoisonné. Une lettre qui subsiste prouve qu'on lui dénonça, d'une manière détaillée et précise, un complot d'assassinat.

Cette fois, il avait tellement humilié ses ennemis, les avait montrés si parfaitement indignes de ce grand rôle usurpé, qu'il devait s'attendre tout; non que Duport et les Lameth fussent gens à commander le crime, mais, dans ceux qui les entouraient, fanatiques ou intéressés, il y avait nombre d'hommes qui n'avaient nul besoin de commandement.

Aussi, quoique Mirabeau eût la fièvre et, pardessus, la fatigue de cette séance violente, il voulut, le soir même, l'affaire étant chaude encore, une heure après la séance, aller droit à ses ennemis, droit aux Jacobins, entrer dans cette foule hostile, en fendre les flots, et, parmi tant d'hommes furieux qui toucheraient sa poitrine, voir s'il en était quelqu'un qui, du poignard ou de la langue, osât l'attaquer.

Il était sept heures du soir, il entre... La salle était pleine. Les muets de l'Assemblée avaient recouvré la parole. Duport était à la tribune ; il parut déconcerté. Au lieu d'en venir au fait, il errait, s'embarrassait dans un interminable préambule, parlant toujours de La Fayette et pensant à Mirabeau. Il hésitait pour plusieurs causes. Bien supérieur aux Lameth, il sentait probablement que, s'il portait à

Mirabeau un irréparable coup, s'il parvenait à le mettre hors des Jacobins, il pourrait bien n'avoir fait que travailler pour Robespierre. Enfin il franchit le pas; n'ayant rien dit le matin, ne rien dire encore le soir, c'eût été tomber bien bas. « Les ennemis de la liberté, dit-il, ils ne sont pas loin de vous. » (*Tonnerre d'applaudissements*.) Tous regardent Mirabeau, plusieurs viennent insolemment lui applaudir à la face. Alors Duport retraça la séance du matin, non sans quelque ménagement, se déclarant l'admirateur de ce beau génie, mais soutenant que le peuple avait besoin avant tout d'une probité austère. Il reprocha à Mirabeau l'orgueil de *sa dictature*. Vers la fin, il parut s'attendrir encore, dans ce suprême combat, et dit ces paroles habiles, que tout le monde trouva touchantes : « Qu'il soit un bon citoyen, je cours l'embrasser; et s'il détourne le visage, je me féliciterai de m'en être fait un ennemi, pourvu qu'il soit ami de la chose publique. »

Ainsi il laissait la porte ouverte au repentir de Mirabeau, faisait grâce à son vainqueur, lui offrait en quelque sorte l'absolution des Jacobins.

Mirabeau ne profita pas de cette générosité. A travers les applaudissements donnés à Duport, qui pour lui sont des anathèmes, il avance d'une marche brusque et dit : « Il y a deux sortes de dictatures, celle de l'intrigue et de l'audace, celle de la raison et du talent. Ceux qui n'ont pas établi ou gardé la première et qui ne savent pas s'emparer de la seconde, à qui doivent-ils s'en prendre, sinon à eux-mêmes ? » Puis, leur demandant compte de leur silence du matin, il assura que sa conscience ne lui reprochait pas d'avoir soutenu une opinion qui, quatre heures durant, avait paru *celle de l'Assemblée nationale*, et que n'avait attaquée aucun des *chefs d'opinion*. — Justification irritante ; le mot *chef* sonnait très mal à l'oreille des Jacobins. « Au reste, ajouta-t-il hardiment, mon sentiment sur l'émigration, c'est la pensée universelle des philosophes et des sages ; si l'on se trompait dans la compagnie de tant de grands hommes, il faudrait bien s'en consoler. » Les Jacobins, d'après cette insinuation, n'étaient donc pas des grands hommes ?

Les ménagements de Duport, la provocante apologie de Mirabeau, avaient fait souffrir cruellement Alexandre de Lameth. Il voyait bien d'ailleurs les Jacobins ulcérés, il sentait qu'il allait exprimer la haine de tous avec la sienne, cela le mit hors de lui-même, lui fit perdre de vue toute politique. Il regarda l'Assemblée, et il ne vit plus deux hommes, en qui était tout pourtant. Il ne vit pas près de lui Mirabeau, dont les opinions monarchiques au fond différaient peu des siennes et qu'il eût dû ménager. Il ne vit pas dans l'Assemblée la face pâle de Robespierre, qui, muet, comme le matin, attendait paisiblement qu'on eût tué Mirabeau.

Lameth, s'adressant d'abord au fonds le plus riche de la nature humaine, l'orgueil et l'envie, répéta, envenima l'apostrophe impérieuse de Mirabeau : « Silence aux trente voix ! » Puis, s'adressant à l'es-

prit du corps, à la vanité spéciale des Jacobins :
« Les amis du despotisme, dit-il, les amis du luxe
et de l'argent, justement effrayés des progrès de
cette société, illustre par toute la terre, ont juré sa
perte. Or voici le dernier complot auquel ils se sont
arrêtés. Ils ont dit : « Il y a cent cinquante députés
« jacobins incorruptibles, eh bien, nous saurons les
« perdre ; nous forgerons tant de libelles qu'on les
« croira des factieux ! » Ah ! Messieurs, si je n'avais
connu ce complot, j'aurais parlé ce matin. Misérable
situation des patriotes, forcés de se taire et de
transiger ! Aux premiers mots que je disais, on a
crié : « Factieux ! » puis ils ont fait une émeute,
puis dit au roi : « Eh bien, sire, voilà les Jacobins
« défaits ! » Quel est maintenant le centre de vos
ennemis ? Mirabeau, toujours Mirabeau. Voilà encore
qu'il a rédigé la proclamation du département ; et
c'est vous qu'il y désigne comme factieux à exterminer. » Et se tournant vers Mirabeau : « Quand
vous avez ainsi désigné les factieux, je me suis bien
donné de garde d'objecter un mot, je vous ai laissé
parler, il importait de vous connaître. S'il est quelqu'un ici qui n'ait vu ce matin vos perfidies, qu'il
me démente ! — Une voix : « Non. » — « Et qui ose
avoir dit : « Non ? » — La même voix : « Je voulais
dire, Monsieur de Lameth, que personne de l'Assemblée ne pourrait vous démentir. » Personne ne
réclamant, Lameth tira parti habilement du mot de
Mirabeau : *chefs d'opinion*. Il flatta tous les muets,
et poussant la chose avec le vrai génie de Tartufe :

« Distinction insolente ! c'est le malheur de la nation que tant de députés modestes ne soient pas *chefs d'opinion*, tant d'excellents citoyens !... *Le patriotisme est pour eux une religion dont il leur suffit que le ciel voie la ferveur !* Ils n'en sont pas moins précieux à la patrie ; et plût à Dieu que vous l'eussiez aussi bien servie par vos discours qu'eux par leur silence ! »

Parmi d'autres paroles, Lameth en dit une furieuse ; il est rare que l'on montre de tels abîmes de haine : « Je ne suis pas de ceux qui pensent que la bonne politique veut qu'on ménage M. de Mirabeau, *qu'on ne le désespère pas...* »

Mirabeau siégeait à côté, « et il lui tombait, dit Camille Desmoulins, de grosses gouttes du visage. Il était devant le calice, dans le jardin des Olives. »

Noble et juste comparaison, sortie du cœur d'un ennemi, ennemi sans fiel, innocent, et qui, dans sa colère même, relève encore, malgré lui, celui qu'il a tant aimé.

Oui, Camille avait raison. Le grand orateur, qui, sur une question d'équité, de liberté, d'humanité, se voyait périr, n'était pas indigne, après tout, d'avoir aussi la sueur de sang, de boire le calice. Quoi qu'il ait fait, ce vicieux, ce coupable, cet infortuné grand homme, qu'il en soit purifié. D'avoir souffert pour la justice, pour le principe humain de notre Révolution, ce sera son expiation, son rachat devant l'avenir.

CHAPITRE X

MORT DE MIRABEAU (2 AVRIL 1791).

Mirabeau tué par la médiocrité. — Indécision du parti bâtard qu'il combat, ineptie du parti qu'il défend. — Il se croit empoisonné, hâte sa mort, mars 1791. — Ses derniers moments, sa mort, 2 avril. — Honneurs qu'on lui rend; ses funérailles, 4 avril. — Jugements divers sur Mirabeau. — Il n'a pas trahi la France; il y eut corruption, non trahison. — Cinquante années d'expiation suffisent à la justice nationale.

Il est bien regrettable que nous n'ayons pas la réponse de Mirabeau. Elle dut être, si nous jugeons par les résultats, le triomphe de l'adresse et de l'éloquence. Nous en avons l'extrait, probablement défiguré. On y entrevoit néanmoins que cette réponse dut contenir, parmi cent choses flatteuses et insinuantes, des mots ironiques, par exemple celui-ci : « Et comment pourrait-on me prêter l'absurde dessein de présenter les Jacobins comme des factieux, lorsque chaque jour ils réfutent si bien cette calomnie par leurs réponses, par leurs séances publiques? » Avec cela le grand orateur se fit si habilement Jacobin, si sensible à leur opinion, qu'il lui suffit d'un moment pour tourner tous les esprits. Il avoua qu'il avait boudé les Jacobins, mais en leur rendant justice. Les applaudissements s'élevèrent. Enfin lorsque, terminant, il dit : « Je resterai avec vous jusqu'à l'ostracisme », il avait reconquis les cœurs.

Il sortit et ne revint plus. Son génie était tout contraire à celui des Jacobins. Il ne subissait pas volontiers le joug de cet esprit moyen qui, n'ayant ni le besoin de talent qu'éprouve une élite, ni l'entraînement du peuple, son instinct naïf et profond, exige qu'on soit moyen, juste à la même hauteur, pas plus haut et pas plus bas, et qui, tout défiant qu'il peut être, se laisse néanmoins gouverner par une tactique médiocre. La Révolution qui montait amenait à la puissance ces médiocrités actives.

La classe moyenne, bourgeoise, dont la partie la plus inquiète s'agitait aux Jacobins, avait son avènement. Classe vraiment moyenne en tout sens, moyenne de fortune, d'esprit, de talent. Le grand talent était rare, plus rare l'invention politique, la langue fort monotone, toujours calquée sur Rousseau. Grande, immense différence avec le seizième siècle, où chacun a une langue forte, une langue sienne, qu'il fait lui-même, et dont les défauts énergiques intéressent, amusent toujours. Sauf quatre hommes de premier ordre, trois orateurs, un écrivain, tout le reste est secondaire. L'idole qui passait, La Fayette, et les idoles qui viennent, girondines et montagnardes, sont généralement médiocres. Mirabeau se voyait noyé, à la lettre, dans la médiocrité.

Le flot montait, la marée venait de la grande mer. Lui, robuste athlète, il était là sur le rivage, dans la ridicule attitude de combattre l'Océan ; le flot n'en montait pas moins ; hier l'eau jusqu'à la cheville, aujourd'hui jusqu'au genou, demain jusqu'à la ceinture... Et chaque vague de cet Océan n'avait ni figure ni forme ; chaque flot qu'il prenait, serrait de sa forte main, coulait, faible, fade, incolore.

Lutte ingrate, qui n'était nullement celle des principes opposés. Mirabeau pouvait à peine définir contre quoi il combattait. Ce n'était nullement le peuple, nullement le gouvernement populaire. Mirabeau eût gagné à la république ; il eût été incontestablement le premier citoyen. Il luttait contre un parti immense et très faible, mêlé d'apparences diverses, et qui lui-même ne voulait rien de plus qu'une apparence, un je ne sais quoi, un introuvable milieu, ni monarchie ni république, parti métis, à deux sexes, ou plutôt sans sexe, impuissant, mais, comme les eunuques, s'agitant en proportion de son impuissance.

Le ridicule choquant de la situation, c'est que c'était ce néant, qui, au nom d'un système encore introuvé, organisait la Terreur.

Le chagrin saisit Mirabeau, le dégoût. Il commençait à entrevoir qu'il était dupe de la cour, joué par elle, mystifié. Il avait rêvé le rôle d'arbitre entre la Révolution et la monarchie ; il croyait prendre ascendant sur la reine, comme homme, et homme d'État, la sauver. La reine, qui voulait moins être sauvée que vengée, ne goûtait aucune idée raisonnable. Le moyen qu'il proposait était celui qu'elle repoussait le plus : *Être modéré et juste, avoir toujours raison;* travailler lentement, fortement l'opinion, surtout celle des départements, hâter la fin de l'Assemblée dont il n'y avait rien à attendre, en former une nouvelle, lui faire reviser la constitution. (Voir ses *Mémoires*, t. VIII.)

Il voulait sauver deux choses, *la royauté et la liberté*, croyant la royauté elle-même une garantie de liberté. Dans cette double tentative, il trouvait un grand obstacle, l'incurable ineptie de la cour qu'il défendait. Le côté droit, par exemple, ayant hasardé contre les couleurs nationales une sortie insolente, imprudente au plus haut degré, Mirabeau y répondit par une foudroyante apostrophe, par les mots mêmes que la France eût dits, si elle eût parlé; le soir, il vit arriver M. de La Marck éperdu qui venait le gronder de la part de la reine, se plaindre de sa violence. Il tourna le dos et répondit avec indignation et mépris. Dans son discours sur la régence, il demanda et fit décréter que les femmes en seraient exclues.

On ne voulait point s'aider sérieusement de lui, mais seulement le compromettre, le dépopulariser. On avait, en grande partie, obtenu ce dernier point. Des trois rôles qui peuvent tenter le génie, en révolution, Richelieu, Washington, Cromwell, nul ne lui était possible. Ce qui lui restait de mieux à faire, c'était de mourir à temps. Aussi, comme s'il eût été impatient d'en finir, il augmenta encore, dans ce mois qui fut pour lui le dernier, la furieuse dépense de vie qui lui était ordinaire. Nous le retrouvons partout, il accepte au département, dans la garde nationale, de nouvelles fonctions. A peine il quitte la tribune, versant sur tous les sujets la lumière et le talent, descendant aux spécialités qu'on eût cru lui être le plus étrangères (je pense aux discours sur les mines).

Il allait, parlait, agissait et pourtant se sentait mourir, il se croyait empoisonné. Loin de combattre sa langueur par une vie différente, il semblait plutôt se hâter à la rencontre de la mort. Vers le 15 mars, il passa une nuit à table avec des femmes, et son état s'aggrava. Il n'avait que deux goûts prononcés, les femmes et les fleurs : encore il faut ici s'entendre; jamais de filles publiques[1]; le plaisir, chez Mirabeau, ne fut jamais séparé de l'amour.

Le dimanche 27 mars, il se trouvait à la campagne, à sa petite maison d'Argenteuil, où il faisait beaucoup de bien. Il avait toujours été tendre aux misères des hommes et le devenait encore plus aux approches de la mort. Il fut saisi de coliques, comme il en avait eu déjà, mais accompagnées d'angoisses inexprimables, se voyant là mourir seul,

---

1. Étienne Dumont, ch. xiv, p. 273. — Mirabeau travaillait toujours environné de fleurs. Il avait des goûts plus délicats qu'on n'a dit. Il était assez grand mangeur, comme un homme de sa force et qui dépensait tant de vie, mais il ne faisait aucun excès de boisson; son éloquence ne sortait pas du vin, comme celle de Fox, Pitt et autres orateurs anglais.

sans médecin et sans secours. Les secours vinrent, mais rien n'y fit. En cinq jours il fut emporté.

Cependant, le lundi 28, la mort dans les dents et toute peinte sur son visage, il s'obstina à aller encore à l'Assemblée. L'affaire des mines s'y décidait, affaire fort importante pour son ami, M. de La Marck, dont la fortune y était engagée. Mirabeau parla cinq fois, et, tout mort qu'il était il vainquit encore. En sortant, tout fut fini ; il s'était, dans ce dernier effort, achevé pour l'amitié.

Le mardi 29, le bruit se répandit que Mirabeau était malade. Vive impression dans Paris. Tous, ses adversaires même, surent alors combien ils l'aimaient. Camille Desmoulins, qui alors lui faisait si rude guerre, sent se réveiller son cœur. Les violents rédacteurs des *Révolutions de Paris*, qui, à ce moment, proposent la suppression de la royauté, disent que le roi a envoyé pour s'informer de Mirabeau et ajoutent : « Sachons gré à Louis XVI de n'y avoir pas été lui-même, c'eût été une diversion fâcheuse, on l'aurait idolâtré. »

Le mardi soir, la foule était déjà à la porte du malade. Le mercredi, les Jacobins lui envoyèrent une députation, et, à la tête, Barnave, dont il entendit avec plaisir un mot obligeant qui lui fut rapporté. Charles de Lameth avait refusé de se joindre à la députation.

Mirabeau craignait les obsessions des prêtres et avait ordonné de dire au curé, s'il venait, qu'il avait vu ou devait voir son ami l'évêque d'Autun.

Personne ne fut plus grand et plus tendre dans la mort. Il parlait de sa vie au passé, et *de lui qui avait été, et qui avait cessé d'être*. Il ne voulut de médecin que Cabanis, son ami, fut tout entier à l'amitié, à la pensée de la France. Ce qui, mourant, l'inquiétait le plus, c'était l'attitude douteuse, menaçante des Anglais, qui semblaient préparer la guerre. « Ce Pitt, disait-il, gouverne avec ce dont il menace, plutôt qu'avec ce qu'il fait. Je lui aurais donné du chagrin si j'avais vécu. »

On lui parla de l'empressement extraordinaire du peuple à demander de ses nouvelles, du respect religieux, du silence de la foule, qui craignait de le troubler. « Ah! le peuple, dit-il, un peuple si bon est bien digne qu'on se dévoue pour lui, qu'on fasse tout pour fonder, affermir sa liberté. Il m'était glorieux de vivre pour lui, il m'est doux de sentir que je meurs au milieu du peuple. »

Il était plein de sombres pressentiments sur le destin de la France : « J'emporte avec moi, disait-il, le deuil de la monarchie; ses débris vont être la proie des factieux. »

Un coup de canon s'étant fait entendre, il s'écria, comme en sursaut : « Sont-ce déjà les funérailles d'Achille? »

« Le 2 avril au matin, il fit ouvrir ses fenêtres et me dit d'une voix ferme (c'est Cabanis qui parle) :
« Mon ami, je mourrai aujourd'hui. Quand on en
« est là, il ne reste plus qu'une chose à faire, c'est
« de se parfumer, de se couronner de fleurs et de

« s'environner de musique, afin d'entrer agréable-
« ment dans ce sommeil dont on ne se réveille
« plus. » Il appela son valet de chambre : « Allons,
« qu'on se prépare à me raser, à faire ma toilette
« tout entière. » Il fit pousser son lit près d'une
fenêtre ouverte pour contempler sur les arbres de
son petit jardin les premiers indices de la feuillai-
son printanière. Le soleil brillait, il dit : « Si ce
« n'est pas là Dieu, c'est du moins son cousin ger-
main... » Bientôt après il perdit la parole ; mais il
répondait toujours par des signes aux marques
d'amitié que nous lui donnions. Nos moindres soins
le touchaient ; il y souriait. Quand nous penchions
notre visage sur le sien, il faisait de son côté des
efforts pour nous embrasser... »

Les souffrances étant excessives, comme il ne
pouvait plus parler, il écrivit ce mot : « Dormir. »
Il désirait abréger cette lutte inutile et demandait
de l'opium. Il expira vers huit heures et demie. Il
venait de se tourner, en levant les yeux au ciel.
Le plâtre qui a saisi son visage ainsi fixé n'indique
qu'un doux sourire, un sommeil plein de vie et
d'aimables songes.

La douleur fut immense, universelle. Son secrétaire, qui l'adorait et qui plusieurs fois avait tiré
l'épée pour lui, voulut se couper la gorge. Pendant
la maladie, un jeune homme s'était présenté, demandant si l'on voulait essayer la transfusion du sang,
offrant le sien pour rajeunir, raviver celui de Mirabeau. Le peuple fit fermer les spectacles, dispersa

même par ses huées un bal qui semblait insulter à la douleur générale.

Cependant on ouvrait le corps. Des bruits sinistres avaient circulé. Un mot dit à la légère, qui eût confirmé l'idée d'empoisonnement, aurait pu coûter la vie à telle personne peut-être innocente. Le fils de Mirabeau assure que la plupart des médecins qui firent l'autopsie « trouvèrent des traces indubitables de poison », mais que sagement ils se turent.

Le 3 avril, le département de Paris se présenta à l'Assemblée nationale, demanda, obtint que l'église de Sainte-Geneviève fût consacrée à la sépulture des grands hommes, et que Mirabeau y fût placé le premier. Sur le fronton devaient être inscrits ces mots : « Aux grands hommes la patrie reconnaissante. » Descartes y était. Voltaire et Rousseau devaient y venir. « Beau décret! dit Camille Desmoulins. Il y a mille sectes et mille églises entre les nations, et, dans une même nation, le Saint des saints pour l'un est l'abomination pour l'autre. Mais, pour ce temple et ses reliques, il n'y aura pas de disputes. Cette basilique réunira tous les hommes à sa religion. »

Le 4 avril eut lieu la pompe funèbre la plus vaste, la plus populaire qu'il y ait eu au monde, avant celle de Napoléon, au 15 décembre 1840. Le peuple seul fit la police et la fit admirablement. Nul accident dans cette foule de trois ou quatre cent mille hommes. Les rues, les boulevards, les fenêtres, les toits, les arbres, étaient chargés de spectateurs.

En tête du cortège marchait La Fayette, puis, entouré royalement des douze huissiers à la chaîne, Tronchet, le président de l'Assemblée nationale, puis l'Assemblée tout entière sans distinction de partis. L'intime ami de Mirabeau, Sieyès, qui détestait les Lameth et ne leur parlait jamais, eut pourtant l'idée noble et délicate de prendre le bras de Charles de Lameth, les couvrant ainsi de l'injuste soupçon qu'on faisait peser sur eux.

Immédiatement après l'Assemblée nationale, comme une seconde assemblée, avant toutes les autorités, marchait en masse serrée le club des Jacobins. Ils s'étaient signalés par le faste de la douleur, ordonnant un deuil de huit jours, et d'anniversaire en anniversaire, un deuil éternel.

Ce convoi immense ne put arriver qu'à huit heures à l'église Saint-Eustache. Cérutti prononça l'éloge. Vingt mille gardes nationaux déchargeant à la fois leurs armes, toutes les vitres se brisèrent; on crut un moment que l'église s'écroulait sur le cercueil.

Alors la pompe funéraire reprit son chemin, aux flambeaux. Pompe vraiment funèbre à cette heure. C'était la première fois qu'on entendait deux instruments tout-puissants, le trombone et le tam-tam. « Ces notes, violemment détachées, arrachaient les entrailles et brisaient le cœur. » On arriva bien tard, dans la nuit, à Sainte-Geneviève.

L'impression du jour avait été généralement calme et solennelle, pleine d'un sentiment d'immortalité. On eût dit que l'on transférait les cendres de Voltaire, d'un homme mort depuis longtemps, d'un de ces hommes qui ne meurent jamais. Mais à mesure que le jour disparut et que le convoi s'enfonça dans l'ombre doublement obscure de la nuit et des rues profondes, qu'éclairaient les lueurs des torches tremblantes, les imaginations aussi entrèrent malgré elles dans le ténébreux avenir, dans les pressentiments sinistres. La mort du seul qui fût grand mettait, dès ce jour, entre tous une formidable égalité. La Révolution allait dès lors rouler sur une pente rapide, elle allait par la voie sombre au triomphe ou au tombeau. Et dans cette voie devait à jamais lui manquer un homme, son glorieux compagnon de route, homme de grand cœur, après tout, sans fiel, sans haine, magnanime pour ses plus cruels ennemis. Il emportait avec lui quelque chose, qu'on ne savait pas bien encore, on ne le sut que trop plus tard : l'esprit de paix dans la guerre même, la bonté sous la violence, la douceur, l'humanité.

Ne laissons pas encore Mirabeau dormir dans la terre. Ce que nous venons de mettre à Sainte-Geneviève, c'est la moindre partie de lui. Restent son âme et sa mémoire, qui doivent compte à Dieu et au genre humain.

Un seul homme refusa d'assister au convoi, l'honnête et austère Pétion. Il assurait avoir lu un plan de conspiration de la main de Mirabeau.

Le grand écrivain du temps, âme naïve, jeune, ardente, qui en représente le mieux les passions, les fluctuations, je parle de Desmoulins, varie étonnamment en quelques jours dans son jugement sur Mirabeau, et finit par porter sur lui l'arrêt le plus accablant. Nul spectacle plus curieux que celui de ce violent nageur, battu, comme par la vague, de la haine à l'amitié, enfin échoué à la haine.

D'abord, dès qu'il le sait malade, il se trouble, et, tout en l'attaquant encore, il laisse échapper son cœur, il rappelle les services immortels que Mirabeau rendait à la liberté : « Tous les patriotes disent, comme Darius dans Hérodote : « Histiée a soulevé « l'Ionie contre moi, mais Histiée m'a sauvé quand « il a rompu le pont de l'Ister. »

Et quelques pages après :

« Mais... Mirabeau se meurt, Mirabeau est mort ! *De quelle immense proie la mort vient de se saisir !* J'éprouve encore en ce moment le même choc d'idées, de sentiments, qui me fit demeurer sans mouvements et sans voix, devant cette tête pleine de systèmes, quand j'obtins qu'on me levât le voile qui la couvrait, et que j'y cherchais encore son secret. C'était un sommeil, et ce qui me frappa au delà de toute expression, telle on peint la sérénité du juge et du sage. Jamais je n'oublierai cette tête glacée et *la situation déchirante* où sa vue me jeta... »

Huit jours après, tout est changé ! Desmoulins est un ennemi. La nécessité d'éloigner les affreux soupçons qui planaient sur les Lameth jette le mobile écrivain dans une violence terrible. L'amitié lui fait trahir l'amitié!...... Sublime enfant! mais sans mesure, toujours extrême en tout sens!

« Pour moi, lorsqu'on m'eut levé le drap mortuaire, à la vue d'un homme que j'avais idolâtré, j'avoue que je n'ai pas senti venir une larme, et que je l'ai regardé d'un œil aussi sec que Cicéron regardait le corps de César percé de vingt-trois coups. Je contemplais ce superbe magasin d'idées, démeublé par la mort; je souffrais de ne pouvoir donner des larmes à un homme, et qui avait un si beau génie, et qui avait rendu de si éclatants services à sa patrie, et qui voulait que je fusse son ami. Je pensais à cette réponse de Mirabeau mourant à Socrate mourant, à sa réfutation du long entretien de Socrate sur l'immortalité, par ce seul mot : *Dormir*. Je considérais son sommeil, et, ne pouvant m'ôter l'idée de ses projets contre l'affermissement de notre liberté et jetant les yeux sur l'ensemble de ses deux dernières années, sur le passé et sur l'avenir, à son dernier mot, à cette profession de matérialisme et d'athéisme, je répondais aussi par ce seul mot : *Tu meurs.* »

Non, Mirabeau ne peut mourir. Il vivra avec Desmoulins. Celui qui appelait le peuple au 12 juillet 1789, celui qui le 23 juin dit la grande parole du peuple à la vieille monarchie, le premier orateur de la Révolution et son premier écrivain vivront toujours dans l'avenir, et rien ne les séparera.

Sacré par la Révolution, identifié avec elle, avec nous par conséquent, nous ne pouvons dégrader cet homme sans nous dégrader nous-mêmes, sans découronner la France.

Le temps, qui révèle tout, n'a d'ailleurs rien révélé qui motive réellement le reproche de trahison. Le tort réel de Mirabeau fut une erreur, une grave et funeste erreur, mais alors partagée de tous à des degrés différents. Tous alors, les hommes de tous les partis, depuis Cazalès et Maury jusqu'à Robespierre, jusqu'à Marat, croyaient que la France était royaliste, tous voulaient un roi. Le nombre des républicains était vraiment imperceptible.

Mirabeau croyait qu'il faut un roi fort ou point de roi. L'expérience a prouvé contre les essais intermédiaires, les constitutions bâtardes qui, par les voies de mensonges, mènent aux tyrannies hypocrites.

Le moyen qu'il propose au roi pour se relever, c'est d'être plus révolutionnaire que l'Assemblée même.

Il n'y eut pas trahison, mais il y eut corruption.

Quel genre de corruption? L'argent? Mirabeau, il est vrai, reçut des sommes qui devaient couvrir la dépense de son immense correspondance avec les départements, une sorte de ministère qu'il organisait chez lui. Il se dit ce mot subtil, cette excuse qui n'excuse pas : qu'on ne l'avait point acheté, *qu'il était payé, non vendu.*

Il y eut une autre corruption. Ceux qui ont étudié cet homme la comprendront bien. La romanesque visite de Saint-Cloud, au mois de mai 1790, le troubla du fol espoir d'être le premier ministre d'un roi?

Non, mais d'une reine, une sorte d'époux politique, comme avait été Mazarin. Cette folie resta d'autant mieux dans son esprit que cette unique et rapide apparition fut comme une sorte de songe qui ne revint plus, qu'il ne put comparer sérieusement avec la réalité. Il en garda l'illusion. Il la vit, comme il la voulait, une vraie fille de Marie-Thérèse, violente, mais magnanime, héroïque. Cette erreur fut d'ailleurs habilement cultivée, entretenue. Un homme lui fut attaché jour et nuit, M. de La Marck, qui lui-même aimait beaucoup la reine, beaucoup Mirabeau, et qui, ne le quittant pas, fortifia toujours en lui ce rêve du génie de la reine... Si belle, si malheureuse, si courageuse ! Une seule chose lui manquait, la lumière, l'expérience, un conseil hardi et sage, une main d'homme où s'appuyer, la forte main de Mirabeau !... Telle fut la véritable corruption de celui-ci, une coupable illusion de cœur, pleine d'ambition, d'orgueil.

Maintenant, assemblons en jury les hommes irréprochables, ceux qui ont droit de juger, ceux qui se sentent purs eux-mêmes, *purs d'argent*, ce qui n'est pas rare, *purs de haine*, ce qui est rare (que de puritains qui préfèrent à l'argent la vengeance et le sang versé !...) Assemblés, interrogés, nous nous figurons qu'ils n'hésiteront pas à décider comme nous :

Y eut-il trahison ?... Non.

Y eut-il corruption ?... Oui.

Oui, l'accusé est coupable. — Aussi, quelque douleureuse que la chose soit à dire, il a été justement expulsé du Panthéon.

La Constituante eut raison d'y mettre l'homme intrépide qui fut le premier organe, la voix même de la liberté. — La Convention eut raison de mettre hors du temple l'homme corrompu, ambitieux, faible de cœur, qui aurait préféré à la patrie une femme et sa propre grandeur.

Ce fut par un triste jour d'automne, dans cette tragique année de 1794, où la France avait presque achevé de s'exterminer elle-même, ce fut alors qu'ayant tué les vivants, elle se mit à tuer les morts, s'arracha du cœur son plus glorieux fils. Elle mit une joie sauvage dans cette suprême douleur. L'homme de la loi chargé de la hideuse exécution, dans un procès-verbal informe, ignorant, barbare, qui donne une idée étrange du temps, dit ces propres mots; j'en conserve l'orthographe : « *Le cortège de la fête* s'étant arrêté sur la place du Panthéon, un des citoyens huissier de la Convention s'est avancé vers la porte d'entrée dudit Panthéon, y a fait lecture du décres qui exclus d'y celuy les restes d'Honoré Riquetti Mirabeau, qui aussitôt ont été porté dans un cercueil de bois hors de l'enceinte dudit temple, et nous ayant été remis, nous avons fait conduire et déposer ledit cercueil dans le lieu ordinaire des sépultures... » Ce lieu n'est autre que Clamart, cimetière des suppliciés, dans le faubourg Saint-Marceau. Le corps y fut porté pendant la nuit et inhumé sans nul indice, vers le milieu de l'enceinte. Il y est encore aujourd'hui, en 1847, selon toute apparence. Voilà plus d'un demi-siècle que Mirabeau est là, dans la terre des suppliciés [1].

Nous ne croyons pas à la légitimité des peines éternelles. C'est assez pour ce pauvre grand homme de cinquante ans d'expiation. La France, n'en doutons pas, dès qu'elle aura des jours meilleurs, ira le chercher dans la terre, elle le remettra où il doit rester, dans son Panthéon, l'orateur de la Révolution aux pieds des créateurs de la Révolution, Descartes, Rousseau, Voltaire. L'exclusion fut méritée, mais le retour est juste aussi. Pourquoi lui envierions-nous cette sépulture matérielle, quand il en a une morale dans le souvenir reconnaissant, au cœur même de la France?

1. La jeunesse studieuse qui fréquente cette enceinte, aujourd'hui consacrée aux études anatomiques, doit savoir qu'elle marche tous les jours sur le corps de Mirabeau. Il est là encore dans son cercueil de plomb. Le centre de l'enceinte n'a jamais été fouillé, mais seulement la partie latérale, le long des murs, et l'on y a trouvé, dans leurs robes noires, très bien conservées, des prêtres tués au 2 septembre. Il serait digne de la ville de Paris de prendre cette honorable initiative, de rendre Mirabeau au jour, de lui rendre un tombeau.

CHAPITRE XI

INTOLÉRANCE DES DEUX PARTIS. — PROGRÈS DE ROBESPIERRE.

L'Assemblée, sur la proposition de Robespierre, décide que les députés ne seront ni ministres ni réélus, etc., 7 avril-16 mai 1791. — Robespierre succède au crédit des Lameth près des Jacobins, avril. — Les Lameth conseillers de la cour, avril. — Ils ne parlent ni contre la limitation de la garde nationale, 28 avril, ni pour la défense des clubs, mai. — Lutte de Duport et de Robespierre, 17 mai. — Tous deux parlent contre la peine de mort. — La lutte religieuse éclate aux approches de Pâques, 17 avril 1791; le roi communie avec éclat. — Le roi constate publiquement sa captivité, 18 avril. — Intolérance ecclésiastique, spécialement contre ceux qui sortent des couvents. — Intolérance jacobine contre le culte des réfractaires, mai. — Lettre du pape brûlée, 4 mai. — L'Assemblée accorde à Voltaire les honneurs du Panthéon, 30 mai 1791.

Le 7 avril, cinq jours après la mort de Mirabeau, Robespierre proposa et fit décréter que nul membre de l'Assemblée *ne pourrait être porté au ministère* pendant les quatre années qui suivraient la session.

Aucun député important n'osa faire d'objection. Nulle réclamation des rédacteurs ordinaires de la constitution (Thouret, Chapelier, etc.), nulle des agitateurs de la gauche (Duport, Lameth, Barnave, etc.). Ils se laissèrent enlever, sans mot dire, tout le fruit qu'ils pouvaient attendre de la mort de Mirabeau.

L'entrée au pouvoir, qui semblait s'ouvrir, leur fut fermée pour toujours.

Cinq semaines après, le 16 mai, Robespierre proposa et fit décréter que les membres de l'Assemblée actuelle *ne pourraient être élus* à la première législature.

Par deux fois, l'Assemblée constituante vota par acclamation contre elle-même.

Et deux fois sur la proposition du député le moins agréable à l'Assemblée, de celui dont elle avait invariablement repoussé les motions, les amendements.

Il y a là un grand changement, qu'il faut tâcher d'expliquer.

Et d'abord, un signe bien surprenant que nous en trouvons, c'est, dès le lendemain de la mort de Mirabeau, le ton nouveau, audacieux, presque impérieux de Robespierre. Le 6 avril, il reprocha violemment au comité de constitution la présentation *à l'improviste* du projet d'organisation ministérielle (présenté depuis deux mois). Il parla de « *l'effroi* que lui inspirait l'esprit qui présidait aux délibérations ». Il finit par cette parole dogmatique : « Voici l'*instruction* essentielle que je présente à l'Assemblée. » Et l'Assemblée ne murmura point. Elle lui accorda, pour le fond de la loi, l'ajournement au lendemain; et c'est le lendemain, 7 avril, qu'assuré probablement d'une forte majorité, il fit la proposition d'interdire le ministère aux députés pour quatre ans.

Robespierre n'était plus l'homme hésitant, timide. Il avait pris autorité. On le sentit au 16 mai, où il développa avec une gravité souvent éloquente cette thèse de morale politique, que le législateur doit se faire un devoir de rentrer dans la foule des citoyens et se dérober même à la reconnaissance. L'Assemblée, fatiguée de son comité de constitution, d'un décemvirat qui parlait toujours et légiférait toujours, sut bon gré à Robespierre d'avoir le premier exprimé une pensée juste et vraie, qu'on peut résumer ainsi : « La constitution n'est point sortie de la tête de tel ou tel orateur, *mais du sein même de l'opinion qui nous a précédés* et qui nous a soutenus. Après deux années de travaux au-dessus des forces humaines, il ne nous reste qu'à donner à nos successeurs l'exemple de l'indifférence pour notre immense pouvoir, pour tout autre intérêt que le bien public. Allons respirer dans nos départements l'air de l'égalité. »

Et il ajouta ce mot impérieux, impatient : « Il me semble que, pour l'honneur des principes de l'Assemblée, cette motion ne doit pas être décrétée avec trop de lenteur. » Loin d'être blessée de ce mot, l'Assemblée applaudit, ordonne l'impression, veut aller aux voix. Chapelier demande en vain la parole. La proposition est votée à la presque unanimité.

Le prôneur habituel et très zélé de Robespierre, Camille Desmoulins, dit avec raison qu'il regarde ce décret comme un coup de maître : « On pense bien qu'il ne l'a emporté ainsi de haute lutte que parce qu'il avait des intelligences dans l'amour-propre de la grande majorité, qui, ne pouvant être réélue, a saisi avidement cette occasion de niveler tous les honorables membres... Notre féal a calculé très bien », etc.

Ce qu'il avait calculé et que Desmoulins ne peut dire, c'est que, pour les deux extrêmes, Jacobins, aristocrates, l'ennemi commun à détruire était la constitution et les constitutionnels, pères et défenseurs naturels de cet enfant peu viable.

Mais Robespierre était un homme trop politique pour qu'on croie qu'il s'en rapportât à ce calcul de vraisemblance, à cette hypothèse fondée sur une connaissance générale de la nature humaine. Quand on le voit parler avec tant de force, d'autorité et de certitude, on ne peut douter qu'il ne fût très positivement instruit de l'appui que sa proposition trouverait auprès du côté droit. Les prêtres, pour qui récemment il s'était fort avancé, presque compromis (le 12 mars), pouvaient l'éclairer parfaitement sur la pensée de leur parti.

D'autre part, si la voix de Robespierre semble grossie tout à coup, c'est qu'elle n'est plus celle d'un homme; un grand peuple parle en lui, celui des sociétés jacobines. La société de Paris, nous l'avons vu, fondée par des députés, et qui d'abord en compte quatre cents en octobre 1789, en a au plus cent cinquante le 28 février 1791, le jour où Mirabeau fut tué par les Lameth. Qui donc domine aux Jacobins ? Ceux qui ne sont pas députés, qui veulent l'être; ceux qui désirent que l'Assemblée constituante ne puisse être réélue. C'est la pensée des Jacobins que

Robespierre a exprimée, leur désir, leur intérêt; il est leur organe. Il parle pour eux et devant eux, soutenu par eux; car ce sont eux que je vois là-haut remplir les tribunes. Cette assemblée *supérieure*, comme je l'ai nommée déjà, commence à peser lourdement d'en haut sur l'Assemblée constituante. Et ce n'est pas une des moindres raisons qui fait que celle-ci aspire au repos. De plus en plus, les tribunes interviennent, mêlent des paroles aux discours des orateurs, des applaudissements, des huées. Dans la question des colonies par exemple, un défenseur des colons fut sifflé outrageusement.

L'histoire intérieure de la société jacobine est infiniment difficile à pénétrer. Leur prétendu journal, rédigé par Laclos, loin d'en être la lumière, en est l'obscurcissement. Ce qui pourtant est très visible, c'est que des deux fractions primitives de la société, la fraction orléaniste baisse alors, discréditée par l'avidité de son chef dans l'affaire des quatre millions, par la polémique républicaine que Brissot et autres dirigent contre elle. L'autre fraction (Duport, Barnave et Lameth) semble aussi usée, énervée; il semble qu'en blessant à mort Mirabeau, le soir du 28 février, elle ait laissé dans la plaie son dard et sa vie. En mars, agit-elle encore dans la violente émeute où les Jacobins firent achever le club des Monarchiens à coups de pierres et de bâtons? C'est ce qu'on ne peut bien savoir. Ce qu'on peut dire en général des triumvirs, c'est que leur mauvais renom d'intrigue et de violence, les bruits sinistres (quoique injustes) qui coururent sur eux à l'occasion de la mort de Mirabeau, auront conduit les Jacobins à suivre de préférence un homme net, pauvre, austère, de précédents inattaquables. La scène remarquable, observée de tous, à l'enterrement de Mirabeau (Lameth au bras de Sieyès, couvert par lui contre les soupçons du peuple, un Jacobin protégé en quelque sorte devant le peuple par l'impopulaire abbé!), c'était de quoi faire réfléchir la société jacobine. Elle laissa les Lameth, se donna à Robespierre.

L'affaire des Jacobins de Lons-le-Saulnier, décidée contre les Lameth par la société de Paris, vers la fin de mars, me paraît dater leur décès. On pourrait dire presque qu'ils meurent avec Mirabeau ; vainqueurs, vaincus, ils s'en vont à peu près en même temps.

Rien n'avait plus contribué à accélérer leur ruine que leur opinion illibérale sur les droits des hommes de couleur. Les Lameth avaient des habitations aux colonies, des esclaves. Barnave parla hardiment pour les planteurs. L'Assemblée, balancée entre la question trop évidente du droit et la crainte d'exciter un incendie général, rendit cet étrange décret : « Qu'elle ne délibérerait *jamais* sur l'état des personnes non nées de père et de mère libres, si elle n'en était requise par les colonies. » On était tout à fait sûr que cette réquisition ne viendrait *jamais* : c'était s'interdire de *jamais* délibérer sur l'esclavage des noirs. Les planteurs voulurent élever une statue à Barnave, comme s'il était mort déjà ; cela n'était que trop vrai.

Indépendamment de ces intérêts, une influence occulte contribuait, il faut le dire, à neutraliser les Lameth.

Peu après la mort de Mirabeau, lorsque beaucoup de gens les en accusaient, un matin, de très bonne heure, Alexandre de Lameth étant encore couché, un petit homme sans apparence veut lui parler, est admis. C'était M. de Montmorin, ministre des affaires étrangères. Le ministre s'assoit près du lit et fait sa confession. Il dit du mal de Mirabeau (sûr moyen de plaire à Lameth), se reproche la mauvaise voie où il est entré, les grandes sommes qu'il a dépensées pour pénétrer les secrets des Jacobins. « Tous les soirs, dit-il, j'avais les lettres qu'ils avaient reçues des provinces, et je les lisais au roi, qui souvent admirait la sagesse de vos réponses. » La conclusion de l'entretien que Lameth oublie de donner, mais qu'on sait parfaitement, c'est que Lameth succéda, sous un rapport, à Mirabeau, qu'il devint ce qu'était déjà Barnave depuis le mois de décembre, un des conseillers secrets de la cour[1].

L'Assemblée, le 28 avril, franchit un pas redouté; elle décida que les citoyens actifs pourraient seuls être gardes nationaux. Robespierre réclama. Duport et Barnave gardèrent le silence; Charles de Lameth parla sur un accessoire.

La véritable pierre de touche, la mortelle épreuve, c'était la défense des clubs, attaqués solennellement

---

[1]. Rien de plus vide, de moins instructif, de plus habilement nul que les *Mémoires de Barnave* sur 1791. Lameth n'y arrive pas.

devant l'Assemblée par le département de Paris, la défense des assemblées populaires en général, communes, sections, libres associations, leur droit de faire des pétitions collectives, des adresses, leur droit d'afficher, etc. Chapelier proposa une loi qui leur ôtait ce droit; elle fut votée, en effet, non exécutée. Il déclarait que, sans cette loi, les clubs seraient des corporations, et de toutes les plus formidables. Robespierre et Pétion se portèrent défenseurs des clubs. Duport, Barnave et Lameth, les fondateurs des Jacobins et leurs meneurs si longtemps, n'allaient-ils pas parler aussi? Tout le monde s'y attendait..... Non, silence, profond silence. Visiblement ils abdiquaient.

Robespierre leur avait lancé un mot qui, sans doute, contribua à leur ôter toute tentation de prendre la parole : « Je n'excite point la révolte... Si quelqu'un voulait m'accuser, je voudrais qu'il mît toutes ses actions en parallèle avec les miennes. » C'était porter le défi aux anciens perturbateurs de pouvoir parler de paix.

Dans la question de la rééligibilité (16 mai), Duport laissa voter l'Assemblée contre elle-même; mais, le lendemain, lorsqu'on n'eut plus à s'occuper que de la rééligibilité des législatures suivantes, il sortit de son silence. Il semblait qu'il voulût épancher en une fois tout ce qu'il avait d'amertumes et de craintes de l'avenir. Ce discours, plein de choses élevées, fortes, prophétiques, a le tort le plus grave qu'un discours politique puisse avoir, il est triste et découragé. Duport y déclare qu'encore un pas, et le gouvernement n'est plus, ou, s'il renaît, ce sera pour se concentrer dans le pouvoir exécutif. Les hommes ne veulent plus obéir aux anciens despotes, mais veulent s'en faire de nouveaux, dont la puissance, plus populaire, sera mille fois plus dangereuse. La liberté sera placée dans l'individualité égoïste, l'égalité dans un nivellement progressif, jusqu'au partage des terres..... Déjà visiblement on tend à changer la forme du gouvernement, sans prévoir qu'auparavant il faudra noyer dans le sang les derniers partisans du trône, etc. Puis, désignant spécialement Robespierre, il accuse le système adroit de certains hommes qui se contentent toujours de parler principes, hautes généralités, sans descendre aux voies et moyens, sans prendre aucune responsabilité, « car ce n'en est pas une de tenir sans interruption une chaire de droit naturel ».

Duport, dans sa longue plainte, partait d'une idée inexacte qu'il répéta par deux fois : « La Révolution est faite. » Ce seul mot détruisait tout. L'inquiétude universelle, le sentiment qu'on avait d'obstacles infinis à vaincre, l'insuffisance des réformes, tout cela mettait dans les esprits une réfutation muette, mais forte, d'une telle assertion. Robespierre n'eut garde de saisir la prise dangereuse que donnait son adversaire, il ne donna pas dans le piège, ne dit pas qu'il fallait continuer la Révolution. Il se tint à la question. Seulement, comme s'il eût voulu rendre une idylle pour une élégie, il revint à son premier discours, aux douces idées morales « *d'un repos commandé par la raison et par la nature,* d'une retraite nécessaire pour méditer sur les principes ». Il garantit « qu'il existait dans chaque contrée de l'Empire *des pères de famille* qui viendraient faire volontiers le métier de législateurs, *pour assurer à leurs enfants* des mœurs, une patrie... Les intrigants s'éloigneraient? Tant mieux, *la vertu modeste* recevrait alors le prix qu'ils lui auraient enlevé. »

Cette sentimentalité, traduite en langue politique, signifiait que Robespierre, ayant saisi le levier révolutionnaire, échappé aux mains de Duport (le levier des Jacobins), ne craignait pas de se fermer l'Assemblée *officielle*, au nom des principes, pour d'autant mieux tenir la seule Assemblée *active, efficace,* le grand club directeur. Il y avait à parier que la prochaine législature, n'ayant plus des Mirabeau, des Duport, des Cazalès, serait faible et pâle, et que la vie, la force, seraient toutes aux Jacobins. Cette douce retraite philosophique qu'il conseillait à ses adversaires, lui il savait où la prendre, au vrai centre du mouvement.

Duport honora sa chute par un discours admirable contre la peine de mort, où il atteignit le fond même du sujet, cette profonde objection : « Une société qui se fait légalement meurtrière n'enseigne-t-elle pas le meurtre? » Cet homme éminent, dont le nom reste attaché à l'établissement du Jury en France et à toutes nos institutions judiciaires, eut, comme Mirabeau, le glorieux bonheur de finir sur une question d'humanité. Son discours, supérieur en tout sens au petit discours académique que Robespierre prononça aussi contre la peine de mort, n'eut pourtant aucun écho. Personne ne remarqua ces paroles, où l'on n'entrevoit que trop un sombre pressentiment : « Depuis qu'un changement continuel dans les hommes a rendu presque nécessaire un changement dans les choses, faisons au moins que les scènes révolutionnaires soient le moins tragiques... *Rendons l'homme respectable à l'homme!* »

Grave parole, qui malheureusement n'avait que trop d'à-propos. L'homme, la vie de l'homme, n'étaient déjà plus respectés. Le sang coulait. La guerre religieuse commençait à éclater.

Dès la fin de 1790, la résistance obstinée du clergé à la vente des biens ecclésiastiques avait mis les municipalités dans l'embarras le plus cruel. Elles répugnaient à sévir contre les personnes, s'arrêtaient devant cette force d'inertie qui leur était opposée ; d'inertie plutôt apparente, car le clergé agissait très activement par le confessionnal et la presse, par la diffusion des libelles. Il répandait, spécialement en Bretagne, le livre atroce de Burke contre la Révolution.

Entre les municipalités timides, inactives, et le clergé insolemment rebelle, la nouvelle religion périssait vaincue. Partout les sociétés des Amis de la constitution furent obligés de pousser les municipalités, d'accuser leur inaction, au besoin d'agir à leur place. La Révolution prenait ainsi un redoutable caractère; elle tombait tout entière entre les mains patriotiques, mais intolérantes, violentes, des sociétés jacobines.

Il faut dire, comme César : *Hoc voluerunt.* Eux-mêmes, ils l'ont ainsi voulu. — Les prêtres ont cherché la persécution, pour décider la guerre civile.

Le fatal décret du serment immédiat, la scène du 4 janvier, où les nouveaux Polyeuctes eurent à bon marché la gloire du martyre, donna partout au clergé une joie, une audace immense. Ils marchaient maintenant hauts et fiers, la Révolution allait tête basse.

L'un des premiers actes d'hostilité fut fait, comme il était juste, par un pontife édifiant, le cardinal de Rohan, le héros de l'affaire du Collier[1]. Il rentra ainsi en grâce auprès des honnêtes gens. Retiré au delà du Rhin, il anathématisa (en mars) son successeur, élu par le peuple de Strasbourg, et commença la guerre religieuse dans cette ville inflammable.

Une lettre de l'évêque d'Uzès, qui chantait : *Io! triumphe!* pour le refus du serment, tomba dans Uzès comme une étincelle, la mit en feu. On sonna le tocsin, on se battit dans les rues.

En Bretagne, le clergé remua sans peine la sombre imagination des paysans. Dans un village, un curé leur dit la messe à trois heures, leur annonce qu'ils n'auront jamais plus de vêpres, qu'elles sont pour toujours abolies. Un autre choisit un dimanche, dit la messe de grand matin, encore en pleine nuit,

---

1. Voir le beau et très complet récit de M. Louis Blanc. (*Histoire de la Révolution*, t. II.)

prend le crucifix sur l'autel, le fait baiser aux paysans : « Allez, dit-il, vengez Dieu, allez tuer les impies. » Ces pauvres gens, égarés, marchent en armes sur Vannes; il faut que la troupe, la garde nationale, leur ferment l'entrée de la ville; on ne peut les disperser qu'en tirant sur eux; une douzaine restent sur la place.

Tout cela aux approches de Pâques. On attendait curieusement si le roi communierait avec les amis ou les ennemis de la Révolution. On pouvait déjà le prévoir, il avait éloigné le curé de la paroisse, qui était assermenté; les Tuileries étaient pleines de prêtres non conformistes. Ce fut entre leurs mains qu'il communia, le dimanche 17 avril, en présence de La Fayette, qui lui-même au reste donnait chez lui le même exemple, ayant dans sa chapelle un prêtre réfractaire pour dire la messe à Mme de La Fayette. La communion du roi avait cela de hardi qu'elle se faisait en grande pompe, qu'on obligeait la garde nationale d'y assister, de porter les armes au grand aumônier, etc. Un grenadier refusa positivement de rendre cet hommage à la contre-révolution. Le district des Cordeliers l'en remercia le soir, et, par une affiche, « dénonça au peuple français le premier fonctionnaire public comme rebelle aux lois qu'il a jurées, autorisant la révolte ».

Cela n'était que trop exact. La cour avait besoin d'un scandale et désirait une émeute pour constater devant l'Europe la non-liberté du roi. Cette émeute projetée depuis longtemps (selon La Fayette), retardée, à ce qu'il semble, par la mort de Mirabeau, à qui l'on aurait donné un rôle dans la comédie, eut lieu aux jours solennels, aux jours les plus émus pour les cœurs religieux, à la seconde fête de Pâques, le lundi 18 avril 1791.

Tout le monde bien averti la veille, tous les journaux retentissant dès le matin du départ du roi, la foule obstruant déjà tous les abords du palais, vers onze heures, le roi, la reine, la famille, les évêques, les serviteurs remplissant plusieurs voitures bien chargées, se mettent en mouvement pour partir. On ne va, dit-on, qu'à Saint-Cloud ; mais la foule serre les voitures. On sonne le tocsin à Saint-Roch. La garde nationale rivalise avec le peuple pour empêcher tout passage. L'animosité était grande contre la reine, contre les évêques. « Sire, dit un grenadier au roi, nous vous aimons, mais *vous seul!* » La reine entendit des mots bien plus durs encore ; elle trépignait, pleurait.

La Fayette veut faire un passage, mais personne n'obéit. Il court à l'Hôtel de Ville, demande le drapeau rouge. Danton, qui était là heureusement, lui fit refuser le drapeau et peut-être empêcha un massacre ; La Fayette, ignorant alors que l'intention du départ fût simulée, eût agi selon toute la rigueur de la loi. Il avait laissé Danton à l'Hôtel de Ville, il le retrouva aux Tuileries, à la tête du bataillon des Cordeliers[1], qui vint sans être commandé.

1. La Fayette, très subtil ici, prétend que Danton n'agissait que payé par la cour : « Il venait, dit-il, de toucher 100.000 francs pour remboursement

Au bout de deux heures on rentra, ayant suffisamment constaté ce qu'on voulait.

La Fayette, indigné d'avoir été désobéi, donna sa démission. L'immense majorité de la garde nationale le supplia, l'apaisa; la bourgeoisie ne se fiait qu'à lui pour le maintien de la paix publique.

Le roi, le mardi 19, fit une démarche étrange qui porta au comble la crainte où l'on était de son départ. Il vint à l'improviste dans l'Assemblée, déclara qu'il persistait dans l'intention d'aller à Saint-Cloud, de prouver qu'il était libre, — ajoutant qu'il voulait maintenir la constitution, « dont fait partie la constitution du clergé ». Étrange contradiction avec sa communion du dimanche précédent, avec l'appui qu'il donnait aux prêtres rebelles.

Il ne faut pas croire que ces prêtres, victimes résignées, patientes, se tinssent heureux d'être ignorés. Ils agissaient de la manière la plus provocante, se montrant partout, aboyant, menaçant, empêchant les mariages, troublant la tête des filles, leur faisant croire que, si elles étaient mariées par les prêtres constitutionnels, elles ne seraient que concubines, et que leurs enfants resteraient bâtards.

Les femmes étaient à la fois les victimes et les instruments de cette espèce de Terreur qu'exerçaient les prêtres rebelles. Elles sont plus braves que les hommes, habituées qu'elles sont à être respectées,

---

d'une charge qui en valait 10.000. » Ce qui est plus sûr, c'est que Danton, en faisant refuser le drapeau au général, lui fit éprouver une mortification, mais lui épargna un crime.

ménagées, et croyant au fond qu'elles ne risquent pas grand'chose. Aussi faisaient-elles audacieusement tout ce que n'osaient faire leurs prêtres. Elles allaient, venaient, portaient les nouvelles, parlaient haut et fort. Sans parler des victimes obligées de leur irritation (je parle des maris, persécutés dans leur intérieur, poussés à bout de refus, d'aigreurs, de reproches), elles étendaient leurs rigueurs à beaucoup de petites gens de leur clientèle ou de leur maison ; malheur aux marchands philosophes, aux fournisseurs patriotes ! Les femmes fuyaient leurs boutiques, toutes les pratiques allaient aux boutiques bien pensantes.

Les églises étaient désertes. Les couvents ouvraient leurs chapelles à la foule des contre-révolutionnaires, athées hier, dévots aujourd'hui. Chose plus grave, ces couvents maintenaient audacieusement leurs clôtures, tenaient leurs portes fermées sur les reclus ou recluses qui voulaient sortir, aux termes des décrets de l'Assemblée.

Une dame de Saint-Benoît, ayant insisté pour rentrer dans sa famille, fut en butte à mille outrages. On refusa de lui laisser emporter les petits objets sans valeur pour lesquels les religieuses ont souvent beaucoup d'attache. On la mit, comme nue, à la porte. Les parents étant venus réclamer, on leur jeta, sans ouvrir, quelques hardes par la fenêtre, comme si elles contenaient la peste ; on les accabla d'injures.

L'Assemblée nationale reçut une pétition de la mère d'une autre religieuse, que l'on retenait de force ; la supérieure et le directeur l'empêchaient de transmettre à la municipalité la déclaration qu'elle faisait de quitter son ordre. Aux dames de Saint-Antoine, une jeune sœur converse, ayant témoigné de la joie pour les décrets d'affranchissement, fut en butte aux outrages, aux sévices de l'abbesse, grande dame très fanatique, et des autres religieuses qui faisaient leur cour à l'abbesse. La sœur, ayant trouvé moyen d'avertir de ses souffrances et de son danger, sortit d'une manière étrange ; elle passa sa tête au tour, et un homme charitable, la tirant de là à grand'-peine, parvint à faire passer le reste. Une famille la reçut dans le faubourg Saint-Antoine ; une souscription fut ouverte dans les journaux pour la pauvre fugitive.

On juge que de telles histoires n'étaient pas propres à calmer le peuple, déjà si cruellement irrité de ses misères. Il souffrait infiniment, ne savait à qui s'en prendre. Tout ce qu'il voyait, c'est que la Révolution ne pouvait ni avancer ni reculer ; à chaque pas, il rencontrait une force immobile, la royauté et, derrière, une force active, l'intrigue ecclésiastique. Il ne faut pas s'étonner s'il frappa sur ces obstacles. Je ne crois pas que les Jacobins aient eu besoin de le pousser ; des trois fractions jacobines, deux (Lameth et Orléans) avaient alors moins d'influence ; quant à celle de Robespierre, elle était certainement violente et fanatique ; toutefois son chef, personnellement, n'était point homme d'émeute, moins encore contre les prêtres que contre tout autre ennemi.

Le mouvement fut spontané, sortit naturellement de l'irritation et de la misère. Des femmes se portèrent aux couvents et fouettèrent les religieuses. Mais ensuite, selon toute vraisemblance, on exploita le mouvement : on lui donna une grande scène, une occasion solennelle. C'était le plan de la cour de compromettre, autant qu'il était possible, la Révolution devant la population catholique du royaume, devant l'Europe. Les non-conformistes louèrent de la municipalité une église dans le lieu le plus passant de Paris, sur le quai des Théatins ; là ils devaient faire leurs pâques. La foule s'y porta, comme on pouvait aisément le prévoir, attendit, fermenta dans cette attente, menaça ceux qui viendraient. Le défi anime et excite ; deux femmes se présentèrent, furent brutalement fouettées. On attacha deux balais sur la porte de l'église. L'autorité les enleva, mais ne put disperser la foule. Sieyès réclama en vain dans l'Assemblée les droits de la liberté religieuse. Le peuple, tout entier au sentiment de ses misères, s'obstinait à n'y voir qu'une question politique ; le prêtre rebelle et ses fauteurs lui apparaissaient, non sans cause, comme soufflant ici l'étincelle qui devait allumer l'Ouest, le Midi, le monde peut-être.

Avignon et le Comtat offraient déjà une atroce miniature de nos guerres civiles imminentes. La première, fortifiée de tout ce qu'il y avait d'ardents révolutionnaires à Nîmes, Arles, Orange, guerroyait contre Carpentras, le siège de l'aristocratie. Guerre barbare des deux côtés, de vieilles rancunes envenimées, de fureurs nouvelles, moins une guerre qu'une scène horriblement variée d'embûches et d'assassinats. Les lenteurs de l'Assemblée nationale y étaient pour beaucoup, on devait l'en accuser, et la fatale proposition de Mirabeau d'ajourner la décision. Elle n'arriva que le 4 mai, et encore ne décida rien. L'Assemblée déclarait qu'Avignon ne faisait point partie intégrante de la France, sans toutefois que la France renonçât à ses droits. — Ce qui revenait à dire : « L'Assemblée juge qu'Avignon n'appartient pas, sans nier qu'elle appartienne. »

Le même jour, 4 mai, se répand dans Paris un bref du pape, une sorte de déclaration de guerre contre la Révolution. Il s'y répand en injures contre la constitution française, déclare nulles les élections de curés et évêques, leur défend d'administrer les sacrements. Une société patriotique, pour rendre insulte pour insulte, jugea le lendemain le pape au Palais-Royal et brûla son mannequin. Aux termes du même jugement, le journal bien-aimé des prêtres, celui de l'abbé Royou, fut brûlé aussi, après avoir été préalablement mis dans le ruisseau.

Le pape a fait du chemin depuis le quatorzième siècle. Au soufflet de Boniface VIII, le monde tressaillit d'horreur. La bulle, brûlée par Luther, l'agita profondément encore. Ici le pape et Royou finissent paisiblement ensemble, sans que personne y prenne garde, exécutés au ruisseau de la rue Saint-Honoré.

Autant le pape recule, autant son adversaire avance. Cet adversaire immortel (qui n'est autre que la raison), quelque déguisement qu'il prenne, jurisconsulte en 1300, théologien en 1500, philosophe au dernier siècle, il triomphe en 1791. La France, dès qu'elle peut parler, rend grâce à Voltaire. L'Assemblée nationale décrète au glorieux libérateur de la pensée religieuse les honneurs de la victoire. Elle a gagné, il a vaincu ; qu'il triomphe maintenant, qu'il revienne dans son Paris, dans sa capitale, ce roi de l'esprit. L'exilé, le fugitif, qui n'eut point de lieu ici-bas, qui vécut entre trois royaumes, osant à peine poser l'aile, comme l'oiseau qui n'a pas de nid, qu'il vienne dormir en paix dans l'embrassement de la France!

Mort cruelle! il n'avait revu Paris, cette foule idolâtre, ce peuple qui l'avait compris, que pour s'en arracher avec plus de déchirement! Poursuivi sur son lit de mort, même après la mort banni, enlevé la nuit par les siens, le 30 mai 1778, caché dans une tombe obscure, son retour est décrété le 30 mai 1791. Il reviendra, mais de jour, au grand soleil de la justice, porté triomphalement sur les épaules du peuple, au temple du Panthéon.

Pour comble, il verra la chute de ceux qui le proscrivirent. Voltaire vient : prêtres et rois s'en vont. Son retour est décrété, par un remarquable à-propos, lorsque les prêtres, surmontant les indécisions de Louis XVI, ses scrupules, vont le pousser à Varennes, à la trahison, à la honte. Comment, pour ce grand spectacle, nous passerions-nous de Voltaire? Il faut qu'il vienne voir à Paris la déroute de

Tartufe. Il est le héros de la fête. Au moment où le prêtre laisse sa trame ténébreuse éclater au jour, Voltaire ne peut manquer de sortir aussi du caveau. Averti par l'audacieuse révélation de Tartufe, il se révèle en même temps, passe la tête hors du sépulcre, et dit à l'autre, avec ce rire formidable auquel croulent les temples et les trônes : « Nous sommes inséparables; tu parais, je parais aussi. »

CHAPITRE XII

PRÉCÉDENTS DE LA FUITE DU ROI.

Louis XV préoccupé du portrait de Charles I*er*, Louis XVI de l'histoire de Charles I*er* et de Jacques II. — Louis XVI craint toutes les puissances, ne veut point quitter le royaume. — L'Europe est ravie de voir la France divisée. — La Russie et la Suède encouragent l'évasion. — L'Autriche en donne le plan, octobre 1790. — Le projet eut d'abord une apparence française, puis devint tout *étranger*. — Le roi, *étranger* par sa mère; indifférent, comme chrétien, à la nationalité. — Le roi blessé dans ses nobles et ses prêtres, février-mai 1791. — Duplicité du roi et de la reine; ils trompent tout le monde. — Toute la famille royale, spécialement la reine, contribue à la perte du roi. — Préparatifs imprudents de la fuite du roi, mars-mai 1791.

Je ne puis visiter le musée du Louvre sans m'arrêter et rêver, souvent longtemps malgré moi, devant le Charles I*er* de Van Dyck. Ce tableau contient à la fois l'histoire d'Angleterre et celle de France. Il a eu sur nos affaires une influence directe, qu'ont rarement les œuvres d'art. Le grand peintre, à son insu, y mit le destin de deux monarchies.

L'histoire du tableau lui-même est curieuse. Il faut la prendre un peu haut, dire comme il vint en France.

Lorsque le ministère Aiguillon-Maupeou voulut

décider Louis XV à briser le Parlement, il y avait une opération préalable à faire, rendre au vieux roi usé la faculté de vouloir, en refaire un homme. Pour cela, il fallait fermer le sérail où il s'éteignait, lui faire accepter une maîtresse, le réduire à une femme; rien n'était plus difficile. Il fallait que cette maîtresse, fille folle, hardie, amusante, mît les autres à la porte; qu'elle n'eût pas trop d'esprit, ne fît pas la Pompadour, mais qu'elle eût assez d'esprit pour répéter à toute heure une leçon bien apprise.

Mme Du Barry, c'est son nom, joua son rôle à merveille. Cette singulière Égérie, lui soufflant la royauté la nuit et le jour, n'eût pas réussi pourtant avec un tel homme, si, à l'appui des paroles, elle n'eût appelé le secours des yeux, rendu sensible et visible la leçon qu'elle répétait. On acheta pour elle, en Angleterre, le tableau de Van Dyck, sous le prétexte étrange que, le page qu'on y voit s'appelant Barry, c'était pour elle un tableau de famille. Cette grande toile, digne de respect, et comme œuvre du génie et comme monument des tragédies du destin, fut établie, chose indigne, au boudoir de cette fille, dut entendre ses éclats de rire, voir ses ébats effrontés. Elle prenait le Roi par le cou, et, lui montrant Charles Ier : « Vois-tu, La France (c'est ainsi qu'elle appelait Louis XV?), voilà un roi à qui on a coupé le cou parce qu'il a été faible pour son parlement. Va donc ménager le tien! »

Dans ce petit appartement très bas (une suite de mansardes qu'on voit encore dans les combles de

Versailles), le grand tableau, vu si près, de plain-pied, face à face, eût été d'un effet pénible pour un homme moins fini de cœur et de sens moins amortis. Nul autre que Louis XV n'eût porté, sans en souffrir, ce triste et noble regard où se voit une révolution tout entière, cet œil plein de fatalité, qui vous entre dans les yeux.

On se rappelle que le grand maître, par une sorte de divination, a d'avance peint Charles I*er* comme aux derniers jours de sa fuite; vous le voyez simple *cavalier*, en campagne contre les *têtes rondes*. Il semble que de proche en proche il est acculé à la mer. On la voit là solitaire, inhospitalière. Ce roi des mers, ce lord des îles, a la mer pour ennemie; devant lui, l'Océan sauvage; derrière l'attend l'échafaud.

Ce tableau mélancolique, placé, sous Louis XVI, aux appartements du roi, dut le suivre à Paris avec le mobilier de Versailles. Nul autre ne pouvait faire plus d'impression sur lui; il était fort préoccupé de l'histoire d'Angleterre, et très spécialement de celle de Charles I*er*. Il lisait assidûment Hume et autres historiens anglais dans leur langue. Il en avait retenu ceci, que Charles I*er* avait été mis à mort pour avoir fait la guerre à son peuple et que Jacques II avait été déclaré déchu pour avoir délaissé son peuple. S'il y avait une idée arrêtée en lui, c'était de ne point s'attirer le sort ni de l'un ni de l'autre, de ne point tirer l'épée, de ne point quitter le sol de la France. Indécis dans ses paroles, lent à se résoudre, il était très obstiné dans les idées qu'il avait conçues une fois. Nulle influence, pas même celle de la reine, n'eût pu le tirer de là. Cette résolution de ne point agir, de ne point se compromettre, allait parfaitement d'ailleurs à son inertie naturelle. Il était fort indisposé contre les émigrés qui remuaient sur la frontière, criaient, menaçaient, faisaient blanc de leur épée, sans s'inquiéter s'ils aggravaient la position du roi, dont ils se disaient les amis. En décembre 1790, leur conseil se tenant à Turin, le prince de Condé proposait d'entrer en France et de marcher sur Lyon, « quoiqu'il pût arriver au roi ».

Louis XVI avait de plus un autre scrupule pour faire la guerre. C'était la nécessité de s'aider de l'étranger. Il connaissait très bien l'état de l'Europe, les vues intéressées des puissances. Il voyait l'esprit intrigant, ambitieux de la Prusse, qui, se croyant jeune, forte, très militaire, poussait partout au trouble pour trouver quelque chose à prendre. Dès 1789, la Prusse était là, qui offrait à Louis XVI d'entrer avec cent mille hommes. D'autre part, le machiavélisme de l'Autriche ne lui était pas moins suspect; il n'aimait pas ce Janus à deux faces : dévot, philosophe. C'était pour lui une tradition paternelle et maternelle; sa mère était de la maison de Saxe; son père, le dauphin, crut mourir empoisonné par Choiseul, ministre lorrain, créature de Lorraine-Autriche, élevé par Marie-Thérèse, et qui maria Louis XVI à une Autrichienne. Quoique tendrement attaché à la reine, il devenait fort défiant quand elle parlait de recourir à la protection de son frère Léopold.

La reine n'avait nulle autre chance. Elle craignait extrêmement les émigrés. Elle n'ignorait pas qu'ils agitaient la question de déposer Louis XVI et de nommer un régent. Elle voyait près du comte d'Artois son plus cruel ennemi, M. de Calonne, qui, de sa main, avait annoté, corrigé le pamphlet de Mme de Lamotte contre elle dans la vilaine affaire du Collier. Elle avait à craindre plus de ce côté que de la Révolution. La Révolution, n'en voulant qu'à la reine, ne lui eût pris que la tête ; mais Calonne eût pu faire faire le procès à la femme, à l'épouse, la déshonorer peut-être juridiquement, l'enfermer.

Elle se tint, sans variation, au plan des hommes de l'Autriche, Mercy et Breteuil. Elle amusa Mirabeau, puis Lameth, Barnave, pour gagner le temps. Il en fallait pour que l'Autriche sortît de ses embarras de Brabant, de Turquie et de Hongrie. Il en fallait pour que Louis XVI, travaillé habilement par le clergé, fît céder ses scrupules de roi aux scrupules de chrétien, de dévot. L'idée d'un devoir supérieur pouvait seule le faire manquer à ce qu'il croyait un devoir.

Le roi, s'il l'eût voulu, pouvait fort aisément partir seul, sans suite, à cheval. C'était l'avis de Clermont-Tonnerre. Ce n'était nullement celui de la reine. Elle ne craignait rien tant au monde que d'être un moment séparée du roi. Peut-être aurait-il cédé aux insinuations de ses frères contre elle. Elle profita de l'émotion qu'il eut au 6 octobre, lorsqu'il crut qu'elle avait été si près de périr ; pleurante, elle lui fit jurer qu'il ne partirait jamais seul, qu'ils ne s'en iraient qu'ensemble, échapperaient ou périraient ensemble. Elle ne voulait même pas qu'ils partissent, au même moment, par des routes différentes.

Louis XVI refusa, au printemps de 1790, les offres qu'on fit de l'enlever. Il ne profita pas, pour fuir, du séjour à Saint-Cloud qu'il fit dans la même année ; il y avait toute facilité, allant tous les jours à cheval ou en voiture, et à plusieurs lieues. Il ne voulait laisser personne, ni la reine, ni le dauphin, ni Madame Élisabeth, ni Mesdames. La reine ne pouvait se décider non plus à laisser telle dame confidente, telle femme qui avait ses secrets. On ne voulait partir qu'en masse, en troupe, en corps d'armée.

Dans l'été de 1790, l'affaire du serment des prêtres troublant fort la conscience du roi, on le poussa à la démarche d'écrire aux puissances et de protester. Le 6 octobre 1790, il envoya une première protestation à une cour parente, à son cousin, le roi d'Espagne, celui de tous les princes dont il se défiait le moins. Puis il écrivit à l'empereur, à la Russie, à la Suède ; en dernier lieu, le 3 décembre, il s'adressa à la puissance qui lui était la plus suspecte, ayant voulu tout d'abord se mêler des affaires de France : je parle de la Prusse. Il demandait à tous « un congrès européen, appuyé d'une force armée », sans expliquer s'il voulait que cette force fût active contre la Révolution (*Hardenberg*, I, 103).

Les rois n'avaient généralement point de hâte. Le

Nord branlait. La révolution de Pologne était imminente; elle éclata au printemps (3 mai) et prépara un nouveau démembrement. Les autres États destinés à être absorbés tôt ou tard, la Turquie, la Suède, étaient ajournés. Mais déjà Liège et le Brabant venaient d'être dévorés. Le tour de la France arrivait, dès qu'elle serait assez mûre. « Les rois, dit Camille Desmoulins, ayant goûté du sang des peuples, ne s'arrêteront pas aisément. On sait que les chevaux de Diomède, ayant une fois mangé de la chair humaine, ne voulurent plus rien autre chose. »

Seulement il fallait que la France devînt mûre et tendre, avant d'y mettre la dent, qu'elle s'affaiblît, se mortifiât par la guerre civile. On l'y encourageait fort. La grande Catherine écrivait à la reine, pour l'animer à la résistance, cette parole qui vise au sublime : « Les rois doivent suivre leur marche sans s'inquiéter des cris du peuple, comme la lune suit son cours sans être arrêtée par les aboiements des chiens. » Imitation burlesque de Lefranc de Pompignan, ici d'autant plus ridicule que, pour suivre la comparaison, la lune se trouvait très réellement arrêtée.

Pour la tirer de cette éclipse, l'excellente Catherine animait toute l'Europe, agissait énergiquement de la plume et de la langue. Si elle pouvait, en effet, par la délivrance du roi, déchaîner la guerre civile, puis mettre tous les rois aux prises sur le cadavre de la France, combien lui serait-il facile, assise dans son charnier du Nord, de boire le sang de la Pologne, d'en sucer les os?...

Quand l'évasion fut tentée, ce fut le ministre de Russie qui se chargea de faire donner à la reine un passeport de dame russe. Catherine n'envoyait nul secours ; mais elle trouvait très bon que Gustave III, le petit roi de Suède (qu'elle venait de battre, et maintenant son ami), roi d'esprit inquiet, romanesque, aventureux, cherchât son aventure à Aix, à la porte de la France. Là, sous prétexte des eaux, il devait attendre la belle reine fuyant avec son époux, offrir son invincible épée, et, sans intérêt, enseigner au bon Louis XVI comment on refait les trônes.

L'Autriche, en possession, depuis Choiseul, depuis le mariage de Louis XVI, de l'alliance française, avait un intérêt bien plus direct à l'évasion du roi. Seulement, pour que la jalouse Prusse et la jalouse Angleterre laissassent intervenir, il fallait non seulement que Louis XVI se remît positivement à l'Autriche, mais qu'un grand parti, se déclarant pour lui, un puissant noyau royaliste se formant à l'Est, l'Autriche fût, comme malgré elle, obligée, sommée par la France. *La guerre civile commencée*, c'était la condition expresse que notre fidèle alliée mettait à l'intervention.

Dès octobre 1790, les conseillers de la reine, les deux hommes de l'Autriche, Mercy et Breteuil, insistèrent pour l'évasion. Breteuil envoya de Suisse un évêque avec son plan, conforme à celui que Léopold envoya plus tard; mais ni la reine ni l'évêque ne crurent prudent de parler au roi, les premiers, du plan autrichien. La reine le lui fit présenter par un homme à elle, intimement lié avec elle dans ses beaux jours et resté très dévoué, un officier suédois, M. de Fersen. Pour ne point effrayer le roi, on lui parlait simplement de se réfugier auprès de M. de Bouillé, au sein des régiments fidèles qui venaient de montrer tant de vigueur à Nancy, dans la proximité de la frontière autrichienne, à portée des secours de son beau-frère Léopold. Le roi écouta, fut muet.

La reine survint alors, appuya, pressa, obtint à la longue (23 octobre 1790) un pouvoir général de traiter avec l'étranger, pouvoir donné par le roi à Breteuil, l'homme de la reine; l'*étranger*, dès lors, ne devait plus être l'Europe, mais spécialement l'Autriche. M. de Bouillé, averti, conseillait au roi de se rendre de préférence à Besançon, à portée du secours des Suisses, assuré par les capitulations et d'ailleurs moins compromettant que celui d'aucune puissance. Ce n'était pas là le compte des conseillers autrichiens. On insista pour Montmédy, à deux lieues des terres d'Autriche.

Pour s'entendre définitivement, M. de Bouillé envoya en décembre l'un de ses fils, Louis de Bouillé, qui, conduit par l'évêque, entremetteur primitif de cette affaire, alla de nuit s'aboucher avec Fersen dans une maison fort retirée du faubourg Saint-Honoré. Le jeune Bouillé était bien jeune, n'ayant que vingt et un ans; Fersen était infiniment dévoué, mais distrait, oublieux, ce semble, on en jugera tout à l'heure. Ce furent pourtant ces deux personnes qui eurent en mains et réglèrent le destin de la monarchie.

M. de Bouillé, connaissant la cour et sachant qu'on pourrait fort bien le désavouer, si la chose tournait mal, avait exigé du roi qu'il écrivît une lettre détaillée pour l'autoriser, laquelle passerait sous les yeux de son fils, qui en tirerait copie. Chose grave, chose périlleuse. Le roi écrivait et signait un mot qui, deux ans après, devait le mener à la mort : « Il faut s'assurer, avant tout, des *secours* de l'étranger. »

En octobre, le roi, dans la première approbation qu'il donnait au projet, disait seulement qu'il comptait sur les *dispositions favorables* de l'Empereur et de l'Espagne. En décembre, il veut leurs *secours*.

Le projet d'abord avait eu une apparence française. Le succès de M. de Bouillé à Nancy avait donné l'espoir qu'un grand parti, et dans l'armée et dans la garde nationale, se prononcerait pour le roi, que la France serait divisée : il suffisait alors à M. de Bouillé que l'Autrichien fît une démonstration *extérieure*, seulement pour donner prétexte de réunir des régiments ; à mesure un fait se déclara qui changeait la face des choses, l'unanimité de la France.

L'affaire devint tout étrangère. M. de Bouillé

avoue qu'il avait besoin de troupes allemandes *pour contenir* le peu qui lui restait de Français. *Il exigeait*, dit son fils, le secours des étrangers. A Paris, l'évasion fut tramée chez un Portugais, dirigée par un Suédois; la voiture qui y servit fut cachée chez un Anglais.

Ainsi, dans ses moindres détails, comme dans ses circonstances les plus importantes, l'affaire apparaît et fut une conspiration étrangère, l'étranger déjà au cœur du royaume, nous faisant la guerre par le roi. Et le roi même, la reine, qu'étaient-ils? Étrangers tous deux par leurs mères : lui, né Bourbon-*Saxon;* elle, née Lorraine-*Autriche*.

Les souverains, en général, en qui les peuples cherchent les gardiens de leur nationalité, se trouvent ainsi, par leurs parentés et mariages, moins nationaux qu'Européens, ayant souvent à l'étranger leurs relations les plus chères, leurs amitiés, leurs amours. Il est peu de rois qui, en bataille contre un roi, ne se trouvent avoir en face un cousin, neveu, beau-frère, etc. Ces rapports, qui, en justice, obligent les hommes à se récuser, ne sont-ils pas des causes de suspicion légitime dans cette suprême justice des nations qui se plaide en diplomatie ou se tranche par l'épée?

L'homme sous lequel la marine française s'était relevée contre l'Angleterre, n'était certes pas un roi *étranger* de sentiment; *il l'était de race*. L'Allemand était son parent, l'Espagnol était son parent. S'il avait quelque scrupule d'appeler l'Autriche, il le combattait par l'idée qu'il appelait en même temps l'Espagne son cousin.

Il était encore *étranger*, par un sentiment extérieur (supérieur à ses yeux) à toute nationalité : *étranger de religion*. Pour le chrétien, la patrie est une chose secondaire. Sa vraie, sa grande patrie, est l'Église, dont tout royaume est province. Le roi *très chrétien*, oint par les prêtres au sacre de Reims, lié par le serment du sacre et n'en étant pas délié, jugeait nul tout autre serment. Quoiqu'il connût très bien les prêtres et ne les eût pas toujours écoutés, ici il les consulta; l'évêque de Clermont le confirma dans l'idée que l'atteinte aux biens ecclésiastiques était sacrilège (mars 1790?), le pape, dans l'horreur que lui inspirait la constitution civile du Clergé (septembre 1790). L'évêque de Pamiers lui apporta le plan d'évasion (octobre), et la nécessité où il fut de sanctionner le décret du serment des prêtres (26 décembre), leva en lui tous scrupules. Le chrétien tua le roi, le Français.

Sa faible et trouble conscience se repaissait de deux idées, celles dont nous avons parlé au commencement de ce chapitre : 1° il croyait ne pas imiter Jacques II, ne pas quitter le royaume; 2° ne pas imiter Charles Ier, ne point faire la guerre à son peuple. — Ces deux points évités, ceux que l'histoire d'Angleterre lui avait mis dans l'esprit, il ne craignait rien au monde, se reposant tacitement sur la vieille superstition qui a enhardi les rois à tant de démarches coupables : « Que m'arriverait-il, après tout? Je suis l'oint de Dieu. »

Il écrivit dans la lettre qu'exigeait Bouillé, qu'à aucun prix il ne voulait mettre le pied hors du royaume (pas même pour y rentrer à l'instant par une autre frontière), qu'il tenait absolument à n'en point sortir.

Les rois ont une religion spéciale; ils sont dévoués à la royauté. Leur personne est une hostie, leur palais est le Saint des saints, leurs serviteurs et domestiques ont un caractère sacré et quasi sacerdotal. Louis XVI fut sensiblement blessé dans cette religion par la scène qui eut lieu aux Tuileries, le 28 février au soir. La Fayette, à la tête de la garde nationale, venait de comprimer l'émeute de Vincennes et restait convaincu qu'elle était l'œuvre du château. Il revient aux Tuileries et les trouve pleines de gentilshommes armés, qui sont là sans pouvoir expliquer la cause de leur rassemblement. La garde nationale, émue encore et de très mauvaise humeur, ne montra pas pour ces nobles seigneurs les égards que des gens de leur sorte se croyaient en droit d'attendre. On leur ôta leurs épées, leurs pistolets, leurs poignards, on les baptisa d'un nom qui reviendra plus d'une fois dans la Révolution, *chevaliers du poignard;* désarmés, sortant un à un, parmi les huées, quelques-uns d'entre eux reçurent de la brutalité des bourgeois armés quelques corrections fraternelles.

Louis XVI, le cœur bien gros pour ce défaut de respect, fut infiniment plus sensible encore à l'expulsion des prêtres non assermentés, qui, au printemps, durent quitter leurs églises. Il en reçut un grand nombre dans les maisons royales, dans les Tuileries. Il ne connaissait rien aux intrigues du clergé, ne voyait point en lui ce qu'il était, l'organisateur de la guerre civile ; il oubliait entièrement la question politique, réduisait tout à celle de la tolérance religieuse. Chose remarquable, des politiques même, des philosophes, nullement chrétiens, Sieyès, Raynal, en jugeaient ainsi ; leurs réclamations pour les prêtres durent confirmer Louis XVI dans son opposition au mouvement révolutionnaire. Lui, qui avait accordé la tolérance aux protestants, comment n'en jouissait-il pas au sein de son propre palais?... Il se crut libre de tout serment, dégagé de tout devoir. Contre la Révolution, il crut voir la raison et Dieu.

Qu'il le voulût ou non, d'ailleurs, la contre-révolution n'allait-elle pas s'opérer? Son frère, le comte d'Artois, était alors à Mantoue, auprès de l'empereur Léopold, avec les ambassadeurs d'Angleterre et de Prusse (mai 1791). C'était, en réalité, un congrès où l'on traitait les affaires de France. Si le roi n'agissait pas, on allait agir sans lui. Il ne tenait pas grande place dans le plan du comte d'Artois; ce plan belliqueux, arrangé par son factotum Calonne, supposait que cinq armées, de cinq nations différentes, entraient en France en même temps. Nul obstacle : le jeune prince, sans autre retard que les harangues obligées aux portes des villes, menait gaiement toute l'Europe souper à Paris. Il était, dans cette Iliade, l'Agamemnon, le roi des rois, il faisait grâce et justice, régnait... Et le roi? il n'en aurait que plus de temps pour la messe et pour la chasse. Et la reine? Renvoyée en Autriche ou au couvent.

Léopold, à ce roman, répondait par un roman, qu'au 1ᵉʳ juillet, sans faute, les armées seraient exactes au rendez-vous sur la frontière. Seulement il témoignait répugnance pour les faire entrer en France. Quand même il eût eu réellement l'idée de faire quelque chose, sa sœur l'en aurait empêché; elle lui écrivait, de Paris, de n'avoir pas la moindre confiance dans Calonne. Et, en même temps, le roi et la reine faisaient dire au comte d'Artois qu'ils se fiaient à Calonne et l'autorisaient à traiter pour eux[1].

Toutes les démarches du roi et de la reine, à cette époque, sont doubles, contradictoires.

Ainsi, ils font faire à La Fayette (par le jeune Bouillé, son cousin) des offres illimitées, s'il veut aider au rétablissement du pouvoir royal (décembre ou janvier). Et, presque en même temps, ils assurent au comte d'Artois qu'ils connaissent La Fayette « pour un scélérat et un factieux fanatique en qui on ne peut avoir aucune confiance » (mars 1791).

Ainsi, au moment même où le roi, par sa tentative de sortir des Tuileries (18 avril), vient de constater, devant l'Europe, sa non-liberté, il approuve une lettre que, fort étourdiment, ont rédigée les Lameth, dans laquelle on lui fait dire qu'il est parfaitement

---

[1]. Voir les lettres de Léopold et de la reine, publiées dans la *Revue rétrospective*, en 1833, tomes I et II de la seconde série (d'après les originaux, aux Archives du royaume) : « Nous vous réitérons la demande de huit mille ou dix mille hommes », etc. (1ᵉʳ juin 1791.) On peut voir aussi les lettres de la reine publiées par Arneth, d'après les archives de Vienne.

libre (23 avril). Montmorin représenta en vain l'invraisemblance de la chose. Le roi insista. Le ministre dut communiquer à l'Assemblée cette pièce unique, où il notifiait aux cours étrangères les sentiments révolutionnaires de Louis XVI. Dans cette lettre ridicule, le roi, parlant de lui-même en style jacobin, disait qu'il n'était que le premier fonctionnaire public, qu'il était libre, et librement avait adopté la Constitution, *qu'elle faisait son bonheur*, etc. Ce langage tout nouveau, où chacun sentait le mensonge, cette voix fausse qui détonnait, firent au roi un tort incroyable ; ce qu'on avait encore d'attachement pour lui ne résista pas au mépris qu'inspirait sa duplicité.

Tout le monde jugeait qu'en même temps il écrivait un démenti. Et cela était exact. Le roi trompait Montmorin, qui trompait Lameth (comme auparavant Mirabeau) ; il fit dire en Prusse, en Autriche, que toute démarche, toute parole en faveur de la constitution devait être prise en sens opposé, et que *oui* voulait dire *non*.

Le roi avait reçu une éducation royale de M. de La Vauguyon, le chef du parti jésuite ; son honnêteté naturelle avait repris le dessus dans les circonstances ordinaires ; mais, dans cette crise où la religion et la royauté se trouvaient en jeu, le jésuite reparut. Trop dévot pour avoir le moindre scrupule d'honneur chevaleresque et croyant que celui qui trompe pour le bien ne peut trop tromper, il dépassait la mesure et ne trompait pas du tout.

L'Autriche ne semble pas avoir cru plus que la

France à la bonne foi de Louis XVI. Et peut-être, en effet, restait-il assez bon Français pour vouloir tromper l'Autriche en profitant de ses secours. Il lui demandait seulement une dizaine de mille hommes, force insignifiante et d'ailleurs fort balancée par une armée espagnole, par les vingt-cinq mille Suisses que les capitulations les obligeaient de fournir sur la réquisition du roi. Aussi les Autrichiens ne se pressaient nullement; ils attendaient, alléguaient les oppositions de la Prusse et de l'Angleterre; il ne leur convenait point de venir ainsi gratis, et seulement pour la montre, comme figurants de comédie, pour enhardir, rallier les royalistes, pour créer au roi une force; ils lui demandaient, au contraire, de prouver qu'il en avait une, *de commencer la guerre civile*. Pour les décider à prendre sur eux le poids d'une telle affaire, il fallait les intéresser; si le roi eût offert l'Alsace, quelques places au moins, son beau-frère, le sensible Léopold, aurait, malgré ses embarras, agi plus efficacement.

Telle était la situation de ce triste Louis XVI, et ce qui fait qu'on en a pitié, quoiqu'il trompât tout le monde. Il n'avait rien de sûr, ni au dehors, ni au dedans, ni dans sa famille même. Il ne trouva en elle qu'égoïsme. Loin qu'elle lui fût un soutien, elle contribua singulièrement à sa perte.

Ses tantes y contribuèrent, ayant hâte de partir avant lui, soulevant ainsi la terrible discussion du droit d'émigrer, diminuant d'autant pour le roi les chances de l'évasion.

Monsieur y contribua. Il donna lieu au roi de craindre qu'il ne partît seul, ce qui eût été pour Louis XVI un danger réel. Monsieur était fort suspect. Il avait essayé d'enlever le roi par Favras, sans avoir son consentement. Beaucoup parlaient de le faire régent, lieutenant général, roi provisoire dans la captivité du roi.

Mais personne ne contribua plus directement que la reine à la perte de Louis XVI.

Craignant à l'excès la séparation, se tenant au roi, se serrant à lui, voulant partir ensemble et avec tous les siens, elle lui rendit la fuite presque impossible.

Une préoccupation excessive de la sûreté de la reine fit que M. de Mercy, ambassadeur d'Autriche, exigea, contre le bon sens, contre l'avis de M. de Bouillé, qu'une suite de détachements serait échelonnée sur la route qu'elle devait parcourir; précaution très propre à inquiéter, avertir, ameuter les populations, très insuffisante pour contenir les masses d'un peuple armé, très inutile pour le roi, qui personnellement n'était point du tout haï. On a vu plus haut, naïvement exprimée par un journal, l'opinion réelle du peuple : « Que Louis XVI pleurait à chaudes larmes des sottises que lui faisait faire l'Autrichienne. » Même reconnu, il eût passé; peu de gens auraient eu le cœur de mettre la main sur lui. Mais la vue seule de la reine réveillait toutes les craintes, faisait sentir, même aux royalistes, le danger de la laisser conduire ainsi le roi de France aux armées de l'étranger.

La reine influa encore d'une manière très funeste sur l'exécution du projet en choisissant pour agents non les plus capables, mais les plus dévoués à sa personne, ou les clients de sa famille, son fidèle M. de Fersen, son secrétaire Goguelat, qu'elle avait employé pour des missions fort secrètes près d'Esterhazy et autres, enfin le jeune Choiseul, d'une famille chère à l'Autriche, jeune homme aimable, plein de cœur, d'une très grande fortune, qui se faisait une fête de recevoir la reine royalement dans sa Lorraine, plus propre à la bien recevoir qu'à la sauver ou la conduire. M. de Bouillé voulut évidemment plaire à la reine en confiant à ce jeune homme un des rôles les plus importants dans l'affaire de l'évasion.

Ce voyage de Varennes fut un miracle d'imprudence[1]. Il suffit de bien poser ce que le bon sens voulait, puis de prendre le contraire; en suivant cette méthode, si tous les Mémoires périssaient, on retrouverait l'histoire.

D'abord, deux ou trois mois d'avance, la reine, comme pour avertir du départ, fait commander un trousseau pour elle, pour ses enfants. Puis elle fait commander un magnifique nécessaire de voyage, semblable à celui qu'elle avait déjà, meuble compli-

---

[1]. Monsieur, tout au contraire, fut sauvé très habilement. Mme de Balbi, femme d'esprit (sa maîtresse, s'il eût pu en avoir une), le décida à se confier à un jeune Gascon, d'Avaray, qui l'emmena dans un mauvais cabriolet. Il passa seul, et Madame par une autre route. (*Relation d'un voyage à Coblentz*, 1823.)

qué qui contenait tout ce qu'on eût désiré pour un voyage autour du globe. Puis, au lieu de prendre une voiture ordinaire peu apparente, elle chargea Fersen de faire construire une vaste et capace berline, où l'on puisse, devant et derrière, ajuster, échafauder malles, vaches, boîtes, tout ce qui fait regarder une voiture sur une route. Ce n'est pas tout, la voiture sera suivie d'une autre où l'on emmènera les femmes. Devant, derrière, galoperont trois gardes du corps en courriers, vestes neuves d'un jaune éclatant, propres à attirer les yeux, à faire croire, tout au moins par la couleur, que ce sont des gens du prince de Condé, du général des émigrés!... Ces hommes apparemment sont des hommes bien préparés; non, ils n'ont jamais fait la route. Ces gardes apparemment sont des hommes déterminés, armés jusqu'aux dents ; ils n'ont que de petits couteaux de chasse. Le roi les avait avertis qu'ils trouveraient des armes dans la voiture. Mais Fersen, l'homme de la reine, craignant sans doute pour elle les dangers d'une résistance armée, a justement oublié les armes.

Tout cela, c'est le ridicule de l'imprévoyance. Mais voici le triste, l'ignoble. Le roi se laisse habiller en valet; il s'affuble d'un habit gris et d'une petite perruque. C'est le valet de chambre Durand. Ce détail humiliant est dans le naïf récit de Madame d'Angoulême; on le trouve aussi constaté dans le passeport donné à la reine, et à Mme de Tourzel, comme dame russe, baronne de Korff. Ainsi, chose inconvenante, qui elle seule révélait tout, cette dame est si intime avec son valet de chambre qu'elle le met dans sa voiture, en face d'elle, et genoux contre genoux.

Pitoyable métamorphose ! Que le voilà bien caché ! et qui le reconnaîtrait !... Disons mieux, maintenant qui voudra le reconnaître ? La France ? Non, à coup sûr. Si elle le voit ainsi, elle détournera les yeux.

« Vous mettrez, dit Louis XVI, dans la caisse de la voiture l'habit rouge brodé d'or que je portais à Cherbourg... » Ce qu'il cache ainsi dans les coffres aurait été sa défense. L'habit du jour où le roi de France apparut contre l'Angleterre au milieu de sa marine valait mieux pour le sacrer que la Sainte-Ampoule de Reims. Qui eût osé l'arrêter, si, écartant ses vêtements, il eût montré cet habit ?... Il aurait dû le garder, ou plutôt garder le cœur français, comme il l'eut alors.

CHAPITRE XIII

FUITE DU ROI A VARENNES (20-21 JUIN 1791).

Le roi, en partant, livrait ses amis à la mort. — Confiance et crédulité de La Fayette et Bailly. — Imprudences du départ, 20 juin 1791. — Le roi devait passer sur terre autrichienne. — Danger de la France. — Vengeances probables; Théroigne déjà arrêtée. — La France veille sur elle-même; la route se surveille. — Le roi poursuivi, 21 juin 1791; retardé à l'entrée de Varennes, arrêté. — Les habitants des campagnes affluent à Varennes. — Indignation du peuple. — Décret de l'Assemblée qui rappelle le roi à Paris.

Ce qui afflige encore, entre autres choses, dans ce voyage de Varennes, ce qui diminue l'idée qu'on voudrait se faire de la bonté de Louis XVI, c'est la facilité avec laquelle il sacrifiait, en partant, livrait à la mort des hommes qui lui étaient sincèrement attachés.

La Fayette se trouvait, par la force des circonstances, gardien involontaire du roi, responsable de sa personne devant la nation; il avait montré de bien des manières, et parfois en compromettant la Révolution elle-même, qu'il désirait par-dessus toute chose le rétablissement de l'autorité royale, comme garantie d'ordre et de paix. Républicain d'idées, de théorie, il n'en avait pas moins sacrifié à la monarchie sa grande passion, sa faiblesse, la popularité. Il y avait à parier qu'au premier éclat du départ du roi, La Fayette serait mis en pièces.

Et que deviendrait le ministre Montmorin, aimable et faible caractère, crédule aux paroles du roi, qui, le 1ᵉʳ juin, pour répondre aux journaux, écrivait à l'Assemblée qu'il attestait « sur sa responsabilité, *sur sa tête* et sur son honneur », que jamais le roi n'avait songé à quitter la France ?

Qu'allait surtout devenir l'infortuné Laporte, intendant de la maison du roi et son ami personnel, à qui, sans le consulter, il laissait en partant la charge terrible d'apporter à l'Assemblée sa protestation ?... Le premier coup de la fureur publique devait tomber sur ce malheureux, messager involontaire d'une déclaration de guerre du roi à son peuple ; Laporte infailliblement, dans cette guerre, tombait la première victime ; il en était le premier mort ; il pouvait commander sa bière et préparer son linceul.

La Fayette, averti de plusieurs côtés, voulut n'en croire que le roi même ; il l'alla trouver, lui demanda ce qui en était réellement. Louis XVI répondit si nettement, si simplement, avec une telle bonhomie, que La Fayette s'en alla complètement rassuré. Ce fut uniquement pour satisfaire l'inquiétude du public qu'il doubla les postes. Bailly poussa plus loin la chevalerie, et fort au delà de ce que lui permettait le devoir ; averti positivement par une femme de la reine, qui voyait les préparatifs, il eut la coupable faiblesse de remettre à la reine cette dénonciation, que l'honneur du moins lui faisait un devoir de tenir secrète.

Le roi, la reine, avaient fait dire qu'ils assisteraient le dimanche suivant, jour de la Fête-Dieu, à la procession paroissiale du clergé constitutionnel. Madame Élisabeth y témoignait de la répugnance. Le 19 (veille du départ), la reine, parlant à Montmorin, qui venait de voir la sœur du roi, disait au ministre : « Elle m'afflige ; j'ai fait tout au monde pour la décider ; il me semble qu'elle pourrait faire à son frère le sacrifice de son opinion. »

Le roi tarda jusqu'au 20 juin, pour attendre que la femme qui avait dénoncé sortît de service, et aussi pour toucher encore un trimestre de la liste civile ; il le dit ainsi lui-même. Enfin c'était le 15 juin seulement que les Autrichiens devaient avoir occupé les passages à deux lieues de Montmédy. Les retards successifs qui avaient eu lieu, les mouvements de troupes commandées, décommandées, n'étaient pas sans inconvénient. Choiseul dit au roi, de la part de M. de Bouillé, que s'il ne partait le 20, dans la nuit, lui Choiseul relèverait tous les postes échelonnés sur la route et passerait, avec Bouillé, sur terre autrichienne.

Le 20 juin, avant minuit, toute la famille royale, déguisée, sortie par une porte non gardée, était dans le Carrousel.

Un militaire fort résolu, désigné par M. de Bouillé, devait monter dans la voiture, répondre, s'il était besoin, et conduire toute l'affaire. Mais Mme de Tourzel, gouvernante des enfants de France, soutint le privilège de sa charge : en vertu du serment qu'elle avait prêté, elle avait le devoir, *le droit* de ne point quitter les enfants; ce mot de serment fit une grande impression sur Louis XVI. Il était d'ailleurs inouï, dans les fastes de l'étiquette, que les enfants de France voyageassent sans gouvernante. Le militaire ne monta pas et la gouvernante monta : au lieu d'un homme capable, on eut une femme inutile. L'expédition n'eut point de chef, personne pour la diriger; elle alla, sans tête, au hasard.

Le romanesque de l'aventure, malgré toutes les craintes, amusa la reine. Elle s'arrêta longtemps à voir déguiser ses enfants; elle fit l'incroyable imprudence de sortir, pour les voir partir, dans la place du Carrousel, extrêmement éclairée. Ils montèrent dans un fiacre, dont le cocher était Fersen; pour mieux dépayser ceux qui pourraient suivre, il fit quelques tours dans les rues, revint, attendit encore une heure au Carrousel; enfin arriva Madame Élisabeth, puis le roi, puis, plus tard, la reine, conduite par un garde du corps; celui-ci, connaissant mal Paris, lui avait fait passer le pont, l'avait menée rue du Bac. Revenue dans le Carrousel, elle vit, avec haine, avec joie, passer La Fayette en voiture, qui revenait des Tuileries, ayant manqué le coucher du roi. On dit que, dans le bonheur enfantin d'avoir attrapé son geôlier, elle toucha la roue d'une badine qu'elle tenait à la main, comme les femmes en portaient alors. La chose est difficile à croire ; la voiture allait grand train, elle était entourée de plusieurs laquais à cheval, portant des flambeaux. Le garde du corps affirme, au contraire, que cette lumière lui fit peur, et qu'elle quitta son bras pour fuir d'un autre côté.

Le cocher Fersen, menant dans son fiacre un dépôt si précieux et ne connaissant guère mieux son Paris que les gardes du corps, alla jusqu'au faubourg Saint-Honoré pour gagner la barrière Clichy, où la berline attendait chez un Anglais, M. de Crawford. De là il gagna La Villette. Pour se débarrasser du fiacre où suivaient les gardes du corps, il le versa dans un fossé. De là il mena à Bondy. Là il fallait bien se séparer ; il baisa les mains au roi, à la reine, la quittant reconnaissante, pour ne jamais la revoir, au moment où il venait, pour cette religion de sa jeunesse, de risquer sa vie.

Une imprudence, parmi tant d'autres qui signalèrent ce voyage, avait été de faire partir les femmes de chambre très longtemps avant la famille royale, en sorte qu'elles arrivèrent six heures d'avance à Bondy. Le postillon qui les mena y était resté, de sorte qu'il vit avec ébahissement un homme habillé en cocher de fiacre, qui montait seul dans une belle voiture attelée de quatre chevaux.

Les voilà partis, bien tard, mais ils vont grand train ; un garde, à cheval à la portière, un autre assis sur le siège, un troisième, M. de Valory, courant en avant pour commander les chevaux, donnant magnifiquement un écu pour boire à chaque postillon, ce que donnait le roi seul. Un trait rompu arrêta quelques moments; le roi aussi retarda un peu en voulant faire une montée à pied. Nulle difficulté du reste; trente lieues et plus, où l'on n'avait placé aucun détachement de troupes, se trouvèrent ainsi parcourues. La reine, avant Châlons, disait à M. de Valory : « François, tout va bien, nous serions arrêtés déjà, si nous devions l'être. »

Tout va bien ?... Pour la France ? ou bien pour l'Autriche ?... — Car enfin où va le roi ?

Il l'a dit hier soir à M. de Valory : « Demain je vais coucher à l'abbaye d'Orval », hors de France, *sur terre autrichienne.*

M. de Bouillé dit le contraire; mais lui-même, il montre aussi, il établit parfaitement que le roi, n'ayant plus aucune sécurité à attendre dans le royaume, avait dû changer d'avis, tomber enfin, malgré lui, dans le filet autrichien. Le peu de troupes que gardait Bouillé, était si peu dans sa main qu'ayant fait quelques lieues au-devant du roi, il crut devoir retourner pour être au milieu de ses soldats, les veiller, les maintenir.

Le projet, qui semblait français en octobre, et même encore en décembre, ne l'est plus en juin, lorsque M. de Bouillé a vu son commandement limité, ses régiments suisses éloignés, ses régiments français gagnés, lorsqu'il garde à peine quelque cavalerie allemande. Le roi le sait et ne peut plus écouter ses répugnances pour passer sur terre d'Autriche.

Le plan primitif de Bouillé était plus dangereux

peut-être encore. Si le roi sortait de France, il se dénationalisait lui-même, apparaissait Autrichien, il était jugé : c'était un étranger ; la France, sans hésitation, lui faisait la guerre. Mais Bouillé voulait la faire de ce côté de la frontière, en France, et à peine en France, pas même dans une forteresse, dans un camp près Montmédy, un camp de cavalerie, mobile, allant ou venant ; là il était et en même temps n'était pas dans le royaume. La position militaire où on le plaçait, bonne contre les Autrichiens, « est meilleure encore, dit Bouillé, contre les Français ». Le roi, parmi ces cavaliers, derrière ces batteries volantes, adossé à l'ennemi, pouvant se retirer chez lui ou lui ouvrir nos provinces, aurait parlé nettement ; il aurait dit par exemple : « Vous n'avez point une armée, vos officiers ont émigré, vos cadres sont désorganisés, vos magasins vides : j'ai laissé depuis vingt-cinq ans tomber en ruine vos fortifications sur toute la frontière autrichienne ; vous êtes ouverts et sans défense... Eh bien, l'Autrichien arrive, d'autre part, l'Espagnol, le Suisse ; vous voilà pris de trois côtés. Rendez-vous, restituez le pouvoir à votre maître. » Tel eût pu être le rôle du roi, devenu le noyau de la guerre civile, le portier de la guerre étrangère, pouvant à son aise ouvrir ou fermer. On eût peut-être jeté quelques mots de constitution, pour annuler la résistance, pour que la vieille Assemblée pût endormir le pays et le livrer décemment.

Liège et le Brabant disaient assez ce qu'on pouvait

attendre de ces paroles de prince. L'évêque de Liège, rentré avec des mots paternels et des soldats autrichiens, avait fait durement appliquer aux patriotes les vieilles procédures barbares, la torture et la question. Notre émigration n'attendait pas le retour pour faire circuler en France des listes de proscription. La reine serait-elle clémente? Oublierait-elle aisément son humiliation d'octobre, quand elle parut au balcon, pleurant devant le peuple? Il n'y avait pas d'apparence. La femme qu'on accusait le plus d'avoir mené les femmes à Versailles, Théroigne, ayant été à Liège, fut suivie depuis Paris, désignée, livrée à la police liégeoise, à la police autrichienne (mai 1791), qui, *comme régicide*, la mena au fond de l'Autriche, dans les prisons du frère de Marie-Antoinette. Sans nul doute, il y eût eu une cruelle réaction, dans le goût de 1816; à cette dernière époque, à l'époque des cours prévôtales, M. de Valory, ce garde du corps, ce courrier du roi dans le voyage de Varennes, fut prévôt du département du Doubs.

Dans l'après-midi, vers quatre ou cinq heures, dit Madame d'Angoulême (dans le simple et naïf récit qu'a donné Weber), « on passa la grande ville de Châlons-sur-Marne. Là on fut reconnu tout à fait. Beaucoup de monde louait Dieu de voir le roi et faisait des vœux pour sa fuite. »

Tout le monde ne louait pas Dieu. Il y avait une grande fermentation dans la campagne. Pour expliquer la présence des détachements sur la route, on avait eu l'idée malheureuse de dire qu'un trésor allait passer, qu'ils étaient là pour l'escorter. Dans un moment où l'on accusait la reine de faire passer de l'argent en Autriche, c'était irriter les esprits, tout au moins éveiller l'attention.

Choiseul occupait le premier poste, trois lieues plus loin que Châlons ; il avait quarante hussards, avec lesquels, dit Bouillé, il devait assurer le passage du roi, fermer après lui la route à tout voyageur. Si le roi était arrêté à Châlons, il devait l'en dégager par la force. Ceci ne se comprend guère ; ce n'est pas avec quarante cavaliers qu'on vient à bout d'une telle ville ; combien moins si toutes les campagnes d'alentour se mettaient de la partie !

En effet, le paysan s'ennuyait de voir ces hussards sur la route ; il venait en foule et les regardait. On y venait de Châlons même ; on se moquait du trésor ; tout le monde comprenait très bien de quel trésor il s'agissait. Le tocsin commençait à sonner dans ces villages. La position de Choiseul n'était pas tenable. Il calcula, par le retard de quatre ou cinq heures, que la partie était manquée, que le roi n'avait pu partir ; fût-il parti, rester sur cette route, augmenter l'inquiétude de tout ce peuple assemblé, c'était empêcher le passage ; les hussards une fois éloignés, ces gens se dispersaient, le chemin devenait libre. Choiseul se décida à quitter le poste. Le secrétaire de la reine, Goguelat, officier d'état-major, qui était là avec lui et qui avait été employé à préparer tout sur la route, avertit Choiseul d'éviter Sainte-Menehould, où il y avait de la fermentation. Ils prirent un guide et entreprirent de passer par les bois, s'engagèrent dans des routes affreuses, n'arrivèrent qu'au matin à Varennes. Choiseul eût dû faire suivre la grand'-route par Goguelat ou quelque autre, afin que, si le roi passait, on le guidât, on avertît les autres détachements; loin de là, il envoya un valet de chambre de la reine, serviteur dévoué, mais léger, de peu de tête (et qui, par l'émotion, n'avait plus même ce peu); il le dépêcha pour dire aux détachements, sur la route, qu'il n'y avait plus d'espoir, qu'il ne restait qu'à se rallier près de M. de Bouillé. Choiseul s'en allait tout droit hors de France, il partait pour Luxembourg.

Le roi arriva au moment où il venait de s'éloigner. Point de Choiseul, point de Goguelat, point de troupes. « Il vit un abîme ouvert. » Cependant la route est tranquille; on arrive à Sainte-Menehould; dans son inquiétude, il regarde, met la tête à la portière. Le commandant du détachement, qui ne l'avait pas fait monter à cheval, veut s'excuser, vient le chapeau à la main; chacun reconnaît le roi. La municipalité, déjà assemblée, fait défendre aux dragons de monter à cheval. Leurs dispositions étaient trop incertaines pour qu'on essayât, malgré eux, de retenir la voiture; mais un homme s'offre de la suivre, d'essayer de la faire arrêter plus loin; la municipalité l'autorise expressément. Cet homme, un ancien dragon, Drouet, fils du maître de poste, partit, en effet, surveillé, suivi de près par un cavalier qui comprit son intention, qui l'eût tué peut-être ; il se jeta dans la traverse, s'enfonça dans les bois ; nul moyen de le poursuivre.

Il manqua cependant le roi à Clermont ; cette ville, non moins agitée que Sainte-Menehould et neutralisant de même la troupe par ses menaces, laissa pourtant passer la voiture. Jamais Drouet ne l'eût atteinte, si, d'elle-même, elle ne se fût arrêtée une demi-heure au plus, à la porte de Varennes, ne trouvant point de relais.

Là se place une des fautes capitales de l'expédition. Goguelat, officier d'état-major, ingénieur et topographe, s'était chargé d'assurer, de vérifier tous les détails, de placer les relais aux points où il n'y avait pas de maison de poste ; c'était lui qui avait donné tout le plan au roi, qui lui avait fait, refait sa leçon. Louis XVI, qui avait une excellente mémoire, la répéta mot pour mot au courrier de Valory ; il lui dit qu'il trouverait des chevaux et un détachement *avant* la ville de Varennes. Or Goguelat les mit *après*, et il oublia de prévenir le roi de ce changement au plan convenu.

Le courrier, M. de Valory, qui galopait en avant, aurait fini par trouver le relais, si, comme il était raisonnable, il eût pris une heure, au moins une demi-heure d'avance ; mais il aimait mieux profiter d'une si rare occasion ; il trottait à la portière, obtenait ainsi quelques mots des augustes voyageurs ; tard, bien tard, il mettait son cheval au galop et avertissait le relais. Ce fut bien aux autres postes; mais, à Varennes, cela perdit tout.

Il passa une demi-heure à chercher dans les ténèbres, à frapper aux portes, faire lever les gens endormis. Le relais, pendant ce temps, était, de l'autre côté tenu prêt par deux jeunes gens, l'un fils de M. de Bouillé; ils avaient l'ordre de ne bouger, pour ne donner aucun éveil; ils l'exécutèrent trop bien. L'un d'eux eût pu cependant, sans danger, aller voir à l'entrée de la ville si la voiture arrivait, la guider; la présence d'un seul homme sur la route, quand même on eût pu la remarquer à cette heure, dans cette nuit noire, n'aurait eu rien certainement qui fît faire attention.

L'histoire de ce moment tragique où le roi fut arrêté est et sera toujours imparfaitement connue. Les principaux historiens du voyage de Varennes n'ont rien su que par ouï-dire. MM. de Bouillé père et fils n'étaient point là; MM. de Choiseul et de Goguelat n'arrivèrent qu'une heure ou deux après le moment fatal, M. Deslons plus tard encore. Tout se réduirait à deux mots (un de Drouet, un de Madame d'Angoulême), si M. de Valory, le garde du corps qui allait en courrier, n'eût plus tard, sous la Restauration, recueilli ses souvenirs. Son récit, un peu confus, mais fort circonstancié, porte un caractère de naïveté passionnée qui éloigne toute idée de doute; le temps, on le sent bien, n'a eu ici sur la mémoire aucune puissance d'oubli. Toute l'existence effacée du vieillard s'est concentrée dans ce fait terrible; les périls, l'exil, tous les malheurs personnels, ont glissé sur lui; sa vie fut toute en cette heure, rien avant et rien après.

Quand on arriva à onze heures et demie du soir à la hauteur de Varennes, la fatigue l'avait emporté, tout dormait dans la voiture. Elle s'arrêta brusquement et tous s'éveillèrent. Le relais n'apparaissait pas ; point de nouvelles du courrier qui devait le commander.

Celui-ci (M. de Valory) le cherchait depuis longtemps; il avait d'abord appelé, sondé le bois des deux côtés de la route, appelé encore en vain. Il ne lui restait alors qu'à entrer dans la ville, frapper aux portes, s'informer. N'apprenant rien, il revenait désolé vers la voiture; mais cette voiture déjà et ceux qu'elle contenait avaient reçu un coup terrible, un mot, une sommation, qui les fit dresser en sursaut : *Au nom de la nation!*...

Un homme à cheval accourt par derrière au grand galop, s'arrête droit devant eux, et, dans les ténèbres, crie : « De par la nation, arrête, postillon! tu mènes le roi! »

Tout resta stupéfié. Les gardes du corps n'avaient ni armes à feu, ni l'idée de s'en servir. L'homme passa, poussa son cheval à la descente et dans la ville. Deux minutes après, on commença à voir des hommes sortir avec des lumières, s'agiter et se parler, peu d'abord, puis davantage; les allants et venants augmentent, la petite ville s'éclaire... Tout cela en deux minutes... puis le tambour bat.

La reine, pour s'informer aussi, était entrée, conduite par l'un de ses gardes, chez un ancien serviteur de la maison de Condé, dont la maison se trouvait sur la pente qui mène à Varennes. On l'attend ; quand elle remonte, les gardes réunis contraignent par promesses et menaces les postillons, fort ébranlés, à traverser la ville, passer rapidement le pont qui la divise, la tour du pont, la porte basse et la voûte qui se trouvent sous la tour : nulle autre chance de salut. On venait d'apprendre que le commandant des hussards qui devait attendre à Varennes, sur la nouvelle de l'arrivée du roi, au bruit de tout ce mouvement, s'était sauvé au galop; les hussards étaient dispersés, les uns couchés, les autres ivres. Ce commandant était un Allemand de dix-sept ou dix-huit ans; il n'était prévenu de rien; il apprit la chose tout à coup et perdit la tête.

Drouet et Guillaume, un camarade qui l'avait suivi, mirent singulièrement à profit ces quelques minutes. Jeter leurs chevaux dans une écurie qui se trouva ouverte, avertir l'aubergiste pour qu'il avertît les autres, courir au pont, le barrer avec une voiture de meubles et d'autres voitures, ce fut l'affaire d'un instant. De là ils courent chez le maire, le commandant de la garde nationale; ils n'ont rassemblé que huit hommes, n'importe, ils vont à la voiture; elle n'était encore qu'au bas de la côte. Le commandant et le procureur de la commune demandent les passeports... « *La reine* : Messieurs, nous sommes pressés... — Mais enfin qui êtes-vous? — Mme *de Tourzel* : C'est la baronne de Korff. »

Cependant le procureur de la Commune entre, la lanterne à la main, à demi dans la voiture, et en tourne la lumière vers le visage du roi.

On donne alors le passeport. Deux gardes le portent à l'auberge. On le lit tout haut, devant les municipaux et tous ceux qui se trouvent là. « Le passeport est bon, disent-ils, *puisqu'il est signé du roi*. — Mais, dit Drouet, l'est-il de l'*Assemblée nationale?* — Il était signé des membres d'*un comité* de l'Assemblée. — Mais l'est-il du *président?* » Ainsi la question fondamentale du droit de la France, le nœud de la constitution, fut examiné, tranché dans une auberge de Champagne, d'une manière décisive, sans appel et sans recours. Les autorités de Varennes, le procureur de la commune, un bon épicier, M. Sauce, hésitaient fort à prendre une si haute responsabilité.

Mais Drouet et d'autres insistent. Ils retournent à la voiture : « Mesdames, si vous êtes étrangères, comment avez-vous assez d'influence pour qu'à Sainte-Menehould on veuille vous faire escorter de cinquante dragons, d'autant encore à Clermont? Et pourquoi encore, à Varennes, un détachement de hussards est-il là à vous attendre ?..... Veuillez descendre et venir vous expliquer à la municipalité.

Les voyageurs ne bougeaient pas. Les municipaux n'annonçaient nulle envie de les forcer à descendre. Les bourgeois arrivaient lentement; la plupart, au bruit des tambours, se renfonçaient dans leur lit. Il fallut leur parler plus haut. Drouet et les patriotes coururent au clocher, et, de toutes leurs puissances, sonnèrent furieusement le tocsin. Toute la banlieue l'entendait... Est-ce le feu? Est-ce l'ennemi? Les paysans courent, s'appellent, s'arment, prennent ce qu'ils ont, fusils, fourches, faux.

Le procureur de la commune, M. Sauce, l'épicier, se trouvait fort compromis, qu'il agît, qu'il n'agît point. Il avait une maîtresse femme qui, dans ce moment critique, le dirigea probablement. Mener le roi à l'hôtel de ville, c'était porter atteinte au respect de la royauté; le laisser dans sa voiture, c'était se perdre du côté des patriotes. Il prit le juste milieu, mena le roi dans sa boutique.

Il se présenta à la voiture, chapeau bas : « Le conseil municipal délibère sur les moyens de permettre aux voyageurs de passer outre; mais le bruit s'est ici répandu que c'est notre roi et sa famille que nous avons l'honneur de posséder dans nos murs... J'ai l'honneur de les supplier de me permettre de leur offrir ma maison, comme lieu de sûreté pour leurs personnes, en attendant le résultat de sa délibération. L'affluence du monde dans les rues s'augmente par celle des habitants des campagnes voisines qu'attire notre tocsin : car, malgré nous, il sonne depuis un quart d'heure, et peut-être Votre Majesté se verrait-elle exposée à des avanies que nous ne pourrions prévenir et qui nous accableraient de chagrin. »

Il n'y avait pas à contredire ce que disait le bonhomme. Le tocsin ne s'entendait que trop. Nul secours. Les gardes du corps avaient inutilement essayé de déménager les meubles et voitures qui encombraient le passage étroit du pont. Des menaces de mort s'entendaient près de la voiture; plusieurs, armés de fusils, faisaient mine de la mettre en joue. On descendit, on entra dans la boutique de Sauce, les trois dames, les deux enfants, et Durand, le valet de chambre. On conteste à celui-ci sa qualité de valet. Il insiste, soutient son nom de Durand. Tout le monde secoue la tête : « Eh bien, oui, je suis le roi; voici la reine et mes enfants. Nous vous conjurons de nous traiter avec les égards que les Français ont toujours eus pour leurs rois. » Louis XVI n'était pas parleur, il n'en dit pas davantage. Malheureusement son habit, son triste déguisement parlait peu pour lui. Ce laquais, en petite perruque, ne rappelait guère le roi. Le contraste terrible de ce rang, de cet habit, pouvait inspirer la pitié plus que le respect. Plusieurs se mirent à pleurer.

Cependant le bruit du tocsin augmentait d'une manière extraordinaire. C'étaient les cloches des villages, qui, mises en branle par celles qui sonnaient de Varennes, sonnaient à leur tour le tocsin. Toute la campagne ténébreuse était en émoi; du clocher on aurait pu voir courir des petites lumières qui s'attiraient, se cherchaient; une grande nuée d'orage se concentrait de toute part; une nuée d'hommes armés, pleins d'agitation, de trouble.

« Quoi! c'est le roi qui se sauve! le roi passe à l'ennemi! il trahit la nation!... » Ce mot, terrible de lui-même, sonne plus terrible encore à l'oreille des hommes de la frontière, qui ont l'ennemi si près, et toutes les calamités, les misères de l'invasion... Aussi les premiers qui entrent à Varennes et qui entendent ce mot ne sont plus maîtres d'eux-mêmes.

Un père livrer ses enfants!... Nos paysans de France n'avaient guère encore d'autre notion politique que celle du gouvernement paternel; c'était moins l'esprit révolutionnaire qui les rendait furieux que l'idée horrible, impie, des enfants livrés par un père, de la confiance trompée!

Ils entrent, ces hommes rudes, dans la boutique de Sauce : « Quoi! c'est là le roi! la reine!... Pas plus que cela!... » Il n'est pas d'imprécations qu'on ne leur jette à la face.

Cependant une députation arrive de la commune, Sauce en tête, soumis et respectueux : « Puisqu'il n'est plus douteux pour les habitants de Varennes qu'ils ont réellement le bonheur de posséder leur roi, ils viennent prendre ses ordres. — Mes ordres, Messieurs? dit le roi. Faites que mes voitures soient attelées et que je puisse partir. »

MM. de Choiseul et Goguelat arrivèrent enfin avec leurs hussards; puis, presque seul, M. de Damas, commandant du poste de Sainte-Menehould, que ses dragons avaient abandonné. Ce n'était pas sans peine que ces messieurs avaient pénétré dans la ville : on le leur défendait au nom de la municipalité, on tira même sur eux. Ils parvinrent à la maison de Sauce. Ils montèrent, par un escalier tournant, au premier étage, et, dans une première chambre, trouvèrent force paysans, deux entre autres armés de fourches, qui leur dirent : « On ne passe pas! » Ils passèrent. Dans la seconde était la famille royale. Coup d'œil étrange! le dauphin dormant sur un lit tout défait, les gardes du corps sur des chaises, ainsi que les femmes de chambre; la gouvernante, Madame et Madame Élisabeth sur des bancs près de la fenêtre; le roi et la reine debout, ils causaient avec M. Sauce. Sur une table étaient des verres, du pain et du vin.

Le roi : « Eh bien, Messieurs, quand partons-nous ?
— *Goguelat* : Sire, quand il plaira à Votre Majesté.
— *Choiseul* : Donnez vos ordres, Sire. J'ai ici quarante hussards; mais il n'y a pas de temps à perdre : dans une heure ils seront gagnés. »

Il disait vrai. Ces hussards étaient encore dans la première surprise où la grande nouvelle les avait jetés; ils disaient entre eux en se regardant : *Der Kœnig! die Kœniginn!* (Le roi! la reine!) Mais, tout Allemands qu'ils étaient, ils ne pouvaient pas ne pas voir l'unanimité des Français. Ils l'avaient bien éprouvée, même dans la route écartée qu'ils venaient de parcourir avec M. de Choiseul. Il avoue que, de village en village, le tocsin sonnait sur lui; qu'il fut obligé plusieurs fois de se faire jour le sabre à la main; que les paysans en vinrent jusqu'à lui enlever quatre hussards qui faisaient son arrière-garde : il lui fallut faire une charge pour les dégager. Ces Allemands, qui se voyaient seuls au milieu d'un si grand peuple, qui se sentaient, après tout, payés, nourris par la France, ne pouvaient pas aisément se décider à sabrer des gens qui venaient amicalement leur donner des poignées de main et boire avec eux.

Dans ce moment critique, où chaque minute avait une importance infinie, avant que le roi eût pu répondre à Choiseul, entrent à grand bruit la municipalité, les officiers de la garde nationale. Plusieurs se jettent à genoux : « Au nom de Dieu, Sire, ne nous abandonnez pas; ne quittez pas le royaume. » Le roi tâcha de les calmer : « Ce n'est pas mon intention, Messieurs; je ne quitte point la France. Les outrages qu'on m'a faits me forçaient de quitter Paris. Je ne vais qu'à Montmédy; je vous invite à m'y suivre... Faites seulement, je vous prie, que mes voitures soient attelées. »

Ils sortirent. C'était alors la dernière minute qui restait à Louis XVI. Choiseul, Goguelat, attendaient ses ordres. Il était deux heures du matin. Il y avait autour de la maison une foule confuse, mal armée, mal organisée; la plupart sans armes à feu. Ceux même qui en avaient n'auraient pas tiré sur le roi (Drouet, peut-être, excepté), encore moins sur les enfants. La reine seule eût pu courir un danger réel. C'est à elle que Choiseul et Goguelat s'adressèrent. Ils lui demandèrent si elle voulait monter à cheval et partir avec le roi; le roi tiendrait le dauphin. Le pont n'était pas praticable; mais Goguelat connaissait les gués de la petite rivière : entourés de trente ou quarante hussards, ils étaient certains de passer. Une fois de l'autre côté, nul danger; ceux de Varennes n'avaient pas de cavaliers pour les suivre.

Cette hasardeuse chevauchée avait pourtant, il faut le dire, de quoi effrayer une femme, même brave et résolue. La reine leur répondit : « Je ne veux rien prendre sur moi; *c'est le roi qui s'est décidé à cette démarche*, c'est à lui d'ordonner; mon devoir est de le suivre... Après tout, M. de Bouillé ne peut tarder d'arriver. » (*Goguelat*, 29.)

« En effet, reprit le roi, pouvez-vous bien me répondre que, dans cette bagarre, un coup de fusil ne tuera pas la reine ou ma sœur ou mes enfants?... Raisonnons froidement d'ailleurs. La municipalité ne refuse pas de me laisser passer; elle demande seulement que j'attende le point du jour. Le jeune Bouillé est parti, vers minuit, pour avertir son père à Stenay. Il y a huit lieues, c'est deux ou trois heures. M. de Bouillé ne peut pas manquer de nous arriver au matin; sans danger, sans violence, nous partirons en sûreté. »

Pendant ce temps, les hussards buvaient avec le peuple, buvaient « à la nation »! Il était bientôt trois heures. Les municipaux reviennent encore, mais avec ces brèves paroles, d'une signification terrible : « Le peuple s'opposant absolument à ce que le roi se remette en route, on a résolu de dépêcher un courrier à l'Assemblée nationale, pour savoir ses intentions. »

M. de Goguelat était sorti pour juger la situation. Drouet s'avance vers lui et lui dit : « Vous voulez enlever le roi; mais vous ne l'aurez que mort! » — La voiture était entourée d'un groupe de gens armés; Goguelat approche avec quelques hussards; le major de la garde nationale, qui les commandait : « Si vous faites un pas, je vous tue. » Goguelat pousse son cheval sur lui et reçoit deux coups de feu, deux blessures assez légères; une des balles, s'étant aplatie sur la clavicule, lui fit lâcher les rênes, perdre l'équilibre, tomber de cheval. Il put se relever pourtant, mais les hussards furent dès lors du côté du peuple. On leur avait fait remarquer aux extrémités de la rue des petits canons qui les menaçaient; ils se crurent entre deux feux; ces canons, vieille ferraille, n'étaient point chargés et ne pouvaient l'être.

Goguelat, blessé, sans se plaindre, rentra dans la chambre de la famille royale. Elle présentait un spectacle navrant, tout ensemble ignoble et tragique. L'effroi de cette situation désespérée avait brisé le roi, la reine, affaibli même visiblement leur esprit. Ils priaient l'épicier Sauce, sa femme, comme si ces pauvres gens avaient pu rien faire à la chose. La reine, assise sur un banc, entre deux caisses de chandelles, essayait de réveiller le bon cœur de l'épicière : « Madame, lui disait-elle, n'avez-vous donc pas des enfants, un mari, une famille? » — A quoi l'autre répondait simplement, sans longs discours : « Je voudrais vous être utile. Mais, dame!

vous pensez au roi, moi je pense à M. Sauce. Chaque femme pour son mari... » La reine se détourna, furieuse, versant des larmes de rage, s'étonnant que cette femme, qui ne pouvait la sauver, refusât de se perdre avec elle, de lui sacrifier son mari et sa famille.

Le roi semblait hors de sens. L'officier qui commandait le premier poste après Varennes, M. Deslons, ayant obtenu de pénétrer jusqu'à lui et lui disant que M. de Bouillé, averti, allait sans nul doute arriver à son secours, le roi parut ne pas l'entendre. Il répéta la même chose jusqu'à trois fois, et voyant qu'elle n'arrivait pas jusqu'à son intelligence : « Je prie, dit-il, Votre Majesté de me donner ses ordres pour M. de Bouillé. — Je n'ai plus d'ordre à donner, Monsieur, dit-il; je suis prisonnier. Dites-lui que je le prie de faire ce qu'il pourra pour moi. »

Beaucoup de gens, en effet, craignaient fort qu'il n'arrivât, voulaient éloigner le roi; des cris s'élevaient : « A Paris! » On l'engagea, pour calmer la foule, à se montrer à la fenêtre. Le jour, déjà venu et clair, illuminait la triste scène. Le roi, en valet, au balcon, sans poudre, dans cette ignoble petite perruque défrisée, pâle et gras, grosses lèvres pâles, muet, l'œil terne, n'exprimant aucune idée... La surprise fut extrême pour ces milliers d'hommes qui se trouvaient là; d'abord un silence profond indiqua le combat de pensées et de sentiments qui se faisait dans les esprits. Puis la pitié déborda, les larmes, le vrai cœur de la France... et avec une telle force que, parmi ces hommes furieux, plusieurs crièrent : « Vive le roi! »

La vieille grand'mère de Sauce, ayant obtenu d'entrer, eut le cœur navré en voyant les deux enfants qui dormaient ensemble, innocemment, sur le lit de la famille; elle tomba à genoux et, sanglotant, demanda la permission de leur baiser les mains; elle les bénit et se retira en pleurs.

Scène cruelle, en vérité, à crever les cœurs les plus durs, les plus ennemis. Oui, un Liégeois même eût pleuré. Liège, captive de Léopold, barbarement traitée par les soldats autrichiens, eût pleuré sur Louis XVI.

Telle était la situation, étrange et bizarre : la Révolution, captive des rois en Europe, tient les rois captifs en France.

Que dis-je, situation étrange? Non, la compensation est juste.

Faibles esprits que nous sommes! ce qui surprenait le plus dans la scène de Varennes était le plus naturel; ce qui semblait un changement, un renversement inouï, était un retour à la vérité.

Ce déguisement qui choquait rapprochait Louis XVI de la condition privée, pour laquelle il était fait. A consulter son aptitude, il était propre à devenir, non valet sans doute (il était lettré, cultivé), mais serviteur d'une grande maison, précepteur ou intendant, dispensé, comme serviteur, de toute initiative; il eût été un économe exact et intègre, un précepteur assez instruit, très moral, très consciencieux, toutefois dans la mesure où un dévot le peut. être. L'habit de serviteur était son habit réel; il avait été déguisé jusque-là sous les insignes menteurs de la royauté.

Mais pendant que nous songeons, le temps va; déjà le soleil est bien haut à l'horizon. Dix mille hommes remplissent Varennes. La petite chambre où est la famille royale, quoique regardant le jardin, tremble à cette grande voix confuse qui s'élève de la rue. La porte s'ouvre. Un homme entre, un officier de la garde nationale de Paris, figure sombre, toute défaite, fatiguée, mais exaltée, cheveux sans frisure ni poudre, l'habit décolleté. Il ne dit que des mots entrecoupés : *Sire*, dit-il, *vous savez... tout Paris s'égorge... Nos femmes, nos enfants, sont peut-être massacrés; vous n'irez pas plus loin... Sire... L'intérêt de l'État... Oui, Sire, nos femmes, nos enfants!!...* A ces mots, la reine lui prit la main avec un mouvement énergique, lui montrant M. le dauphin et Madame qui, épuisés de fatigue, étaient assoupis sur le lit de M. Sauce : *Ne suis-je pas mère aussi?* lui dit-elle. — *Enfin que voulez-vous?* lui dit le roi. — *Sire, un décret de l'Assemblée...* — *Où est-il?* — *Mon camarade le tient.* La porte s'ouvrit, nous vîmes M. de Romeuf appuyé contre la fenêtre de la première chambre, dans le plus grand désordre, le visage couvert de larmes, et tenant un papier à la main ; il s'avança les yeux baissés. — *Quoi! Monsieur, c'est vous! Ah! je ne l'aurais jamais cru!...* lui dit la reine. Le roi lui arracha le décret avec

force, le lut et dit : *Il n'y a plus de roi en France.*
La reine le parcourt, le roi le reprend, le relit
encore et le pose sur le lit où étaient les enfants.
La reine avec impétuosité le rejette du lit en disant :
Je ne veux pas qu'il souille mes enfants. Il s'éleva alors
un murmure général parmi les municipaux et les
habitants présents, comme si l'on venait de profaner
la chose la plus sainte. « Je me hâtai de ramasser
le décret et le posai sur la table. » (*Choiseul*).

Que faisait M. de Bouillé? Comment n'arrivait-il
pas? Averti successivement par son fils, par le petit
officier des hussards de Varennes, puis par les
messagers pressants de Deslons, de Choiseul, comment ne franchissait-il pas rapidement ce court
espace de huit lieues?

Comment? Il le dit lui-même et prouve parfaitement qu'il ne pouvait rien. Il était si peu sûr de
ce qu'il avait de troupes, il se voyait environné de
tant de villes *mauvaises* (c'est lui-même qui parle
ainsi), menacé de Verdun, de Metz, de Stenay, de
tous côtés, qu'ayant été quelque peu au-devant du
roi, il revint bien vite pour s'assurer du soldat,
craignant de moment en moment d'être abandonné.
Et il garda près de lui son officier le plus sûr, son
fils aîné, Louis de Bouillé. Et à eux deux, ayant à
enlever le *meilleur* régiment de l'armée, le seul à
vrai dire qui restât, c'était Royal-*Allemand*, ils ne
purent le faire armer qu'en deux ou trois heures
de nuit, de cette nuit terrible dont chaque minute
peut-être décidait d'un siècle. Ce régiment, chauffé

à blanc de leurs paroles brûlantes, gorgé, payé à tant de louis par homme, franchit les huit lieues d'un galop rapide à travers un pays soulevé, seul dans cette campagne grouillante de gens armés, vraiment en terre ennemie, en grand doute de retour... Ils rencontrent un des leurs : « Eh bien? — Le roi est parti de Varennes. » Bouillé enfonça son casque, jura, mit l'éperon sanglant dans les flancs de son cheval. En un moment, l'homme vit tout disparaître comme un ouragan...

Enfin ils touchent à Varennes. Nul passage. Des barricades sur la route. Ils trouvent un gué, le passent. Au delà, c'est un canal. Ils cherchaient à le passer. De nouvelles informations les en dispensèrent. Ils avaient perdu tout espoir de jamais rejoindre le roi. Les Allemands commençaient à dire que leurs chevaux n'en pouvaient plus. La garnison de Verdun marchait en force sur eux.

Le jeune Louis de Bouillé, racontant cette heure dernière où son père volait, l'épée nue, à la poursuite du grand otage, dit avec un mouvement audacieux et juvénile : « Nous nous enfoncions avec cette petite troupe dans la France armée contre nous... »

Oui, c'était bien vraiment la France. — Et ces Allemands qui couraient, et Bouillé qui les conduisait, et le roi qu'on emmenait, qu'était-ce donc? C'était la révolte.

FIN DU TOME DEUXIÈME.

CONCLUSION

Qu'ai-je fait dans ce volume ? Une grande chose, une sainte chose, quelque mal que je l'aie faite ; j'ai retrouvé l'*Histoire des Fédérations* vivante dans la mémoire du peuple, authentique dans les documents manuscrits. Personne en France (personne au monde peut-être) ne lira cela sans pleurer.

Bonheur singulier, trop grand pour un homme ! j'ai tenu un moment dans mes mains le cœur ouvert de la France, sur l'autel des Fédérations ; je le voyais, ce cœur héroïque, battre au premier rayon de la foi de l'avenir !

Et dans les premières pages (sur la méthode et l'esprit du livre), qu'ai-je dit ?

Que, sur l'histoire du peuple, la haute et souveraine autorité morale, c'était celle du peuple même, la tradition nationale, la conscience que la nation a de son passé.

L'historien, le politique, en racontant, en agissant,

doivent, chacun à sa manière, reconnaître la souveraineté du peuple.

C'est ce que n'ont pas fait assez les grands acteurs de la Révolution; élevés dans l'abstraction, issus de race sophiste, ils ont beaucoup parlé du peuple, peu consulté l'instinct populaire.

Ils n'ont pas compris le peuple, c'est la faute de leur temps, de leur éducation. Mais, dévoués, désintéressés, ils ont eu la patrie dans le cœur. Toute sanglante de leurs fautes, elle réclame pour leur mémoire.

La Révolution n'est pas faite. Elle n'a encore ni sa base philosophique et religieuse, ni ses applications sociales. Il faut, pour qu'elle continue, moins sanglante et plus durable, qu'elle sache bien, avant tout, ce qu'elle veut et où elle va.

Si nous voulons fermer la porte à l'avenir, étouffer les forces inventives, écoutons les endormeurs politiques ou religieux; les uns qui cherchent la vie aux catacombes de Rome, — les autres qui proposent pour modèle à la liberté la tyrannie de la Terreur.

Ils nous disent également : « Ne cherchez point, vous avez des dieux, des saints, une légende toute faite. » Il ne s'agit plus alors, comme au Moyen-âge, que d'*imitation*; ne cherchons rien, n'inventons rien, copions servilement; au lieu de prendre l'esprit, reproduisons ridiculement la forme matérielle, comme ce moine qui, voulant renouveler la scène de Bethléem, s'exerçait à *imiter* tantôt le bœuf et tantôt l'âne.

CONCLUSION

S'il y a du bon dans les hommes du passé, c'est là où ils n'imitent point. Ressemblez-leur par le côté inventif et créateur; et que faut-il pour cela? Imiter? Non, créer comme eux.

L'obstacle à Dieu, ce sont les dieux. Pour rester libre de ceux-ci et maître de soi, il faut les regarder de près sur leur autel, toucher, pénétrer, fouiller. Ouvrez sans crainte ces idoles, ne vous en faites scrupule; vous ne les tuerez pas, si ce sont des immortels.

Quant à moi, je ne pouvais aisément les reconnaître. Sans refuser à ces hommes ce que leur doit l'histoire, il m'aurait semblé impie de perdre dans leur auréole l'immense et divine lumière du génie de la France dont ils ont été un reflet. — Comment aurais-je adoré les petits dieux de ce monde? Je venais d'entrevoir Dieu.

Puisse cette vision sublime que nous eûmes de lui un moment, dans l'acte solennel de la Fraternité française, nous relever tous, auteur et lecteurs, des misères morales du temps, nous rendre une étincelle héroïque du feu qui brûla le cœur de nos pères!

TABLE DES MATIÈRES

                                                Pages

INTRODUCTION. 1

LIVRE III. — 6 OCTOBRE 1789-14 JUILLET 1790.

CHAP. I. Accord pour relever le roi (octobre 1789). — Élan de fraternité (octobre-juillet). 43

II. Résistances. — Le clergé (octobre-novembre 1789). 52

III. Résistances. — Clergé. — Parlements. — États provinciaux. 61

IV. Résistances. — Parlements. — Mouvement des fédérations. . 73

V. Résistances. — La reine et l'Autriche (octobre-février). . . . 86

VI. Résistances. — La reine et l'Autriche. — La reine et Mirabeau. — L'armée (mars-mai 1790). 106

VII. Lutte religieuse. — Pâques. — La passion de Louis XVI. . . 128

VIII. Lutte religieuse. — Succès de la contre-révolution (mai 1790). 142

IX. Lutte religieuse. — La contre-révolution écrasée dans le Midi (juin 1790). 164

X. Du nouveau principe. — Organisation spontanée de la France (juillet 1789-juillet 1790). 186

XI. De la religion nouvelle. — Fédérations (juillet 1789-juillet 1790). 197

XII. De la religion nouvelle. — Fédération générale (14 juillet 1790). 215

LIVRE IV. — JUILLET 1790-JUILLET 1791.

Pages

CHAP. I. Pourquoi la religion nouvelle ne put se formuler. — Obstacles intérieurs. 231

II. (Suite). — Obstacles extérieurs. — Deux sortes d'hypocrisie : hypocrisie d'autorité, le prêtre. 245

III. Massacre de Nancy (31 août 1790). 259

IV. Les Jacobins. 281

V. Lutte des principes dans l'Assemblée et aux Jacobins. 306

VI. Les Cordeliers. 336

VII. Impuissance de l'Assemblée. — Refus du serment (novembre 1790-janvier 1791). 357

VIII. Le premier pas de la Terreur. 372

IX. Premier pas de la Terreur. — Résistance de Mirabeau. ... 403

X. Mort de Mirabeau (2 avril 1791). 429

XI. Intolérance des deux partis. — Progrès de Robespierre. 446

XII. Précédents de la fuite du roi. 467

XIII. Fuite du roi à Varennes (20-21 juin 1791). 488

FIN DE LA TABLE DES MATIÈRES DU TOME DEUXIÈME.

IMPRIMERIE E. FLAMMARION, 26, RUE RACINE, PARIS.

www.ingramcontent.com/pod-product-compliance
Lightning Source LLC
Chambersburg PA
CBHW051125230426
43670CB00007B/683